Harald Welzer

Klimakriege

Schriftenreihe Band 703

Harald Welzer

Klimakriege

Wofür im 21. Jahrhundert getötet wird

bpb:
Bundeszentrale für politische Bildung

Harald Welzer, geboren 1958, ist Direktor des Center for Interdisciplinary Memory Research am Kulturwissenschaftlichen Institut in Essen und Forschungsprofessor für Sozialpsychologie an der Universität Witten/Herdecke.

Bonn 2008
Lizenzausgabe für die Bundeszentrale für politische Bildung
Adenauerallee 86, 53113 Bonn

Lektorat: Walter H. Pehle

Umschlaggestaltung: Michael Rechl, Kassel
Umschlagabbildung: © 2007 Michael Poliza. Das Schiffswrack der Eduard Bohlen vor der namibischen Atlantik-Küste, aus „Eyes Over Africa“ by Michael Poliza, erschienen im teNeues Verlag.

Satz: H & G Herstellung, Hamburg
Druck und Bindung: GGP Media GmbH, Pößneck

ISBN 978-3-89331-866-7

www.bpb.de

Inhalt

Ein Schiff in der Wüste. Die Vergangenheit und die Zukunft der Gewalt

»Ein leises Klirren hinter mir ließ mich den Kopf drehen. Sechs Schwarze gingen hintereinander und quälten sich den Pfad hinauf. Sie schritten aufrecht und langsam, balancierten kleine Körbe mit Erde auf dem Kopf, und das Klirren begleitete jeden Schritt. […] Ich konnte ihre Rippen zählen, die Gelenke ihrer Glieder waren wie Knoten in einem Strick; jeder trug ein Halseisen, und alle waren mit einer Kette verbunden, deren gleichmäßig klirrende Glieder zwischen ihnen hingen.« Diese Szene, die Joseph Conrad in seinem Roman »Herz der Finsternis« beschreibt, spielt zur Blütezeit des europäischen Kolonialismus, von heute aus gesehen vor etwas mehr als hundert Jahren.

Die gnadenlose Brutalität, mit der die frühindustrialisierten Länder damals ihren Hunger nach Rohstoffen, nach Land und nach Macht zu befriedigen suchten und die den Kontinenten ihre Signatur aufprägte, ist den heutigen Verhältnissen in den westlichen Ländern nicht mehr abzulesen. Die Erinnerung an Ausbeutung, Sklaverei und Vernichtung ist einer demokratischen Amnesie zum Opfer gefallen, als seien die Staaten des Westens immer schon so gewesen wie jetzt, obwohl ihr Reichtum wie ihr Machtvorsprung auf eine mörderische Geschichte gebaut ist.

Stattdessen ist man stolz auf die Erfindung, Einhaltung und Verteidigung der Menschenrechte, praktiziert political correctness, engagiert sich humanitär, wenn irgendwo in Afrika oder

Asien ein Bürgerkrieg, eine Überschwemmung oder eine Dürre den Menschen die Überlebensgrundlage nimmt. Man beschließt militärische Interventionen, um die Demokratie zu verbreiten und übersieht dabei, dass die meisten westlichen Demokratien auf einer Geschichte von Ausgrenzung, ethnischer Säuberung und Völkermord beruhen. Während sich die asymmetrische Geschichte des 19. und 20. Jahrhunderts in den Luxus der Lebensumstände in den westlichen Gesellschaften eingeschrieben hat, tragen viele Länder der zweiten und dritten Welt schwer an der Geschichte, die sie damals mit Gewalt überkam: Nicht wenige postkoloniale Länder haben es niemals zu stabiler Staatlichkeit, geschweige denn zu Wohlstand gebracht; in vielen Staaten wurde die Ausbeutungsgeschichte unter veränderten Vorzeichen fortgeschrieben, und in zahlreichen fragilen Gesellschaften stehen heute die Zeichen nicht auf Besserung, sondern auf weiteren Abstieg.

Die Klimaerwärmung, ein Ergebnis des unstillbaren Hungers nach fossiler Energie in den frühindustrialisierten Ländern, trifft die ärmsten Regionen der Welt am härtesten; eine bittere Ironie, die jeder Erwartung Hohn spricht, dass das Leben gerecht sei. Der Umschlag dieses Buches zeigt den Postdampfer »Eduard Bohlen«, dessen Überreste seit fast hundert Jahren in der namibischen Wüste vom Sand bedeckt werden. Er spielt eine kleine Rolle in der Geschichte der großen Ungerechtigkeit. Das Schiff ist am 5. September 1909 im Nebel auf Grund gelaufen, vor der Küste des Landes, das damals Deutsch-Südwestafrika hieß. Heute liegt das Wrack zweihundert Meter landeinwärts; die Wüste hat sich immer weiter ins Meer vorgearbeitet. Die »Eduard Bohlen« fuhr für die hamburgische Woermann-Linie seit 1891 als Postschiff regelmäßig Deutsch-Südwestafrika an. Während des Vernichtungskriegs der deutschen Kolonialverwaltung gegen die Herero und die Nama wurde es zum Sklavenschiff.

In diesem völkermörderischen Krieg, dem ersten des 20. Jahrhunderts, fand nicht nur ein großer Teil der einheimischen

Bevölkerung Südwestafrikas den Tod; es wurden auch Konzentrations- und Arbeitslager eingerichtet, und Kriegsgefangene verkaufte man als Sklavenarbeiter. Gleich zu Beginn des Krieges bot die deutsche Kolonialverwaltung dem südafrikanischen Händler Hewitt 282 Gefangene an, die man mangels besserer Unterbringungsmöglichkeiten an Bord der »Eduard Bohlen« gebracht hatte, und von denen man nicht recht wusste, was man mit ihnen anfangen sollte, solange die Hereros noch nicht besiegt waren. Hewitt war begeistert über diese Gelegenheit und drückte den Preis von 20 Mark pro Kopf mit dem zutreffenden Argument, dass die Männer ja ohnehin schon auf See seien und er nicht bereit sei, für bereits abgefertigte Ware den normalen Preis und den regulären Zoll zu bezahlen. Er bekam die Gefangenen günstiger, und die »Eduard Bohlen« verließ am 20. Januar 1904 Swakopmund mit Ziel Kapstadt, wo die Männer in den Minen arbeiten mussten.[1]

Die Herero hatten den Krieg gegen die deutsche Kolonialherrschaft in der Nacht vom 11. auf den 12. Januar 1904 begonnen, eine Bahnlinie und mehrere Telegrafenleitungen zerstört und 123 deutsche Männer bei Überfällen auf Farmen getötet.[2] Nach erfolglosen Verhandlungen zur Beilegung der Kämpfe übertrug die Reichsregierung in Berlin Generalleutnant Lothar von Trotha das Kommando der deutschen Schutztruppe. Von Trotha verfolgte von vornherein das Konzept eines Vernichtungskrieges, weshalb er die Herero nicht nur militärisch zu bekämpfen versuchte, sondern sie nach einer Feldschlacht in die Omaheke-Wüste abdrängte, dort die Wasserstellen besetzte und seine Gegner einfach verdursten ließ.[3] Diese Strategie war so erfolgreich wie grausam; es wird berichtet, dass die Verdurstenden ihrem Vieh die Kehlen durchschnitten, um das Blut zu trinken und schließlich die letzten Reste Feuchtigkeit aus den Gedärmen pressten, um an Flüssigkeit zu kommen. Sie starben trotzdem.[4]

Der Krieg ging auch weiter, nachdem die Herero vernichtet waren: Die Nama, ein anderer Stamm, sollten, wo die deutschen Truppen schon einmal da waren, entwaffnet und unterworfen werden. Die Nama ließen sich anders als die Herero auf keine offene Schlacht ein, sondern verlegten sich auf einen Guerillakrieg, der die Schutztruppe vor gewaltige Probleme stellte und zu Maßnahmen greifen ließ, die noch öfter im mörderischen 20. Jahrhundert Anwendung finden sollten: Um den Kämpfern den Rückhalt zu nehmen, ermordeten die Deutschen die Frauen und Kinder der Nama oder steckten sie in Konzentrationslager.

Gewalt findet unter Handlungsdruck statt und fordert Erfolge. Bleiben diese aus, werden neue Gewaltmittel ersonnen, die immer wieder angewendet werden, wenn sie sich als effizient erwiesen haben. Und Gewalt ist innovativ; sie schafft neue Mittel und neue Verhältnisse. Die deutsche Schutztruppe konnte die Nama trotzdem erst nach mehr als drei Jahren schlagen. Die Konzentrationslager standen übrigens nicht alle unter staatlicher Aufsicht; auch private Unternehmen wie die Woermann-Linie unterhielten eigene Zwangsarbeitslager.[5]

Dieser Vernichtungskrieg war nicht nur ein Beispiel für die Gnadenlosigkeit der kolonialen Gewalt, sondern eine Blaupause für künftige Völkermorde – mit seiner Absicht der totalen Ausrottung, mit den Lagern, mit der Strategie der Vernichtung durch Arbeit. Das alles konnte damals noch als Erfolgsgeschichte erzählt werden; die Kriegsgeschichtliche Abteilung I des Großen Generalstabs berichtete 1907 stolz, dass »keine Mühen, keine Entbehrungen« gescheut wurden, »um dem Feinde den letzten Rest seiner Widerstandskraft zu rauben; wie ein halb zu Tod gehetztes Wild war er von Wasserstelle zu Wasserstelle gescheucht, bis er schließlich willenlos ein Opfer der Natur seines eigenen Landes wurde. Die wasserlose Omaheke sollte vollenden, was die deutschen Waffen begonnen hatten: die Vernichtung des Hererovolkes.«[6] Das ist hundert Jahre her; seitdem haben sich die Formen der Gewalt geändert, noch mehr aber die Art und Weise, in der über sie gesprochen wird. Der Westen übt nur noch in Ausnahmefällen direkte Gewalt gegen andere

Staaten aus; Kriege sind heute Unternehmungen mit langen Handlungsketten und vielen Akteuren, Gewalt wird delegiert, umgeformt, unsichtbar. Die Kriege des 21. Jahrhunderts sind postheroisch und sehen aus, als würden sie wider Willen geführt. Und mit Stolz über die Vernichtung von Völkern zu sprechen – das ist seit dem Holocaust unmöglich geworden.

Die »Eduard Bohlen« rostet heute im Sand dahin, und vielleicht wird einmal das ganze westliche Gesellschaftsmodell mit all seinen Errungenschaften von Demokratie, Freiheitsrechten, Liberalität, Kunst und Kultur aus der Sicht eines Historikers des 22. Jahrhunderts als so deplatziert gestrandet erscheinen wie das nun in der Wüste schwimmende Sklavenschiff, ein eigentümlicher Fremdkörper aus einer *anderen* Welt. Falls es im 22. Jahrhundert noch Historiker geben sollte.

Dieses Gesellschaftsmodell, so gnadenlos erfolgreich es ein Vierteljahrtausend lang war, kommt nun, in dem Augenblick, wo sein Siegeszug global wird und selbst kommunistische und gerade noch kommunistisch gewesene Länder in den Attraktionsrausch eines Lebensstandards mit Auto, flat-screen und Fernreise gezogen hat, an eine Grenze seines Funktionierens, mit der in dieser Konsequenz kaum jemand gerechnet hätte. Die Emissionen, die der Energiehunger der Industrie- und immer mehr auch der Schwellenländer produziert, drohen das Klima aus dem Takt zu bringen. Die Folgen sind jetzt schon sichtbar, für die Zukunft aber unabsehbar; gewiss ist nur, dass die schrankenlose Vernutzung fossiler Energie nicht endlos weitergehen kann, und dass dieses Ende nicht, wie lange Zeit angenommen, vom Versiegen der Ressourcen diktiert ist, sondern von der Unbeherrschbarkeit der Folgen ihres Verbrennens.

Aber nicht nur, weil die Klimawirkungen der emittierten Schadstoffe ab einem Schwellenwert der Erwärmung um etwa zwei Grad nicht mehr kontrollierbar sein werden, kommt das westliche Modell an seine Grenze, sondern auch, weil eine globalisierte Wirtschaftsform, die auf Wachstum und Ausbeutung von Naturressourcen setzt, als weltweites Prinzip nicht funktionieren kann. Denn logisch funktioniert sie nur dann, wenn Macht sich an einer Stelle der Welt akkumuliert und an einer anderen Stelle angewendet wird; ihr Wesen ist partikularistisch, nicht universal – nicht alle können sich gegenseitig ausbeuten. Da die Astronomie noch keine kolonisierbaren Planeten in Reichweite anbieten kann, kommt man um die ernüchternde Feststellung nicht herum, dass die Erde eine Insel ist. Man kann nicht weiterziehen, wenn das Land abgegrast und die Rohstoff-Felder abgebaut sind.

Da nun aber die Überlebensressourcen schwinden, zumindest in manchen Regionen Afrikas, Asiens, Osteuropas, Südamerikas, der Arktis und der Inselstaaten im Pazifik, wird das Problem auftreten, dass immer mehr Menschen immer weniger Grundlagen zur Sicherung ihres Überlebens vorfinden. Es liegt auf der Hand, dass dies zu Gewaltkonflikten zwischen denen führt, die sich von ein- und demselben Stück Land ernähren oder aus derselben verrinnenden Wasserquelle trinken wollen, und genauso liegt es auf der Hand, dass man in absehbarer Zeit Umwelt- und Kriegsflüchtlinge nicht mehr sinnvoll voneinander unterscheiden können wird, weil neue Kriege umweltbedingt entstehen und Menschen vor der Gewalt fliehen. Da sie irgendwo bleiben müssen, entwickeln sich weitere Gewaltquellen – in den Ländern selbst, in denen man nicht weiß, wo man hin soll mit den Binnenflüchtlingen, oder an den Grenzen der Länder, in die sie hineinwollen, wo man sie aber auf keinen Fall haben möchte.

Dieses Buch beschäftigt sich mit der Frage, wie Klima und Gewalt zusammenhängen. In einigen Fällen, wie beim Krieg im Sudan, ist dieser Zusammenhang direkt, geradezu mit Händen zu greifen. In vielen anderen Kontexten heutiger und künftiger Gewalt – in Bürger- und Dauerkriegen, im Terror, in illegaler Migration, in Grenzkonflikten, in Unruhen und Aufständen – besteht die Verbindung zwischen Klimawirkungen und Umweltkonflikten nur indirekt und vor allem in der Weise, dass die Klimaerwärmung die globalen Ungleichheiten in den

Lebenslagen und Überlebensbedingungen vertieft, weil sie die Gesellschaften sehr unterschiedlich trifft.

Aber ganz gleich, ob Klimakriege eine direkte oder indirekte Form dessen sind, wie Konflikte im 21. Jahrhundert gelöst werden – die Gewalt hat in diesem Jahrhundert eine große Zukunft. Es wird nicht nur *Massenmigrationen* sehen, sondern gewaltsame Lösungen von *Flüchtlingsproblemen*, nicht nur Spannungen um Wasser- oder Abbaurechte, sondern *Ressourcenkriege*, nicht nur Religionskonflikte, sondern *Überzeugungskriege*. Ein zentrales Merkmal der Gewalt, wie sie vom Westen ausgeübt wird, besteht im Bemühen darum, diese so weit irgend möglich zu delegieren – an private Sicherheits- und Gewaltunternehmen oder im Fall der Grenzsicherung dadurch, dass die Grenzen nach außerhalb, in wirtschaftlich und politisch abhängige Länder verlegt werden. Auch die sicherheitspolitischen Bemühungen, Täter schon dingfest zu machen, bevor sie Taten begangen haben, also die Vorverlagerung von Tatbeständen, gehört in diesen Prozess der wachsenden Indirektheit von Gewalthandeln. Während der Westen nicht nur zum direkten Mittel des Krieges wie in Afghanistan und im Irak greift, sondern Gewalt bevorzugt auslagert und indirekt macht, lassen sich in anderen Ländern Gesellschaftszustände beschreiben, in denen Gewalt permanent und zur zentralen Bedingung wird, unter der Menschen ihr Leben zu fristen versuchen. All dies ist Ausdruck jener Asymmetrie, die vor 250 Jahren weltgeschichtlich bestimmend geworden ist, sich bis heute fortschreibt und durch die Klimaerwärmung vertieft wird.

Es wäre wenig ergiebig, eine Untersuchung über künftige Kriege und Gewaltkonflikte rein prognostisch anlegen zu wollen, weil sich soziale Prozesse nicht linear entwickeln – man kann heute nicht wissen, welche Wanderungen das Auftauen der Permafrostböden in Sibirien in Gang setzen oder welche Gewalt die Überflutung einer Megacity oder eines ganzen Landes auslösen wird. Und noch weniger kann man wissen, wie

Menschen auf künftige gefühlte Bedrohungen reagieren und welche Folgen wiederum diese Reaktionen auslösen werden. Das gilt übrigens für die naturwissenschaftlichen Ansätze, den Klimawandel und seine Folgen zu verstehen, ebenso: Es wird allzu leicht übersehen, dass die argumentative Basis der Klimaforscher in der Regel eine historische ist. Sie rechnen nämlich Veränderungsprozesse hoch, die bereits nachweisbar stattgefunden haben, etwa wenn sie Kohlendioxidkonzentrationen in der Luft oder im Wasser in Eis- oder Gesteinsschichten messen, deren Alter man exakt bestimmen kann.

Die Zukunftsszenarien, die öffentliche Beunruhigung hervorrufen, beruhen also auf Daten aus der Vergangenheit, und ganz ähnlich wird in diesem Buch weniger über mögliche Zukünfte spekuliert, als darüber berichtet, wie und wofür Gewalt in der Vergangenheit ausgetragen wurde und in der Gegenwart ausgeübt wird, um ermessen zu können, welche Zukunft die Gewalt im 21. Jahrhundert hat. Da Gewalt *immer* eine Option menschlichen Handelns ist, ist es unausweichlich, dass gewaltsame Lösungen auch für Probleme gefunden werden, die auf sich verändernde Umweltbedingungen zurückgehen.

Deshalb finden sich auf den folgenden Seiten nicht nur Darstellungen von *Klimakriegen*, sondern auch Untersuchungen darüber, wie sich Menschen im Rahmen von Kriegen zum Töten entscheiden oder darüber, wie sich die Wahrnehmung von Umwelten verändert – weil nicht die objektiven Bedingungen einer Situation darüber entscheiden, wie sich Menschen verhalten, sondern die Art und Weise, wie sie diese Bedingungen wahrnehmen und deuten. In diesen Zusammenhang gehören auch Fragen wie die, warum sich Menschen dazu entschließen, zu Selbstmordterroristen zu werden, warum es Kriege gibt, an deren Beendigung niemand interessiert ist, oder warum immer mehr Menschen dazu bereit sind, ihre Freiheitsrechte gegen Sicherheitsversprechen einzutauschen.

Das Buch gliedert sich grob in eine Darstellung des Problems, dass gefühlte Probleme dann auf Lösungen dringen, wenn sie als bedrohlich wahrgenommen werden, anschließend in drei Untersuchungen zum Töten von gestern, heute und morgen und schließlich in eine Beschreibung von *shifting baselines,* also des faszinierenden Phänomens, dass Menschen sich mit ihrer Umwelt in ihren Wahrnehmungen und Werten verändern, ohne das selbst zu bemerken.

Die abschließende Frage eines solchen Buches lautet natürlich, was getan werden kann, um das Schlimmste zu verhindern, oder – pathetischer gesagt – um praktische Lehren aus der Geschichte zu ziehen. Das erste Schlusskapitel beschäftigt sich daher mit Möglichkeiten eines kulturellen Wandels, der einen Auszug aus der tödlichen Logik von unaufhörlichem Wachstum und grenzenlosem Konsum erlaubt, ohne dass man das als Verzicht empfinden müsste. Optimisten sollten am Ende dieses Kapitels die Lektüre beenden und sich überlegen, was sie mit dem Konzept einer *guten Gesellschaft* anfangen wollen, das hier entwickelt wird.

Denn es folgt noch ein zweites Schlusskapitel, und das stellt die dunkle Perspektive dar, die meiner Einschätzung entspricht, wie die Sache mit dem Klimawandel ausgehen wird: nicht gut. Seine Folgen werden nicht nur die Welt verändern und andere Verhältnisse etablieren, als man bislang kannte, sie werden auch das Ende der Aufklärung und ihrer Vorstellung von Freiheit sein. Aber es gibt Bücher, die schreibt man in der Hoffnung, dass man Unrecht hat.

Klimakonflikte

Der Westen I

Im Jahr 2005 ist eine »Europäische Agentur für die operative Zusammenarbeit an den Außengrenzen der Mitgliedstaaten der Europäischen Union« ins Leben gerufen worden. Hinter diesem sperrigen und bürokratisch klingenden Namen verbirgt sich eine höchst dynamische Institution, die die Überwachung der Außengrenzen der EU schlagkräftiger und effizienter machen soll. Dafür beschäftigt sie derzeit etwa einhundert Mitarbeiter und plant einen Einsatzpool von circa fünf- bis sechshundert mobil einsetzbaren Grenzpolizisten, die aus den Mitgliedstaaten kommen und – dies ist ein rechtliches Novum – auch *außerhalb* dieser Staaten grenzpolizeiliche Aufgaben übernehmen sollen. Die Agentur verfügt gegenwärtig über zwanzig Flugzeuge, dreißig Hubschrauber und mehr als hundert Schiffe, daneben über ausgefeilte technische Ausrüstung wie Nachtsichtgeräte, Laptops etc.

Da der offizielle Name offenbar zu unhandlich ist, hat man sich auf ein eingängiges Kürzel verständigt: Nach dem französischen »frontieres exterieures« heißt das Ganze jetzt sprechend »Frontex«, und es ist nicht auszuschließen, dass dieser Name programmatisch ist. Frontex arbeitet eng mit anderen Behörden wie EUROPOL zusammen, berät die örtlichen Grenzpolizeien an den Brennpunkten illegaler Migration und hilft, wie es heißt, »den Mitgliedstaaten bei der Durchführung von gemeinsamen Rückführungsmaßnahmen gegenüber ausreisepflichtigen Drittstaatsangehörigen«.[7] Ausreisepflichtige Drittstaatsangehörige sind Personen, die kein Asyl bekommen und wieder in ihre Herkunftsländer zurücktransportiert bzw., im offiziellen Sprachgebrauch, »repatriiert« werden, nachdem sie auf irgendeine Weise ein EU-Land bzw. eines der in das Schengener Abkommen einbezogenen Länder[8] erreicht hatten.

Das am 26. März 1995 in Kraft getretene Schengener Abkommen hat das Sicherungsproblem der Grenzen der Mitgliedsländer an die Außenränder Europas gelegt. Während innerhalb des Schengen-Raums Freizügigkeit herrscht, also Verzicht auf Grenzkontrollen etwa bei der Reise von Deutschland nach Holland oder Österreich, verlangt eine »Herkunftsstaatenregelung« von Asylbewerbern den Nachweis einer politischen Verfolgung, sofern sie aus als »sicher« eingestuften Ländern kommen; die »Drittstaatenregelung« sorgt hingegen dafür, dass Personen, die es geschafft haben, beispielsweise aus Sierra Leone in das spanische Andalusien zu gelangen und sich von dort nach Deutschland durchzuschlagen, von hier aus wieder umstandslos nach Spanien zurückgeschickt werden und in Deutschland niemals mehr einen Asylantrag stellen können. Dass diese Regelung den Druck auf die spanischen und portugiesischen, aber auch auf osteuropäische Grenzen erheblich erhöht hat, während die Bewerbungen um Asyl in Deutschland auf ein Viertel des Niveaus von 1995 abgesunken sind, ist nicht verwunderlich. Gerade daraus ergibt sich aber auf EU-Ebene die Frage, wie angesichts der schon gegenwärtig, künftig aber wegen des Klimawandels noch erheblich schneller anwachsenden Flüchtlingszahlen die europäischen Außengrenzen der EU wirksamer geschützt werden können, als es im Augenblick der Fall ist.

Deshalb wurde Frontex auf dem Verordnungswege eingerichtet und hat offenbar schon erste Erfolge zu verzeichnen – etwa in Gestalt eines erheblichen Rückgangs der auf den Kanarischen Inseln anlandenden Flüchtlingsboote. Die Flüchtlinge wiederum, die – meist in Schlauchbooten – 1200 Kilometer über das offene Meer aus Westafrika nach Gran Canaria oder Teneriffa fahren, sind Personen, die aus Ländern kommen, in denen Bedingungen herrschen, die ein Überleben nahezu unmöglich machen. Sie wurden wegen Staudammprojekten umgesiedelt, sind vor Bürgerkriegen geflohen und in Lagern oder Megastädten wie Lagos gelandet, wo drei Millionen Menschen in Slums leben und wo es weder Frischwasser noch Kanalisation gibt. Sie kaufen sich für nach ihren Verhältnissen exorbitante Summen bei so genannten Schleppern ein und bekommen einen Platz auf einem jener überfüllten, meist nicht seetüchtigen Boote, ohne Rückfahrschein, aber mit hohem Risiko, die Reise nicht zu überstehen.[9] Immerhin 30 000 haben es im Jahr 2006 lebend auf die Kanaren geschafft, was die dortigen Sicherheitsbehörden und nicht zuletzt auch die Tourismusindustrie vor beträchtliche Probleme stellt.

Andere Flüchtlinge nehmen die zwar nur 13 Kilometer lange Strecke über die Meerenge von Gibraltar, die aber wegen der dort herrschenden Strömungsverhältnisse und des dichten Schiffsverkehrs nicht minder gefährlich ist. Entsprechend erreicht eine große Zahl der Flüchtlinge die gegenüberliegenden Ufer Spaniens oder Portugals nicht, von wo aus sie aber in der Regel ohnehin zurückgeschickt würden; Schätzungen gehen davon aus, dass allein im Jahr 2006 ungefähr 3000 Personen unterwegs ertrunken sind. Das erwähnt auch Frontex, das gerade in der Vermeidung »der unter lebensbedrohenden Umständen erfolgenden illegalen Einreiseversuche« ein wichtiges Anliegen hat.[10]

Da man den Flüchtlingen ihre Motive, Europa um jeden Preis erreichen zu wollen, nicht nehmen kann und sie, je effektiver Frontex arbeiten wird, auf desto gefährlichere Routen ausweichen werden, läge die ideale Form der Grenzsicherung natürlich darin, die EU-Außengrenzen nach Afrika zu verlegen, um die Flüchtlinge von vornherein daran zu hindern, den Kontinent zu verlassen. Schon im Oktober 2004 hatte der damalige Bundesinnenminister Otto Schily den Vorschlag gemacht, in Afrika Auffanglager einzurichten und gleich an Ort und Stelle zu prüfen, ob ein Asylanspruch bestehe oder nicht.[11] Diese Idee erzeugte bei den meisten anderen Innenministern der EU erhebliches Unbehagen und stieß zugleich auf heftige Proteste von Menschenrechtsorganisationen. Die Suche nach anderen Lösungen und die entsprechenden Verhandlungen mit der Afrikanischen Union gestalten sich bis heute noch zäh, sodass zu einer verschärften Grenzsicherung gegenwärtig keine Alternativen bestehen, wenn man diese Leute nicht nach Europa hereinlassen will. Die Lage in den spanischen Exklaven Ceuta und Melilla versinnbildlicht das Problem geradezu, indem die Grenzanlagen beständig verstärkt und erhöht werden, während die Flüchtlinge immer verzweifelter Mittel ersinnen, um über die Zäune zu klettern – etwa in Form eines Massenansturms wie im September 2005, als etwa 800 Personen gleichzeitig die Grenze zu stürmen versuchten.

Mittelfristig wird den bedrängten Ländern innovative Technik Entlastung verschaffen – so wie an der amerikanischen Grenze zu Mexiko, wo gegenwärtig ein zwei Milliarden Dollar teures Barrieresystem geplant wird, das unter anderem erlaubt, die Positionen potenzieller Grenzverletzer per GPS zu ermitteln und via live stream an die Laptops der am nächsten patroullierenden Grenzpolizisten weiterzuleiten. Man erwartet, dass die Zahl der illegalen Grenzübergänger dadurch drastisch reduziert werden kann. Im Jahr 2006 wurden 1,1 Millionen Personen an dieser Grenze verhaftet. Das US-Repräsentantenhaus hat im September 2006 dem Plan zugestimmt, einen 1125 Kilometer langen Hightech-Zaun zu errichten, der die erwähnten Sicherungsfunktionen unterstützt. Die Grenze ist zwar insgesamt 3360 Kilometer lang, aber man geht davon aus, dass die Maßnahmen viele potenzielle Grenzverletzer abschrecken werden, denn das verbleibende Gelände ist kaum begehbar, da es entweder aus Wüsten- oder aus Bergland besteht; der kürzeste

Fußmarsch beträgt 80 Kilometer. Zwischen 1998 und 2004 sind an dieser Grenze 1954 Personen gestorben.

Amerika und Europa werden sich künftig wirksamer schützen müssen vor dem Ansturm der befürchteten Millionen von Flüchtlingen, die wegen des Klimawandels zu erwarten sind – Hunger, Wasserprobleme, Kriege und Verwüstungen werden für einen kaum abschätzbaren Druck auf die Grenzen der Wohlstandsinseln Westeuropa und Nordamerika sorgen. Der Wissenschaftliche Beirat der Bundesregierung Globale Umweltveränderungen (WBGU) weist in diesem Zusammenhang darauf hin, dass »aktuell 1,1 Milliarden Menschen über keinen sicheren Zugang zu Trinkwasser in ausreichender Menge und Qualität verfügen. Diese Situation«, heißt es weiter, könne »sich in einigen Regionen der Welt weiter verschärfen, weil es durch den Klimawandel zu größeren Schwankungen in den Niederschlägen und der Wasserverfügbarkeit kommen dürfte«.[12]

Zudem seien weltweit 850 Millionen Menschen unterernährt, eine Zahl, die aus Sicht des Gutachtens infolge des Klimawandels ebenfalls erheblich ansteigen kann, weil die zu bewirtschaftenden Anbauflächen kleiner werden. Die daraus resultierenden internen Verteilungskonflikte führen zu einem erhöhten Risiko von Gewalteskalationen mit den entsprechenden Folgen für Bevölkerungsverschiebungen und Migrationen, weshalb die Zahl der so genannten Migrationsbrennpunkte zunehmen wird. Entwicklungspolitik sollte vor diesem Hintergrund, so schlägt der WBGU vor, als »präventive Sicherheitspolitik« verstanden werden.

Diese Entwicklungen geben einen Vorgeschmack darauf, was passieren wird, wenn die Flüchtlingsströme durch den Klimawandel weiter anwachsen. Die mit der Erderwärmung einhergehenden Raum- und Ressourcenkonflikte werden in den nächsten Jahrzehnten fundamentale Auswirkungen auf die Gestalt der westlichen Gesellschaften haben – Frontex ist da nur ein unscheinbarer Vorbote. Der Klimawandel ist deshalb nicht nur eine umweltpolitische Angelegenheit von äußerster Dringlichkeit, sondern er wird zugleich die größte soziale Herausforderung der Moderne sein, weil er die Überlebenschancen von Millionen von Menschen gefährdet und diese zu Massenmigrationen zwingt. Damit wird die Frage unausweichlich, wie mit den Massen von Flüchtlingen verfahren werden soll, die dort, wo sie herkommen, nicht mehr existieren können und an den Überlebenschancen in den privilegierten Länder teilhaben möchten.

Die Anderen

Im nördlichen Sudan hat sich die Wüste in den letzten vierzig Jahren um hundert Kilometer weiter in Richtung des zuvor fruchtbareren Südens ausgebreitet. Das liegt daran, dass zum einen die Regenfälle immer weiter zurückgehen und zum anderen die Überweidung von Grasflächen, das Abholzen von Wäldern und die dann einsetzende Bodenerosion das Land unfruchtbar gemacht haben. Vierzig Prozent des Waldes sind im gesamten Sudan seit der Unabhängigkeit des Landes verloren gegangen; im Augenblick schreitet die Entwaldung mit jährlich 1,3 Prozent des Bestandes voran. Für manche Regionen prognostiziert das Umweltprogramm der Vereinten Nationen einen Totalverlust des Waldes innerhalb der nächsten zehn Jahre.

Klimamodelle sagen für den Sudan einen Temperaturanstieg von 0,5 Grad Celsius bis 2030 und von 1,5 Grad bis 2060 voraus; zugleich wird die Regenmenge um weitere fünf Prozent im Jahresdurchschnitt abnehmen. Für die Getreideernten bedeutet das einen Rückgang um circa 70 Prozent. Im nördlichen Sudan leben etwa 30 Millionen Menschen. Man muss zur Beurteilung dieser Zahlen wissen, dass das Land schon jetzt zu den ärmsten Regionen der Welt gehört; zugleich ist es ökologisch erheblich gefährdet, und seit einem halben Jahrhundert wird im Sudan Krieg geführt. Es gibt deshalb fünf Millionen Flüchtlinge im Land, so genannte Internal Displaced Persons (IDPs), Menschen, die ihre Dörfer verlassen mussten, weil sie von Milizen systematisch vertrieben wurden. Die morden nicht nur, sie verbrennen auch die Dörfer und Wälder, um die Davongekommenen an einer Rückkehr zu hindern.

Die meisten IDPs leben in Lagern, die praktisch keine Infrastruktur haben, keinen Strom, keine Kanalisation, kaum Wasser und ärztliche Betreuung. Die Versorgung mit Nahrungsmitteln wird weitgehend durch internationale Hilfsorganisationen gewährleistet. Die Insassen haben alles verfügbare Holz im Umkreis von bis zu zehn Kilometern um die Lager herum geschlagen; sie brauchen das Brennholz, um kochen zu können. Das kahle Land ist gefährlich; viele Frauen werden auf der Suche nach Holz vergewaltigt und getötet. Beraubt werden sie nicht; sie haben nichts, was man stehlen könnte.

Die Region Darfur im Westen zeigt dasselbe Bild, vielleicht ist es hier sogar noch schlimmer, seitdem sich die Kampfhandlungen auch auf die angrenzenden Länder Tschad und die Zentralafrikanische Republik ausgedehnt haben. In Darfur gibt es noch einmal zwei Millionen IDPs, meist leben sie in wilden Camps am Rande größerer Ansiedlungen und Städte. In einigen Orten ist die Einwohnerzahl um 200 Prozent gestiegen, seit in Darfur offener Krieg herrscht. Zwischen den USA und Europa besteht gegenwärtig keine Übereinstimmung, ob man von Völkermord sprechen soll. 200 000 bis 500 000 Menschen sind bislang getötet worden.

Der Sudan ist der erste Fall eines kriegsgeschüttelten Landes, für den als sicher gilt, dass Klimaveränderungen eine Ursache für Gewalt und Bürgerkrieg bilden. Bislang nahm man an, dass die Gewaltfolgen des Klimawandels eher indirekt sind, aber dort, wo das Überleben ohnehin schon gefährdet ist, bekommen selbst geringfügige Verschiebungen erhebliche Brisanz. Und im Sudan sind sie nicht geringfügig. Das ist eine Sache von Überlebenskonkurrenz. In einem Land, in dem 70 Prozent der Bevölkerung auf dem und vom Land leben, gibt es ein Problem, wenn Weideflächen und fruchtbares Land verschwinden. Nomadische Viehzüchter brauchen Weiden, auf denen ihre Tiere grasen können, wie auch Kleinbauern Land brauchen, um Getreide und Früchte für ihr Überleben und das ihrer Familien anbauen zu können. Wenn die Wüste sich ausbreitet, beanspruchen die Viehzüchter das Land der Bauern, oder umgekehrt. Es gibt eine kritische Untergrenze, von der an Überlebensinteressen nur noch mit Gewalt durchgesetzt werden.

Der Sudan hat von 1967 bis 1973 und dann zwischen 1980 und 2000 eine Reihe katastrophaler Dürren erlebt – zum Teil mit der Folge von großräumigen Bevölkerungsverschiebungen und Tausenden von Hungertoten. Natürlich gibt es neben dem ökologischen Desaster eine Fülle weiterer Konfliktursachen, sogar so viele, dass einen die Versuche, historische Übersichten vorzulegen, heillos verwirrt zurücklassen.[13] Kein Wunder: Seit 1955 wird dort in unterschiedlicher Intensität und in unterschiedlichen Regionen und Provinzen Krieg geführt, seit einem halben Jahrhundert also. Lediglich zwischen 1972 und 1983 gab es eine Phase eines fragilen Friedenszustands. 2005 wurde ein Friedensabkommen unterzeichnet, seitdem wird im südlichen Sudan tatsächlich nicht mehr gekämpft. Aber seit 2003 herrscht dafür Krieg in Darfur, im westlichen Sudan. Die Konfliktsituation ist desaströs, selbst wenn noch gar kein Wort über Trinkwassermangel, Überschwemmungskatastrophen, Vergiftungen durch ungeklärte Abwässer, riesige Müllhalden und Umweltzerstörungen durch die expandierende Ölindustrie verloren worden ist. Es gibt einen direkten Zusammenhang von Klimawandel und Krieg. Der Blick auf den Sudan ist ein Blick in die Zukunft.

Der Westen II

In den westlichen Ländern hat sich die Aufregung um den Klimawandel und seine Folgen vom Jahresanfang 2007, als die drei Berichte des Intergovernmental Panel on Climate

Change (IPCC) veröffentlicht wurden, inzwischen gelegt. Auch wenn die Szenarien global düster erscheinen: Man weiß mittlerweile, dass es auch Regionen geben wird, die als Gewinner des Klimawandels gelten, weil sich die Anbaubedingungen genauso verbessern können wie die touristische Attraktivität. An den deutschen Nordseeküsten freuen sich die Hotelbetreiber; Weinbaugebiete rücken immer weiter nach Norden vor. Der Stern-Report[14], der die Kosten eines ungebremsten Temperaturanstiegs mit den Kosten für ein Abstoppen des Erwärmungsprozesses verglichen hat, scheint nach einer ersten Schrecksekunde ganz neue ökonomische Horizonte für Hochtechnologieländer eröffnet zu haben. Sir Nicholas Stern, der ehemalige Chefökonom der Weltbank, hat berechnet, dass die Kosten einer ungebremsten Klimaerwärmung zwischen 5 und 20 Prozent des globalen Pro-Kopf-Einkommens beanspruchen würden, wobei der höhere Wert der wahrscheinlichere ist. Dagegen kostet eine Stabilisierung des CO_2-Ausstoßes bis zum Jahr 2050 lediglich ein Prozent des Bruttosozialprodukts, was mit einer normalen wirtschaftlichen Entwicklung durchaus vereinbar wäre.

Natürlich gibt es dabei branchenspezifische Unterschiede – Erzeuger von erneuerbaren Energien werden profitieren, der Skitourismus wird verlieren etc. Aber insgesamt wird in einem sofortigen Einläuten einer Wende in der Klimapolitik eine wirtschaftliche Chance für den Westen gesehen. Verbesserte Verfahren der Energiegewinnung, energieeffizientere Geräte aller Art, Hybridfahrzeuge, Biosprit, Sonnenkollektoren und vieles mehr verheißen Zukunft. Man spricht von der *dritten industriellen Revolution* und übersieht dabei, dass die erste und zweite die Ursachen der jetzigen Probleme sind.

Die Bürgerinnen und Bürger zeigen Umweltbewusstsein, indem sie nicht mehr mit gutem, sondern mit schlechtem Gewissen Flugzeuge benutzen. Nachdenken über den Klimawandel führt zu unerwarteten Reaktionen. Autofahrer greifen zum stärkeren Modell als ursprünglich vorgesehen, weil die Zeit für großvolumige Geländewagen mit 12 Zylindern und 500 PS bald abgelaufen sein könnte.[15] So genannte Klima- und Nachhaltigkeitsfonds werden mit dem Argument beworben, dass sich Kurse von Unternehmen, die im Klimabereich aktiv sind, »nachhaltig« besser als der Gesamtmarkt entwickeln. »Privatanleger können mit Fonds nicht nur finanziell vom Klimawandel profitieren, sie haben gleichzeitig das gute Gewissen, etwas gegen ihn zu unternehmen.«[16]

Was zeigen solche Beispiele? Sie zeigen Anpassungen von Menschen an sich verändernde Umweltbedingungen. Dabei wird deutlich, dass solche Adaptierungen nicht unbedingt in verändertem Verhalten liegen müssen, sondern auch in einer modifizierten Wahrnehmung der Probleme bestehen können. Vor kurzem wurde eine Studie darüber veröffentlicht, wie Fischer am Golf von Kalifornien den Rückgang der Fischbestände einschätzen. Trotz erheblicher objektiver Rückgänge in den Fischpopulationen und Überfischung in den küstennahen Regionen zeigten sich die Fischer desto weniger besorgt, je jünger sie waren. Sie kannten im Unterschied zu den älteren Kollegen viele Vorkommen und Arten gar nicht mehr, die früher in der Nähe der Küste gefischt worden waren.[17]

Man kann die kommenden Klimaprobleme als Chance, als ferne und vage Möglichkeit oder als unbedeutend wahrnehmen und sich so gegenüber der diffus gefühlten Bedrohung positionieren, in ein Verhältnis dazu setzen. In sich verändernden Gegenwarten verschieben sich, wie bei den südkalifornischen Fischern, auch die Wahrnehmungen derer, die Teil dieser Gegenwarten sind, und wenn trotzdem Dissonanzen entstehen, sind die Möglichkeiten vielfältig, sie zu glätten. Dazu kann schon genügen, ein *Bewusstsein* über das Problem zu haben, was einem suggeriert, dass man ihm nicht gleichgültig oder gedankenlos oder gar ohnmächtig gegenübersteht. Man ändert also seine Einstellung zum Problem und nicht seine Ursache.

Dabei muss man sehen, dass Einstellung und Verhalten zwei Dinge sind, die nur sehr lose miteinander verkoppelt sind, wenn überhaupt. Einstellungen kann man situationsentlastet, jenseits von Realitätsprüfungen und konkreten Entscheidungsbedingungen haben, während Handlungen in der Regel unter Druck stattfinden und von situativen Erfordernissen bestimmt werden – weshalb es sehr oft vorkommt, dass Menschen Handlungen begehen, die ihrer Einstellung widersprechen. Interessanterweise haben sie aber nur selten nennenswerte Schwierigkeiten damit, solche Widersprüche zu integrieren. Man vergleicht dann sein eigenes Verhalten mit dem noch schlimmeren der anderen, findet es im Rahmen der gesamten Problematik lächerlich unwichtig oder beschließt, es in Zukunft anders zu machen. All dies dient der Reduktion einer Dissonanz zwischen dem moralisch vertretenen und dem tatsächlichen Verhalten.[18]

Solche Dissonanzreduktionen sind nicht trivial; sie können auch im Kontext extremer Situationen wirksam sein, etwa dann, wenn Menschen aufgefordert werden, andere Menschen umzubringen, und Schwierigkeiten damit haben, diese Aufgabe mit ihrem moralischen Selbstbild zu verbinden. Ich habe in einer Studie über Massenmörder im Vernichtungskrieg zu zeigen versucht, wie es diesen Männern gelingt, Mord und Moral in Übereinstimmung zu bringen.[19] Es gelingt ihnen, indem sie sich innerhalb eines mentalen Referenzrahmens orientieren, der keinerlei Zweifel an der Notwendigkeit und Richtigkeit ihrer Handlungen aufkommen lässt.

Diese Männer handelten in Gruppen, fern ihrer gewohnten sozialen Zusammenhänge, und damit waren die Normen, die sich unter ihnen entwickelten und wechselseitig bestätigten, durch keinerlei Kritik von außen infrage gestellt. Sie handelten im Rahmen »totaler« Situationen,[20] in denen die soziale Heterogenität eines Alltags fehlt, in dem wechselnde Rollen, Sozialkontakte und Anforderungen korrigierend oder konflikthaft aufeinander einwirken. Das Töten selbst wurde als eine Aufgabe betrachtet, die notwendig war, den Männern aber erhebliche Schwierigkeiten bereitete, weil es ihrem Selbstbild durchaus nicht entsprach, wehrlose Menschen und besonders Frauen und Kinder zu töten. Gerade darin aber, dass sie sich selbst als Menschen empfinden konnten, die unter der Aufgabe litten, die sie erfüllen zu müssen meinten, konnten sie ihr moralisches Selbstbild als eigentlich »guter Kerl« mit ihrer grauenhaften Arbeit in Einklang bringen[21] – weshalb auch kaum einer von ihnen im Nachkrieg massive Schuldgefühle entwickelt hat und die meisten sich unauffällig und erfolgreich in die deutsche Nachkriegsgesellschaft integrieren konnten.

In der Tat ist es das hervorstechende und deprimierende gemeinsame Merkmal von Täteraussagen im Zusammenhang von Massenmorden, dass eine persönliche Zurechnung von Schuld nirgendwo vorkommt, dagegen aber regelmäßig eine ostentative Darstellung dessen, dass man gegen seinen eigenen Willen und gegen sein eigenes Empfinden in die Lage gekommen war, grauenhafte Dinge zu tun – worunter man selbst gelitten habe. Man kann hier eine Spur der Himmlerschen Ethik der »Anständigkeit«[22] erkennen, die seinerzeit nicht nur handlungsleitend war, sondern es den Tätern ermöglichte, sich selbst als Menschen zu sehen, die unter den unangenehmen Aspekten ihrer Arbeit leiden konnten. Im Nachkrieg stellt diese Selbstwahrnehmung die biografische Bruchlosigkeit und Kohärenz sicher, die beim Lesen ihrer Aussagen so sehr frappiert.

Solche Beispiele extremen Gewalthandelns zeigen, dass für das Verhalten von Menschen in konkreten Situationen prinzipiell nicht die objektiven Bedingungen dieser Situationen ausschlaggebend sind, sondern ihre Wahrnehmungen und ihre Interpretationen dieser Wahrnehmungen. Erst die Interpretation führt zu einer Schlussfolgerung, und die wiederum zu einer Handlung. Deshalb können auch Handlungen, die von außen betrachtet als völlig irrational, kontraproduktiv oder sinnlos erscheinen, für denjenigen, der sie ausführt, sogar dann höchst sinnhaft sein, wenn er sich selbst dabei schadet. So hat Mohammed Atta einen Sinn darin gesehen, ein Flugzeug in die Twin Towers zu steuern, und der RAF-Terrorist Holger Meins darin, sich in der Haft zu Tode zu hungern. Überrationalisierte Menschenbilder, wie sie vielen Handlungstheorien zugrunde liegen, haben für solche Formen *partikularer Rationalität* keinen Platz. Erst wenn man untersucht, wie Menschen ihre Wirklichkeit wahrnehmen, kann man verstehen, wieso sie Schlussfolgerungen aus diesen Wahrnehmungen ziehen, die – von außen betrachtet – völlig bizarr erscheinen.

Vielleicht gewinnt man so auch etwas mehr Einsicht in die eigentümliche Lage, derzufolge einerseits kaum Zweifel daran bestehen kann, dass vielen Gesellschaften in den nächsten Jahren oder Jahrzehnten ein klimabedingter Kollaps bevorsteht[23] und dass sich die Lebensbedingungen für alle Menschen mittelfristig stark verändern werden, was aber andererseits niemand wirklich *glaubt*. Diese irritierende Form der Apokalypseblindheit (Günter Anders) hat neben der merkwürdigen Fähigkeit von Menschen, sich durch Widersprüche im eigenen Verhalten nicht irritieren zu lassen, eine Reihe sehr handfester Gründe, deren wichtigste in der Komplexität moderner Handlungsketten und in der Unzurechenbarkeit von Handlungsfolgen liegen. Dieses Phänomen hat Zygmunt Bauman als »Adiaphorisierung« bezeichnet, das Verschwinden von Verantwortung durch den arbeitsteiligen Vollzug von Handlungen.[24]

Eine Voraussetzung dafür, verantwortlich handeln zu können, besteht zum Beispiel darin, dass die Parameter für ein planvolles Handeln bekannt sind. In modernen funktional differenzierten Gesellschaften mit ihren langen Handlungsketten und ihren komplexen Interdependenzen ist es für den Einzelnen prinzipiell schwierig, ein Verhältnis zwischen dem herzustellen, was er an Handlungsfolgen auslöst, und dem, was er qua eigener Handlungssteuerung praktisch verantworten kann. Genau aus diesem Grund sind Institutionen wie Gerichte, Psychiatrische Anstalten, Beratungsagenturen etc. entstanden, die die Herstellung solcher Verhältnisse zu moderieren und regeln versuchen – mit einer eigenen Dialektik, denn auch hier sind die Prozesse arbeitsteilig, was dazu führen kann, dass sich, wie

Heinrich Popitz formuliert, die Nichtzuständigkeit des Mitarbeiters in »fataler Weise mit der Nicht-Zugehörigkeit der Menschen [verbindet], deren Fälle bearbeitet werden. Beides zusammen (Nichtzuständigkeit für Nicht-Zugehörigkeit) führt zu den reibungslosen Exzessen an Indolenz, die wir kennen.«[25]

Das Problem des Schwindens von Verantwortung ist also eines, das sich mit gesellschaftlichen Modernisierungsprozessen selbst ergibt, und es stellt gewissermaßen den Preis der Fortentwicklung und Neuschaffung solcher Institutionen dar – Verantwortlichkeit transformiert sich in Zuständigkeit, und damit automatisch auch in Nicht-Zuständigkeit. Gravierender ist aber vielleicht noch, dass man Verantwortung nur übernehmen kann, solange ein zeitliches Verhältnis zwischen Handlung und Handlungsfolge besteht, das eine wechselseitige Zurechnung erlaubt. Solange man es mit linearen Ursachen- und Wirkungszusammenhängen zu tun hat, die die Lebenszeit der beteiligten Akteure nicht überschreiten, sind solche Zurechnungen möglich, wie man es etwa an der Entscheidung des Internationalen Gerichtshofes sehen kann, dass Serbien zwar keinen Völkermord an den muslimischen Bosniern verübt, es aber verfehlt hat, gegen einen solchen Völkermord zu intervenieren. Andere Beispiele lassen sich im Bereich des Schuldrechts bei der Produkthaftung, im Strafrecht, im Versicherungsrecht usw. finden. In allen diesen Fällen wird erwogen, inwieweit jemand der Verursacher einer Handlungsfolge war und inwieweit er die eingetretene Handlungsfolge antizipieren konnte.

Wie aber steht es mit Problemlagen, die dadurch gekennzeichnet sind, dass die Verursacher für eine eingetretene Handlungsfolge nicht verantwortlich gemacht werden können, weil sie schon gar nicht mehr am Leben sind? Im Unternehmensrecht ist dieses Problem über die Institution des Rechtsnachfolgers geregelt,[26] das es bei Privatpersonen aber nicht gibt. Das ist nur der mildere Aspekt des Problems. Kompliziert wird die Sache dann, wenn wie im Fall des Klimawandels die Ursachen für die sich gegenwärtig abzeichnenden Probleme mindestens ein halbes Jahrhundert zurückliegen und nach dem damaligen Stand der naturwissenschaftlichen Forschung gar nicht vorherzusehen waren. Und noch komplizierter wird das Ganze, wenn Interventionsstrategien gegen die seinerzeit nicht antizipierbaren Handlungsfolgen in der Gegenwart nur höchst unsichere und überdies in einer zeitlich weit entfernten Zukunft Erfolge bringen können. Hier ist die zeitliche Beziehung zwischen Handlung und Handlungsfolge generationenübergreifend verlängert und darüber hinaus nur durch wissenschaftliche Vermittlung darstellbar. Sinnlich erfahrbar ist sie kaum, was für die Erzeugung von Handlungsmotivationen ein Hindernis darstellt und auch nicht dazu beiträgt, sich wenigstens einen Teil der Verantwortung für die heutigen Probleme zuzurechnen.

Denn logisch ergibt sich daraus, dass einer im Jahr 2007 lebenden 40-jährigen Person eine Verantwortung für ein Problem zugeschrieben wird, dessen Verursachung zeitlich *vor* ihrer Geburt und dessen Lösung *nach* ihrem Tod lokalisiert ist, weshalb sie weder auf die Verursachung noch auf die Lösung direkt Einfluss nehmen kann. Gleichwohl müsste von dieser Person ein verantwortlicher Umgang mit dem Problem erwartet und gefordert werden, und es stellt sich die Frage, ob sie überhaupt mit einem solchen Problem im traditionellen Sinn verantwortlich umgehen *kann* und, wenn ja, wie die Realisierung einer solchen Verantwortung aussehen könnte.

Diese Frage hat eine erhebliche Tragweite für demokratische Staatswesen: Denn was bedeutet das Auseinanderfallen von zeitlich zurechenbaren Verursacher-Folgen-Ketten für die Entwicklung von politischem Bewusstsein und für politische Entscheidungen überhaupt? Und weiter: Welchen Einfluss hat die eingebaute Verantwortungslosigkeit darauf, wie die mit dem Klimawandel entstehenden sozialen Folgen und Lösungsmöglichkeiten wahrgenommen werden? Oder noch weiter: Welche Lösungen werden wir in einigen Jahren für möglich halten, die uns heute noch als ganz undenkbar erscheinen?

Lösungsversuche

Im ersten Drittel des achtzehnten Jahrhunderts, als noch niemand daran denken konnte, dass zweihundert Jahre später eine als »die Moderne« bezeichnete Epoche ihre Ideale von Fortschritt, Rationalität und Effizienz in den industriellen Massenmord umsetzen würde, entwickelte Jonathan Swift ein Konzept, wie der Verelendung der irischen Bevölkerung Einhalt zu gebieten sei. Folgte man diesem Vorschlag, so Swift, würden die Kinder der Armen nicht mehr wie ihre Eltern einem trostlosen Dasein des Hungers, des Stehlens und der Bettelei entgegensehen und dem Königreich zur Last fallen müssen, vielmehr sollten sie »für den Rest ihrer Tage weder an Nahrung noch an Kleidung Mangel leiden, sondern [könnten] im Gegenteil einen Beitrag leisten zur Ernährung und teilweise zur Bekleidung vieler Tausender«. Das ist die Aufgabe, für die Swift eine Lösung bereithält, und er illustriert sie mit statistischen Daten über das stetige Anwachsen der Armutsbevölkerung, die auf jedes Kind entfallenden volkswirtschaftlichen Kosten und den disproportionalen Ertrag, der bei all dem herauskommt.

Und dann kommt die Lösung: »Ich gebe deshalb untertänig der Öffentlichkeit den Vorschlag zu bedenken, dass von den hundertzwanzigtausend Kindern, die wir schon errechnet haben, zwanzigtausend für die Aufzucht reserviert werden, wovon nur ein Viertel männlichen Geschlechts sein muss [...]. Die übrigen hunderttausend können als Einjährige Leuten von Rang und Vermögen im ganzen Königreich zum Kauf angeboten werden, wobei den Müttern zu raten ist, sie sollten die Kinder während des letzten Monats kräftig an der Brust nähren, so dass sie für eine gute Tafel schön rund und fett werden. Aus einem Kind lassen sich zu einem Essen mit Freunden zwei Gänge ausrichten, und wenn die Familie allein ist, so gibt die Laffe oder der Schinken ein ordentliches Essen ab; mit Pfeffer und Salz gewürzt, schmeckt das auch als Siedfleisch noch sehr gut, besonders im Winter.«[27]

Danach listet Swift eine ganze Reihe von positiven Effekten auf, die sich ergeben, wenn Kinder als Rohstoff für den Handel, die Gastronomie, die Lederwarenindustrie betrachtet werden. Und er bedenkt moralische Fragen, die aber – weil Abtreibungen und Kindsmorde zurückgehen würden – zugunsten seines Vorschlages entschieden werden können. Gegen Ende seiner Abhandlung resümiert Swift, dass er kein anderes Motiv kenne »als das Gemeinwohl meines Landes durch die Belebung des Handels, die Sorge für die kleinen Kinder, die Hilfe für die Armen und die Bereitstellung von einiger Lustbarkeit für die Reichen«.

Der »bescheidene Vorschlag« ist gewiss die bekannteste Satire von Swift, und sie bezieht ihren unheimlichen Charakter gerade aus der rationalen Entwicklung einer Lösung, die vor dem Hintergrund abendländischer Moralvorstellungen als ganz und gar undenkbar erscheint. Mit dem wissenschaftlichen Nachweis der Rationalität des Massenmordes, unterfüttert mit statistischem Material und flankiert durch moralische Erwägungen, wirft Swift einen Blick voraus in eine Zukunft, in der die instrumentelle Vernunft jede Moral auf eine Restkategorie reduziert, die allenfalls noch der Selbstvergewisserung der Handelnden dienen mag, aber keiner Unmenschlichkeit Schranken setzen kann.

Die Geschichte der Moderne hat schon eine Menge radikale Lösungen gefühlter gesellschaftlicher Probleme gesehen; bis zu welcher Konsequenz das gehen kann, zeigt die »Endlösung der Judenfrage«, die in der Vernichtung der Juden und damit der Annullierung der Frage bestand. Obwohl wir aus der Türkei, aus Deutschland, aus Kambodscha, aus China, aus Jugoslawien, aus Ruanda, aus Darfur oder aus dem weiten Feld der ethnischen Säuberungen[28] wissen, dass radikale Lösungen immer, auch für demokratische Gesellschaften, eine Option sind, werden solche mörderischen Prozesse gern noch als Abweichungen von »normalen« Entwicklungsverläufen, also als »Sonderfälle« interpretiert.

Die wenigen Sozialwissenschaftler, die diese Perspektive umzukehren versuchten und die Frage stellten, was das Phänomen der sozialen Katastrophe eigentlich für die Theorie der Gesellschaft bedeutet, sind bislang randständig und wissenschaftlich weitgehend ohne Einfluss geblieben. Das gilt für philosophische Ansätze wie die von Günter Anders oder Hannah Arendt ebenso wie für soziologische von Norbert Elias oder Zygmunt Bauman. Die Katastrophensoziologie hat zwar Eingang in Heimatschutzkonzepte gefunden, aber kaum in die soziologische Theoriebildung. In der Geschichtstheorie sind Katastrophentheorien bisher ebenso rar wie in der politischen Theorie.

Dabei haben gerade die sozialen Katastrophen des 20. Jahrhunderts in aller Deutlichkeit gezeigt, dass ethnische Säuberungen und Völkermorde keine Abweichung vom Pfad der Moderne darstellen, sondern als soziale Möglichkeit mit modernen Gesellschaftsentwicklungen erst entstehen. Soziale Prozesse wie der Holocaust sind so betrachtet nicht als »Zivilisationsbruch« (Dan Diner) oder »Rückfall in die Barbarei« (Max Horkheimer und Theodor W. Adorno) zu verstehen, sondern als Konsequenz moderner Versuche, Ordnung herzustellen und gefühlte soziale Probleme zu lösen. Wie Michael Mann gerade in einer umfangreichen Untersuchung gezeigt hat, stehen ethnische Säuberungen und Völkermorde in einem engen Zusammenhang mit Modernisierungsprozessen, auch wenn das wegen der archaisch scheinenden Gewalt, mit der sie ausgeführt werden, ganz anders aussieht. Dasselbe könnte für den islamistischen Terrorismus gelten, der eine Reaktion auf Modernisierung darstellt und ihr insofern, wenn auch negativ, eng verbunden ist.

Zygmunt Bauman hat in seinen Untersuchungen zur »Dialektik der Ordnung«[29] dargelegt, warum der Holocaust nie zu einem systematischen Gegenstand der Sozialwissenschaft geworden ist: Erstens, weil er als Ereignis der jüdischen Geschichte betrachtet worden sei, somit als ein Problem der Pathologie der Moderne gelten konnte, nicht aber als eines ihrer Normalität,[30] und zweitens, weil der Holocaust auf eine unglückliche Synthese von verhängnisvollen Faktoren zurückgehe, die – jeder für sich genommen – nicht sonderlich brisant waren und im Regelfall durch die soziale Ordnung gezähmt würden. Damit habe sich die Soziologie beruhigt und davon abgesehen, sich systematisch mit dem Holocaust zu befassen. Das würde nämlich etwa bedeuten, die industrielle Massenvernichtung als »Testfall« für das latente Potenzial der Moderne zu betrachten, was neuen Aufschluss über ihre Verfasstheit und ihre Bewegungsmechanismen zuließe. Bauman konstatiert also ein »Paradox«: dass nämlich der Holocaust mehr Aufschluss über den Stand der Soziologie liefere, »als diese in der jetzigen Form imstande ist, zur Erklärung des Holocaust beizutragen«.[31] Folgerichtig plädiert er dafür, den Holocaust als so etwas wie einen soziologischen Versuchsaufbau zu betrachten, in dem Merkmale moderner Gesellschaften freigelegt werden, »die sich unter ›nicht-experimentellen‹ Bedingungen nicht hätten beobachten und empirisch nachweisen lassen«.[32]

Hannah Arendt hat eindrücklich auf den gesellschaftstheoretisch systematischen Charakter von modernen Institutionen wie dem Konzentrationslager hingewiesen.[33] Die Lager zeigen, dass totalitäre Gesellschaften und soziale Gewaltdynamiken neue Wirklichkeiten kreieren, in denen partikulare Rationalitäten etabliert werden, die von außen betrachtet sinnlos oder geradezu irre erscheinen, in der Perspektive der Akteure aber in umfassende Sinnsysteme eingebunden sein können. Auf solche partikulare Sinnsysteme sind die gesellschaftswissenschaftlichen Deutungsinstrumente nicht geeicht, da sie an rationalen Handlungsmodellen orientiert sind.

Die Geschichtswissenschaft hat hier besondere Probleme, erschließt sie doch rückblickend Geschehnisse als sinnhaft, die es zeitgenössisch möglicherweise gar nicht waren. Historisch betrachtet liegt ein Grund dafür darin, dass sich die Geschichtswissenschaft am geisteswissenschaftlichen Verstehensbegriff orientiert, der sich auf das »einfühlend sympathetische Sehen und Beobachten eines früheren historischen Kulturzustandes« bezieht und »sein Rücklager in einem kulturoptimistischen, idealistischen Begriff der Geschichte« hat.[34] Dieser Verstehensbegriff erweist sich angesichts von modernen Gesellschaftsverbrechen als untauglich, weil er mit einer im konventionellen Sinn unverstehbaren Realität konfrontiert ist.

Töten macht Sinn

Die nationalsozialistische Vernichtungspolitik hat eine Variante des Tötens aus dem Kolonialkrieg wieder aufgenommen, die als überflüssig oder schädlich definierte Personen nicht einfach beseitigte, sondern der Vernichtungsgewalt noch ein Maximum an Nutzen abgewann: »Vernichtung durch Arbeit«. Bei der Errichtung gigantischer unterirdischer Produktionsanlagen für die V2-Raketen oder die Me 262-Düsenjäger zum Beispiel wurden die Gefangenen so radikal ausgebeutet, dass ihre durchschnittliche Lebenserwartung nach Einlieferung in die Lager bei nur wenigen Monaten lag. Arbeit konnte als Ausbeutung und Tötungsmittel zugleich angewandt werden, weil ständig Nachschub an Menschen kam, die sich dann zu Tode arbeiten mussten.

Dies bedarf freilich der Planung und Durchführung, wobei mutatis mutandis *Töten als Arbeit* in den Blick kommt. Denn Vernichtung durch Arbeit muss ja logistisch und technisch organisiert werden; es bedarf eines Lagers, man braucht dazu Baracken für die Häftlinge, Waschkauen, Personalunterkünfte, Transportwege, Strom, Wasser, Schienen, Loren und so weiter. In der Entwicklung und Bereitstellung von Infrastruktur für die Vernichtung durch Arbeit nimmt die Vernichtung für die Entwicklungsingenieure und Architekten selbst die Form eines komplexen betriebsförmigen Ablaufs an, mit allen Aspekten der Professionalisierung und Effizienzsteigerung, wie sie auch in anderen beruflichen Zusammenhängen angestrebt werden. Die Betriebsförmigkeit des Tötens findet sich sogar in der Organisation von Massenmorden, wie sie etwa ab 1941 hinter der vorrückenden Front in eroberten russischen Gebieten stattfanden. Auch hier geht es um die Normalisierung des Tötens dadurch, dass dieses als Arbeit wahrgenommen wird, und den Bedarf an professionellen Problemlösungen, die sich – wie in anderen Betrieben auch – vor die Wahrnehmung des Gesamtzusammenhangs der Aufgabe schiebt, nämlich an einem systematischen Massenmord beteiligt zu sein. Dieser Vorgang ist arbeitsteilig, niemand muss sich dabei als Mörder fühlen, obwohl die Morde als Direkttaten, nicht etwa in Form distanzierender Tötungstechniken – wie Gaskammern – stattfinden.

Im nationalsozialistischen Vernichtungskrieg bezog das Töten eine Rationalität in den Augen der Täter gerade daraus, dass sie es als Arbeit interpretieren konnten, als »dreckige Arbeit« sogar, an deren Ausführung sie selbst leiden konnten. Die Belastungen, die diese als notwendig betrachtete Arbeit für die Täter mit sich brachte, waren – wie gesagt – ein beständiges Thema in Reden Heinrich Himmlers wie auch in den Gesprächen der Täter. Gerade ihr Leiden erlaubte es ihnen, sich an keiner Stelle als Mörder empfinden zu müssen, weder bei der Ausführung der Morde noch später, in der Nachkriegszeit. Sie waren in der Lage, ihre Handlungen in einen für sie sinnhaften Referenzrahmen einzubetten. Diese Fähigkeit zur Herstellung sinnhafter Referenzen – ich töte zugunsten eines höheren Zwecks, ich töte für die kommenden Generationen, ich töte *anders* als die anderen, mir macht diese *Arbeit* keine Freude – ist ein psychologischer Modus, der Menschen mit der Fähigkeit ausstattet, die unvorstellbarsten Dinge zu tun, ja, schlechthin alles zu tun; menschlichem Handeln sind im Gegensatz zu nicht bewusstseinsfähigen Lebewesen keine instinktiven oder anlagebedingten Verhaltensbeschränkungen auferlegt.

Menschen existieren in einem sozialen Universum, und deshalb sollte man tatsächlich *alles* für möglich halten. Es gibt keine natürliche oder auf sonstige Weise gezogene Grenze für menschliches Handeln, und wie die Kultur des Selbstmordattentats zeigt, gibt es sie nicht einmal dort, wo das Leben aufhört. Man sollte es daher für soziologische Folklore halten, wenn behauptet wird, dass Menschen Jagdinstinkte entwickeln, sich zu Meuten zusammenrotten und Blutrausche erleben, mit der beeindruckenden Begründung, dass das eben anthropologisch so sei. Gewalt hat historisch und sozial spezifische Formen und findet in ebenso spezifischen Kontexten der Sinngebung statt.[35]

Im Nationalsozialismus bestand die Sinngebung des Tötens in dem höheren Zweck, der rassereinen Gesellschaft zur Weltherrschaft zu verhelfen. Die kurze Entwicklungszeit der Vernichtungstechnik führte zu einer Distanzierung und Auslagerung der Gewalt – statt Massenerschießungen gab es Vernichtungsanlagen; die Täter legten nicht mehr selbst Hand an, sondern übertrugen das Töten der Technik und die Behandlung der Opfer Funktionshäftlingen. Seit der Einführung der Gaskammern und der Verwendung von Zyklon B als Tötungsmittel kam die eigentliche Vernichtung ohne *direkte* Gewaltausübung durch die Täter aus.

Gedenktage und -veranstaltungen zur Erinnerung an den Holocaust werden immer mit dem Sinn verknüpft, dass man aus der Geschichte lernen könne und von den Historikern Wissen bereitgestellt würde, das man benötige, damit »nie wieder« geschehe, was »damals« geschehen ist. Warum aber, so könnte man fragen, sollte etwas »nie wieder« geschehen, wo doch die Beispiele zeigten, dass Menschen noch die radikalsten Abweichungen vom humanistischen Denken, die gegenmenschlichsten Theorien, Definitionen, Schlussfolgerungen und Handlungen sinnhaft finden und in Konzepte integrieren können, die ihnen vertraut sind – auch Menschen übrigens, deren Intelligenz und humanistisches Bildungsniveau nichts zu wünschen übrig lässt.

Sollte man vor dem Panorama der zahllosen historischen Beispiele der Herstellung von Tötungsbereitschaft und der Wandlungen der Gewalt nicht eher davon ausgehen, dass der

Holocaust die Wahrscheinlichkeit erhöht hat, dass solche Dinge erneut vorkommen? 1994 hat es in Ruanda die Bevölkerungsmehrheit für sinnvoll gehalten, innerhalb von drei Wochen 800 000 Tutsi zu töten. Es ist ein modernistischer Aberglaube, der beständig vor dem Gedanken zurückschrecken lässt, dass Menschen das Töten von anderen Menschen für eine Lösungsoption halten, wenn diese anderen für sie ein Problem darstellen. Mit Aggression im psychologischen Sinn hat das oft weniger zu tun als mit Zweckrationalität. Zur Lösung von Problemen, schreibt Hans Albert, hat sich die Herstellung von Waffen »in vielen Fällen mehr gelohnt als die Herstellung von Werkzeugen«.[36] Was bedeutet also: Lernen aus der Geschichte?

Global warming und soziale Katastrophen

Ende August des Jahres 2005 fegte der Hurrikan Katrina über den Südosten der USA hinweg, richtete einen Sachschaden von mehr als 80 Milliarden Dollar an und ließ die Stadt New Orleans fast vollständig untergehen. Hierbei handelte es sich um eine angekündigte Katastrophe; bereits im Oktober 2001 wurde das Überflutungsszenario in der Zeitschrift *Scientific American* beschrieben.[37]

Nach zwei Kanalbrüchen standen 80 Prozent der Stadtfläche bis zu 7,60 Meter tief im Wasser. Stromausfälle führten dazu, dass das Wasser nicht abgepumpt werden konnte, überschwemmte Zufahrtstraßen verhinderten zunächst, dass Hilfe von außen die Stadt erreichen konnte. Die Katastrophenhilfe erwies sich als vollständig überfordert; schon kurz nach der Flut begannen die ersten Plünderungen. Der zur Notunterkunft für Flutopfer umfunktionierte Superdome war nach kürzester Zeit überfüllt, um ihn herum entwickelte sich eine Gewalteskalation, die die Behörden zu der Prüfung veranlasste, ob man nicht den Kriegszustand ausrufen und Kriegsrecht verhängen könne. Die Gouverneurin von Louisiana, Kathleen Blanco, wies am 1. September die Nationalgarde an, auf Plünderer zu schießen: »Diese Truppen (die Nationalgarde) können schießen und töten. Sie zögern nicht, es zu tun, und ich hoffe, sie werden es tun.«[38]

Im Hauptbahnhof von New Orleans wurde ein provisorisches Gefängnis für circa 700 Personen errichtet, das aus mit

Ketten verbundenen Käfigen bestand; trotz aller Anstrengungen bekamen die Polizei und die Nationalgarde die Lage vorerst nicht in den Griff. Es gab Angriffe auf Rettungsmannschaften, Schießereien, Vergewaltigungen, geplünderte Geschäfte, Einbrüche etc. Erst das Militär, das mit einer Stärke von 65 000 Mann zum Katastropheneinsatz kam, vermochte die Lage sukzessive zu beruhigen. Teilweise erwies es sich als schwierig, die verbliebenenen Menschen zu evakuieren.

Die Flut traf die Menschen nicht gleichermaßen: Während viele der wohlhabenderen Bewohner fliehen konnten, war es besonders die arme, zumeist afroamerikanische Bevölkerung, die zunächst in der zerstörten Stadt blieb. Auch die Stadtviertel wurden unterschiedlich hart getroffen. John R. Logan, der die sozialen Folgen des Hurrikans Katrina untersucht, belegt, dass 45,8 Prozent der zerstörten Teile von New Orleans von Afroamerikanern bewohnt wurden; in den unzerstörten betrug der schwarze Bevölkerungsanteil lediglich 26,4 Prozent. Ähnliche Relationen ergeben sich bei Armutsindikatoren.[39]

Insgesamt wurde die Stadt so zerstört, dass es Überlegungen gab, sie nicht wieder aufzubauen. Seit dieser Katastrophe gibt es den Begriff des *Klimaflüchtlings*, einer Person, die sich aufgrund eines Wetterereignisses auf der Flucht befindet. 250 000 ehemalige Bewohner von New Orleans sollen nach der Evakuierung nicht zurückgekehrt sein und sich inzwischen anderswo angesiedelt haben. Von den weißen Einwohnern sind ein Jahr nach dem Hurrican etwa ein Drittel nicht zurückgekehrt; von der afroamerikanischen Bevölkerung drei Viertel, so dass New Orleans nach der Katastrophe eine anders zusammengesetzte Bevölkerungsstruktur aufweist als zuvor. Damit hat die Stadt durch die Katastrophe nicht nur eine neue Sozialstruktur, sondern auch eine neue politische Geographie bekommen.[40]

Das, was man gewöhnlich als Naturkatastrophe bezeichnet, wie beispielsweise eine Überschwemmung infolge eines extremen Wetterereignisses, erwies sich im Fall von New Orleans in jeder Facette als etwas anderes: Vom Ignorieren der Überflutungsgefahr bis zum völlig unzureichenden Katastrophenschutz, von der entstehenden und kaum einzudämmenden Anarchie bis zu den extremen Reaktionen der Sicherheitskräfte, von der sozialen Ungleichheit auf der Folgenseite des Hurrikans bis hin zur Schöpfung einer neuen Kategorie von Flüchtlingen und der neuen Soziodemographie der Stadt, lässt sich der gesamte Ereigniszusammenhang viel treffender als eine *soziale Katastrophe* bezeichnen.

Tatsächlich ist der Begriff »Naturkatastrophe« eine semantische Fahrlässigkeit – denn die Natur ist kein Subjekt und erlebt daher keine Katastrophe. Sie kann allerdings Ereignisse hervorbringen, die für Menschen katastrophal sind, also soziale Folgen haben, die deren Erwartungen und Bewältigungskapazitäten übersteigen. Das Beispiel von New Orleans zeigt vor diesem Hintergrund zweierlei: Zum einen wird das, was hier aufgrund eines mit dem fortschreitenden Klimawandel häufiger werdenden Extremwetterereignisses geschehen ist, in den nächsten Jahren und Jahrzehnten anderen Städten in Küstenregionen auch widerfahren, und es ist vorauszusehen, dass das Katastrophenmanagement nicht überall besser sein wird als in New Orleans, wo es eklatant versagt hatte. Der Umstand, dass die reichste Gesellschaft der Erde sich angesichts dieser vom Umfang her noch überschaubaren Katastrophe genötigt sah, Hilfe aus dem Ausland anzufordern, zeigt nur, dass Katastrophen in kürzester Zeit Versorgungsschwächen, -lücken und -basteleien offensichtlich machen, die im Normalfall unsichtbar bleiben.

Und das ist der zweite Aspekt, der am Fall New Orleans interessant ist. Soziale Katastrophen entblößen die Hinterbühne der Gesellschaft, legen ihren Funktions- und Dysfunktionszusammenhang offen, der ansonsten verborgen bleibt; sie öffnen Fenster auf das Unterleben von Gesellschaften, und damit legen sie bloß, auf welchen Normalitätsannahmen ihr Funktionieren beruht. Sie zeigen Ungleichheiten in den Lebens- und Überlebenschancen, die im Fall des normalen Funktionierens institutionell abgefedert und nach Wohnvierteln und Arbeitssektoren abgeschottet und daher wenig sichtbar sind, sie decouvrieren Schwächen der Administration, die auch dann existieren, wenn diese nicht herausgefordert sind, und sie demonstrieren die jederzeitige Verfügbarkeit von Gewalt als Handlungsoption. Das alles offenbart sich in einem Moment des Wegbrechens der gewohnten Verkehrsformen; dafür muss es, wie New Orleans zeigt, nicht einmal viele Tote und Verletzte geben.[41]

Die genaue Betrachtung sozialer Katastrophen ließe also erheblich besseren Aufschluss darüber zu, wie Gesellschaften eigentlich funktionieren, als die Hypothese, der Normalfall gebe Auskunft über ihr Wesen. Im Katastrophenfall zeigt sich nicht der Ausnahmezustand einer Gesellschaft, sondern lediglich eine Dimension ihrer Existenz, die im Alltag verborgen bleibt. Vor diesem Hintergrund sollte nicht nur untersucht werden, was Gesellschaften zusammenhält, sondern auch, was sie zerfallen lässt.[42]

Der Klimawandel wird zu einer Häufung sozialer Katastrophen führen, die temporäre oder dauerhafte Zustände oder Formationen von Gesellschaften hervorbringen werden, über die man nichts weiß, weil man sich bislang zu wenig dafür interessiert. Sozial- und Kulturwissenschaften sind normalitätsfixiert[43] und katastrophenblind. Wie jeder Blick in die Kulturgeschichte der Natur zeigt,[44] muss der Klimawandel zum Gegenstand der Sozial- und Kulturwissenschaften werden. Gerade an den sozialen Veränderungen, die sich gegenwärtig zeigen – vom Klimakrieg in Darfur bis zum Verlust der Überlebensräume der Inuit –, wird die verblüffende Körper- und Raumlosigkeit sozial- und kulturwissenschaftlicher Theorien deutlich, und es ist höchste Zeit, dass diese Wissenschaften so modernisiert werden, dass sie aus der Welt der Diskurse und Systeme zurück zu den Strategien finden, mit denen soziale Wesen versuchen, ihr Dasein zu bewältigen. Damit wird ein beträchtlicher Teil der Weltbevölkerung in Zukunft immer mehr

Schwierigkeiten haben, denn zunehmende Wüstenbildungen, Bodenversalzungen und -erosionen schränken die Überlebenschancen in manchen Gebieten genauso ein wie die Übersäuerung der Ozeane, die Überfischung, die Vergiftung der Flüsse und das Verlanden von Seen.

All das sind schon von daher keine Naturkatastrophen, als die zugrunde liegenden Prozesse anthropogen sind, von Menschen gemacht. Ihre Folgen sind in jedem Fall soziale. Sie bestehen in Konflikten zwischen jenen, die dieselben zu knappen Ressourcen nachfragen, die unbewohnbar gewordene Regionen verlassen müssen und dort zu siedeln versuchen, wo andere schon sind. Oder sie bestehen in der Zerstörung von Zukunft, wo etwa in aufgegebenen osteuropäischen Industrieregionen aufgrund von Umweltvergiftungen die Krebsraten steigen und die Lebenserwartung seit den 1990er Jahren von 64 auf 51 Jahre abgesunken ist.[45]

Es ist vor dem Hintergrund all dieser mit Händen zu greifenden sozialen Folgen von Klima- und Umweltveränderungen frappierend, dass nahezu alle wissenschaftlichen Auseinandersetzungen mit den Phänomenen und Folgen des Klimawandels *naturwissenschaftliche* Studien, Modellrechnungen und Prognosen sind – während von Seiten der Sozial- und Kulturwissenschaften Schweigen herrscht, gerade so, als fielen Phänomene wie *Gesellschaftszusammenbrüche, Ressourcenkonflikte, Massenmigrationen, Sicherheitsgefährdungen, Angst, Radikalisierung, Kriegs-* und *Gewaltökonomien* usw. nicht in ihren Zuständigkeitsbereich. Wissenschaftshistorisch gibt es wahrscheinlich keine vergleichbare Situation, in der ein mit wissenschaftlicher Evidenz vorgezeichnetes Szenario über die Veränderung von Lebensverhältnissen in weiten Teilen der Welt von Sozial- und Kulturwissenschaften mit derartigem Gleichmut verzeichnet wird, wie es gegenwärtig der Fall ist. Dies zeigt einen Mangel an Unterscheidungsvermögen ebenso an wie an Verantwortungsbewusstsein.

Unterkomplexität

Die Verantwortung wird durch solche Interesselosigkeit schlicht den Naturwissenschaftlern aufgebürdet, die qua Disziplin für die Ausmessung der sozialen Dimension des Klimawandels weder kompetent noch zuständig sind. Übrigens auch nicht für die Beschreibung seiner sozialen Folgen, denn Naturwissenschaftler sind zwar in bewundernswertem Maße mit Komplexität vertraut, nicht aber mit den Konstruktionsprozessen von Wirklichkeit, wie Menschen sie vornehmen. Auch nicht mit der Rolle, die unterschiedlichste Gestalten von Kultur, Referenzrahmen und soziohistorische Deutungsmuster für die Wahrnehmung von Problemen und Lösungen spielen – von all dem haben sie *professionell* keine Ahnung, und das erwartet auch niemand von ihnen. Aber sie haben als Mitglieder von Gesellschaften ein Alltagsbewusstsein über soziale Probleme und Lösungen, und das wird regelmäßig in den Schlusskapiteln ihrer ansonsten profunden und beneidenswert hilfreichen Bücher über das Kollabieren von Gesellschaften, das Versiegen der Flüsse, das Schmelzen des Eises etc. bemüht – dann nämlich, wenn es um die Frage geht, was man denn nun, nach dem Aufzählen aller apokalyptischen Fakten, tun kann.

Nicht nur, dass Natur- und Technikwissenschaftlern in der Regel der Gedanke völlig fremd ist, dass Menschen Situationen hervorbringen können, in denen *nichts* mehr getan werden kann; es fehlen ihnen meist auch die Vorstellungen darüber, wie unterschiedliche Handlungsebenen, wie kollektive Vernunft und individuelle Unvernunft (und umgekehrt) zusammenhängen, wie Gefühle in rationale Handlungsabsichten intervenieren, wie soziale Handlungen entstehen, die kein einzelner der Beteiligten je im Sinn gehabt hat und die nichtsdestotrotz Bestandteile von Wirklichkeiten bilden und wiederum neue Handlungsprobleme aufwerfen.

Deshalb irritiert bei der Lektüre von Büchern etwa von Tim Flannery,[46] Fred Pearce[47] oder Jill Jäger[48] der Kontrast zwischen der Schärfe der Analysen und der Niedlichkeit der Vorschläge zur Problemlösung. Wenn zum Beispiel Tim Flannery gegen Ende seiner demoralisierenden Studie über den Klimawandel empfiehlt, ein kleineres Auto zu kaufen und beim Heimwerken statt der Schlagbohrmaschine doch auch mal wieder den alten handbetriebenen Drillbohrer zu nehmen, dann ist das rettungslos unterkomplex und erreicht die Dimension des zuvor beschriebenen Problems überhaupt nicht. Das kann es auch gar nicht, denn Flannery ist für die professionelle Dimensionierung der physikalischen Aspekte des Problems zuständig, nicht für die sozialen. Der Klimawandel, und da steht Flannerys Studie pars pro toto, ist hinsichtlich seiner Genese und der Projektionen seiner weiteren Entwicklung ein Gegenstand der Naturwissenschaften, aber hinsichtlich seiner Folgenseite ein Gegenstand der Sozial- und Kulturwissenschaften, denn seine Folgen *sind* sozial und kulturell, nichts anderes.

Wer ist »wir«?

Das lässt sich auch an einem anderen Beispiel verdeutlichen. Nirgends, außer in Sachbüchern von Neurowissenschaftlern, wird mehr in der ersten Person Plural argumentiert als in den Veröffentlichungen zum Klimawandel und zu anderen aktuellen Umweltproblemen. »Wir« haben dies oder jenes verursacht, »wir« sind mit diesem oder jenem Problem konfrontiert, »wir« haben dies oder jenes zu unterlassen, damit »unsere« Welt gerettet werden kann. Aber niemand weiß, wer hinter diesem »wir« steckt.

Auf einer äußersten Aggregationsstufe repräsentiert das Wort »wir« die Menschheit, aber »die Menschheit« ist kein Akteur, sondern eine Abstraktion. In der Wirklichkeit gibt es nach Milliarden zählende Subjekte, die vor sehr verschiedenen kulturellen Hintergründen mit sehr unterschiedlichen wirtschaftlichen Chancen und politischen Machtressourcen innerhalb komplexer Überlebensgemeinschaften handeln. Zwischen dem Vorstandsvorsitzenden eines multinationalen Energieunternehmens, das auf der Suche nach neuen Rohstoffquellen ist, und einer chinesischen Landarbeiterin gibt es kein sozial konkretisierbares »Wir«; beide leben in völlig verschiedenen sozialen Welten mit differenten Anforderungen und vor allem: mit unterschiedlichen Rationalitäten. Und teilt dieser Vorstandsvorsitzende eine Zukunft in der ersten Person Plural mit seinen eigenen Enkelkindern? Oder gar mit den Enkelkindern der chinesischen Landarbeiterin? Selbstverständlich nicht, genauso wenig, wie er überhaupt dieselbe soziale Wirklichkeit bewohnt wie ein Flüchtlingskind in Darfur oder ein Mudschaheddin in Afghanistan oder eine Kinderprostituierte in Tirana.

Der Gebrauch des »Wir« unterstellt eine kollektive Wahrnehmung der Wirklichkeit, die es nicht gibt, nicht einmal im Kontext eines globalen Problems wie der Klimaerwärmung. Denn seine Folgen treffen Menschen höchst unterschiedlich, und während die einen ferne Ängste in Bezug auf die Zukunft ihrer Enkel entwickeln müssen, sterben schon die Kinder der anderen. Oder wenn »wir alle«, also die Leserinnen und Leser dieses Buches und ich, ab morgen »klimaneutral« zu leben beschließen und niemals mehr CO_2-Emissionen verursachen als über das unbedingt Lebensnotwendige hinaus, sabotiert ein anderes »Wir«, sagen wir das der chinesischen Energieversorgungsfunktionäre, »unsere« Bemühungen mit jedem einzelnen der wöchentlich neu ans Netz gehenden 1000-Megawatt-Kohlekraftwerke, das 30 000 Tonnen Kohlendioxid pro Tag emittiert.[49]

Die politische Indolenz des abstrakten »Wir« ignoriert Macht- und Wirkungseinflüsse souverän und wird damit zur Ideologie. Wissenschaftlich ist eine Weltbeschreibung in der ersten Person Plural ohnehin unmöglich, wie gerade die Kulturgeschichte der Natur zeigt, die zu radikal unterschiedlichen Überlebensbedingungen auf der Erde geführt hat.[50]

Alte Umweltprobleme

> Bereits im siebzehnten Jahrhundert gibt es im ganzen Inselreich nur mehr unbedeutende, meist dem Verfall überlassene Restbestände der einstmaligen Wälder. Die großen Feuer werden jetzt auf der anderen Seite des Ozeans entfacht. Nicht umsonst verdankt das kaum zu ermessende Land Brasilien seinen Namen dem französischen Wort für Holzkohle.
>
> *W. G. Sebald, Die Ringe des Saturn*

Der Klimawandel hat nicht nur einen Verstärkungseffekt für bestehende globale Asymmetrien, die folgenreich für die Entstehung von Gewaltkonflikten und Kriegen sein kann, er verstärkt auch Folgen von Umweltveränderungen, die mit dem Klimawandel ursächlich gar nichts zu tun haben. In der aktuellen Debatte herrscht der Eindruck vor, man habe es erst *neuerdings* mit einem gravierenden, tendenziell existenzgefährdenden Umweltproblem zu tun. Obwohl die Ökologie-Bewegung schon mehr als drei Jahrzehnte alt ist und Vorläufer seit der Romantik hatte, spielen die alten Themen der Umweltbewegung – Verschmutzung der Meere, Vergiftung der Böden, Rückgang der Artenvielfalt, Verbrennen der Tropenwälder, Versiegen der Flüsse, Verschwinden von Binnenseen – gegenwärtig kaum eine Rolle, mit Ausnahme vielleicht der Debatte um die Kernenergie, die aber auch nicht mit dem Elan der 1970er und 1980er Jahre geführt wird. Das ist besonders irritierend, weil die Logik der Ausbeutung von fossilen Rohstoffen zur Energiegewinnung sowohl die Ursache der *alten* wie der scheinbar neuen Probleme ist.[51]

Dass etwa die Ziele des Kyoto-Protokolls, das im Jahr 2012 durch ein neues Emissionsregime abgelöst werden soll, von vielen ratifizierenden Länder nicht erfüllt werden, steht nicht im

Blick der Öffentlichkeit, eher schon die Rolle, die Amerika oder China in ihrer penetranten Weigerung spielen, überhaupt supranationalen Regelungen zuzustimmen.

Welches der klassischen Themen der Umweltbewegung man auch nimmt – Landschaftsverbrauch durch Straßenbau und Urbanisierung, das Anwachsen des Individualverkehrs, die permanente globale Steigerung der emittierten Treibhausgase, die Meeresverschmutzung, Missbildungen von Neugeborenen in besonders belasteten Gebieten wie um den Aralsee –, all das, was die ohnehin vorhandenen Probleme durch die Globalisierung weiter erhöht, scheint dem Alltagsbewusstsein weitgehend entrückt. Es ist hier nicht der Ort, die zum Teil haarsträubenden Fehlentwicklungen im Umweltbereich, insbesondere in den Ländern des ehemaligen Ostblocks, aber auch in den USA zu referieren,[52] aber es ist darauf hinzuweisen, dass die ökologische Vorreiterrolle, die einige amerikanische Bundesstaaten wie Kalifornien oder europäische Länder wie Deutschland oder Österreich übernommen haben, durchaus lokale Erfolge erbracht haben, aber an der globalen Entwicklungsrichtung der wachsenden Ressourcenausbeute und Umweltverschmutzung nichts ändern können.

Was sich primär in den vergangenen dreißig Jahren verändert hat, ist das Problem*bewusstsein*, nicht das Problem. Das wirft die Frage auf, wie notwendige Verhaltensveränderungen dann motiviert werden sollen, wenn die Umweltprobleme so unüberwindlich scheinen, wie es angesichts der Klimaerwärmung der Fall ist? Die Kontrollierbarkeit des Problems ist ausgesprochen gering, was psychologisch immer die Schwierigkeit mit sich bringt, dass die Motivation gering ausfällt, wenn man sein Verhalten ändern soll, obwohl das Ergebnis höchst fraglich ist. Hinzu kommt der keineswegs nebensächliche Umstand, dass die Weltbevölkerung aller Voraussicht nach bis zur Mitte des Jahrhunderts auf etwa neun Milliarden Menschen angewachsen sein wird[53], was bedeutet, dass weniger werdende Ressourcen von mehr werdenden Menschen nachgefragt werden.

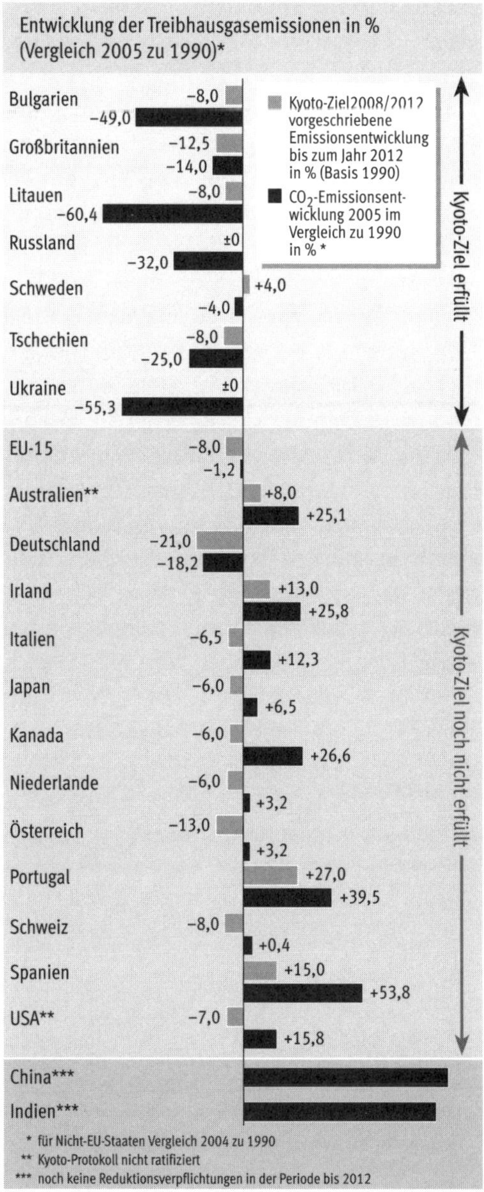

Quelle: UNFCCC, DIW

Kyoto-Ziele: Ist und Soll

Für die damit verbundenen Probleme gibt es gegenwärtig so wenig Lösungen wie für die der globalen Ungleichheit und Ungerechtigkeit.

Das alles, vom anthropogenen Klimawandel über die irreversible Ausbeutung von Ressourcen und die nachhaltige Zerstörung von Überlebensräumen bis hin zum Bevölkerungswachstum sind *soziale Probleme* – wie überhaupt alle ökologischen Probleme, wie gesagt, insofern soziale sind, als sie die Überlebensbedingungen von Menschen betreffen und auch nur von diesen wahrgenommen werden. Wenn es um das Schwinden des Artenreichtums in Seen, Flüssen und Meeren, im Regenwald und in der Savanne geht, ist das kein Problem der Natur, der es absolut gleichgültig ist, ob zu ihr Eisbären und Gorillas oder Quallen und Grünalgen zählen. Pflanzen und Tiere haben kein Bewusstsein darüber, dass ihre Überlebensräume verschwinden, sie sterben lediglich aus. Ökologische Probleme werden von menschlichen Überlebensgemeinschaften deshalb registriert, weil Menschen als einzige Lebewesen ein Bewusstsein nicht nur über die Vergangenheit, sondern auch über die Zukunft haben. Nur daher rührt die schwache Hoffnung, dass ihre Einsicht in das, was sie angerichtet haben, auch zu einem Denken über das führt, was man künftig nicht mehr tun kann.

Klimawandel.
Ein kurzer Überblick

Für das Problem der sozialen Folgen und der Gewalt, die aus dem Klimawandel resultieren können, ist nicht ausschlaggebend, um wie viel Grad sich die durchschnittlichen Temperaturen in den nächsten Jahrzehnten erhöhen und um wie viel Zentimeter der Meeresspiegel ansteigen wird. Diese Folgen gibt es bereits jetzt, und sie werden durch den Klimawandel verstärkt, und zwar in höherem oder geringerem Maße, je nach der Dimension und der Dramatik der klimatischen Veränderungen. Wenig ergiebig für das Thema Gewaltfolgen ist auch die Frage, ob der Klimawandel nun anthropogen, also menschengemacht ist, oder eine natürliche Klimaschwankung darstellt, wie sie in der Geschichte des Planeten schon öfter vorgekommen ist.

Als Sozialwissenschaftler stütze ich mich in den kommenden Ausführungen vor allem auf die Berichte des Intergovernemental Panel on Climate Change (IPCC), da diese vor der Veröffentlichung einen pluralistischen politischen Debattenfilter durchlaufen haben, an dessen Ende nichts Übertriebenes mehr herauskommen kann. In solchen Aushandlungsprozessen geht es, wie man weiß, nicht um wissenschaftliche *Wahrheit,* sondern um Interessen – also etwa darum, welche Verpflichtungen welcher Befund für welches Land nach sich ziehen könnte. Was am Ende eines politischen Einigungsprozesses dieser Art herauskommt, der einige der beteiligten Wissenschaftlerinnen und Wissenschaftler an den Rand der Selbstverleugnung gebracht hat, ist die denkbar konservativste Einschätzung überhaupt. Da es den politischen Akteuren um die präventive Abwehr von Pflichten und die Vermeidung von Handlungszwängen geht, die aus den Analysen resultieren könnten, ist das Ergebnis am Limit des Unbezweifelbaren orientiert, insofern äußerst unspekulativ.

In der öffentlichen Diskussion wird übrigens meist übersehen, dass die IPCC-Berichte nur zum geringeren Teil vor dem Hintergrund von Modellen, Prognosen und Annahmen argumentieren, sondern auf der Basis *bereits gemessener* Evidenz über Temperaturzuwächse, den Anstieg des Meeresspiegels oder das Ausmaß des Gletscherschwundes. Insofern sind die Berichte empirisch mehr auf die Vergangenheit und die Gegenwart bezogen als auf die Zukunft und lassen lediglich für die fernere Zukunft große Spielräume des Erwartbaren offen, nicht aber für die nähere. In den meisten betroffenen Regionen der Welt sind die Folgen des Wandels ohnehin schon alltäglich spürbar, auch ohne die komplizierten Messverfahren und -ergebnisse der Ozeanologen, Meteorologen und Paläobiologen. Was also sind die wesentlichen Aspekte und Folgen des Klimawandels, so weit man heute sehen kann?

Der im Februar 2007 veröffentlichte Bericht des IPCC geht mit einer neunzigprozentigen Wahrscheinlichkeit davon aus, dass es sich beim gegenwärtig zu beobachtenden Klimawandel um ein Ergebnis menschlicher Aktivität handelt, das im wesentlichen durch die stetigen Emissionen so genannter Treibhausgase seit der Industrialisierung verursacht ist. Dabei stammen die klimarelevanten Kohlendioxidemissionen aus der Nutzung fossiler Energieträger für Industrie und Verkehr, während Methan und Distickstoffmonoxid vor allem aus der Landwirtschaft und hier insbesondere aus der Viehzucht kommen. Sowohl die Konzentration von Kohlendioxid wie die von Methan in der Atmosphäre liegt höher als jeder Wert in den vergangenen 650 000 Jahren.

Die Erwärmung des Klima-Systems insgesamt, schreiben die Autoren, steht außer jedem Zweifel und lässt sich an steigenden

Luft- und Ozeantemperaturen, am Schmelzen von Gletschern und Permafrostböden und an steigenden Meeresspiegeln ablesen. Die Jahresdurchschnittstemperaturen werden seit 1850 gemessen; die elf wärmsten Jahre seither fallen in die Zeitspanne von 1995 bis 2006.[54] Die Temperatur der Ozeane hat sich bis in Tiefen von 3000 Metern erhöht.[55] Beim Anstieg der Meeresspiegel kumulieren sich Effekte des Klimawandels, weil sich das Wasser durch den Temperaturanstieg ausdehnt und das Abschmelzen des Polareises und der Gletscher die Wassermenge erhöht. Das ist eine der einfacheren Interaktionen von Effekten der Klimaerwärmung; der Umstand, dass es noch viel komplexere Wechselspiele und Selbstverstärkungen der Effekte gibt, versieht die Prognosen über die weitere Entwicklung systematisch mit Unsicherheiten. Zu den beobachtbaren Folgen des Klimawandels zählen gegenwärtig die Verschiebung von Regenzonen und -häufigkeiten, fortschreitende Wüstenbildung, das vermehrte Auftreten extremer Wetterereignisse wie Hitzeperioden, Stürme, Starkregen etc., auch in Regionen, in denen so etwas bislang nicht vorkam.[56]

Das letzte Mal, dass die beobachtbaren Temperaturen in der Polarregion höher lagen als heute, war vor 125 000 Jahren. Bei gleich bleibenden Emissionen sagt das IPCC einen Anstieg der globalen Durchschnittstemperaturen um 0,2 Grad Celsius je Dekade voraus. Wenn die Emissionen kontinuierlich weiter steigen, wird der Temperaturzuwachs höher sein. Die unterschiedlichen Szenarien, die für verschiedene Emissionsmengen bzw. -zuwächse gerechnet wurden, ergeben eine Untergrenze von 1,1 Grad Temperatursteigerung bis zum Ende des Jahrhunderts und einen oberen Wert von 6,4 Grad. Das bedeutet keine graduelle Differenz, sondern einen Unterschied von Lebensformen. Der Anstieg der Meeresspiegel wird zwischen 18 und 59 Zentimetern liegen.

Die Zukunft bringt ein weiteres Abschmelzen der Eisschilde, der Gletscher und ein Auftauen der Permafrostböden mit sich, Taifune und Hurrikans treten häufiger und an ungewohnter Stelle auf, die Regenwahrscheinlichkeit wird nach Norden zu-

und nach Süden hin abnehmen, und aufgrund von Interaktionseffekten zwischen diesen Prozessen werden sich wahrscheinlich auch Meeresströmungen verändern.[57] Auch wenn aus einsichtigen Gründen nicht en detail vorauszusagen ist, was wann wo geschehen wird, ist doch evident, dass all dies Folgen für die Tier- und Pflanzenwelt und damit auch für die Ernährungs- und Überlebenschancen von Menschen hat.

Die im April 2007 veröffentlichten Ergebnisse des IPCC zu den erwarteten sozialen Folgen der Klimaerwärmung kommen zu den folgenden Befunden: Der Klimawandel hat regional höchst unterschiedliche Auswirkungen; seine sozialen Folgen sind aber nicht nur von diesen Auswirkungen abhängig, sondern auch davon, welche Bewältigungskapazitäten jeweils vorhanden sind. Wenn also wie in Nordeuropa der Lebensstandard hoch, die Ernährung gut, der Katastrophenschutz hervorragend ist und Schäden materiell kompensiert werden können, werden soziale Klimawirkungen relativ gering ausfallen; wenn hingegen eine Region wie etwa der Kongo ohnehin unter Armut, Hunger, fehlenden Infrastrukturen und Gewaltkonflikten leidet, wird sie von umweltbedingten negativen Veränderungen härter getroffen.

Daraus resultieren Effekte mehrfacher Benachteiligungen: Die voraussichtlich am meisten betroffenen Länder haben die geringsten Möglichkeiten, der Folgen Herr zu werden; diejenigen, die am wenigsten tangiert sind oder von veränderten klimatischen Bedingungen sogar profitieren werden, verfügen zugleich über die größten Kapazitäten, mit klimabedingten Problemen fertig zu werden. Hinzu kommt, dass die am meisten betroffenen Bevölkerungen bislang am wenigsten Treibhausgase emittiert haben, während die größten Verschmutzer voraussichtlich am wenigsten unter den Folgen zu leiden haben werden. Hier wird ein historisch neues, globales Ungerechtigkeitsphänomen erkennbar; die bestehenden globalen Asymmetrien und Ungleichheiten in den Lebenschancen werden durch den Klimawandel vertieft.

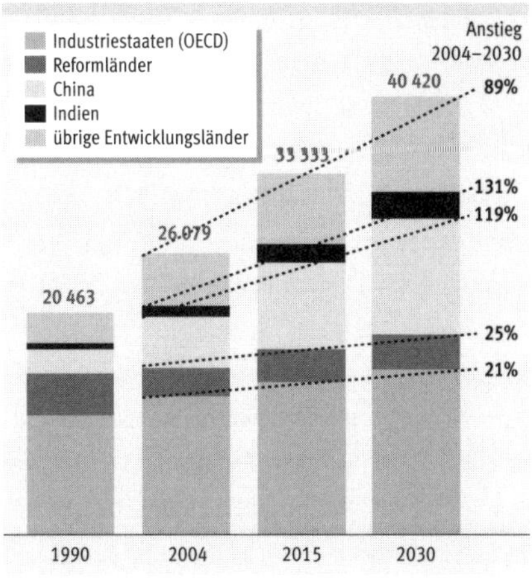

CO_2-Emissionen nach Regionen

Quelle: IEA

Afrika ist aufgrund von Armut, zum Teil chaotischen staatlichen Verhältnissen und vielfältig vorhandenen Gewaltkonflikten der gegenüber Klimafolgen verletzlichste Kontinent; das IPCC prognostiziert, dass bereits im Jahr 2020 zwischen 75 und 250 Millionen Menschen kein ausreichendes Trinkwasser haben werden. Bereits heute hat in manchen Regionen nur der kleinere Teil der Bevölkerung sicheren Zugang zu Trinkwasser; in Äthiopien etwa sind es nur 22 Prozent der Bevölkerung, in Somalia 29 Prozent, im Tschad 42 Prozent.[58] Die Landwirtschaft wird ebenfalls unter ausbleibenden Regenfällen und absinkendem bzw. verschwindendem Grundwasser leiden; in einzelnen Regionen vermutet man bis 2020 einen Rückgang der landwirtschaftlichen Erträge um die Hälfte. Die Lage der Fischerei sieht nicht besser aus. Das Artensterben in Seen und Flüssen schreitet voran; küstennahe Regionen sind durch Überflutungen gefährdet.[59] Krankheiten wie Malaria oder Gelbfieber werden sich in Gegenden ausbreiten, die bislang noch nicht betroffen waren, zum Beispiel in Ostafrika. Es ist gegenwärtig völlig unklar, wie diese Probleme bewältigt werden können.

Im *asiatischen Raum* treten ebenfalls erhebliche Trinkwasserprobleme auf; hier wird zudem mit starken Umweltveränderungen, Überschwemmungen und Lawinenabgängen durch das Abschmelzen der Himalaya-Gletscher gerechnet. Von Trinkwassermangel könnten bis zum Jahr 2050 mehr als eine Milliarde Menschen betroffen sein. Die Nahrungsmittelproduktion kann in manchen Regionen (Ost- und Südostasien) ansteigen, in anderen (Zentral- und Südasien) wird sie jedoch sinken. Durchfallerkrankungen werden infolge vermehrter Überschwemmungen zunehmen; das Anwachsen der Wassertemperaturen erhöht in den Küstenregionen die Wahrscheinlichkeit von Cholera-Epidemien. Die Bewältigungsmöglichkeiten sind je nach Land unterschiedlich, vielfach aber völlig ungenügend.

Australien und Neuseeland bekommen ebenfalls erhebliche Wasserprobleme (und haben sie zum Teil jetzt schon); daneben wird sich der Klimawandel vor allem auf die Artenvielfalt auswirken. Stürme und Überflutungen werden zunehmen. Da aber Australien und Neuseeland über gute Steuerungs- und Bewältigungskapazitäten verfügen, sind die sozialen Folgen nicht so dramatisch wie in Afrika oder Asien.

Südamerika ist von sinkenden Grundwasserspiegeln und Wüstenbildung betroffen. Das nicht klimabedingte Abholzen und Niederbrennen der Regenwälder und die damit einhergehende Bodenerosion spielt hier die Rolle eines Verstärkers der Klimafolgen, was im Zusammenhang des Rückgangs der Artenvielfalt ebenso gilt. Überflutungsgefahren betreffen die Küstenregionen hier genauso wie in allen anderen Teilen der Welt; die Bewältigungs- und Kompensationsmöglichkeiten sind je nach betroffenem Land unterschiedlich.

In den *Polarregionen* sind die sozialen Folgen des Klimawandels vergleichsweise gering, weil hier kaum jemand lebt; dagegen sind die ihrerseits folgenreichen Effekte der Erwärmung hier besonders gravierend. Das Schmelzen des Meereises, das Auftauen der Permafrostböden und vermehrte Erosion der Küsten haben nicht nur Auswirkungen auf die Bewohner und die Tierwelt, sondern auch auf das Niveau der Meeresspiegel, Verdunstungsmengen usw. Zu den positiven Effekten der Erwärmung zählen hier bessere Möglichkeiten der Landnutzung und ein besserer Zugang zu unter dem Eis vermuteten Rohstoffen sowie die Öffnung neuer Passagen für die Schifffahrt. Allerdings kündigen sich die damit verbundenen Konflikte um Hoheitsansprüche und Ausbeutungsrechte bereits heute an.

Die Bewohner von *Inselgruppen* in der Karibik und im Pazifik sind durch den Klimawandel massiv gefährdet, nicht nur dadurch, dass ihre Einnahmequellen durch Fischerei und Tourismus zurückgehen, sondern vor allem deshalb, weil viele Inseln durch den Anstieg der Meere unbewohnbar werden. Dabei ist das Durchsetzen von Kompensationsansprüchen kompliziert; Umsiedlungen bergen, wie man aus der Geschichte weiß, erhebliches Konfliktpotenzial.

Für *Europa* sind die Folgen des Klimawandels vergleichsweise harmlos, obwohl abschmelzende Gletscher, extreme Wetterereignisse, Murenabgänge, Überflutungen usw. nicht schön für die Landwirtschaft und die Tourismusindustrie sind. Zudem zeigt sich auch hier ein Nord-Süd-Gefälle. Während der Norden Europas durch neue Anbaumöglichkeiten von Früchten, Getreide, Wein etc. profitieren kann, werden die mediterranen Regionen zunehmend von Dürre und Wasserknappheit betroffen sein. Generell haben die europäischen Länder aber hervorragende Kapazitäten, um die Folgen des Klimawandels zu begrenzen bzw. zu kompensieren oder sogar positiv zu wenden; Gegenmaßnahmen wie ein verbesserter Küstenschutz sind bereits eingeleitet. Die sozialen Folgen werden hier vor allem indirekter Art sein und Fragen erhöhten Drucks auf die Grenzen, veränderter Sicherheitslagen usw. betreffen.

Ähnliches gilt für *Nordamerika*. Die landwirtschaftlichen Möglichkeiten verbessern sich in vielen Regionen, allerdings ist in manchen Gegenden mit verschlechterten Wintersportbedingungen, Überflutungen oder Wassermangel zu rechnen. Hitzewellen können ebenfalls ein Problem werden, und besonders die Küstenregionen werden unter Hurrikans und Überflutungen leiden. Auch hier sind wie in Europa Kompensationsmaßnahmen bereits eingeleitet.[60] Hinsichtlich der Bewältigungskapazitäten gilt, mit regionalen Unterschieden, dasselbe wie für Westeuropa.

Insgesamt zeigt sich eine globale Ungleichverteilung der sozialen und ökonomischen Folgen der Klimaerwärmung. Die damit einhergehende Ungerechtigkeit sowohl in geographischer wie generationeller Hinsicht birgt mittelfristig gravierende Konfliktpotenziale.

Zwei Grad plus

Unter den Klimaforscherinnen und -forschern besteht Einigkeit darüber, dass die sozialen und ökonomischen Folgen des Klimawandels dann vielleicht noch beherrschbar sind, wenn die Erwärmung bei einer Steigerung von plus zwei Grad gegenüber der vorindustriellen Zeit abgebremst werden – das sind etwa 1,6 Grad mehr als jetzt. Wie Fred Pearce vorrechnet, befanden sich zum Ende der letzten Kaltzeit 600 Milliarden Tonnen Kohlendioxid in der Atmosphäre – das ist der Wert, der bis zur industriellen Revolution etwa konstant blieb. Durch anthropogene Emissionen ist diese Marke seither auf 800 Milliarden Tonnen angestiegen; wenn der Temperaturzuwachs nicht weiter beschleunigt werden soll, wird von einer tolerierbaren Belastung von maximal 850 Milliarden Tonnen ausgegangen. Gegenwärtig kommen pro Jahr etwa vier Milliarden Tonnen dazu. Wenn man die Steigerungsraten nicht mitrechnet, die durch die nachholende Industrialisierung der Schwellenländer verursacht werden, ist der Wert von 850 Milliarden Tonnen in etwa zehn Jahren erreicht. Ein Abbremsen der Erwärmung auf die besagten zwei Grad plus ist nur dann realistisch, wenn die weltweiten Emissionen »in etwa fünf Jahren ihren Höchstwert erreicht haben, in den folgenden 50 Jahren um mindestens die

Hälfte absinken und danach weiter im Abwärtstrend bleiben«.[61] Es ist eine Frage des Vertrauens in kollektive Vernunft, ob man ein solches Ziel für erreichbar hält.

Töten gestern

Weltuntergang

Die Jahre um 520 nach Christi waren für das Oströmische Reich katastrophal. Konstantinopel und andere Städte wurden von mehreren Erdbeben verwüstet, der Euphrat brachte wiederholt schwere Hochwasser, und das Reich hatte unter kriegerischen Konflikten mit den Persern, den Bulgaren und den Sarazenen zu leiden. Zudem hatte es innere Aufstände zu bekämpfen, und zu allem Überfluss versetzte das Auftreten des Halleyschen Kometen die Zeitgenossen in helle Panik. Der Althistoriker Mischa Meier listet all diese Verheerungen und Verwüstungen minutiös auf und stellt dabei etwas sehr Eigentümliches fest: Die zeitgenössischen Quellen beschreiben die lokalen und großräumigen Desaster ausführlich und dramatisch, lassen aber nicht den Eindruck entstehen, dass das alles unerwartet komme und besonders bedrohlich erscheine.[62]

20 Jahre später, um 540 nach Christi, ereignet sich im selben Raum wiederum eine ganze Kaskade von Katastrophen. Erneut erscheint ein unheilverheißender Komet, wieder finden im Zusammenhang bulgarischer Überfälle Plünderungen und Verwüstungen statt. Im Zuge einer Reconquista erobern die Ostgoten große Teile des Reiches zurück, was der Auftakt zu einem zermürbenden Krieg mit erheblichen Opfern unter der Zivilbevölkerung ist. Die Hauptstadt wird wiederum von mehreren

Erdbeben betroffen, und die Pest verursacht ein »Massensterben, wie man es zuvor noch nicht erlebt hatte. Handel und Gewerbe in Konstantinopel und anderen Städten kamen zum Erliegen. Die Infrastruktur des Reiches brach zusammen, ganze Dörfer wurden entvölkert.«[63]

Hier nun geben die Quellen beredten Ausdruck von Panik, Angst und drastisch gefühlter Bedrohung. Woher, so Meier, rührt der auffällige Unterschied in der Wahrnehmung der Katastrophen im Rahmen dieses knappen Zeitabstands? Die Antwort ist verblüffend, aber einleuchtend. Man erwartete um das Jahr 500 herum den Weltuntergang (was auf Berechnungen christlicher Chronisten, die Erfahrung des Untergangs des Weströmischen Reiches und den mit dem eigenen Namen auf die Auferstehung verweisenden »Endzeitkaiser« Anastasios zurückging). In diesen Deutungsrahmen wurden die desaströsen Geschehnisse von 520 bis 530 eingeordnet. Auf solche Dinge war man in der Erwartung der Apokalypse mental vorbereitet und deutete sie als Vorboten des Endes – und Meier schreibt pointiert, dass die zeitgenössischen Deutungs- und Orientierungsmuster vermutlich erst dann in Dissonanz geraten wären, »wenn sich die skizzierten Katastrophen *nicht* ereignet hätten, wenn sich die äußeren Bedingungen also *nicht* verändert hätten«.[64]

Der Umstand freilich, dass die Welt entgegen aller Erwartung doch nicht untergegangen war, sorgte zwanzig Jahre später für einen veränderten Deutungsrahmen: Der bevorstehende Weltuntergang lieferte nun keine Begründung mehr für das vermehrte Auftreten katastrophaler Ereignisse – »die Wahrnehmung der Geschehnisse«, so Meier, »ließ sich nicht mehr mit geläufigen Orientierungsmustern in Einklang bringen«.[65] Dies zog unter anderem erhebliche Kritik am Kaiser nach sich, der für die bedrohlichen Ereignisse verantwortlich gemacht wurde.

Dieses Beispiel ist interessant, weil es in aller Deutlichkeit zeigt, dass Katastrophen nicht einfach gegebene Geschehnisse sind, sondern erst in der Wahrnehmung und Deutung durch die Betroffenen zur Bedrohung werden, oder eben auch nicht. Erving Goffman hat sich eingehend damit beschäftigt, nach welchen Maßgaben Menschen Dinge beobachten, und in seinem Buch »Rahmenanalyse«[66] herausgearbeitet, dass ihnen bestimmte sozial geprägte Muster für das Verstehen von Ereignissen und ihre emotionale Bedeutung verfügbar sind – und diese Organisationsprinzipien für Ereignisse nennt er »Rahmen«. Vor diesem Hintergrund lässt sich sagen, dass es keineswegs die schiere Objektivität eines Ereignisses ist, die die Reaktionen der Betroffenen darauf bestimmt, sondern der Referenzrahmen, in den die Wahrnehmung des Ereignisses eingeordnet wird.

Menschen treffen ihre Entscheidungen vor dem Hintergrund komplexer Annahmen, von denen nur der geringere Teil die Ebene der bewussten Reflexion erreicht – da sind sich Psychologie, Sozialpsychologie und kognitive Neurowissenschaften einig. In die Referenzrahmen, die Wahrnehmungen, Deutungen und Entscheidungen organisieren, gehen neben unbewussten und bewussten Perzeptionen und Interpretationen selbstverständlich vorausgesetzte Hintergrundannahmen (»das ist so«, »das macht man so« etc.), sozialisierte Haltungen und Habitusformen ein, dazu situativ gebildete Anforderungen, das Handeln der Anderen, Aufforderungen, Befehle und anderes mehr.

Deshalb ist die Deutung von Bedrohungsgefühlen und die Begründung von Schlussfolgerungen und Entscheidungen durch kognitive Einschätzungen bestimmt, die ihrerseits an Referenzrahmen orientiert sind, die durch Interaktionen und Gruppenprozesse wechselseitig bestätigt und verfestigt werden können. Deutungsrelevant sind also die jeweiligen situativen Bedingungen, die Menschen vorfinden, ihre erlernten Wahrnehmungs- und Deutungsmuster und deren Veränderung durch Bedrohungen, Katastrophen und Kriege. Hinzu kommen abstraktere Konzepte und Modelle der Wirklichkeit – über das Weltende, über Erwartbares und Unerwartetes, Frieden und Krieg, Recht und Unrecht, Verantwortung, Rache etc. Solche Faktoren bilden in abgestufter Konkretion den Referenzrahmen für die Situationswahrnehmung, die Schlussfolgerungen und die Entscheidungen eines einzelnen Akteurs. Deshalb kann ein und dieselbe Situation von unterschiedlichen Personen oder aber zu unterschiedlichen Zeitpunkten völlig verschieden wahrgenommen und interpretiert werden. Aufgrund ihrer Übereinstimmung mit dem Erwarteten und Erwartbaren fällt die Deutung der Katastrophenkaskade von 520 gelassen aus, während die von 540 aufgrund ihrer Abweichung vom Erwarteten Panik erzeugt. Erst wenn Erlebnisse, Ereignisse, Entwicklungen nicht mehr in den Verstehenshorizont des Referenzrahmens eingeordnet werden können, entstehen Orientierungsprobleme und damit das Bedürfnis, zu verstehen, was geschehen ist. In dieser gefühlten Unordnung wächst der Wunsch nach Übersicht, Transparenz und, natürlich, Ordnung.

Verteidigen

»Ich weiß nicht mehr, an welchem Tag das war. Aber die Leute sagten, der Präsident sei tot, und er war unser Vater. Die Tutsi sind sofort geflohen. Da und dort sahen wir schon Häuser brennen. Wir waren wütend wegen des Todes unseres Vaters. Der Krieg begann. Die Tutsi wurden ermordet.«[67]

Das sagt ein Täter eines der kürzesten und fürchterlichsten Völkermorde des zwanzigsten Jahrhunderts. Zwischen April und Juli 1994 sind in Ruanda 500 000 bis 800 000 Menschen umgebracht worden. Die Getöteten gehörten mehrheitlich der Gruppe der Tutsi an; dieser Teil der ruandischen Bevölkerung wurde in nur 13 Wochen um etwa drei Viertel reduziert. Doch nicht nur die Tutsi waren von diesem Massenmord betroffen – auch Hutu, die den Mordaktionen kritisch gegenüberstanden, mit Tutsi verheiratet waren oder auf andere Weise als Verräter an der Sache der Hutu galten, wurden getötet.

Es ist mittlerweile gut dokumentiert, dass die ethnische Differenzierung der beiden Gruppen wesentlich ein koloniales Produkt war, und dass insbesondere die bessere soziale Position der Tutsi-Minderheit sich der kolonialen Höherbewertung dieser Gruppe verdankte. In den Jahren vor dem Völkermord verwandelte sich das soziale Deklassierungsgefühl, das unter den Hutu verbreitet war, in eine Bedrohungsvorstellung, die schließlich in einem totalen Feindbild kulminierte: Irgendwann sah es in der Wahrnehmung der Hutu-Mehrheit so aus, als ginge eine völkermörderische Bedrohung von den Tutsi aus, und als müsste man sich mit aller Kraft dagegen wehren, dass der angebliche Plan der Tutsi, die Hutu zu vernichten, in die Tat umgesetzt werden würde. Als am 6. April 1994 ein tödlicher Anschlag auf das Flugzeug des Präsidenten Habyarimana verübt wurde, begann der Massenmord.

»Nach dem Absturz sagten die Leute, unser Vater sei tot. Weil wir uns liebten und ihn liebten, waren wir aufgewühlt, als er tot war. Wir dachten, mit uns sei es vorbei. Die Leute sagten, der Feind habe uns angegriffen, und wir müssten uns verteidigen.«[68]

Das sagt ein anderer Massenmörder; man sieht, dass beide Männer offenbar einen Sinn mit ihren Taten verbinden konnten. Es droht eine tödliche Aggression, gegen die man sich verteidigen muss. Der Völkermord an den Tutsi wurde weit überwiegend von ganz normalen Angehörigen der Hutu-Mehrheitsbevölkerung begangen; dagegen gaben Militärs, hohe Beamte und Verwaltungsleute meist die Befehle aus und verteilten Listen mit den Namen der zu Ermordenden. Die Zahl der Mörder ist sechsstellig, gemordet wurde vorwiegend mit Macheten, die zuvor an die Täter verteilt wurden.

Dem Völkermord waren schon seit den 1960er Jahren verschiedene Konflikte und Massaker zwischen Hutu und Tutsi vorausgegangen, wobei bemerkenswert ist, dass diese beiden Gruppen gesellschaftlich keineswegs strikt voneinander isoliert waren; ganz im Gegenteil bestand im Alltag eine weitgehend unproblematische Vermischung der Gruppen, man heiratete untereinander, arbeitete zusammen, war befreundet. Wieso dann die Eruption des Völkermords entlang der Grenzen der Ethnien? Weil die Hutu ein gefühltes Problem hatten, eines, das andeutungsweise schon in den beiden Zitaten zum Ausdruck kommt. Es kann aber durchaus sein, dass die tieferen Ursachen ihres Gefühls den Mördern selbst gar nicht bewusst waren.

Beide Täter bringen den Mord an ihrem Präsidenten auf einen ganz persönlichen Nenner: Sie betrachten den politischen Führer als jemanden, der zu ihnen *gehörte* wie ein Familienmitglied, als Beschützer und Verantwortlicher, als Vater. Deshalb gilt der Mordanschlag auf ihn auch ihnen selbst, und diese Logik legt nahe, dass es nun auch ihnen ans Leben gehen soll. In der Tat spielt diese gefühlte Bedrohung durch die Anderen, so unbegründet sie von außen auch immer erscheinen mag, subjektiv die wichtigste Rolle, wenn es um die Motive von Tätern im Rahmen von Völkermorden, Massentötungen, Massakern usw. geht.[69] Auch wenn die Mehrheitsverhältnisse eine groteske Umkehrung der faktischen Bedrohung zeigen – 90 Prozent der ruandischen Bevölkerung waren Hutu –, reagieren die Menschen so, als müssten sie, um ihr eigenes Leben und das ihrer Angehörigen zu retten, ihrerseits angreifen und töten. Dabei wird aus einer spiegelbildlichen Bedrohung, aus einem Gefühl der Angst, eine tödliche Wirklichkeit mit umgekehrten Vorzeichen. Die Hutu *glaubten* an die tödliche Bedrohung durch die Tutsi, genauso wie die Antisemiten im Deutschland der dreißiger und vierziger Jahre des vergangenen Jahrhunderts an die jüdische Weltverschwörung glaubten[70] oder die Anhänger von Slobodan Milosevic an die tödliche Bedrohtheit der Serben. Auch wenn diese gefühlten Bedrohungen komplett irrational waren – ihr Ergebnis war jeweils der reale Tod unendlich vieler Menschen. Die Irrationalität der Motive hat keinen Einfluss auf die Rationalität des Handelns. Der Holocaust ist der verstörendste Beleg für die Richtigkeit des Theorems von

William Thomas: »Wenn Menschen eine Situation für real halten, dann ist diese in ihren Folgen real.«

Body count

Im Rahmen des Vietnamkrieges verübten amerikanische Soldaten mehrere Massaker an der Zivilbevölkerung. Das bekannteste war das von My Lai, in dem fast ausschließlich Kinder, Frauen und Greise getötet wurden. Dieses Massaker war als einer der spektakulärsten Massenmorde im Rahmen des Vietnamkriegs Gegenstand mehrerer gerichtlicher Untersuchungen. Die Vernehmungsprotokolle spiegeln die Wahrnehmung, man habe *Gegner* getötet, bis ins Groteske wider – wie im folgenden Protokoll:

A. Ich habe mein M 16 auf sie gehalten.
F. Warum?
A. Weil sie hätten angreifen können.
F. Es handelte sich um Kinder und Babys?
A. Ja.
F. Und sie hätten angreifen können? Kinder und Babys?
A. Sie hätten Handgranaten haben können. Die Mütter hätten sie auf uns werfen können.
F. Die Babys?
A. Ja.
F. Hatten die Mütter die Babys auf dem Arm?
A. Ich glaube ja.
F. Und die Babys wollten angreifen?
A. Ich habe jeden Moment damit gerechnet, dass sie einen Gegenangriff machen würden.[71]

Eine solche Aussage erscheint von außen als völlig absurd, geradezu irre. Eine Rekonstruktion der Binnenperspektive amerikanischer Soldaten in Vietnam zeigt aber, dass einer solchen Wahrnehmung ein extremes Maß an Orientierungslosigkeit und Kontrollverlust zugrunde lag, das daraus resultierte, dass man auf die Bedingungen des Dschungelkampfes nicht vorbereitet war und mit den Partisanenkampftechniken des Vietcong nicht umgehen konnte – dass also der Handlungs- und Bewegungsraum als Ganzer bedrohlich empfunden wurde. Das Phantasma vom angreifenden Baby, das sich in nicht wenigen Aussagen von Veteranen findet, entstand offenbar durch die Diffusität der wahrgenommenen Bedrohung, die vom Vietcong ausging. Die gefühlte Bedrohung durch diesen oft unsichtbaren Feind wurde für viele amerikanische Soldaten total, und eine zugleich umfassende und diffuse Bedrohung muss ein starkes Gefühl von Kontrollverlust und Desorientierung auslösen. Die Vorstellung von handgranatenwerfenden Babys legt von dem Gefühl einer unkalkulierbaren und zugleich totalen Bedrohung Zeugnis ab. Jeder, der nicht zur Wir-Gruppe gehört, so die Bedrohungsphantasie, war eigentlich ein getarnter Feind, und zu allem entschlossen.

Flankiert wurde diese Orientierungslosigkeit in Vietnam durch die militärstrategische Entbindung von den Regeln des konventionellen Krieges, die das Töten von Zivilisten in den Rang einer vielleicht bedauerlichen, aber keineswegs verbotenen Begleiterscheinung des Kampfes hob: durch die Strategie des »search and destroy«, der »free fire zones«[72] und des »body count«, der Messung des Kampferfolgs an der Zahl der Toten. Das kam einer wahrhaft tödlichen Mischung gleich, und vor diesem Hintergrund erscheint die phantastische Wahrnehmung, dass selbst Babys Vietcong seien, weniger abstrus. Keine Unterschiede bei den Opfern zu machen, kann funktional sein, weil es die Übersichtlichkeit erhöht.

Dabei war es keineswegs so, dass sich Phantasmen nur auf die Soldaten beschränkt hätten, die im direkten Kampfeinsatz waren. Auch in der politischen und militärischen Führung der Amerikaner hatte sich mit dem katastrophalen und unerwarteten Verlauf des Krieges eine irrationale Realitätssicht breit gemacht, die zum Beispiel davon ausging, dass den feindlichen Vietcong irgendwann die Kämpfer ausgehen würden und dann der Augenblick der finalen militärischen Überlegenheit gekommen sei. Die Stabschefs und Präsidentenberater befanden sich, wie ein zeitgenössischer Beobachter schrieb, zu diesem Zeitpunkt in einem »Traumzustand«, der ihnen jede realistische Einschätzung der Folgen ihres Handelns versperrte.[73]

Um den Zeitpunkt des Sieges statistisch vorausberechnen zu können, wurde das Mittel des body count eingeführt, damit man vorab würde absehen können, wann die Kampfkraft des Gegners erschöpft sein würde (was, wie die Statistiker im Pentagon berechneten, für das Ende des Jahres 1965 zu erwarten war). Die Strategie des body count führte aber in der Praxis des Tötens zum unterschiedslosen Niedermachen von Männern, Frauen und Kindern; nur die Zahl der Opfer zählte, was etwa so umgesetzt wurde, dass, wie ein amerikanischer Offizier seinen Leuten sagte, schwangere Frauen doppelt zu zählen seien.

Historiker suchen immer im Nachhinein nach Kausalitäten und damit nach logischen Zusammenhängen zwischen einer Handlung A und einer Handlungsfolge B. Dinge wie diese zeigen, dass die Handlungsfolge B etwas ganz anderes sein kann, als mit Handlung A beabsichtigt wurde. Die Soldaten in den Dörfern folgten einer anderen Rationalität als die Befehlshaber im Pentagon, und das taten sie, weil sie vor anderen Problemen standen. Die statistische Hybris, den Kriegsausgang anhand der Zahlen von Leichen berechnen zu können, führte vor Ort zu Eskalationen, in denen der body count reiner Selbstzweck wurde – solche Dinge sind es, die sich hinter einem abstrakten Begriff wie Eskalationsdynamik verbergen. In der Tat sind es partikulare Rationalitäten, die in extremen Situationen, in Situationen gefühlter Bedrohungen, autokatalytisch wirken und das Handeln und seine Ergebnisse vorantreiben – und selbst die Beteiligten hinterher verständnislos, sich selber seltsam fremd[74], vor den Ergebnissen stehen lässt.

Ein anderes Beispiel aus demselben Krieg lieferte die Phantasie, dass die südvietnamesische Armee ein riesiges »Nervenzentrum« (COSVN – Central Office of South Vietnam) im Dschungel habe, das es zu finden und zu zerstören gelte. Diese Phantasie speiste sich zum einen aus dem anhaltenden Unvermögen der amerikanischen Armee, die technisch und zahlenmäßig doch unterlegenen Kämpfer des Vietcong zu besiegen, und zum anderen aus der Annahme, der Gegner würde nach denselben Logiken operieren wie man selbst. Aus dieser Vorstellung resultierten die wahnwitzigen Bombardements, die durch Verbrennung und Entlaubung des Dschungels das (nicht existierende) Einsatzzentrum auffindbar machen sollten. Auch hier ging es um die Herstellung von Übersicht. Aber im Ergebnis führte das dazu, dass sich die Weltöffentlichkeit spätestens seit der Veröffentlichung des Fotos der nackten weinenden Kim Phuc, die mit verbrannter Haut aus ihrem im Hintergrund lodernden Dorf flieht, gegen die amerikanische Kriegführung wandte. Auch dies war natürlich eine Handlungsfolge, die niemand beabsichtigt hatte, die aber für den weiteren Verlauf des Krieges bestimmend wurde.

Der Vietnamkrieg war auch ein Angriff auf die ökologischen Bedingungen, unter denen die Gegner lebten. Der Umstand, dass aufgrund einer falschen Vorstellung über Vietnam »gut 800 000 Tonnen Bomben mehr als auf allen Schauplätzen des gesamten Zweiten Weltkriegs zusammen« abgeworfen wurden,[75] und dass man den Dschungel mit Entlaubungsgiften übersichtlicher zu machen versuchte, zeitigt über Generationen hinweg Spätfolgen für die Bevölkerung Vietnams.

Von allen Kriegen im Rahmen des vermeintlich Kalten Krieges war der in Vietnam gewiss der absurdeste, verlustreichste und nachhaltigste. Seine Folgen reichen bis heute nicht nur tief in die vietnamesische Gesellschaft, sondern ebenso in die amerikanische, die hier auf vielen Ebenen ihre erste tiefe Niederlage erlitt: moralisch, militärisch, ökonomisch und hinsichtlich des Vertrauens der Bürgerinnen und Bürger in die Politik ihrer Präsidenten.

Die Ursachen des zugrunde liegenden Konflikts sind in vielerlei Hinsicht psychologischer Natur: Phantasien von Überlegenheit verschwisterten sich hier mit der panischen Angst, das Gesicht zu verlieren. Sowohl Lyndon B. Johnson als auch Richard Nixon teilten öffentlich mit, sie wollten nicht die ersten amerikanischen Präsidenten sein, die einen Krieg verlieren, und weil man so eine Aussage schlecht zurücknehmen kann, setzten sie alles daran, den Krieg wenigstens so lange wie möglich nicht zu verlieren – wenn sie ihn schon nicht gewinnen konnten. Ihre Berater, inklusive einer so intelligenten Person wie Henry Kissinger, schufen sich ebenso wie die meisten der führenden Militärs einen unwirklichen Raum, in dem sie die gefühlten Probleme analysierten und Lösungen entwickelten, die wie beim Zauberlehrling immer tiefer ins Debakel führten.

Kennzeichnend für die Verantwortlichen war – wie Barbara Tuchman mit Recht gesagt hat – ihre Weigerung, Informationen zur Kenntnis zu nehmen, die ihren Erwartungen nicht entsprachen. Das fing damit an, dass sie es schlicht für unmöglich hielten, von einem, wie sie es nannten, »viertrangigen« Land wie Vietnam besiegt werden zu können, setzte sich damit fort, dass sie die Stärke der eigenen Truppen wie die Südvietnams chronisch überschätzten, und endete damit, desto hartnäckiger an Illusionen festzuhalten, je deutlicher sich das Desaster abzeichnete.[76] Hier wirkt wieder der vertraute Mechanismus der Dissonanzreduktion – und da sich die Parallelen zum Krieg im Irak geradezu aufdrängen, hat man hier auch ein Beispiel dafür, dass psychologische Phänomene wie Dissonanzreduktion, Gruppendenken[77] und Selbstüberschätzung stärker wirken als historische Erfahrung. Aber auch dies sind Anpassungen im Angesicht von gefühlten Problemen.

Veränderte Wirklichkeiten

Vor diesem Hintergrund kann es nicht verwundern, dass radikal veränderte Wirklichkeiten oft gewaltvolle Problemlösungen nach sich ziehen. So überforderten unerwartete Systemwechsel wie die nach dem Zusammenbruch des Ostblocks 1989 nicht nur die Sozial- und Politikwissenschaftler, deren Geschäft es eigentlich gewesen wäre, so etwas vorauszusehen, sondern auch die Bürgerinnen und Bürger der betroffenen Länder und, vor allem, die beteiligten Politiker. Von Konflikten nach Systemtransformationen sind auch postkoloniale Gesellschaften in hohem Maße betroffen, und es kann mehrere Jahrzehnte dauern, bis sie in einen relativ stabilen zivilgesellschaftlichen Zustand geraten. »So waren nur 19 von 44 afrikanischen Länder nach der Dekolonialisierung in der Lage, einen stabilen Staat herauszubilden.«[78] Nach dem Erreichen der Unabhängigkeit kam es in der Mehrzahl der Staaten zu gewaltsamen Konflikten, die in unterschiedlichen Intensitätsgraden zum Teil bis heute anhalten (wie im Sudan, im Kongo, in Sierra Leone, in Guinea Bissau etc.). In Äthiopien dauerte der Krieg von 1976 bis 1991 und forderte ein bis zwei Millionen Opfer (und zwar zu mehr als 90 % unter der Zivilbevölkerung); in Mosambik wurde von 1976 bis 1992 gekämpft, die Opferzahl liegt zwischen einer halben und einer Million Toten; der Krieg im Kongo forderte seit 1998 vier Millionen Opfer.

Aber nicht nur postkoloniale Gesellschaften sind von erhöhter Gewaltbereitschaft gekennzeichnet; auch die Transformationsgesellschaften des früheren Ostblocks schafften keineswegs alle den Weg in die Demokratie und den Kapitalismus, ohne Gewalt zu gebrauchen. Auf der Liste der gegenwärtig 60 instabilen und damit gewaltanfälligen Staaten finden sich fast zwanzig Jahre nach dem Zusammenbruch der Sowjetunion Usbekistan (Rang 23), Kirgisistan (28), Bosnien-Herzegowina (35), Tadschikistan (42), Russland (43), Turkmenistan (45), Weißrussland (50), Serbien und Montenegro (55), Moldau (58) und Georgien (60).[79] In nicht wenigen dieser Staaten existieren heftige Konflikte zwischen unterschiedlichen ethnischen Gruppen.

In der Forschung zu Massengewalt und Völkermorden herrscht bis heute das größte Unverständnis dann, wenn Menschen beginnen, ihre Nachbarn zu attackieren oder gar zu töten – als seien Nachbarn auch unter friedlicheren Umständen Personen, die man besonders liebt oder zu denen man ein inniges Verhältnis hätte. Nachbarschaft kann, wie jeder Bewohner eines Mietshauses weiß und wie Jan Philipp Reemtsma kürzlich eindrucksvoll geschildert hat,[80] eine Gewaltressource sein und kein Gewalthindernis; man kann die Menschen hassen, mit denen man zusammenzuleben gezwungen ist.

Es ist, wie gesagt, besonders die Uneindeutigkeit von Gruppengrenzen, die »Viskosität« von Gruppenzugehörigkeiten, die im Krisenfall zu extremen Gewalthandlungen führen kann. Diese haben nämlich die Funktion, eindeutig festzulegen, wer »Wir« und wer »Sie« sind, wer als Freund und wer als Feind zu betrachten ist. Die Gewalt selbst realisiert die Grenzziehung; nach dem Angriff oder gar nach dem Massenmord ist eindeutig, wer »Wir« ist und wer »Sie« waren. So berichtet ein Täter aus Ex-Jugoslawien, wie er Freund und Feind im Kampf unterschieden habe: »Zivilisten sind anders, Zivilisten laufen nicht auf der Straße herum, wenn geschossen wird [lachen], das ist ganz einfach: Zivilisten laufen nicht auf der Straße herum, wenn geschossen wird.«[81]

Menschen entwickeln ganz unterschiedliche Techniken des Identifizierens und Zuschreibens von Gruppenzugehörigkeiten; Ausweispapiere sind eine Form, Rassentheorien eine andere, Massenmorde eine weitere. Insofern führt die gefühlte Bedrohung einer Wir-Gruppe durch eine als feindlich wahrgenommene Sie-Gruppe zu einer sich immer weiter steigernden Notwendigkeit des Identifizierens. In einer Situation extremer Gewalt definiert diese also *im Ergebnis* selbst, wer zu wem gehört. Vor dem Hintergrund solcher selbstreferentieller Orientierungssysteme explodiert die Gewalt. Aber daraus entsteht nur oberflächlich betrachtet Chaos. Für die Täter schafft die Gewalt Ordnung.

Die spektakulärste und in ihren Folgen nachhaltigste Eskalation von Gewalt im Zusammenhang des Systemzusammenbruchs von 1989 fand ab 1991 im zerfallenden Jugoslawien statt, wobei hier das zentrale Merkmal die etablierte und unproblematische Nähe unterschiedlicher ethnischer Gruppen in einer Föderation unter Führung des charismatischen Autokraten Josip Bros Tito war. Auch hier gewinnt der eskalierende Gewaltkonflikt seine sich immer weiter steigernde Schärfe durch die Notwendigkeit, die als unterschiedlich gefühlten Gruppen durch Gewalt klar zu differenzieren. Dieser Identifizierungsprozess durch Gewalt fand nicht irgendwo im subsaharischen Afrika oder in Kaschmir statt, sondern mitten in Europa, zu einem Zeitpunkt, als der Kalte Krieg beendet schien und niemand mit einem heißen Krieg gerechnet hätte.

Hier ist wiederum zum einen bemerkenswert, was von den Erwartungen abwich: Niemand hatte vorausgesehen, welche Sprengkraft der Nationalismus in der unilateralen Welt nach dem Kollaps der Sowjetunion und der damit einhergehenden Desorientierung und Konzeptlosigkeit in den ehemaligen Teilrepubliken haben würde. Das gilt für die Kontrahenten in Ex-Jugoslawien ebenso wie für die Akteure auf der internationalen politischen Bühne. Der verhängnisvolle Fehler des deutschen Außenministers Hans Dietrich Genscher, die sich separierenden jugoslawischen Teilrepubliken Slowenien und Kroatien als souveräne Staaten anzuerkennen, verschärfte den Konflikt zwischen den jugoslawischen Teilrepubliken, weil sich Serbien in seinem Versuch, eine jugoslawische Republik unter serbischer Dominanz zu etablieren, sabotiert sah – was wiederum der Radikalität des serbischen Nationalismus Nahrung gab.

Ein solcher Fall zeigt nicht nur, dass Außenpolitik nach Systemzusammenbrüchen am Vertrauten orientiert bleibt – als hätte sich an den Parametern der gesamten Figuration durch den Kollaps des Ostens gar nichts geändert. Politiker, so Henry Kissinger, der es wissen muss, »lernen in ihrem Amt nichts dazu, was über ihre alten Überzeugungen hinausgeht. Diese sind ihr intellektuelles Kapital, das sie vor der Amtsübernahme erworben haben und während der Funktionsperiode verbrauchen.«[82] Aber nicht nur Politiker, auch Manager, Wissenschaftler oder Ärzte halten an den Modellen und Rezepten fest, mit denen sie lange und oft erfolgreich waren, auch wenn sich die Anwendungsbedingungen dieser Modelle und Rezepte völlig verändert haben – mit oft verheerenden Folgen.

Aber solche intellektuelle Unbeweglichkeit ist nicht der einzige dramatische Aspekt von Politik, der an Gewalteskalationen nach Systemwechseln sichtbar wird. Ebenso deutlich werden die Modell- und Konzeptdefizite der Politiker sich neu konstituierender Staatswesen. Denn diese hatten meist weder Erfahrung mit demokratischen Aushandlungsprozessen und Verfahren noch mit der Marktwirtschaft oder mit liberalen Verfassungen, wohl aber mit Machtakkumulation, Korruption, Propaganda, Personenkult und Seilschaften. In einer Situation des Staatszerfalls und der Entstaatlichung wirkt sich diese Kombination aus Phantasielosigkeit und autokratischer Erfahrung verheerend aus. Das dominante und vom Westen nach wie vor favorisierte und geförderte Modell der Staatsbildung ist der Nationalstaat bürgerlichen Typs – aber in einer Situation des Zerfalls und des akuten Handlungsbedarfs in völliger Unübersichtlichkeit kann ein neuer Nationalstaat oft nur entlang ethnischer Grenzen gedacht werden, weil andere gemeinschaftsstiftende Faktoren nicht gesehen werden.[83]

Für die neu auf das Feld der politischen Auseinandersetzungen nach dem Systemumbruch tretenden Akteure liefert der Nationalismus dann auch regelmäßig das Profil, das am meisten Erfolg verspricht – wobei Selbstverstärkungseffekte der Radikalisierung auftreten: Selbst an einem Politiker wie Slobodan Milosevic wird sichtbar, wie er im Versuch, ultra-nationalistische Konkurrenten unter Kontrolle zu halten und den eigenen Einfluss zu sichern, selbst immer stärker zum Nationalisten wurde.

Veränderte Wirklichkeiten verändern auch jene, die selbst diese Wirklichkeiten gestaltet haben – ein Vorgang, den man etwa an der nationalsozialistischen Führungselite und ihrer Radikalisierung sehr deutlich sehen kann. Sozialpsychologisch ist dieser Vorgang aber auch deshalb besonders prekär, weil Menschen in gesellschaftlichen Veränderungsprozessen oft nicht bemerken, wie sich ihre Wahrnehmungsweisen und ihre mentalen Landkarten über das, was richtig und falsch, normal und ungewöhnlich, erwartbar und unerwartet ist, mit den sich verändernden Wirklichkeiten selbst umformatieren. Anders gesagt: Als Mitglied einer sich normativ verändernden Gesellschaft bemerkt man nicht, dass auch die eigenen Normen Wandlungen unterliegen, weil man sich beständig in Übereinstimmung mit der Umgebung hält. Man kann das als *shifting baselines* oder fließende Referenzlinien bezeichnen (s. S. 212 ff.).

Welches Ausmaß an tödlicher Gewalt das alles in Jugoslawien und anderswo hervorbrachte, ist hinlänglich bekannt. Weniger vertraut ist der Gedanke, dass unsere demokratische Nachkriegsgesellschaft auf den Fundamenten dieses Identifizierungsprozesses durch extreme Gewalt steht. Das klingt zum Beispiel gelegentlich in dem etwas zweischneidigen deutschen Lamentieren darüber an, dass die nichtjüdische Mehrheitsgesellschaft sich eines wesentlichen Teils der eigenen Kultur beraubt habe, indem sie die Juden umbrachte – als läge der Hauptteil des Schadens auf der Seite der Nachfolgegesellschaft der Volksgemeinschaft. Extreme Gewalt ist transgenerationell, wahrscheinlich sogar über mehrere Systemwechsel hinweg, nachhaltig, und die Bundesrepublik Deutschland ist eine Gewaltfolgengesellschaft (Klaus Naumann). Aber darin unterscheidet sie sich nur der Dimension, nicht dem Prinzip nach, von anderen Nachkriegsgesellschaften.

Geschehnisse wie der Holocaust oder der gewaltvolle Zerfall Jugoslawiens als vorläufig letztes europäischen Beispiel der Staatsbildung zeigen nämlich etwas sehr Erschreckendes: dass eben diese Staatsbildung über den Vorgang der ethnischen Säuberung und des Massenmords lief und im Ergebnis ethnisch homogene Staaten geschaffen hat. Wie Michael Mann kürzlich dargelegt hat, gilt dies auf unterschiedliche Weise für die Bildungsprozesse der meisten europäischen Staaten. Optionen für Massengewalt und ethnische Säuberungen sind offenbar keine ausnahmsweisen Betriebsunfälle der Geschichte, sondern die dunkle Seite der Demokratisierung, die auf ihnen aufbaut. Der Weg zu ethnischen Säuberungen und völkermörderischer Gewalt folgt dabei keineswegs Masterplänen, sondern ergibt sich nicht selten als unbeabsichtigte Handlungsfolge. Krieg, Gewalt und ihre immanenten Dynamiken treiben dann Entwicklungen an, die zu Beginn des Staatsbildungsprozesses noch niemand vorausgesehen hatte – aus einer Umsiedlung kann auf diese Weise in kürzester Zeit eine Vertreibung werden, und aus dieser ein Völkermord.[84] Wichtig ist dabei, dass es sich hier um keine historisch beliebigen Dynamiken handelt, sondern solche Eskalationen extremer Gewalt Aspekte von Modernisierungsprozessen sind, die nach der erfolgreichen Konstitution eines neuen Staates kultureller Amnesie überantwortet werden. Das ist auch deswegen möglich, weil die Opfer der Homogenisierung entweder nicht mehr da sind oder tot.

Wenn die ethnischen Säuberungen und Völkermorde des 19. und 20. Jahrhunderts also als Generatoren von Modernisierung zu verstehen sind, und dafür spricht vieles, dann werden die Gesellschaftstransformationen, die der Globalisierungsprozess noch mit sich bringen wird, einiges an tödlicher Gewalt bereithalten. Und wenn darüber hinaus zunehmend Gesellschaften durch Veränderungen des Überlebensraums, durch Systemwechsel oder durch Ressourcenbedürfnisse anderer Staaten in instabile Zustände geraten, erhöht sich zwangsläufig die Wahrscheinlichkeit gewaltförmiger Problemlösungsversuche.

Töten heute. Ökozide

Das Fleisch deiner Mutter hängt zwischen meinen Zähnen

Unter Umwelthistorikern sind Inseln sehr beliebt, besonders dann, wenn sie möglichst isoliert sind. Wenn der Austausch mit anderen Gesellschaften gegen Null geht, weil die Entfernungen zu groß und die nautischen Möglichkeiten zu wenig entwickelt sind, gehen die äußeren Einflussfaktoren auf Entwicklungs- und Niedergangsprozesse gegen Null. Die Insel gleicht daher einem Labor, in dem es unter kontrollierten Bedingungen zu dieser oder jener Entwicklung, nicht selten auch zur Katastrophe kommt.

Deshalb ist die Osterinsel für Umwelthistoriker so etwas wie das gelobte Land. Sie liegt 3500 Kilometer von der nächsten Landmasse, nämlich Südamerika, entfernt, wurde wahrscheinlich um 900 n. Chr. von Polynesiern besiedelt, die Meister im Bau von seetüchtigen Kanus und im Navigieren waren, und erlebte ein halbes Jahrtausend lang Aufstieg und Prosperität. Die Osterinsel wies zwar, wie Jared Diamond schreibt, nicht die ökologisch optimalen Bedingungen auf wie andere von Polynesiern besiedelte Inseln, aber doch hinreichende, um eine recht große Population von 20 000 bis 30 000 Bewohnern zu ernähren, die sich ihrerseits auf 11 bis 12 Sippen mit jeweils eigenen Häuptlingen aufteilten.

Die Insel war ursprünglich von 21 Palmenarten bewaldet, darunter zwei besonders große Arten, von den eine bis zu 30 Meter Höhe wachsen konnte, die sowohl zum Bau von Häusern als auch von großen Kanus geeignet waren.[85] Die Insel beherbergte 25 Landvogelarten; die Bewohner ernährten sich neben dem, was sie auf den Feldern anbauten, von Vögeln, Delphinen und den zahlreichen Nachkommen jener Ratten, die die Siedler offensichtlich selbst bei ihrer Ankunft auf die Insel mitgebracht hatten.

Die Blütezeit der Osterinsel-Gesellschaft muss um 1500 gelegen haben; die Zahl der Gebäude erreicht um diese Zeit ihren höchsten Stand, um bis ins 18. Jahrhundert hinein um 70 Prozent zurückzugehen.[86] Die Osterinsel war eine Theokratie; die Häuptlinge, die selbst gottähnlichen Status hatten, übten zugleich das Amt des Hohepriesters aus und fungierten, wie in anderen polynesischen Gesellschaften auch, als Mittler zwischen Menschen und Gottheiten und regelten die sozialen Beziehungen zwischen den Sippen, Häuptlingen und einzelnen Bewohnern.[87] Historisch betrachtet bot die Osterinsel also alles in allem die Qualitäten eines Paradieses mittlerer Güteklasse, aber als im 18. Jahrhundert die ersten Europäer – unter ihnen Kapitän Cook – die Insel betraten, bot sich ihnen ein nachgerade surreales Bild. Das Land war vollkommen baumlos und fast menschenleer; die wenigen Einwohner waren, wie Cook 1774 berichtete, »klein, mager, ängstlich und elend«.[88] Außer Ratten und Hühnern gab es keine Tiere. Besonders bizarr wirkte die Szenerie, weil hunderte zum Teil gigantische Steinskulpturen herumlagen, die meisten von ihnen zerbrochen. Viele von ihnen erreichen eine Länge von etwa sechs Metern und ein Gewicht von zehn Tonnen, aber die größte ist 21 Meter lang und wiegt 270 Tonnen.

In einem Steinbruch fanden sich eine Fülle weiterer halbfertiger oder bereits transportbereiter Figuren. Das Rätsel war, wie es den Bewohnern gelingen konnte, diese riesigen Skulpturen zu bewegen und aufzurichten, wo doch die Insel offensichtlich keinerlei Holz aufwies, das man für entsprechende Konstruktionen hätte verwenden können. Heute geht man davon aus, dass die gigantischen Figuren Repräsentations- und Distinktionszwecken der Häuptlinge und ihrer Sippen dienten und dass irgendwann ein Wettbewerb eingesetzt hatte, wer die gewaltigste Figur vorweisen konnte; historische Datierungen zeigen ein Anwachsen der Skulpturengröße über den Verlauf der Jahrhunderte.[89]

Archäologische Rekonstruktionen machen es sehr wahrscheinlich, dass die Insulaner – unter anderem im Zusammenhang ihrer offenbar rastlosen Figurenproduktion – einen tödlichen Raubbau an ihren ökologischen Ressourcen betrieben haben. Das Abholzen der Palmenwälder begann anscheinend schon bald nach der Ankunft der ersten Siedler um 900 und war spätestens im 17. Jahrhundert abgeschlossen. Man kann nicht wissen, was dem Mann durch den Kopf gegangen ist, der den letzten Baum der Insel fällte; wahrscheinlich hielt er es einfach für nötig und hat gar nicht weiter darüber nachgedacht. Das Holz der Palmen diente, als sie noch reichlich vorhanden waren, verschiedenen Zwecken: zum Brennen und Kochen, zur Gewinnung von Holzkohle, als Baumaterial für Häuser, Kanus und nicht zuletzt für die Konstruktionen, mit denen die Figuren transportiert und aufgerichtet wurden.

Insgesamt, schreibt Jared Diamond, »ergibt sich für die Osterinsel ein Bild, das im gesamten Pazifikraum einen Extremfall der Waldzerstörung darstellt, und in dieser Hinsicht auch in der ganzen Welt kaum seinesgleichen hat. Für die Inselbewohner ergab sich daraus die unmittelbare Folge, dass Rohstoffe und wild wachsende Nahrungsmittel fehlten, und auch die Erträge der Nutzpflanzen gingen zurück [...]. Nachdem es keine großen Holzbalken und keine Seile mehr gab, kamen Transport und Errichtung der Statuen ebenso zum Erliegen wie der Bau seetüchtiger Kanus.«[90] Auf einer Insel ohne Kontakt zu einer Außenwelt kann ein solcher Ressourcenkollaps nicht kompensiert werden; Fischfang wurde nahezu aussichtslos, die mit der

Entwaldung der windreichen Insel einhergehende Bodenerosion machte auch Landwirtschaft zunehmend unmöglich. Ohne Holz gab es keinen Brennstoff mehr; im Winter verheizten die Bewohner die letzten Pflanzen und Gräser. Sogar für die Toten bedeutete der Niedergang Wandel: Für Einäscherungen gab es kein Holz mehr, weshalb die Toten mumifiziert oder in der Erde bestattet wurden.

Es liegt auf der Hand, dass eine solche Situation des Schrumpfens von Überlebensmöglichkeiten erhöhte Konkurrenz um die wenigen noch verbleibenden Ressourcen nach sich gezogen haben muss – und zwar auf allen Ebenen: der Nahrung, des Baumaterials, der Technik und der symbolischen Repräsentation. Und wenn es je eines schlagenden Beispiels bedurft hätte, dass der Mensch nicht vom Brot allein lebt (besonders dann, wenn er keines hat[91]), dann liefern es die Bewohner der Osterinsel. Hier sieht man die Verselbständigung einer kulturellen Praxis, die auch um die Gefahr der Selbstaufgabe nicht aufgegeben wird. Das übrigens ist kein Privileg der Osterinsulaner – in westlichen Ländern können Schamstandards Menschen dazu veranlassen, in einem brennenden Haus zugrunde zu gehen, weil sie nicht nackt auf die Strasse rennen zu können glauben.[92] Norbert Elias hat verschiedentlich beschrieben, wie ein zu hohes emotionales Engagement jenen distanzierten Blick blockiert, der für eine Rettung erforderlich wäre.[93] Aus dem frühen 17. Jahrhundert ist übermittelt, dass der spanische König Philipp III. an einem Fieber starb, »das er sich zuzog, während er zu lange in der Nähe einer heißen Kohlenpfanne saß und sich dabei überhitzte, weil der Bedienstete, dessen Aufgabe die Entfernung des Kohlebeckens gewesen wäre, nicht gefunden werden konnte, als der König ihn rief«.[94]

Wie schon im vorigen Kapitel zu sehen war, hängen Entscheidungen von Menschen davon ab, wie sie ihre Situation wahrnehmen und deuten; hier nun wird sichtbar, dass es dabei auch zu selbstzerstörerischen Entscheidungen kommen kann, und zwar selbst dann, wenn wie im Fall Philipps III. bessere Lösungsmöglichkeiten auf der Hand zu liegen scheinen. Aber auch dann, wenn es um das eigene Überleben geht, spielen kulturelle, soziale, emotionale und symbolische Faktoren oft eine größere Rolle als der Selbsterhaltungstrieb. Man muss nur an die Kultur des Selbstmordattentats denken, um eine Parallele in der Gegenwart zu finden.

Philipp III. ebenso wie die Bewohner der Osterinsel orientieren sich an Referenzrahmen, die es ihnen unmöglich machen, das Verhängnis zu sehen. Es ist, als würden die vorhandenen kulturellen Wahrnehmungsformate mögliche andere verstellen, und als würden die Beteiligten buchstäblich nicht *sehen*, was sie tun könnten. Solche tödlichen Blockierungen können durch Training und Disziplin auch systematisch erzeugt werden, etwa dann, wenn in den gedrillten Armeen des 18. und 19. Jahrhunderts die Schlachtordnung Infanteristen dazu veranlasst, sich regungslos töten zu lassen: »Wortlos und unbeweglich ließen sich die Männer reihenweise abschlachten, und oft dauerte ein solches Gemetzel Stunden. Von den Infanteristen im Korps des Grafen Ostermann-Tolstoi wird berichtet, sie hätten bei Borodino zwei Stunden unter unmittelbar auf sie gerichtetem Artilleriefeuer gestanden, ›und während dieser Zeit wurde die einzige in ihren Reihen wahrnehmbare Bewegung dadurch hervorgerufen, dass Getötete umfielen‹.«[95]

Oder anders gesagt: Was in all diesen Fällen als Problem wahrgenommen wird, ist gar nicht die Gefährdung des eigenen Überlebens, sondern die Gefahr, symbolische, tradierte, status- oder befehlsgebundene Verhaltensvorschriften zu verletzen – und eine solche Gefahr kann offenbar so schwerwiegend sein, dass in der Perspektive der Akteure gar keine andere Möglichkeit zu sehen ist. Auf diese Weise werden Menschen zu Gefangenen ihrer eigenen Überlebenstechniken.

Man kann das auch sehr gut am Festhalten an Strategien zeigen, die sich historisch überlebt haben, aber lange über ihr Verfallsdatum hinaus die Energien und Phantasien der Zeitgenossen binden. Ein Beispiel liefert der Festungsbau, den Generationen von Baumeistern mitsamt ihren militärischen Auftraggebern immer weiter entwickelt haben, wobei sie aber übersahen, dass sowohl die Techniken als auch die Anlässe und Formen der Kriegführung die Festungen längst überflüssig gemacht hatten. So führte die Entwicklung der Kanonen und ihrer zerstörerischen Reichweite dazu, immer weiträumigere Außenbefestigungen um die Zitadellen zu legen, so dass etwa in Antwerpen schließlich ein vom Zentralbauwerk neun Meilen entfernter Gürtel von Außenwerken installiert wurde. Die Absurdität dieser immer weiter ausgreifenden Struktur bestand darin, dass die zu verteidigenden Städte solchen Raum selbst gar nicht aufwiesen, sondern im Gegenteil durch ihre eigenen Verteidigungsanlagen eingeschränkt wurden. Überdies hatte man gar nicht genug Soldaten, die Festung selbst zu verteidigen und machte sich, indem man sich vor dem Feind abschloss, selbst wehrlos, wenn dieser nicht die Festung, sondern etwas Interessanteres anzugreifen beschloss. Historisch lassen sich denn auch Neubauten von Zitadellen zu Zeitpunkten verzeichnen, als man bereits wusste, dass diese völlig sinnlos geworden waren; man hielt einfach an den Rezepten und Verfahren fest, die man kannte und die unter anderen Umständen erfolgreich gewesen waren.[96]

Ein anderes Moment, das im Zusammenhang von Macht und Gewalt von den Beteiligten nicht gesehen wird, ist der Organisationsvorteil, der denjenigen zukommt, die Gewalt androhen oder ausüben. Heinrich Popitz hat diesen sehr eindrücklich anhand des folgenden einfachen Beispieles dargestellt: Auf einem Kreuzfahrtschiff gibt es etwa ein Drittel so viele Liegestühle wie Passagiere. Daraus ergibt sich kein Problem, weil immer genug Personen mit anderen Dingen beschäftigt sind; die Liegestühle reichen für die Nutzungsbedürfnisse der Passagiere aus. Das ändert sich schlagartig, als neue Passagiere an Bord kommen, die Techniken entwickeln, die Liegestühle auch dann zu blockieren, wenn sie sie nicht selbst nutzen. Die effektivste Technik ist die der sozialen Kooperation: Man bittet andere

Nutzer, die »eigene« Liege auch dann freizuhalten, wenn man sie gerade nicht benutzt. Für diese anderen Nutzer bietet das einen Vorteil, da es sich um ein Geschäft auf Gegenseitigkeit handelt.

Auf diese Weise bilden sich eine Gruppe von Bevorteilten und eine (zahlenmäßig sogar überlegene) Gruppe von Benachteiligten heraus. Die Bevorteilten können den Organisationsvorteil eines gemeinsamen Interesses und einer sich daraus ergebenden Kooperation nutzen. Diesem Vorteil stehen die anderen Passagiere als Vereinzelte gegenüber, die auch gern einen Liegestuhl hätten, aber keinerlei Macht haben, dieses Interesse durchzusetzen. Das addierte Einzelinteresse ergibt keinen Organisationsvorteil – zumal die Besitzlosen auch kein kooperatives Modell anzubieten haben, das dem der Besitzenden überlegen wäre.

Macht ist hier durch einen simplen Organisationsvorteil entstanden – und sie ist beliebig weiter ausdehnbar, etwa indem eine dritte Klasse von Bewachern etabliert wird, die für die Erfüllung von Ordnungsaufgaben zu bestimmten Zeiten auch die Liegestühle nutzen darf, obwohl sie eigentlich nicht zur Klasse der Besitzenden gehört etc. Das Faszinierende an diesem Beispiel liegt darin, dass für die Benachteiligten *nicht zu sehen* ist, dass ihre Machtunterlegenheit aus einem Organisationsvorteil resultiert, den die anderen sich zunutze gemacht haben und aus dem neue Macht generiert werden kann. Was sie sehen, ist, dass sie selbst keinen Liegestuhl bekommen, und was sie empfinden, ist vielleicht Wut, aber gerade die Emotion verstellt den Blick auf die wahren Ursachen ihrer Unterlegenheit.[97]

Zurück zum Fall der Osterinsel, der gerade in dieser Hinsicht für die Frage instruktiv ist, wie bedeutsam gefühlte Probleme für die Entscheidungen von Menschen sind: Er zeigt nämlich darüber hinaus, dass sich gefühlte Probleme in höchst reale transformieren können und schließlich mit Gewalt auf eine Lösung drängen. Am Ende der Kultur der Osterinsel stand nämlich ein furchtbarer Krieg. Der Ressourcenkonflikt, der im Kern auf die Entwaldung des Insel zurückzuführen ist, führte am Ende zum Raubbau der verbliebenen Bewohner an sich selbst, wie Knochenfunde mit Spuren menschlicher Gebisse und aufgebrochene Knochen (um an das Knochenmark heranzukommen) zeigen. Dieser Endzeitkannibalismus ist nicht nur archäologisch belegt, er spielt auch in der mündlichen Überlieferung der Insulaner eine erhebliche Rolle. Der ökologische Niedergang führte nicht nur zur Erosion des Bodens, sondern auch der Kultur.

Um 1860 waren die Häuptlinge und Hohe Priester von Militärführern gestürzt worden, die 11 oder 12 Sippen schlossen sich zu zwei sich bekämpfenden Großgruppen zusammen,[98] viele Bewohner zogen sich aus Verteidigungsgründen in Höhlen und Gänge zurück. Neue Figuren wurden nicht mehr errichtet, dafür wurden die der Konkurrenten umgestoßen und dabei zerstört; Steinplatten, die für den Bau der Sockel verwendet worden waren, dienten nun zum Schutz der Höhleneingänge. Als strategische Verteidigungsmaßnahme der einen Gruppe gegen die andere wurde ein tiefer Graben gezogen, der eine Art Halbinsel schuf; eine letzte technische Innovation, Speerspitzen aus Obsidian, machte die Waffen tödlicher. Kurz: Die Insel versank in den Zustand einer surreal destruktiven Welt, die für die allermeisten keine Überlebenschancen mehr bot. Der Militärhistoriker John Keegan spricht von einem absoluten Krieg, der zuerst das Ende der Politik, dann der Kultur und schließlich des Lebens selbst bedeutete.[99]

Das insulare Experiment, das keinen Einflüssen von außen unterlag, fand sein Ende darin, dass sich die Menschen als letzte Ressourcen selbst verbrauchen. Der Großteil der wenigen, die nach dem Krieg übrig waren, wurde im 18. Jahrhundert durch peruanische Händler in die Sklaverei verkauft.[100] 1872 zählte die Insel noch 111 Bewohner. Die größte Beleidigung, die man auf der Osterinsel jemandem zurufen konnte, lautete: »Das Fleisch deiner Mutter hängt zwischen meinen Zähnen.«

Der Völkermord in Ruanda

Kommen wir damit zurück auf Ruanda. Der Völkermord in Ruanda konnte unter anderem deshalb mit so ungeheurer Geschwindigkeit vonstatten gehen, weil hier buchstäblich die vielen die wenigen totschlugen (die Hutu stellten 90 Prozent der Bevölkerung). Wie entstand aber angesichts dieses zahlenmäßigen Verhältnisses das auf den ersten Blick bizarr erscheinende Gefühl der Hutu, sich um jeden Preis gegen die Tutsi verteidigen zu müssen, das Gefühl einer todfeindlichen Bedrohung, die von den Tutsi ausginge, und der, koste es, was es wolle, entgegenzutreten sei?

Es entstand zum einen durch die bereits erwähnte Bevorzugung der Gruppe der Tutsi durch die zunächst deutsche, später französische Kolonialverwaltung, die die Tutsi als rassisch höherwertiger eingestuft und Angehörige dieser Gruppe entsprechend in höhere Positionen eingesetzt hatten – eine Besserstellung in materieller und psychologischer Hinsicht, die die Kolonialzeit überlebte und noch bis in die Zeit der Unabhängigkeit Ruandas nachwirkte. Zweitens war die Konfliktgeschichte nach der Unabhängigkeit 1962 lang und blutig; bevor der Völkermord im April 1994 begann, war das Land schon Schauplatz eines Bürgerkriegs, in dem Tutsi-Rebellen um die Macht kämpften, die bis zum Attentat auf den Präsidenten in den Händen einer mehrheitlich aus Hutu bestehenden Regierung lag. Mit der Ermordung des Hutu-Präsidenten nahm der bis dahin eher verwischte ethnische Konflikt scharfe Konturen an.

Eine Bürgerkriegssituation ist für die Bewohner eines Landes eine Situation chronischer Unsicherheit und extremer Bedrohung, und neben dem nackten Überleben kann es dem Einzelnen in einer solchen Situation um nichts mehr gehen als um die Erhöhung der eigenen Sicherheit und die Reduzierung der realen und gefühlten Bedrohung. Es geht also um Orientierung, um Transparenz, um die Reduzierung von Angst und Konfusion. Deshalb bedarf es auch hier einer klaren Identifizierung dessen, wer Freund und wer Feind ist, der richtigen Zuordnung, wer »Wir« ist und wer »Sie« sind. Tutsi ist, wer Feind ist, und wer Feind ist, ist Tutsi, weshalb eben auch Hutu getötet wurden, die versuchten, Tutsi zu schützen oder zu verstecken oder die sich öffentlich gegen das Morden aussprachen. Vor dem Hintergrund solcher selbstreferentieller Orientierungssysteme explodiert die Gewalt.

Gedrängtes Leben

Der Bürgerkrieg in Ruanda war aber nur die eine Sache. Etwas anderes kam noch hinzu: Ruanda war zu diesem Zeitpunkt die Gesellschaft mit der höchsten Bevölkerungsdichte in Afrika und zugleich mit einer der höchsten der Welt, und die Einwohnerzahl wuchs rapide an (wie es auch gegenwärtig in vielen afrikanischen Gesellschaften trotz der katastrophalen Überlebensbedingungen der Fall ist). So etwas ist geeignet, in einer Situation steigender Unsicherheit durch Bürgerkrieg und alltägliche Gewalt die individuelle Gewaltbereitschaft erheblich zu vergrößern: In der detailliert untersuchten Gemeinde Kanama im Nordwesten Ruandas etwa stieg die ohnehin exorbitant hohe Anzahl von Menschen je Quadratkilometer innerhalb der fünf Jahre von 1988 bis 1993 von 672 auf 788; alle (!) jüngeren Männer bis 25 Jahre lebten im elterlichen Haushalt. Die durchschnittliche Haushaltsgröße wuchs im selben Zeitraum von 4,9 auf 5,3 Personen; in den kleinbäuerlichen Betrieben lebte eine Person 1988 rechnerisch von 800 Quadratmetern Land, 1993 nur noch von 580.[101] Die meisten der Familienangehörigen konnten vom Ertrag der eigenen Höfe allein nicht mehr leben, sondern mussten versuchen, zusätzliche Einkommen durch Hilfsarbeiten, Ziegelbrennen etc. zu erzielen. Der Anteil derjenigen, die unterhalb der Hungerschwelle (1600 Kalorien pro Tag) existieren mussten, stieg rapide an, und mit ihnen das Potenzial und Niveau von Konflikten.

Auch solche sich zuspitzenden demographisch-ökologischen Problemlagen werden von den Betroffenen mit Hilfe von Referenzrahmen interpretiert – und da hatten die Konflikte und Massaker der Jahre vor dem eigentlichen Völkermord bereits ethnisch codierte Bilder von Wir- und Sie-Gruppen vorformatiert, die handlungsleitend wurden, als es nach dem Abschuss der Maschine von Präsident Habyarimana zur Massengewalt kam. Ökologische, demographische und geographische Faktoren werden in der Gewalt- und Genozidforschung bislang deutlich unterbelichtet bzw. oft einfach der Kategorie »Ideologie« zugeordnet, obwohl gerade gefühlte Probleme und ihre vermeintlichen Ursachen in der Perspektive der Akteure eine entscheidende Rolle spielen.

Wie Problemlagen und ihre Lösungsmöglichkeiten wahrgenommen und interpretiert werden, hat auch etwas damit zu tun, innerhalb welcher Konzepte und mit welchen Begriffen die Welt wahrgenommen wird. Dabei geht es etwa darum, dass das Morden überhaupt nicht als solches definiert ist, sondern – wie im Fall des Holocaust – als »Sonderbehandlung«, als Erfüllung der »Gesetze der Natur«, als »Endlösung der Judenfrage« oder – wie im Fall des Stalinismus – als historisch folgerichtiges »Absterben von Klassen« nicht nur bezeichnet, sondern auch *verstanden* wird. Die häufig geäußerte Annahme, man habe es mit sprachlicher Verschleierung zu tun, führt in die Irre. Im Nationalsozialismus hielt man die Juden im biologischen Sinn für Schädlinge am Volkskörper; folgerichtig wurden sie mit Zyklon B, einem Schädlingsgift, getötet. In Ruanda tötete man, wie man Unkraut bekämpfte; tatsächlich wurde der Begriff »schneiden« synonym mit »töten« verwendet, weshalb dem Morden mit Macheten hier eine besondere Bedeutung zukommt[102] (und überdies nach außen hin suggerierte, dass es sich bei diesem Völkermord nicht um planmäßiges Vorgehen, sondern um spontane Gewalt handelte – als würde die Gewalt von den Einzelnen ausgehen und als würden sie die Waffen benutzen, die sie ohnehin im Haus hatten). Überhaupt spielt die metaphorische Einbettung des Massenmordens in diesem Völkermord eine höchst bemerkenswerte Rolle, galten doch die Waffen im allgemeinen Sprachgebrauch als »Werkzeuge« (ibikoresho, d.h. »Dinge zur Arbeit«[103]).

Das Töten wurde folgerichtig tatsächlich als »Arbeit« bezeichnet, der Massenmord als eine Form des Feldbestellens, zu dem natürlich das Ausjäten von Unkraut und das Vernichten von Schädlingen gehört. In diesem Zusammenhang ist auch die häufigste Schimpfbezeichnung für Tutsi zu sehen: Kakerlaken.

Die von den Hutu imaginierte, ethnisch reine Nation wurde als »Feld« vorgestellt; ihr Selbstbild entsprach demgemäß dem von »Kindern von Feldbauern«, und ihre Aufgabe war es, dieses »Feld« zu bestellen: »Sie töteten wie Leute, die aufs Feld gehen, und gingen nach Hause, wenn sie müde waren«.[104] In dieser Vorstellung liegt die tödliche Logik des totalen Auslöschens der Tutsi begründet: »›Beim Säubern des Busches‹ sollte darauf geachtet werden, nicht nur das ›hohe Gras‹, d.h. die Erwachsenen, zu schneiden, sondern auch die ›jungen Triebe‹, d.h. die Kinder und Jugendlichen, auszureißen. In der Tat war die extreme Grausamkeit gegenüber Ungeborenen, Säuglingen und Kindern jenseits aller Vorstellungskraft.«[105]

Man täusche sich nicht über die Handlungsrelevanz von Metaphern. Vieles, was aus der Außenperspektive nach Verschleierung oder Metaphorisierung aussieht, kann in der Sicht der Akteure ganz und gar handfest, gleichsam sachlich aufgefasst werden und genau deshalb handlungsleitend sein.[106] Dasselbe gilt auch für das extrem paternalistische Politikverständnis, das in den beiden Interviewausschnitten vom Beginn des vierten Kapitels zum Ausdruck kommt. Wenn ich einen Präsidenten als »Vater« betrachte, setzt dessen Ermordung eine andere motivationale Dynamik frei, als wenn ich ihn als austauschbaren Angehörigen einer funktionalen Elite ansehe.

Solche Dinge muss verstehen, wer rekonstruieren möchte, was Menschen als ihre Probleme betrachten und wie sie sie zu lösen beabsichtigen. Die Wahrnehmung des Tötens als Verteidigungshandlung ist, wie gesagt, für alle Genozidtäter ein wichtiges Moment der Selbstlegitimierung und Selbstermächtigung.

Dabei spielte in Ruanda die Technik der »gespiegelten Anschuldigung« (»accusation in a mirror«[107]) auch in der Propaganda eine zentrale Rolle: Man unterstellte in einer Art putativer Völkermordphantasie der jeweils anderen Seite, dass sie auf die vollständige Vernichtung der eigenen Gruppe aus war. Allerdings war das Schema der gespiegelten Anschuldigung keineswegs ein lediglich sozialpsychologisches Phänomen, sondern wurde explizit als propagandistische Methode empfohlen: Mit Hilfe dieser Technik, hieß es, »wird diejenige Seite, die Terror ausübt, ihren Feind des Terrors bezichtigen«.[108]

Die logische Kehrseite der Verbreitung von Bedrohungsphantasien ist die Herstellung von Verteidigungsbereitschaft auf der Seite derjenigen, die sich bedroht sehen – weshalb jede Form des mörderischen Angriffs und der systematischen Vernichtung mutatis mutandis als *notwendige* Verteidigungshandlung wahrnehmbar wird. Diese Eskalationsspirale der unterstellten Bedrohung wird wiederum durch vereinzelte, gezielte mörderische Aktionen und Massaker, die der Gegenseite zugeschrieben werden, weitergedreht – das heißt, es wird in Wirklichkeit übersetzt, was zuvor lediglich Ausstattung einer furchteinflößenden Phantasiewelt war. Hierbei handelt es sich um ein offenbar höchst geeignetes und gut erprobtes Mittel der Erzeugung von Eskalationsdynamiken, wie sie etwa auch in den jugoslawischen Auflösungskriegen und im Kosovokrieg erfolgreich angewendet wurde.

Die ursprüngliche soziale Nähe der Gruppen, die durch das Morden praktisch differenziert werden, stellt, wie schon gesagt, eine Gewaltressource und kein Gewalthindernis dar. Auch für die Imagination der todfeindschaftlichen Bedrohung der Wir-Gruppe der Hutu durch die Sie-Gruppe der Tutsi scheint außerordentlich wichtig, dass die Grenzlinie de facto durch die Mobilität zwischen den Gruppen unscharf war – die extreme

Tötungsgewalt hat auch hier die Funktion, die Gruppengrenzen eindeutig zu markieren, und damit strukturiert sie Wirklichkeit.

Was sahen die Täter?

Wir finden auf der Ebene der sozialen Wahrnehmung des Mordens durch die Täter fünf Elemente, die ihnen das Töten sinnhaft erscheinen lassen konnten: Erstens existierte ein hohes Maß an Angst und Verunsicherung und damit an Orientierungsbedürfnissen, die durch Gewalt befriedigt werden konnten. Zweitens führte die Wahrnehmung einer ökonomisch und perspektivisch zunehmend bedrängten Situation zu einem erheblich erhöhten Konfliktpotenzial und -niveau. Drittens gab es die phantasierte und/oder reale Bedrohung, selbst ausgelöscht zu werden, wenn man nicht in einer als Verteidigung definierten Tat den imaginierten Mördern zuvorkam. Darüber hinaus war es viertens die Definition des Tötens selbst, die es den Tätern als notwendig und sinnvoll erscheinen ließ – in diesem Fall wurde das Töten nicht nur als Arbeit definiert und gemäß dieser Definition auch praktiziert, sondern diese Arbeit überdies in ein umfassendes landwirtschaftliches Konzept von Gesellschaft und Nation eingebettet, das die Tötungsarbeit als absolut nützlichen Vorgang der Feldbestellung erscheinen ließ. Fünftens schließlich konnten sich die Mörder der Selbstverständlichkeit, Sinnhaftigkeit und Normalität ihres Handelns daran versichern, dass alle anderen genau das taten, was sie selbst auch machten.

Die Gewalt des Völkermords wirkte von außen betrachtet eruptiv, archaisch und spontan, war von innen gesehen aber verblüffend geregelt und – für die Täter – sinnhaft. Und ihr lag nicht nur eine Vorgeschichte von Mord und Gewalt durch den Bürgerkrieg und die damit verbundene Angst und Orientierungslosigkeit zugrunde, sondern auch eine ökologisch-demographische Problemlage, die die Lage der Einzelnen, insbesondere der jungen Männer, immer bedrängter und zugleich immer aussichtsloser erscheinen ließ. Das stellt eine zentrale Gewaltquelle dar, eine Erhöhung von Gewalt- und Tötungsbereitschaft.

Der Ruandische Völkermord war nicht das Ergebnis eines Klimakrieges, aber er geht auch nicht auf politische und soziohistorische Fakten allein zurück. Jared Diamond betrachtet das Problem der Bevölkerungsdichte als Faktor, der den Konflikt mindestens mitbestimmte. Das ist ein wichtiger Hinweis, denn es könnte sein, dass wir Problemursachen, die in unserer Lebenswelt keine Rolle spielen (oder zu spielen scheinen), deshalb in anderen Konstellationen nicht sehen. Dabei hat ja zum Beispiel in Deutschland vor nicht allzu langer Zeit die Phantasie, ein »Volk ohne Raum« zu sein, nicht nur eine ganz neue Dimension der Raumplanung und Geopolitik begründet, sondern mit dafür gesorgt, einen Vernichtungskrieg für wünsch- und führbar zu halten, der der Eroberung, Kolonialisierung und Neubesiedelung des Ostraums dienen sollte. Auch hier würde man das zugrunde liegende gefühlte Problem nicht verstehen, wenn man es für ein bloß ideologisches halten würde. Es handelt sich nämlich um den Wunsch, neue Ressourcen an Raum, an zu versklavenden Menschen und an ausbeutbaren Rohstoffen zu gewinnen. Ideologien wie die nationalsozialistische flankieren solche Zwecke, sind aber keineswegs selbst der Zweck.

Nun war das von den Planern der Eroberung des Ostraums gefühlte Problem ein anderes als das der Hutu in Ruanda. Aber Ideologien und Reflexionen über das Große und Ganze spielen in den Wahrnehmungen, Deutungen und Entscheidungen von Menschen gegenüber handfesteren Dingen eine untergeordnete Rolle. Ebenso wie einem der akademischen Vordenker der Vernichtung eine glänzende Universitätskarriere und dem SS-Obersturmbannführer ein Gut in Masuren vor Augen gestanden haben mögen, wenn sie an der Umsetzung des Generalplans Ost arbeiteten, so mag ein junger Hutu aus Kanama die

Möglichkeit gesehen haben, aus der Enge der Familie herauszukommen, wenn er sich im Auftrag der Regierung für das Massakrieren von Tutsi engagiert. Insofern liegen der Anwendung von Gewalt in der Perspektive der Täter viel konkretere Ursachen zugrunde, als man mit dem Blick auf »Rassenwahn«, »ethnische Säuberung« oder »Völkermord« sehen kann. Werfen wir daher einen Blick auf einen anderen Völkermord, einen, der zehn Jahre nach dem ruandischen stattfindet, nämlich in diesen Tagen.

Darfur – der erste Klimakrieg

»Zuerst kamen Flugzeuge, überflogen ein Dorf, um das Ziel ausfindig zu machen, und kehrten dann zurück, um ihre Bomben abzuwerfen. Die Luftangriffe wurden mit russischen viermotorigen Antonow-An-12-Maschinen geflogen, die eigentlich keine Bomber, sondern Transportmaschinen sind. Sie haben weder einen Bombenschacht noch eine Zielvorrichtung, und die ›Bomben‹ waren alte, mit einer Mischladung aus Explosivstoff und Metallschrott gefüllte Ölfässer. Sie wurden einfach auf dem Boden der Transportmaschinen zur hinteren Laderampe gerollt, die während des Flugs offen blieb, und hinausgestoßen. Es waren also primitive, frei fallende Streubomben, vom militärischen Gesichtspunkt her vollkommen unbrauchbar, da sie nicht gezielt abgeworfen werden konnten, gegen feste zivile Ziele jedoch von verheerender Wirkung. Jeder Angehörige der Kampftruppen mit einem Minimum an Ausbildung konnte diese Bomben bedienen, die als Terrorwaffen ausschließlich gegen die Zivilbevölkerung eingesetzt wurden. Hatten die Antonows ihren schrecklichen Zweck erfüllt, folgten Kampfhubschrauber und/oder MiG-Kampfbomber und feuerten mit Maschinengewehren und Raketen auf alle größeren Ziele wie Schulen oder Lagerhäuser, die den Angriff bis dahin überstanden hatten. Totale Zerstörung war deutlich beabsichtigt.«[109]

Nach den Luftangriffen war die Gewalt nicht vorüber; sie begann nun erst richtig. Die Dschandschawid – mit Pferden, Kamelen oder Toyota-Geländewagen ausgerüstete Milizen – umstellten das Dorf, plünderten, vergewaltigten die Mädchen und Frauen, brannten die Häuser nieder, die noch standen, und ermordeten die restlichen Bewohner.[110]

So etwa sah der Auftakt zu dem bis heute anhaltenden Völkermord in Darfur im westlichen Sudan aus, im Juli 2003. Was den westlichen Zuschauern zunächst als Stammeskonflikt zwischen »arabischen Reitermilizen« und »afrikanischen Bauern« vermittelt wurde, entpuppt sich bei genauerem Hinsehen als Krieg einer Regierung gegen ihre Bevölkerung, in dem der Klimawandel eine entscheidende Rolle spielt. Darfur ist ethnisch betrachtet ein komplexes Gefüge aus »arabischen« und »afrikanischen« Stämmen, wobei »arabisch« in der Regel mit der nomadischen Lebensform assoziiert ist und »afrikanisch« mit der bäuerlichen. Komplizierter wird die Sache noch dadurch, dass man zwischen »eingeborenen Arabern« und solchen unterscheidet, die erst im 19. Jahrhundert eingewandert und hauptsächlich Prediger und Händler waren. Diese Kerngruppe einer quasi-kolonialen Fremdelite, wie Gerard Prunier sagt, wurde um Sklaven- und Elfenbeinhändler ergänzt, die Darfur eroberten und sich mit den eingeborenen Arabern gleichsetzten. Sie verschmolzen schließlich, obwohl sie von außen kommende Eroberer waren, mit der autochthonen Bevölkerung, behielten aber bis heute eine elitäre Position bei.[111]

Die Dschandschawid, die ihrer Brutalität wegen berüchtigt sind, tauchen Ende der 1980er Jahre an Konfliktschauplätzen auf, in einer Rolle »zwischen Banditentum und regierungsnahen Schlägertruppen«.[112] Die Milizen rekrutieren sich aus ehemaligen Straßenräubern, entlassenen Soldaten, »jungen Stammesangehörigen, die mit ihren ›afrikanischen‹ Nachbarn über Grund und Boden stritten, offenbar meist Angehörige kleinerer arabischer Stämme«, begnadigten Kriminellen sowie jungen Arbeitslosen. Diese Leute bekommen Geld für ihre Arbeit, »79 Dollar im Monat für einen Infanteristen, 117 Dollar, wenn er ein Pferd oder ein Kamel mitbrachte. Offiziere, das heißt solche, die lesen konnten [...], verdienten bis zu 233 Dollar pro Monat.«[113] Waffen bekommen sie gestellt.

Ähnlich wie in Ruanda zehn Jahre zuvor handelt es sich bei den Völkermördern also keineswegs um spontane Täter, die Massaker aus Hass- oder Rachegefühlen veranstalten, sondern um gut »organisierte, politisierte und militarisierte Gruppen«.[114] Ihrer Arbeit sind bislang zwischen 200 000 und 500 000 Einwohner von Darfur zum Opfer gefallen. Auch diesem Völkermord gingen Massaker voraus, aber spätestens seit der Hungerkatastrophe, die das Land 1984 heimsuchte, ist seine Gewaltgeschichte aufs engste mit ökologischen Problemen verknüpft.

Die Welt Darfurs war, wie gesagt, durch sesshafte Bauern (»Afrikaner«) auf der einen Seite und nomadische Viehzüchter (»Araber«) auf der anderen Seite geprägt. Konflikte zwischen den sesshaften Bauern und den viehzüchtenden Nomaden gibt es schon seit etwa siebzig Jahren.[115] Zunehmende Bodenerosion hat solchen Konflikten ebenso Nahrung gegeben wie die kontinuierliche Erhöhung der Viehbestände.[116] Modernisierungsaspekte wie die Verrechtlichung solcher Konflikte, die in der Friedensperiode vor etwa dreißig Jahren eingeführt wurden, haben darüber hinaus die Zerstörung traditioneller Strategien der Konfliktlösung oder -beilegung zur Folge gehabt, ohne selbst funktionierende Neuregelungen zu etablieren.[117] Stattdessen beobachtet man seit drei Jahrzehnten, dass auch bei kleineren lokalen Konflikten gleich zu den Waffen gegriffen wird.[118]

Die sesshaften Bauern versuchten in der katastrophalen Dürre von 1984 ihre kargen Ernten zu sichern und sperrten die Zugänge zu ihren Feldern vor den Herden der »Araber«, deren Weidegründe durch die Dürre verschwunden waren. Wegen dieser Sperren konnten die Nomaden ihre traditionellen Weidewege und Futterplätze nicht mehr nutzen. »In ihrem Bestreben, weiter in den immer noch feuchten Süden zu gelangen, fingen sie an, sich ihren Weg durch die versperrten *marahil*

(Weidewege, HW) zu erkämpfen. Bauern, die nach alter Gewohnheit Wildgras abbrannten, wurden angegriffen, denn was für sie Unkraut war, war für die erschöpften Herden der verzweifelten Nomaden das letzte Futter.«[119]

Hier sieht man in aller Klarheit, dass klimabedingte Veränderungen den Ausgangspunkt des Konfliktes bilden. Der ausbleibende Regen – in manchen Regionen Darfurs sank die Regenmenge im Verlauf von zehn Jahren um mehr als ein Drittel – sorgte dafür, dass die nördlichen Regionen für die Viehzucht nicht mehr brauchbar waren und trieb die – zuvor übrigens zum Teil sesshaften – Züchter nach Süden und machte sie erst jetzt zu Vollnomaden.[120] Darüber hinaus produzierte die Dürre eine riesige Zahl von Binnenflüchtlingen, für die Lager eingerichtet wurden. Bis zu 80 000 hungernde Menschen zogen durch das Land, um die Lager zu erreichen. Eine Maßnahme der Regierung bestand darin, diese »zu Flüchtlingen aus dem Tschad zu erklären« und massenhaft zu deportieren, eine Operation, die den Namen »ruhmreiche Rückkehr« bekam.[121]

Zugleich führten drastisch steigende Bevölkerungszahlen (mit einem jährlichen Zuwachs von 2,6 Prozent) zur Übernutzung von Weiden und Ländereien und damit zu einer permanenten Steigerung des ohnehin vorhandenen Konfliktpotenzials. Während Auseinandersetzungen um Land und Wasser traditionell mit Schlichtungskonferenzen gelöst wurden, denen eine dritte Partei vorsaß und die von der Regierung unterstützt wurden, begann nach einem Militärputsch 1989 unter General Al-Bashir eine andere Politik. Ab diesem Zeitpunkt griffen zunehmend Milizen mit Unterstützung der Regierung in die Konflikte ein – womit die traditionellen Formen der Konfliktlösung ausgehebelt, die Auseinandersetzungen verschärft und die Gewaltprobleme vertieft wurden.

Das heutige Konfliktszenario wird von den Truppen und Milizen der Regierung auf der einen und an die zwanzig Rebellenorganisationen auf der anderen Seite dargestellt, was eine Übersicht für die Beteiligten genauso unmöglich macht wie für

Beobachter. Die wichtigste Gruppe, die »Darfur Liberation Front« (DLF), die sich im Februar 2003 formierte, trat zunächst für die Unabhängigkeit Darfurs ein, entschloss sich aber schon kurz darauf, einen gesamtsudanesischen Befreiungsanspruch zu vertreten und nannte sich folgerichtig in »Sudan Liberation Movement/Army« (SLM/SLA) um. Daneben gibt es noch die JEM (»Justice and Equality Movement«), die ebenfalls die Schwächung der Regierung in Khartoum zum Ziel hat.[122]

Der Krieg in Darfur wurde dadurch ausgelöst, dass Guerillakämpfer der SLA den Flughafen Al-Fashi angriffen, was die massive Reaktion der sudanesischen Regierung zur Folge hatte, die zu Anfang dieses Abschnitts geschildert wurde. Die Angriffe der Regierungstruppen auf Dörfer in Darfur wurden wiederum von arabischen Nomadenstämmen als Gelegenheit genutzt, sich Land und Vieh anzueignen. »Im Verlauf der sich verschärfenden Auseinandersetzungen entließ die Regierung in Khartoum die Gouverneure von Nord- und West-Darfur, die sich für eine Verhandlungslösung in dem Konflikt eingesetzt hatten.«[123] Die Regierung bombardierte, wie eingangs schon geschildert, wahllos Dörfer und setzte die Dschandschawid zur Bekämpfung der Rebellen ein. Seither verüben diese Milizen mit Unterstützung der Regierung einen Völkermord, der lediglich durch vereinzelte Vermittlungs- und Waffenstillstandsbemühungen unterbrochen wird. Die Gewalt ist permanent geworden. Weder die Rebellen noch die Regierung sind fähig, den Konflikt für sich zu entscheiden, und zugleich deutet nichts darauf hin, dass die Kontrahenten an einem Frieden ernsthaft interessiert wären. Inzwischen verüben nicht mehr nur die Dschandschawid Gewalt gegen die Zivilbevölkerung, sondern auch die reguläre Armee und die Rebellen.[124]

Der brutale und opferreiche Krieg in Darfur zeigt dabei nicht nur die Merkmale eines Klimakriegs, sondern repräsentiert zugleich einen neuen Typus von *Dauerkrieg*, wie er besonders für afrikanische Gesellschaften mit fragiler oder gescheiterter Staatlichkeit kennzeichnend ist. Im Kapitel »Töten morgen«

(S. 126) wird noch davon die Rede sein, dass einer der wichtigsten Unterschiede zwischen den Bürgerkriegen der Gegenwart und Zukunft und den klassischen zwischenstaatlichen Kriegen darin besteht, dass die Konfliktparteien kein Interesse daran haben, den Krieg zu beenden, sondern ganz im Gegenteil aus machtpolitischen wie aus finanziellen Interessen darum bemüht sind, ihn auf Dauer zu stellen.[125] Es sind Gewaltmärkte und Gewaltökonomien, die hier entstanden sind; im Hintergrund der meist ethnisch erscheinenden Konflikte haben sich nichtstaatliche, gewaltoffene Räume etabliert, in denen Geschäfte mit Waffen, Rohstoffen, Geiseln, internationalen Hilfsgütern etc. gemacht werden. Es leuchtet ein, dass kein Gewaltunternehmer ein vitales Interesse daran hat, sein Geschäft aufzugeben. Deshalb stellt jeder Versuch, Frieden zu schaffen, für solche Akteure eine Störung dar.[126]

Eine Studie des United Nations Environment Programme (UNEP) vom Juni 2007 fasst die Lage so zusammen: In Darfur stellen die umweltbedingten Probleme in Verbindung mit dem exorbitanten Bevölkerungswachstum Rahmenbedingungen für Gewaltkonflikte dar, die entlang ethnischer Grenzen ausgetragen werden – also zwischen »Afrikanern« und »Arabern«. Das heißt, Konflikte, die ökologische Ursachen haben, werden als ethnische wahrgenommen – und zwar von den Beteiligten selbst. Der soziale Niedergang wird durch einen ökologischen Kollaps ausgelöst, aber das sehen die meisten Akteure nicht. Was sie sehen, sind Angriffe, Beraubungen, tödliche Gewalt, also die Feindschaft einer Sie-Gruppe gegen die eigene Wir-Gruppe.

Die UNEP übrigens konstatiert nüchtern, dass ein anhaltender Frieden im Sudan solange nicht erreicht werden kann, wie die Umwelt- und Überlebensbedingungen so bleiben, wie sie heute sind. Diese sind aber bereits jetzt durch Dürren, Wüstenbildungen, Regenmangel, Entwaldung – kurz: existenzielle Mängel gekennzeichnet und durch den Klimawandel noch verschärft worden. Der Pfad von ökologischen Problemen zu sozialen Konflikten ist keine Einbahnstraße.

Kriegsökologie

Weder in Bürgerkriegen noch in zwischenstaatlichen Kriegen pflegen die Parteien Rücksicht auf Umweltbelange zu nehmen, was seltsamerweise im Kontext ökologischer Debatten nur höchst selten angesprochen wird. In Afghanistan etwa besteht durch den dauernden Kriegszustand die Gefahr, »dass 80 Prozent des Landes durch Bodenerosion beschädigt werden könnte: Die Fruchtbarkeit des Bodens nimmt ab, die Versalzung des Bodens steigt an, der Grundwasserspiegel ist dramatisch gesunken, die Verwüstung erstreckt sich über weite Flächen und Erosion durch Wasser und Wind sind weit verbreitet. Nach Abdul Rahman Hotaky, Vorsitzender der afghanischen Organisation für Menschenrechte und Umweltschutz (AOHREP), spielen neben dem Krieg und den dadurch verursachten Vertreibungen zunehmende Dürreperioden, der Missbrauch natürlicher Ressourcen, die schwache Zentralregierung und eine fehlende Umweltpolitik eine Rolle.«[127] Siebzig Prozent der Wälder Afghanistans sind inzwischen verschwunden, auf fünfzig Prozent der landwirtschaftlichen Flächen wurde in den letzten beiden Jahrzehnten nichts mehr angebaut.

Im Vietnamkrieg sind durch den Einsatz von Entlaubungsmitteln 3,3 Millionen Hektar Land- und Waldfläche giftigen Chemikalien ausgesetzt gewesen; »das Resultat war eine sofortige und dauerhafte Schädigung des Bodens, des Nährstoffgleichgewichts, der Bewässerungssysteme, der Pflanzen, der Tiere und wahrscheinlich auch des Klimas«.[128] Nach mehr als dreißig Jahren sind die Wälder nicht zurückgekehrt. Die Weltbank hat 1995 resümiert, dass die Biodiversität Vietnams durch den Krieg dauerhaft verändert worden ist.[129] Daneben hat der Krieg zu einer Verringerung der Stabilität der Ökosysteme und zu vermehrter Bodenerosion geführt.

Neben solchen direkten Folgen der Zerstörung und der unkontrollierten Entnahme von Ressourcen, der Verschmutzung des Grundwassers durch Kampfstoffe und Öl oder der Verwandlung ganzer Regionen durch Landminen in No-Go-Areas, sind es auch die sekundären ökologischen Kriegsfolgen, die sich verheerend auswirken. So ist Sudans Hauptstadt Khartoum allein durch die sich an der Peripherie unkontrolliert ansiedelnden Flüchtlinge um circa zwei Millionen Einwohner gewachsen – Einwohner, die in Slums ohne sauberes Wasser, Kanalisation oder sonstige Infrastruktur leben. In anderen Städten des Landes sieht es nicht anders aus. Die Regionen um die Flüchtlingslager herum sind in einem Radius von zehn Kilometern Ödland geworden, weil die Flüchtlinge zum Kochen oder zum Brennen von Ziegeln jedes verfügbare Bäumchen oder Gehölz niedergemacht haben, was wiederum die künftige Versorgungslage beeinträchtigt, weil brennbares Material zur Überlebensinfrastruktur gehört. Übrigens brennen die Dschandschawid bei ihren Überfällen nicht nur die Dörfer nieder – in der Regel zünden sie auch die Bäume an oder fällen sie, um zu verhindern, dass die Flüchtlinge irgendwann zurückkehren.

Scheiternde Gesellschaften[130]

Aber der rasante Desertifikationsprozess sorgt ohnehin dafür, dass es den meisten Flüchtlingen niemals mehr möglich sein wird, in ihren Heimatorten zu leben. Der Boden ist in vielen Regionen für eine Bewirtschaftung nicht mehr brauchbar. Zwischen 1972 und 2001 sind zwei Drittel des Waldes im nördlichen, zentralen und östlichen Sudan verschwunden, in Darfur war es ein Drittel (bis 1976), im südlichen Sudan sind es bis jetzt 40 Prozent. Die UNEP prognostiziert für einige Regionen einen Totalverlust von Wald innerhalb der nächsten zehn Jahre. Der bereits erwähnte dramatische Rückgang von Regenfällen hat bereits einige Millionen Hektar Land in Wüste verwandelt. Ein weiterer Temperaturanstieg von 0,5 bis 1,5 Grad Celsius, der äußerst wahrscheinlich ist, würde die Regenmenge um weitere 5 Prozent verringern und die Möglichkeiten des Getreideanbaus weiter einschränken. In der Region El Obeid beispielsweise wird der Ertrag von etwa einer halben Tonne je Hektar auf 150 Kilogramm zurückgehen.[131] Im Augenblick sind ca. 30 Prozent der Landfläche des Sudans Wüste, weitere 25 Prozent werden in den nächsten Jahren dazukommen.

Man braucht nicht viel Phantasie, um sich vorzustellen, was es für ein mitteleuropäisches Land bedeuten würde, ein Viertel seiner nutzbaren Fläche zu verlieren, obwohl es in weit geringerem Maße von der eigenen landwirtschaftlichen Produktion abhängig ist als der Sudan und über zahlreiche Möglichkeiten verfügt, die entstehenden Verluste auszugleichen: durch intensivere Anbaustrategien, Importe, ertragreichere Züchtungen etc. In einer agrarisch strukturierten Gesellschaft mit ohnehin extrem kargen Überlebensbedingungen wirkt sich ein Wandel der Umweltbedingungen nicht als Einschränkung oder als Hindernis aus, sondern als Katastrophe, die das Überleben der Einzelnen und ihrer Familien direkt bedroht. Es gibt keine Handlungsspielräume, wenn die täglich verfügbare Nahrungsmenge unter das Niveau sinkt, das ein Organismus zum Leben braucht. Man benötigt weder Psychologie noch Soziologie, um zu verstehen, dass Gewalt in solchen Situationen eine Handlungsoption darstellt – zumal in einer Gesellschaft, in der Gewalt ohnehin alltäglich ist. Insofern kann jeder Quadratkilometer neuer Wüste *als Einschränkung des Überlebensraums* von Menschen eine direkte oder indirekte Gewaltquelle sein, ob diese das selbst so sehen oder nicht.

Staaten wie der Sudan haben aufgrund ihrer desaströsen politischen wie ökonomischen Struktur keine Kapazitäten, Ernteausfälle oder Landverluste irgendwie zu kompensieren, weshalb es zu den immer wiederkehrenden Hilfsaktionen mit ihren unseligen Auswirkungen auf die Korruption, die Gewaltökonomie und die Verstetigung von Flüchtlingsexistenzen und -lagern kommt (hierzu ausführlich S. 142 ff.).

Fragile, scheiternde oder gescheiterte Staaten wie der Sudan haben also eine erheblich gesteigerte Verletzlichkeit gegenüber

Umweltrisiken und zugleich äußerst geringe Bewältigungsmöglichkeiten – deshalb trifft jede Flutkatastrophe Länder wie den Sudan oder Bangladesh ungleich härter als eine Region wie Ostdeutschland oder Mittelengland. Und deshalb sind sie von den Folgen des Klimawandels sozial auch viel härter betroffen als beispielsweise die Länder des europäischen Mittelmeerraums, in denen die Desertifikation ebenfalls rasch voranschreitet. Denn hier werden etwa auf EU-Ebene Ausgleichszahlungen für die regional betroffene Landwirtschaft vorgenommen, während im Sudan die Wüstenbildung die Bevölkerung direkt und ohne jede Kompensation trifft. Ihre Reaktionsweisen – die endgültige Übernutzung des verbleibenden Landes, das Abholzen der letzten Bäume etc. –, die durch Notwendigkeiten des nackten Überlebens geleitet sind, verschärfen die ökologischen Probleme nachhaltig. Politische Strukturen, die von Gewaltmonopolisierung genauso weit entfernt sind wie von Rechts- oder Sozialstaatlichkeit, tragen zur Verschärfung und Verstetigung der Probleme regelmäßig eher bei, als dass sie sie mildern würden. Denn wie das Beispiel Darfur zeigt, werden ursprünglich ökologisch ausgelöste Konfliktlagen als Gelegenheiten betrachtet, Gruppen gegeneinander auszuspielen, Konflikte entlang ethnischer Zugehörigkeiten zu schüren und möglichst auf Dauer zu stellen.

Im Sudan ist Krieg in weiten Teilen des Landes und über lange Strecken der postkolonialen Geschichte ein Normalzustand; man schätzt die Zahl der Todesopfer auf zwei bis drei Millionen, ohne die Toten des Völkermords in Darfur. Die durchschnittliche Lebenserwartung im südlichen Sudan liegt bei 42 Jahren, die Alphabetisierungsquote bei 24 Prozent, die Sterblichkeitsrate bei Kindern unter fünf Jahren bei 25 Prozent. In einem Land, in dem mit Unterbrechungen seit mehr als 40 Jahren Krieg herrscht, sieht das Ergebnis eben so aus.

Der Sudan ist leider nicht das einzige Land, dessen Zukunft durch den Klimawandel noch weiter verdüstert wird, als es ohnehin schon der Fall ist. Der »Failed State Index«[132] listet für das

Jahr 2006 sechzig vom Scheitern bedrohte Staaten auf, mit dem Sudan an der Spitze. Dabei differenziert der Index nach sozialen Indikatoren (wachsender demographischer Druck, hohe Flüchtlingszahlen, Gruppenkonflikte, chronische Migration), nach ökonomischen (drastische Ungleichheit, wirtschaftliche Probleme) und politischen (Delegitimierung des Staates, mangelnde öffentliche Dienstleistungen, Verletzung von Menschenrechten, kriminelle Sicherheitsapparate, konkurrierende Eliten, externe politische Akteure). Afrikanische Gesellschaften nehmen zwar vordere Ränge ein, aber auch asiatische Ferienparadiese wie Sri Lanka (Rang 25) und die Dominikanische Republik (Rang 48) tauchen neben einer Reihe südamerikanischer Staaten auf.[133]

Summa summarum leben gegenwärtig zwei Milliarden Menschen in Ländern, die als unsicher, scheiternd oder gescheitert gelten – was konkret bedeutet, dass ihr Leben chronisch gefährdeter ist als das von Menschen in anderen Weltgegenden. Gesellschaften, die nach diesem Index gelistet werden, sind gegenüber *weiteren* negativen Veränderungen politischer, ökonomischer oder ökologischer Art höchst verletzlich – unter anderem auch deshalb, weil mit einer weiteren Einschränkung ihrer Entwicklungsmöglichkeiten das Risiko gewaltsamer Konflikte und Kriege steigt.[134] Es gibt einen engen Zusammenhang zwischen Armut und Gewalt. Statistisch liegt die Wahrscheinlichkeit eines Kriegsausbruchs in einem Land, das ein Pro-Kopf-Einkommen von 250 Dollar hat, bei 15 Prozent, während es in Ländern mit einem Pro-Kopf-Einkommen von 5000 Dollar oder mehr bei weniger als einem Prozent liegt.[135]

Verschärft werden solche unglücklichen Aussichten paradoxerweise, wenn Länder viele Ressourcen wie Diamanten, Öl oder Edelholz haben. Der »Fluch der Rohstoffe« macht sie nämlich besonders attraktiv für die Ausplünderung durch nationale und internationale Gewaltunternehmer. Bürgerkriege und bürgerkriegsähnliche Gewalt führen überdies dazu, dass sich Nischen und Stützpunkte – gewaltoffene Räume – sowohl für organisierte Kriminalität wie für internationale Terroristen herausbilden – wie es etwa in Somalia der Fall ist. Man muss sich bei all dem vorstellen, dass die kritische Untergrenze, ab der Unregierbarkeit eintritt, in diesen Ländern oft bereits erreicht oder unterschritten ist und sie weder administrative oder ökonomische Pufferzonen noch transnationale Verflechtungen haben, die Krisensituationen kompensieren oder auffangen könnten. Insofern kann jede Umweltkatastrophe, sei es eine Dürre, eine Flut, ein Sturm oder ein Erdbeben, direkt in eine soziale Katastrophe führen.

Sozial besonders verletzliche Gesellschaften (insbesondere solche, die als postkoloniale oder Kriegsfolgen-Gesellschaften noch keine stabilen zivilgesellschaftlichen Strukturen aufgebaut haben) sind in besonderem Maße anfällig für Gewaltkonflikte, denen Umweltveränderungen zugrunde liegen – unter anderem deswegen, weil hier meist nicht der Staat das Gewaltmonopol hat, sondern Gewalt von privaten Monopolisten und Oligopolen ausgeübt wird.[136] Brisant ist die Sicherheitslage in solchen Staaten auch, weil dort die Armut am größten und die Gewaltkosten am niedrigsten sind.[137]

Der Klimawandel verschärft also bestehende Ungleichheiten auf internationaler wie auf innerstaatlicher Ebene, zwischen Zentrum und Peripherie bzw. zwischen entwickelten und weniger entwickelten Regionen. Weitere Migrations- und Flüchtlingsbewegungen werden die unausweichliche Folge sein. Dass diese *per se* Gewaltanfälligkeit erhöhen, kann angesichts des derzeitigen Forschungsstandes zwar nicht als erwiesen gelten, doch man wird umweltbedingte Migration ohne weiteres als *potenzielle* Gewaltursache wahrnehmen müssen, wenn zum Beispiel Ressourcen wie Land und Wasser knapp werden oder, ökonomisch gesprochen, die Nachfrage größer ist als das Angebot. Dann nämlich entsteht Konkurrenz unter den Nachfragern, und wo es um direkte Überlebensfragen geht, geht es immer auch um Gewalt. Insgesamt können die sozialen und politischen Folgen des Klimawandels als kumulierte Risiken und Verletzlichkeiten auf der Seite fragiler Gesellschaften beschrieben werden, deren Situation dadurch weiter verschlimmert wird.

Im Mittelpunkt der Klimafolgenforschung stehen seit den 1990er Jahren denn auch Ressourcenkonflikte auf innerstaatlicher bzw. zwischenstaatlicher Ebene.[138] Daneben gibt es Versuche, Zusammenhänge zwischen unterschiedlichen Formen des ökologischen Niedergangs und sozioökonomischen Folgen zu erfassen.[139] Allerdings bietet die Forschung längst noch keinen einheitlichen Ansatz zur Analyse der sozialen und politischen Folgen von Umweltveränderungen, und es sind bislang auch keine Überlegungen angestellt worden, was das alles eigentlich für die Theorie der Gesellschaften und ihrer Entwicklung bedeutet. Es gibt zwar einige Lokalstudien, die zum Beispiel untersucht haben, wie Entwicklungsmöglichkeiten durch plötzliche und teilweise völlig unvorhersehbare Gewalt beeinträchtigt werden, die durch ökologische Veränderungen mitverursacht waren,[140] aber das alles ist bislang weder zusammengeführt noch theoretisiert worden. Dass man hier so wenig weiß, ist umso bedauerlicher, als in diesen Gesellschaften Dominoeffekte auftreten, etwa dann, wenn sich gerade entwickelnde Innovationspotenziale durch soziale Katastrophen zerstört und damit zugleich die langfristigen Anpassungs- wie auch die Präventionsmöglichkeiten gegenüber weiteren Klimafolgen verschlechtert werden.

Insgesamt wird sichtbar, dass die Pfadabhängigkeit gesellschaftlicher Entwicklungsprozesse sich in der Anhäufung von Risiken und der nachhaltigen Blockierung von Entwicklungsmöglichkeiten niederschlagen kann. Etwa dreißig Länder drohen in näherer Zukunft zu zerfallen.[141] Dass Forschung zum Zusammenhang von Ökologie, Gewalt und Entwicklung bislang ziemlich rar ist,[142] muss angesichts solcher Aussichten als befremdlich erscheinen. Offensichtlich ist die Annahme falsch, dass unterschiedliche Entwicklungsverläufe von Gesellschaften lediglich unterschiedliche Entwicklungsstände in

Modernisierungsprozessen widerspiegeln. Es könnte sein, dass Gesellschaftsentwicklungen ganz unterschiedlichen Pfaden folgen können, die sich klassischen Vorstellungen von Vor- und Rückentwicklungen gar nicht fügen – dass hier *etwas anderes* entsteht, als westliche Theorien der Gesellschaft zu denken erlauben. Das deutet sich auch dort an, wo – wie in einigen islamischen Ländern – bestimmte Modernisierungsschritte wie etwa die Säkularisierung ausbleiben oder zurückgenommen werden. Das Modell der OECD-Länder gibt ganz offensichtlich nicht mehr die »Blaupause« der Staatsbildung ab; gesellschaftliche Zivilisierungs- und Entzivilisierungsprozesse können vermutlich ganz anders vonstatten gehen, als man bislang dachte.

Kollabierende Staaten

Fragile Staatlichkeit bedeutet zunächst, dass staatliche Institutionen und Organisationen aufgrund von fehlendem politischen Willen, schwacher staatlicher Legitimität oder mangelnder finanzieller Mittel nicht ausreichend funktionieren. In Extremfällen kommt es zum völligen Zusammenbruch von staatlichen Organen wie Armee, Polizei, Verwaltung und damit zu rechtlosen Zuständen und zu unübersichtlichen Machtverhältnissen.[143] Und wenn eine staatliche Infrastruktur implodiert, besteht die Gefahr, dass alle anderen sozialen Strukturen innerhalb kürzester Zeit ebenfalls kollabieren.[144]

Fragile Gesellschaften sind oft durch ein geringes Maß nationaler Integration charakterisiert[145] und bestehen aus einer Vielzahl ethnischer, kultureller, religiöser, regionaler oder politischer Gruppen, die miteinander um Ressourcen konkurrieren, Konflikte haben oder auch Koalitionen eingehen. Eine Modernisierung zum ethnisch homogenen Nationalstaat hat nicht stattgefunden. Der Staat kann ohne stabiles Gewaltmonopol und rechtstaatliche Verhältnisse kaum schlichtend und regulierend in Konflikte eingreifen; oft werden diese – wie in Darfur – sogar angeheizt, wenn Polizisten oder Milizen intervenieren. Zugleich haben fragile Gesellschaften vielfältige Probleme: Die Urbanisierungsraten sind in den armen Ländern die höchsten weltweit, Flüchtlingsbewegungen und Binnenmigrationen haben zur Entstehung gigantischer Diasporas geführt, oft an der Peripherie der Städte.[146] In Megastädten wie Lagos leben von 17 Millionen Einwohnern etwa drei Millionen buchstäblich im Müll, ohne Frischwasserversorgung, ohne Abwasserkanäle, ohne Straßen, ohne Elektrizität, ohne Polizei, ohne ärztliche Versorgung.

Daneben gibt es Ungleichzeitigkeiten, die von den Menschen nicht einfach verarbeitet werden können. Die Globalisierung der Medien trägt kulturelle Fragmente und Lebensstilschnipsel in Winkel, in denen man bis vor wenigen Jahren nicht einmal wusste, dass es Industriegesellschaften gibt. Kulturelle Veränderungen in den Lebensformen und Erwartungen geraten auf diese Weise in Konflikt mit traditionellen Normen und Erwartungen, Phasen langsamer Anpassung gibt es nicht. Zugleich führen punktuelle Modernisierungen, etwa eine bessere medizinische Versorgung, wachsende Bildungsstandards und veränderte Wirtschaftsformen, dazu, dass die traditionellen Eliten und auch Politiker in Legitimierungsnöte geraten. Die Verringerung der Kindersterblichkeit löst Bevölkerungsexplosionen aus, die zu jenem demographischen Übergewicht junger Menschen führen, das schon in Ruanda seinen Teil zur sozialen Katastrophe beigetragen hat und auch im Debakel des Sudan eine Rolle spielt.[147]

Fragile Gesellschaften befinden sich also von vielen Seiten unter Druck: Traditionelle Strukturen geraten in Erosion, ohne dass funktionierende moderne an ihre Stelle treten würden; es gibt kein Gewaltmonopol, sondern konkurrierende, oft private Gewaltakteure; die Verletzlichkeit gegenüber sozialen, klimatischen oder sonstigen natürlichen Veränderungen ist extrem hoch, während die Bewältigungsmöglichkeiten extrem gering sind. Wie bereits zu sehen war, tritt der Staat, wenn es so weit gekommen ist, nicht mehr als Akteur auf, sondern bietet bloß noch politischen, unternehmerischen und militärischen Eliten für die Durchsetzung ihrer Interessen eine Gelegenheitsstruktur. Allenfalls liefert er für die Bevölkerung einen paternalistischen Referenzrahmen, der für Mobilisierungen zur Gewalt, wie im Fall Ruandas, höchst geeignet ist.

Entstaatlichungen lösen weitere Dominoeffekte aus, wenn zum Beispiel Konflikte unabhängig von ihrer Ursache ethnisiert werden, sich die Machtverhältnisse zwischen Clans und ethnischen Gruppen verschieben und es sowohl zwischen wie innerhalb der Gruppen zu einer Zunahme von Gewalt kommt.[148] Der Zerfall von Staat und Gesellschaft öffnet Räume für die brutale Durchsetzung von Interessen und für ein unübersichtliches Spektrum von Gewalttätern und Gewaltformen. In zerfallenden Staaten verändern die Konflikte schnell ihre Organisation, ihre Rituale und ihre sozialen Normen, es kommt zu einer Entgrenzung der Gewalt.[149] Diese Entgrenzung kann auf allen Ebenen stattfinden und im Völkermord enden.

Hier wird erneut der Charakter von Gewalt als einer jederzeit vorhandenen Handlungsoption deutlich. So zersplittert und lokal sich die Probleme darstellen, so zersplittert und lokal sind auch die Formen der Gewalt. Wo regulierende Institutionen fehlen (oder zerstört wurden), kommt es regelmäßig zu einer dramatischen Zunahme von Gewaltkonflikten.[150] Da es nicht attraktiv ist, unter solchen Umständen zu leben, setzen viele Bewohner solcher Länder alles daran, ihr Leben zu verbessern – und die Perspektive dafür gibt es in der Regel nur andernorts.

Staatstheorien gehen seit Thomas Hobbes davon aus, dass ohne Staatlichkeit ein permanenter Kriegszustand aller gegen alle herrsche – was aber selbst für Gesellschaften wie Somalia oder den Sudan nicht zutrifft. Diese sind vielmehr gekennzeichnet durch immer wieder aufflackernde, punktuelle und partikulare Gewalt, wobei einzelne gesellschaftliche Gruppen ganz unterschiedlich betroffen und gefährdet sind. Insofern sind

Kriegs- und Gewaltverhältnisse in solchen Ländern der gesellschaftliche Normalzustand, was aber eben nicht heißt, dass dauernd jeder von Gewalt betroffen ist. Es gibt also Konstellationen von fragiler Staatlichkeit mit hohem Gewaltniveau, die eine unabsehbar lange Lebensdauer haben, obwohl das in der Theorie nicht vorgesehen ist.

Gewalt und Klimawandel

Wie an den bisherigen Beispielen zu sehen war, führen die Folgen der Klimaveränderungen weniger zu einer Bedrohung der territorialen Sicherheit von Staaten und zu zwischenstaatlichen Kriegen, jedenfalls vorerst. Sie gefährden vielmehr die Überlebensbedingungen von Menschen durch Mangel an Trinkwasser, Rückgang der Nahrungsmittelproduktion, erhöhte Gesundheitsrisiken und die Einschränkung des Lebensraumes durch Landdegradation und Überschwemmungen.[151] Daraus resultieren dann innerstaatliche Gewaltkonflikte, Bürgerkriege, Völkermorde, Migrationen.

Hierzu im einzelnen:

Ökologische Probleme wie *Bodendegradation und Knappheit von Ressourcen* werden schon seit dem Erscheinen der »Grenzen des Wachstums«[152] und der Umweltbewegung der 1970er Jahre diskutiert, und zwar auf der Ebene der nationalen wie der internationalen Politik. Dass die sozialen Folgen ökologischer Probleme bis heute kaum diskutiert werden, steht in einem krassen Gegensatz zum Alter der Öko-Debatten. Lediglich die Diskussion um Wasserkriege, die Anfang der 1990er Jahre aufgeflammt ist, und die ständig wachsenden Flüchtlingszahlen an den Küsten von Teneriffa, Gibraltar, Andalusien und Sizilien haben zarte Hinweise darauf gegeben, dass der Klimawandel eine soziale und politische Folgenseite hat, die mit dem Blick auf die meteorologischen Veränderungen und auf das Abschmelzen der Gletscher nicht zureichend erfasst ist.

Erst neuerdings werden in den Konflikten zwischen Nomaden und Sesshaften in Nigeria, Äthiopien oder Kenia und in den Völkermorden in Ruanda und Darfur die *ökosozialen* Verknüpfungen wahrgenommen. Allerdings muss deutlich darauf hingewiesen werden, dass einfache Erklärungen zu kurz greifen: Gewaltkonflikte sind immer ein Produkt mehrerer paralleler und ungleichzeitiger Entwicklungen.[153] Aber die strukturellen Konfliktursachen wie die Entstaatlichung, die Entstehung von Gewaltmärkten, die Ausgrenzung oder Ausrottung von Bevölkerungsgruppen werden durch ökologische Probleme und das Verschwinden von Ressourcen wie Boden und Wasser verstärkt und beschleunigt. Zusätzliche Probleme verursacht Bodenversalzung, die die kultivierten und kultivierbaren Ackerflächen weiter verringert und Wanderungsbewegungen auslöst. Direkter Auslöser von Gewalt kann zum Beispiel die Suche nach neuen Weidegründen oder Anbauflächen sein, weil die alten nicht mehr genug Ertrag liefern. Das führt dann zu Konflikten mit anderen Gruppen, nicht der ökologische Niedergang an sich.[154] Ähnliches gilt für die künftig häufiger werdenden Grenzkonflikte, die durch das Austrocknen von Gewässern entstehen, die zuvor natürliche Grenzen bildeten.[155] Auch die durch Umweltveränderungen ausgelösten innerstaatlichen Migrationen führen zu erheblichen Konflikten und lassen sich ebenfalls als indirekte Gewaltfolge des Klimawandels verstehen. Gegenwärtig gibt es weltweit schätzungsweise 24 Millionen Binnenflüchtlinge.

Ein weiteres Problem ist der drohende *Zusammenbruch der Sicherungssysteme.* Neben der Zunahme der Intensität und der Häufigkeit von Wirbelstürmen, Flutwellen und Dürren bedroht vor allem der Anstieg der Meeresspiegel die Entwicklungs- und Überlebenschancen in vielen Gegenden der Welt. Der bis zum Jahr 2100 auf 15 bis 59 Zentimeter geschätzte Anstieg des Meeresspiegels wird die Überflutung weiter Teile von Megastädten wie Lagos verursachen. Hier werden die ärmsten Einwohner am stärksten betroffen sein, aber die Überflutung einer Stadt von (heute) 17 Millionen Einwohnern ist hinsichtlich ihrer Folgen geeignet, ganz Westafrika zu destabilisieren, wobei die Westküste des Kontinents ohnehin Überflutungen ausgesetzt sein wird. Daneben werden besonders die Küstenregionen von Mosambik, Tansania und Angola betroffen sein. Dies alles sind keine Problemlagen, die auf Afrika beschränkt sind. Die Überschwemmungskatastrophe von New Orleans im Jahr 2005 hat zur Flucht von Hunderttausenden geführt und gezeigt, dass Infrastrukturen auch in stabilen Gesellschaften blitzartig zerstört werden und Katastrophenschutzorganisationen radikal überfordert sein können. Zudem war an diesem Fall zu sehen, wie schnell gesellschaftliche Ordnung im Katastrophenfall zusammenbrechen kann.

Das vermehrte Auftreten extremer Wetterereignisse trifft bereits heute arme, also stärker verwundbare Gruppen in höherem Maße. Das gilt insbesondere für Slumbewohner, die den Auswirkungen von Wetterereignissen stärker ausgesetzt sind und gleichzeitig über geringere Möglichkeiten der Vorsorge und Anpassung verfügen. Allerdings zerstören Naturkatastrophen oft auch weite Teile existierender Infrastrukturen, weshalb es auch hier zu rekursiven Effekten kommt – Verkehrs-, Versorgungs- und Gesundheitssysteme werden nachhaltig geschwächt, was den Staat nochmals zu destabilisieren geeignet ist.

Einen weiteren Problemkreis bilden *Infektionskrankheiten und Ernährungsprobleme*. Die Entwicklungs- und Konfliktforschung hat, wie schon gesagt, einen klaren Zusammenhang zwischen Armut und Gewaltanfälligkeit festgestellt.[156] Auch die Ausbreitung ansteckender Krankheiten und die Ausweitung von Unterernährung wird eine Folge des Klimawandels sein. Die zu erwartenden Temperaturerhöhungen bewirken laut IPCC eine schnellere Verbreitung übertragbarer Krankheiten wie Malaria oder Gelbfieber, so dass auch bisher nicht betroffene Regionen befallen werden.[157] Allein im südlichen Afrika wird sich die Fläche der Infektionsgebiete nach heutigen Prog-

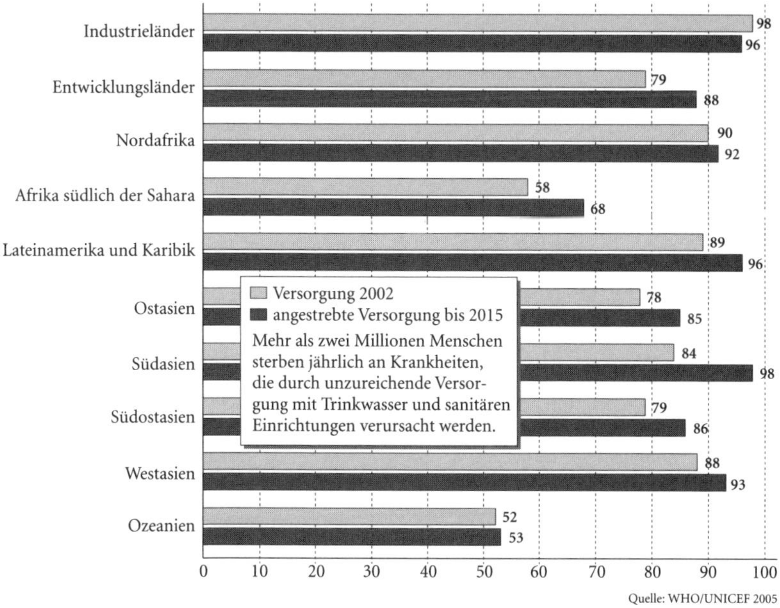

Bevölkerung mit Zugang zu sauberem Trinkwasser (in %) nach Regionen

nosen bis zum Jahr 2100 verdoppeln, etwa acht Millionen Menschen werden dann infiziert sein. Die auf den Klimawandel zurückzuführenden zusätzlichen Infektionen mit Malaria belaufen sich heute schon auf etwa fünf Millionen Fälle und circa 150 000 Todesopfer.[158]

Und die Gesundheitssituation ist natürlich insgesamt von der Verknappung der Wasserressourcen betroffen.

Die Region des subsaharischen Afrika verfügt heute über die schlechteste Trinkwasserversorgung weltweit,[159] und jede Verbesserung wird durch die wachsende Ressourcenknappheit erschwert.[160] Die bisher stärkste Auswirkung der Klimaveränderung in Afrika überhaupt ist der Rückgang der Niederschläge, besonders in Westafrika. Künftig wird auch Nordafrika mit extremen Verminderungen rechnen müssen. Innerhalb der vergangenen dreißig Jahre sind die Niederschläge in der Sahel-Zone beispielsweise um 25 Prozent zurückgegangen;[161] von den Auswirkungen auf andere Regionen im Sudan war schon die

Rede. Bodendegradation, extreme Wetterereignisse wie Dürre und Überschwemmungen sowie zunehmende Wasserknappheit beeinträchtigen vor allem in ariden und semi-ariden Gebieten bereits heute die Produktivität; dieser Trend wird sich in Zukunft verstärken. Bei der besagten Temperaturerhöhung um zwei Grad Celsius bis zum Jahr 2050 wären allein in Afrika 12 Millionen Menschen vom Hunger bedroht, erhöht sich die Temperatur um drei Grad, werden es 60 Millionen sein.[162]

Eine weitere künftige Konfliktursache resultiert aus dem *Versiegen von Flüssen und dem Verschwinden von Seen.* So schwelt seit langem ein Konflikt zwischen Afghanistan und Iran, der darauf zurückgeht, dass die Taliban 1998 die Schleusen eines Staudamms des Hilmand-Flusses geschlossen und damit das iranische Hamoun-Seengebiet von der Wasserzufuhr abgeschnitten haben. In einer Dürreperiode kurz darauf trockneten alle drei Seen aus; die umliegenden »Sumpfgebiete verwandelten sich in eine Trockenzone mit Bodenerosion und Staubstürmen. Hunderte Dörfer auf beiden Seiten der Grenze wurden von Wanderdünen eingeschlossen und im Sommer von Staubstürmen verwüstet [...]. Die alten Bewässerungskanäle des Sees verschwanden unter dem Sand.«[163] Vergleichbare Situationen, wo Flussoberlieger so viel Wasser abzweigen, dass bei den Unterliegern nichts mehr ankommt, sind zahlreich – ein geradezu klassischer Fall ist der Jordan, der in dem Land, das nach ihm benannt ist, kaum noch Wasser führt.[164]

Ein noch spektakuläreres Phänomen ist das Verschwinden von Seen, durch die zwischenstaatliche Grenzen verlaufen. So hat der Tschadsee mittlerweile 95 Prozent seiner ursprünglichen Fläche eingebüßt, was zum einen auf den Rückgang von Niederschlägen und zum anderen auf Ableitungen für Bewässerungsprojekte zurückgeht. Ursprünglich lagen mit Niger, Nigeria, Tschad und Kamerun vier Länder am Tschadsee, heute haben Niger und Nigeria keine Seeufer mehr. Seit sich Menschen auf dem verlandeten Seegrund ansiedeln, gibt es Grenzkonflikte, zum Beispiel zwischen Nigeria und Kamerun.[165] Eine vergleich-

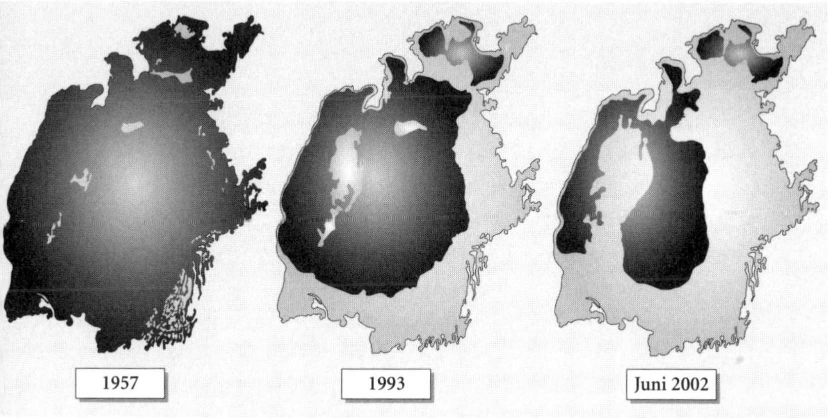

Quelle: Philippe Rekacewicz, GRID/UNDP

Degradation des Aralsees 1957–2002;
1989–1990 teilte sich der Aralsee in zwei Teile

bare Situation findet sich am verschwindenden Aralsee, durch den die Grenze zwischen Kasachstan und Usbekistan verläuft.

Aus diesen sozialen Folgen des Klimawandels ergeben sich die folgenden Konfliktszenarien:

- Die Zahl der lokalen und regionalen Gewaltkonflikte um die Nutzung von Böden und den Zugang zu Trinkwasser wird sich erhöhen.
- Die transnationale Migration wird ebenso anwachsen wie die Zahl der Binnenflüchtlinge, was Gewalt auf der lokalen wie auf der regionalen Ebene nach sich zieht.
- Das Schrumpfen von Seen, das Versiegen von Flüssen, das Verschwinden der Wälder und Naturreservate wird grenzüberschreitende Ressourcenkonflikte hervorrufen.
- Anpassungsmaßnahmen an Klimaveränderungen (Dammbau, Wasserentnahmen aus Flüssen und unterirdischen Wasserspeichern) in einem Land werden Probleme in einem anderen mit sich bringen, was wiederum zwischenstaatliche Konflikte erzeugt.

Hinzu kommt, dass Konflikte im internationalen Handel mit Ressourcen und Energiequellen wie Diamanten, Holz, Öl oder

Gas zunehmen werden. Da Gewaltkonflikte, wie gesagt, die Tendenz haben, eigene Dynamiken zu entfalten und zu eskalieren, werden wiederum Folgeprobleme hervorgerufen, die ihrerseits nur durch Einsatz von vermehrter Gewalt zu bewältigen zu sein scheinen. Der Umfang der daraus resultierenden Flüchtlingsströme lässt sich gegenwärtig nicht genau vorhersagen – die Prognosen schwanken zwischen 50 und 200 Millionen sogenannter Klimaflüchtlinge im Jahr 2050, gegenwärtig sind es nach Schätzungen des Roten Kreuzes schon etwa 25 Millionen.[166] Soziale Prozesse kann man allerdings aus gegebenen Situationen nicht einfach hochrechnen, weil man weder die Art der Abwehrreaktionen der Länder unter Migrationsdruck noch die Dimension der zugrunde liegenden Konfliktentwicklungen abschätzen kann, die wiederum weitere Flüchtlinge produzieren können. Zum Beispiel hat allein der Krieg im Irak zu zwei Millionen irakischen Flüchtlingen im Ausland (hauptsächlich in Syrien und Jordanien) und 1,8 Millionen internen Flüchtlingen geführt.[167] Bereits für das Jahr 1995 wurde eine Zahl von 25 Millionen Umweltflüchtlingen angenommen, ein Wert, der die Zahl von »normalen« Flüchtlingen (22 Millionen) schon damals übertraf.[168]

Auch wenn die westlichen Ländern in klimatischer (und damit auch in sicherheitspolitischer und ökonomischer) Hinsicht voraussichtlich noch einige Jahrzehnte die Inseln der Glückseligkeit bleiben können, die sie im Vergleich benachteiligter Weltgegenden sind, werden sie doch unausweichlich in Klimakriege hineingezogen werden – oder besser gesagt: Klimakriege führen. Vielleicht wird nur nicht alles davon nach dem aussehen, was man klassischerweise als Krieg betrachtet.

Ungerechtigkeit und Ungleichzeitigkeit

Die Folgen des Klimawandels sind ungerecht verteilt, weil die größten Verursacher, soweit es abzusehen ist, den geringsten Schaden davontragen werden und die größten Chancen haben,

Gewinn aus der Situation zu ziehen. Umgekehrt sind diejenigen Weltregionen, die bisher kaum zum Gesamtaufkommen der Emissionen beitragen, die die globale Erwärmung verursachen, am stärksten betroffen. In den Industrielandern werden je Einwohner durchschnittlich 12,6 Tonnen CO_2 im Jahr emittiert, in den ärmsten Ländern sind es lediglich 0,9 Tonnen. Fast die Hälfte aller Emissionen weltweit gehen trotz der rasanten nachholenden Verschmutzung durch die Schwellenländer auf das Konto der frühindustrialisierten Länder.[169] »Unregelmäßigkeiten im Monsun werden in erster Linie die Länder Südostasiens in Mitleidenschaft ziehen. Überschwemmungen werden vor allem die Bevölkerungen in den großen Deltagebieten der Erde heimsuchen, etwa in Bangladesch oder Indien. Der Anstieg des Meeresspiegels wird am stärksten die kleinen Inselstaaten treffen, etwa die unzähligen Eilande im Pazifik, oder auch Städte wie Mogadischu, Venedig oder New Orleans, die auf Meeresspiegelniveau liegen. Reichen Ländern wie den Niederlanden wird es im Vergleich leichter fallen, ihren Deichschutz zu verbessern; eine Wiederaufforstung nach Sturmschäden werden Gemeinden in Kansas eher leisten können als jene in Kerala.«[170]

Diese relative Ungerechtigkeit übersetzt sich dann in eine absolute, in dem ganze Bevölkerungen ihre Lebensgrundlage verlieren, weil aufgrund des Klimawandels Inselgruppen wie Tuvalu überflutet werden oder das Land verschwindet, auf dem die Inuit leben. Die Regierung von Tuvalu hat für ihre Bewohner Asyl in Australien und Neuseeland beantragt; die Inuit wollen, unterstützt von Menschenrechtsorganisationen, einen Prozess gegen die USA als Hauptproduzenten von Treibhausgasen führen.

Gegenwärtig gibt es kaum Aussichten, internationalen Disparitäten wirksam zu begegnen; ein Umweltvölkerrecht befindet sich erst in der Entstehungsphase und hat gegenwärtig weder verbindlichen noch verpflichtenden Status. Internationale Gerichtshöfe, mit deren Hilfe Verstöße gegen Prinzipien nachhaltiger Entwicklung oder Umweltrücksichten geahndet werden könnten, gibt es nicht. International verbindliche Maßnahmen, etwa gegen eine weitere Erhöhung der Emission von Treibhausgasen, bedürfen daher der komplizierten Aushandlung von Verträgen und Abkommen, wobei hier wiederum das größte Problem ist, dass diese meist Selbstverpflichtungen der Unterzeichnerstaaten vorsehen – was umgekehrt bedeutet, dass nur schwer oder gar nicht sanktioniert werden kann, wenn ein Staat die Vereinbarungen nicht einhält. Im Übrigen neigen Staaten – wie im Fall des Kyoto-Protokolls etwa die USA und Australien – nicht dazu, Verpflichtungserklärungen zuzustimmen, wenn sie dadurch wirtschaftliche Nachteile erwarten.

Dringend erforderlich, gleichwohl in weiter Ferne, sind daher die Schaffung einer internationalen Umweltorganisation und vor allem eines internationalen Umweltgerichtshofes[171] – aber bevor so etwas Konturen annimmt, wird es vermutlich schon ein paar Grad wärmer sein.

Die Ungleichverteilungen der Folgen des Klimawandels und die internationalen Disparitäten in der Betroffenheit wie in den Bewältigungskapazitäten sind nicht nur ein weiterer Beleg dafür, dass das Leben ungerecht ist – sie bergen auch erhebliches Konfliktpotenzial, wie an der menschenrechtlich komplexen Frage zu sehen ist, wie eigentlich Insel- oder Arktisbewohner zu entschädigen sind, deren Lebensräume durch Überflutung und Erwärmung *bereits jetzt* verschwinden. Ungerechtigkeit resultiert aber nicht nur durch die extrem ungleiche Verteilung von Ursachen und Folgen auf der zwischenstaatlichen Ebene, auch im Verhältnis zwischen den Generationen kann der Klimawandel beträchtliches Konfliktpotenzial entfalten, und das in mehrfacher Hinsicht.

In den fünfziger Jahren des vergangenen Jahrhunderts ist die Kurve der Emissionen, die die Industrieländer verursacht haben, steil angestiegen – die Ursache des Problems, das *jetzt* in seiner Dimension erkannt wird, ist also mindestens ein halbes Jahrhundert alt. Aber die Ursachen für den Klimawandel

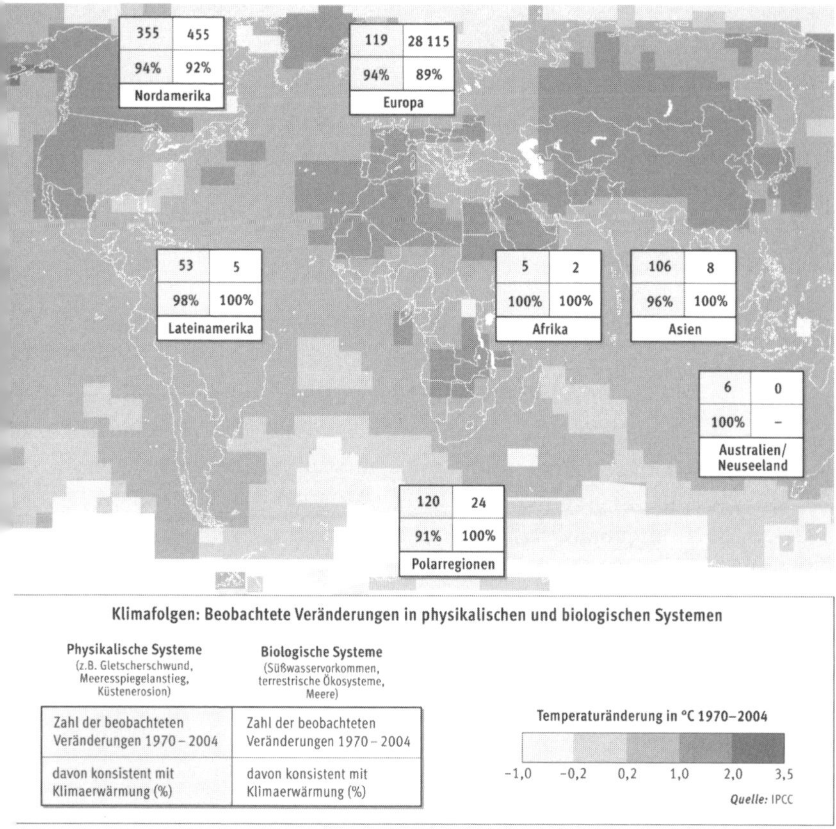

Weltkarte der Klimafolgen

liegen nicht nur Jahrzehnte zurück, sondern sind in diesem ganzen Zeitraum fortgeschrieben worden und haben sich mit der rasanten nachholenden Modernisierung der Schwellenländer globalisiert. Deshalb ist eine Umkehr des eingeschlagenen Weges auch schwer vorstellbar, und selbst ein Abbremsen des Emissionsaufkommens auf das gegenwärtige Niveau erscheint trotz gegenteiliger Beteuerungen utopisch.

Aber selbst wenn es möglich wäre, ist man mit dem Problem konfrontiert, dass das Klima träge ist. Leider haben die gegenwärtigen und zukünftigen Generationen es mit einem time lag von ebenjenem halben Jahrhundert zu tun, dessen klimatische Folgen sich auch dann entfalten würden, wenn ab heute kein einziges Auto mehr fahren, kein Flugzeug mehr starten und alle Fabriken schließen würden. Das wirkt nicht gerade motivierend, etwas gegen diese überlebensgroße Entwicklung zu unternehmen.

Überdies werfen die global wirksamen, hinsichtlich ihrer Folgen aber regional höchst unterschiedlich verteilten Folgen des Klimawandels erhebliche Gerechtigkeitsprobleme auf der zwischenstaatlichen Ebene auf.[172] Zahlreiche internationale Programme zur Stärkung der Anpassungskapazitäten, zum Beispiel im Rahmen des IPCC oder auch durch die Global Environmental Facility (GEF) setzen hier zwar an, doch gibt es begründete Zweifel an ihrer Wirksamkeit. Es ist zweifellos frustrierend, wenn die gegenwärtig lebenden und zukünftigen Generationen das bewältigen müssen, was ihre Vorgänger angerichtet haben, besonders dann, wenn die Aussichten auf Besserung äußerst vage, die Folgen aber schon durchaus fühlbar sind.

Dazu kommt, dass Maßnahmen, die in der Gegenwart entwickelt und angewandt werden, nur höchst unsichere und überdies in einer weit entfernten Zukunft sichtbare Erfolge zeitigen können – während gleichsam im Hintergrund der Umbau der Lebenswelt schon abläuft. Hier ist die zeitliche Beziehung zwischen Handlungen und Handlungsfolgen generationenübergreifend verlängert, und es stellt sich die Frage, ob es überhaupt Handlungsspielräume gibt, die sichtbare Erfolge bringen können, von denen heute lebende Menschen tatsächlich noch profitieren werden.

Um es noch komplizierter zu machen: Zwar sind einige Auswirkungen des Klimawandels schon unmittelbar zu spüren, aber das, was an Hitzewellen oder extremen Wetterereignissen mit Stürmen und Starkregen direkt erlebbar ist, macht erst im Rahmen wissenschaftlicher Aussagen neuen Sinn. Niemand sagt mehr: »Das Wetter spielt verrückt«, sondern man sagt und fühlt: »Das ist der Klimawandel«. Aber was man da weiß, weiß man durch wissenschaftliche Forschungen und Modelle, und diejenigen, die ihre Lebensgrundlagen durch das Abschmelzen des arktischen Eises verlieren und deshalb eine mehr als konkrete Anschauung davon haben, was geschieht, sind nicht sehr viele und leben unter besonderen Umständen, die mit der Lebenswelt von zum Beispiel Mitteleuropäern gar nicht zu vergleichen sind. Ihre Erfahrung ist einstweilen noch exotisierbar.

Für die übrigen Menschen hat es dagegen erhebliche Bedeutung, dass die drohende Katastrophe vor allem im Rahmen von Modellen wahrnehmbar ist, denn psychologisch ergibt sich daraus eine nur geringe Motivation, das eigene Verhalten zu verändern oder von den bisherigen Prioritäten der Lebensführung und des Interesses abzuweichen. Das gilt, wie man sieht, auch in den westlichen Gesellschaften, wo das Wohlstands- und Bildungsniveau schon länger als ein Vierteljahrhundert einen luxuriösen Blick auf Umweltprobleme erlaubt. Aber die *ungleichzeitige* Entwicklung der Gesellschaften und vor allem die Praxis einer nachholenden ökonomischen Modernisierung in nicht-westlichen Gesellschaften sabotiert die dringend gebotene Entwicklung von Problembewusstsein und von Problemlösungsstrategien radikal.

Dabei spielen Gerechtigkeitsargumente bei der Tolerierung und Akzeptanz des Nachhol-Arguments eine zwiespältige Rolle: Man könne, heißt es, diesen Gesellschaften jene Form technischer und wirtschaftlicher Modernisierung nicht vorenthalten, dem die frühindustrialisierten Länder des Westens ihre Standort- und Zukunftsvorteile und ihren hohen Lebensstandard verdanken. Hier wäre die Frage zu stellen, ob Gerechtigkeit darin besteht, jedem dieselbe Möglichkeit zu eröffnen, die Grundlagen des langfristigen Überlebens der Menschen abzuschaffen, aber darum geht es an dieser Stelle nicht. Es geht vielmehr darum, dass Fragen und Argumentationen, die sich um Gerechtigkeit zentrieren, in den Auseinandersetzungen mit den Folgen des Klimawandels wichtig sind und künftig noch brisanter werden – denn schon jetzt ist ohne weiteres sichtbar, dass diejenigen, die von einer weiteren Steigerung der verhängnisvollen Emissionen profitieren, die Karte der Gerechtigkeit spielen, um ungebremst ihre anachronistische Auffassung von Modernisierung in die Wirklichkeit übersetzen zu dürfen, während diejenigen, denen die Überlebensmöglichkeiten abhanden kommen, Gerechtigkeit darin einzuklagen versuchen, dass sie wenigstens irgendwo überleben dürfen, wenn schon nicht dort, wo sie eigentlich leben möchten.

Kurz: Die industriellen Modernisierungsprozesse, wie sie im asiatischen Raum gegenwärtig geradezu explodieren und die – wie im Fall Chinas – nicht einmal demokratisch kontrolliert sind, lassen nicht im Entferntesten erkennen, wie eine ressourcen- und überlebensorientierte Vernunft in die galoppierende Modernisierung eingebaut und das damit verbundene Gerechtigkeitsgefälle abgebaut werden könnte. Die Phänomene von Ungleichzeitigkeit und Ungerechtigkeit haben übrigens selbst beträchtliche gesellschafts- und demokratietheoretische Tragweite, denn: Was bedeutet die Generationenungerechtigkeit eigentlich für die Möglichkeit, sich als politisches Subjekt begreifen zu können? Für das Gefühl, mit eigenen Handlungen etwas bewirken zu können? Für die Reichweite von Vorstellungen, wie etwas zu verändern wäre? Was heißt unter solchen Umständen Politik jenseits der schieren Abarbeitung von Sachzwängen?

Gewalt und Theorie

Wenn Gesellschaften extreme Gewalt ausgeübt oder erlitten haben, können die Tiefenwirkungen solcher Erfahrungen, wie man inzwischen weiß, mehrere Generationen umfassen.[173] Da soziale Katastrophen erhebliche sozialpsychologische Nachhaltigkeit entfalten, kann man Gesellschaften wie die deutsche, die vietnamesische oder die serbische als Gewaltfolgengesellschaften bezeichnen und die Frage stellen, wie die Erfahrung extremer Gewalt eigentlich die weiteren Entwicklungsmöglichkeiten der betreffenden Gesellschaften beeinflusst. Eine weitere Herausforderung für die Gesellschaftstheorie stellt der enge Zusammenhang von extremen Gewaltprozessen wie ethnische Säuberungen, rassistisch begründete Vernichtungsfeldzüge und Völkermorde mit Modernisierungsprozessen dar – aber gegenwärtig werden Gewaltprozesse und ihre nachhaltigen Folgen in einem seltsamen intellektuellen Blackout stets als Abweichungen von »normalen« Entwicklungsverläufen, als »Rück-« oder »Sonderfälle« interpretiert und damit von der glückverheißenden Moderne isoliert. Doch Auschwitz und Hiroshima, My Lai und Srebrenica waren soziale Katastrophen, die erst durch moderne Problemlösungsstrategien, Ordnungsvorstellungen, Bürokratien und Technologien möglich wurden. Auschwitz war eine Industrieanlage zur Ausbeutung, Tötung und Verwertung von Menschen, und das hat überhaupt nichts Archaisches oder Rückfälliges; so etwas erfinden Industrie- und nicht Stammesgesellschaften.

Zugleich hat die moderne Vorstellung, dass gesellschaftliche Entwicklungen Gesetzmäßigkeiten folgen und regelmäßige Strukturen aufweisen, völlig aus dem Blick geraten lassen, dass menschliche Überlebensgemeinschaften immer mit Kontingenz, Zufall und Gewalt konfrontiert sind. Erdbeben, Vulkanausbrüche, Stürme, Überschwemmungen, Klimaschwankungen etc. haben die Überlebensbedingungen von Menschen oft unerwartet und radikal verändert oder vernichtet; soziale Katastrophen, ausgelöst durch Macht- und Ressourcenkonflikte, zufällige Konstellationen in Machtgefügen oder auch durch einzelne Personen, eskalierten und folgten dann in ihrem Verlauf keineswegs gesetzmäßig vorgezeichneten Pfaden. So wenig sich Zufall und Kontingenz aus sozialen Prozessen entfernen lassen, so wenig ist Gewalt ein »Betriebsunfall sozialer Beziehungen [...]. Gewalt ist in der Tat ›ein Teil der großen weltgeschichtlichen Ökonomie‹, eine Option menschlichen Handelns, die ständig präsent ist«.[174]

Gesellschaftliche Entwicklungen können gerade in hochkomplexen Gesellschaften davon abhängen, wie Handlungsbedingungen und Gelegenheitsstrukturen von Menschen ausgewertet werden, die in einer bestimmten Konstellation gerade ihre Chance sehen, ihre besonderen Fähigkeiten unter Beweis zu stellen. In diesem Zusammenhang ist etwa der Fall des Ingenieurs Kurt Prüfer instruktiv, der für die Erfurter Firma Topf & Söhne Krematoriumsöfen entwickelte und einen besonderen Ehrgeiz zeigte, die Leistungsfähigkeit der Leichenbeseitigung in Auschwitz zu erhöhen. Hier eröffnete die Ingenieursleistung der Entwicklung eines so genannten Doppelmuffelofens eine beträchtliche Erhöhung der Ermordungsrate, da mit Prüfers Ofen viel mehr Leichen beseitigt werden konnten als zuvor.[175] Massenmörderische Prozesse wie der Holocaust sind aus einer Vielzahl solcher partikularen, oft unscheinbar aussehenden Beiträge zusammengesetzt; sie folgen keinen Masterplänen, sondern sozialen Entwicklungsdynamiken, die darauf basieren, dass Menschen an verschiedenen Stellen und auf verschiedenen Niveaus des arbeitsteiligen Prozesses einen Sinn darin sehen, ihre Aufgabe besonders gut zu machen und die Sache voranzubringen.

Das bedeutet aber zugleich, dass eine Geschichte nie alternativlos so verlaufen *musste*, wie sie tatsächlich verlaufen ist. Dass die »Endlösung der Judenfrage« in einer Radikalität ausbuchstabiert wurde, die schließlich in Menschenvernichtungsanlagen endete, war keine historische Zwangsläufigkeit – ein früher Tod Hitlers, ein entschiedeneres Votum oder günstigere Bedingungen für den »Madagaskarplan«[176] oder eine entschlossenere Außenpolitik von britischer und amerikanischer Seite hätten Möglichkeiten *anderer* Geschichtsverläufe eröffnet. Umgekehrt bedeutet das, dass Entwicklungen, die nachträglich als kausal, folgerichtig oder gar zwangsläufig erscheinen, in der sozialen Handlungszeit zufällig, mäandernd oder selbstverstärkend entstanden sind und immer anders hätten ausfallen können. Man muss sich daher grundsätzlich von dem Gedanken lösen, dass Kausalität eine Kategorie sozialen Handelns ist.

In sozialen Prozessen folgt nicht B aus A. Wenn Menschen mit- oder gegeneinander etwas tun, dann spielen Deutungen, Antizipationen und Vorwegnahmen der Absichten des jeweils anderen dabei die entscheidenden Rollen – deshalb ist ein vermutetes B immer schon in A enthalten, und der eine Akteur ist Teil der Wahrnehmung des anderen Akteurs. Deshalb spielt sich soziales Handeln nicht als Handlungskette a – b – c – d – e usw. ab, und auch nicht als Folge von Aktion und Reaktion, sondern als Entwicklung von Beziehungen. Dabei müssen diesen Beziehungen keine realistischen oder rationalen Bilder der Anderen und ihrer Handlungen zugrunde liegen, wahrscheinlich ist das sogar nur selten der Fall. Aber ganz unabhängig davon verändern diese wechselseitigen Wahrnehmungen, Deutungen und Handlungen die Beziehungen zwischen den Akteuren, und im nächsten Zug geht das Spiel weiter.[177] Das heißt, soziales Handeln ist nicht kausal, sondern rekursiv – und genau deshalb kommt dabei auch meistens etwas heraus, was von den ursprünglichen Planungen abweicht.

Vor diesem Hintergrund verlieren Kategorien wie Ursachen und Wirkungen, Bedingungen und Folgen, Strukturen und Funktionen etwas von dem Glanz, den sie in soziologischen und philosophischen Theorien haben, und schmutzige Kategorien wie Zufall und Gefühle drängen sich nach vorn. Zufälle, die zum Beispiel zu Unfällen wie in Tschernobyl führen, können tiefere und nachhaltigere Folgen hervorrufen als planvolles Handeln, gefühlte Wirklichkeiten sind für Entscheidungen wichtiger als objektive. Soziale Praktiken wie Macht- und Gewaltgebrauch, Handlungsmodi wie Rationalisierungen, Dissonanzreduktionen und der Wunsch, in Überstimmung mit anderen zu denken und zu handeln, sind keine randständigen Bedingungen sozialen Handelns, sondern konstitutive.

Töten morgen. Dauerkriege, ethnische Säuberungen, Terrorismus, Auslagerung von Grenzen

»Ich erinnere mich, einmal trafen wir auf ein Kriegsschiff, das vor der Küste vor Anker lag. Der Busch wurde beschossen, obwohl dort keine Hütte, gar nichts war. Die Franzosen schienen in dieser Gegend wieder einmal Krieg zu führen. Die Nationalflagge hing so schlaff wie ein Fetzen herunter, die Mündungen der sechszölligen Geschütze ragten sämtlich über die niedrige Bordwand, und in der glatten, schlammigen Dünung hob und senkte sich das Schiff, während seine dünnen Masten schwankten. In der leeren Weite von Erde, Himmel und Wasser lag das Schiff da und schoss in einen Kontinent hinein, es war unbegreiflich. Wenn eins der sechszölligen Geschütze plötzlich losknallte, blitzte ein Flämmchen auf und erlosch, verging ein bisschen weißer Rauch, heulte leise ein winziges Geschoss – und nichts geschah. Es konnte nichts geschehen. Der Vorgang hatte einen Anstrich von Irrsinn, der Anblick etwas von einem traurigen Scherz, und daran änderte sich auch nichts, als mir jemand an Bord ernsthaft versicherte, irgendwo außer Sicht hätten sich Eingeborene – er nannte sie Feinde! – zusammengezogen.«

Dieses Bild aus dem Roman »Herz der Finsternis« von Joseph Conrad gehört zu den eindringlichsten und surrealsten Beschreibungen selbständig gewordener Gewalt. Wie die Bewohner der Osterinsel in gespenstischer Abgeschiedenheit von der Welt, in isolierter Lautlosigkeit sich in einem absoluten Krieg gegenseitig auslöschen, so beschießt das Kanonenboot eines französischen

Kolonialunternehmens in einer ganz und gar verselbständigten, ziel- und zwecklosen Geste einen Kontinent. Vielleicht sieht die Besatzung einen Feind, den sie bekämpfen zu müssen meint, aber kein Beobachter vermag mehr wahrzunehmen, worauf eigentlich geschossen wird und warum. Kriegerische Gewalt schafft einen *neuen Zustand*, ein anderes Verhältnis zur Welt, als es zuvor der Fall oder auch nur vorstellbar war. Conrads Beschreibung basiert nicht auf literarischer Einbildungskraft, sondern auf Erfahrung. Als Konrad Korzeniowski war er als Angestellter der »Société Anonyme pour le Commerce du Haut Congo« mit einem Dampfboot den Kongo hinaufgefahren, um in Stanley Falls ein Kommando seiner Kompagnie zu übernehmen, wozu es allerdings nie kam. Seine afrikanischen Erlebnisse ließen Korzeniowski so verzweifeln, dass er das Dasein eines kolonialen Händlers gegen das des Schriftstellers eintauschte. Sein Roman »Heart of Darkness« formulierte die Erfahrung entgrenzter Gewalt so radikal, dass er noch achtzig Jahre später die Vorlage für einen Film über eine viel modernere, allerdings nicht weniger demoralisierende Form anomischer Gewalt lieferte – für Francis Ford Coppolas »Apocalypse now«.

Im Unterschied zu anderen Gegenständen der Sozialwissenschaft – Arbeit, Medien, Demographie, Kunst etc. – gehört Gewalt, wenn überhaupt, in nur sehr geringem Maß zur Erfahrungswelt der Wissenschaftlerinnen und Wissenschaftler, die sich mit ihr befassen. Das führt zum einen dazu, dass dieser zentrale Bereich menschlichen Handelns ausgesprochen wenig erforscht und zum anderen mit Moralismus und Phantasie überladen ist. Als *fremder Erfahrungsbereich* ist Gewalt als Forschungsgegenstand unscharf und bedrohlich, weshalb sich in den vergangenen Jahrzehnten wohl auch vorwiegend Historikerinnen und Historiker mit dem Thema befasst haben – die haben es nämlich mit abgeschlossenen Gewaltprozessen zu tun, und die sind weniger bedrohlich als gegenwärtige oder kommende. Zudem ist die Gewaltgeschichte der Menschen im Unterschied zur Geschichte anderer kultureller Erzeugnisse relativ gut dokumentiert. Was übrigens für die konstitutive Bedeutung spricht, die Gewalt für soziale Beziehungen hat.

Kriege

»Wir sind durch die Kultur bestimmte Wesen, und die Fülle unserer Kultur gestattet es uns, unsere zweifellos vorhandene Gewaltbereitschaft zu akzeptieren und dennoch die Ansicht zu vertreten, es handele sich um eine Anomalie, wenn sie sich äußert. Der Geschichtsunterricht in der Schule erinnert uns daran, dass die Staaten, in denen wir leben, ihre Institutionen, ja sogar ihre Gesetze und ihre Entstehung Konflikten verdanken, die häufig blutig waren. Die Nachrichten, die wir uns täglich zu Gemüte führen, informieren uns über Blutvergießen. Obwohl es dazu vielfach auch in Gegenden kommt, die vor unserer Haustür liegen, und die Bilder unserer Vorstellung von kultureller Normalität hohnsprechen, bringen wir es fertig, sie einer völlig anderen Welt zuzuordnen, so dass unsere Vorstellungen davon, wie es auf unserem Planeten morgen und übermorgen aussehen wird, durch nichts beeinträchtigt werden. Wir reden uns ein, unsere Institutionen und Gesetze hätten der Gewaltbereitschaft des Menschen Fesseln angelegt, die so mächtig sind, dass Gewalttätigkeit grundsätzlich als verbrecherisch bestraft wird und die von den staatlichen Institutionen ausgeübte Gewalt nur in Form der ›zivilisierten Kriegführung‹ auftritt.«[178]

John Keegan, einer der wichtigsten britischen Kriegshistoriker, hat zweifellos Recht, wenn er die eigentümliche Weigerung beschreibt, die Gegenwart des Krieges und der Gewalt, ihre intime Zugehörigkeit zu den Verkehrsformen auch der Moderne, zur Kenntnis zu nehmen. Vielleicht hat der Umstand, dass 90 Prozent aller Kriege seit 1945 außerhalb Europas und Nordamerikas stattgefunden haben, zu der westlichen Auffassung geführt, dass Kriege vor allem als Problem *anderer* Gesellschaften betrachtet werden, bevorzugt solcher, die hinsichtlich ihrer Formen von Staatlichkeit *noch nicht* das Niveau der OECD-Länder erreicht haben. Damit hängt zusammen, dass kriegerische Gewalt immer noch als Anomalie betrachtet werden kann, obwohl das mörderische 20. Jahrhundert gerade erst wenige Jahre vorbei ist und der Krieg zweifellos eine große Zukunft hat.

Jedenfalls hatte er auch nach 1945 eine große Vergangenheit. Seither sind weltweit mehr als zweihundert Kriege geführt worden,[179] mit einem kontinuierlichen Anstieg der Häufigkeit bis zum Beginn der 1990er Jahre und einer Tendenz zum Rücklauf seither. In Asien, Afrika und im Vorderen und Mittleren Orient waren es jeweils etwa fünfzig Kriege, die seit dem Zweiten Weltkrieg stattfanden, in Süd- und Mittelamerika dreißig, in Europa vierzehn. Einzig Nordamerika blieb ohne Krieg auf dem eigenen Kontinent. Der Umstand allerdings, dass Kriege in Europa gerade mal sieben Prozent des weltweiten Kriegsgeschehens ausmachen, sagt nichts über die Häufigkeit aus, mit der westliche Länder an internationalen Gewaltkonflikten beteiligt gewesen sind – das war neunzehnmal durch Großbritannien der Fall, dreizehnmal durch die USA und zwölfmal durch Frankreich. In diesem Zusammenhang kann daran erinnert werden, dass Großbritannien gegen Argentinien im Falklandkrieg 1982 einen klassischen zwischenstaatlichen Krieg geführt hat, der zur größten Seeschlacht seit dem Zweiten Weltkrieg sowie zu mehr als 900 Toten führte.

Inzwischen lässt sich, nachdem Anfang der 1990er Jahre ein starker Anstieg der Zahl der Kriege zu verzeichnen war, feststellen, dass die Zahl der bewaffneten Konflikte seither um etwa vierzig Prozent zurückgegangen ist.[180] Das liegt unter anderem daran, dass in den letzten fünfzehn Jahren mehr Interventionen in Gewaltkonflikte, wie im Kosovo oder im Kongo, unter UN-Mandat oder mit Billigung der Vereinten Nationen stattgefunden haben, die aber nicht immer langfristig erfolgreich sind.

Die Mehrzahl der seit 1945 geführten Kriege waren Bürgerkriege postkolonialen oder revolutionären Charakters; nur etwa ein Viertel entsprach dem klassischen Typ des zwischenstaatlichen Krieges.

Kriege und bewaffnete Konflikte

Kriege	Beginn	Einstufung 2005*
Afrika		
Angola (Cabinda)	2002	bewaffneter Konflikt
Äthiopien (Gambela)	2003	bewaffneter Konflikt
Burundi	1993	Krieg
Elfenbeinküste	2002	Krieg
Kongo-Kinshasa (Ostkongo)	2005	Krieg
Nigeria (Niger-Delta)	2003	bewaffneter Konflikt
Nigeria (Nord- und Zentralnigeria)	2004	bewaffneter Konflikt
Senegal (Casamance)	1990	bewaffneter Konflikt
Somalia	1988	Krieg
Sudan (Darfur)	2003	Krieg
Tschad	1966	bewaffneter Konflikt
Uganda	1995	Krieg
Asien		
Indien (Assam)	1990	Krieg
Indien (Bodos)	1997	Krieg
Indien (Kaschmir)	1990	Krieg
Indien (Nagas)	1969	bewaffneter Konflikt
Indien (Naxaliten)	1997	Krieg
Indien (Tripura)	1999	Krieg
Indonesien (Aceh)	1999	Krieg
Indonesien (West-Papua)	1963	bewaffneter Konflikt
Laos	2003	Krieg
Myanmar	2003	Krieg
Nepal	1999	Krieg
Pakistan (Religionskonflikt)	2001	bewaffneter Konflikt
Philippinen (Mindanao)	1970	Krieg
Philippinen (NPA)	1970	Krieg
Sri Lanka (Tamilen)	2005	bewaffneter Konflikt
Thailand (Südthailand)	2004	Krieg
Vorderer und Mittlerer Orient		
Afghanistan (Antiregimekrieg)	1978	Krieg
Afghanistan (»Anti-Terror-Krieg«)	2001	Krieg
Algerien	1992	Krieg
Georgien (Südossetien)	2004	bewaffneter Konflikt
Irak	1998	Krieg
Israel (Palästina)	2000	Krieg

Kriege	Beginn	Einstufung 2005*
Jemen	2004	Krieg
Libanon (Südlibanon)	1990	bewaffneter Konflikt
Russland (Tschetschenien)	1999	Krieg
Saudi-Arabien	2005	bewaffneter Konflikt
Türkei (Kurdistan)	2004	Krieg
Lateinamerika		
Haiti	2004	bewaffneter Konflikt
Kolumbien (ELN)	1964	Krieg
Kolumbien (FARC)	1965	Krieg

(nach AKUF 2007)

Im Jahr 2006 gab es 35 schwerwiegende Gewaltkonflikte, davon sechs Kriege, sei es als Bürgerkrieg mit verschiedenen Konfliktparteien oder als zwischenstaatlicher Krieg. Dabei hängen solche Zählungen stark von der Definition ab; die Arbeitsgemeinschaft Kriegsursachenforschung, Hamburg (AKUF), zählt für 2006 anders als das Heidelberger Institut für Internationale Konfliktforschung 76 schwere Gewaltkonflikte, sei es als Bürgerkrieg mit verschiedenen Konfliktparteien wie in Somalia, Darfur oder Sri Lanka, sei es – in geringerem Umfang – als zwischenstaatlicher Krieg wie in Afghanistan, Tschetschenien, im Irak oder in Kaschmir.

Der klassische zwischenstaatliche Krieg hat gegenwärtig keine Hochkonjunktur, aber es gibt drei Entwicklungstendenzen, die für eine Belebung zwischenstaatlicher Kriege sorgen könnten:

- Die internationalen Rohstoffmärkte und die Versorgungsinfrastrukturen – vor allem die Gaspipelines – bilden ein hochsensibles Feld »globalisierter Unsicherheit«.[181] Anschläge auf Pipelines, Raffinerien, Brücken etc. gehören zur Taktik des internationalen Terrorismus ebenso wie lokaler Rebellengruppen – Nigeria und der Irak sind dafür die prägnantesten Beispiele. Angriffsszenarien dieser Art sind auch in Osteuropa, wo Gaspipelines eine ganze Reihe von Staaten durchqueren, nicht unwahrscheinlich.

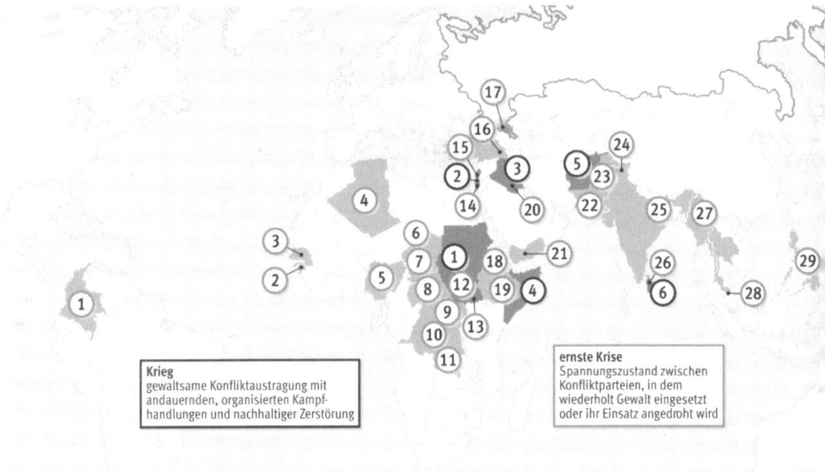

Krieg	Konfliktgegenstand
1 Sudan (Darfur)	regionale Vorherrschaft
2 Israel (Hisbollah)	System/Ideologie
3 Irak (Rebellen)	nationale Macht, System/Ideologie
4 Somalia (Rebellen)	nationale Macht
5 Afghanistan (Taliban)	System/Ideologie, nationale Macht
6 Sri Lanka (LTTE)	Autonomie

ernste Krise	Konfliktgegenstand
1 Kolumbien (FARC)	regionale Vorherrschaft, System/Ideologie
2 Guinea-Bissau (MFDC-Sadio)	regionale Vorherrschaft
3 Senegal (MFDC-Sadio)	Autonomie
4 Algerien (Islamisten)	nationale Macht, System/Ideologie
5 Nigeria (Niger-Delta-Ijaw)	Ressourcen
6 Tschad (Ethnien)	regionale Vorherrschaft
7 Tschad (Rebellen)	nationale Macht
8 Zentralafrikanische Rep. (UDFR)	nationale Macht
9 DR Kongo (Ituri Milizen)	regionale Vorherrschaft
10 DR Kongo (Rebellen)	nationale Macht, Ressourcen
11 DR Kongo (Mayi-Mayi)	nationale Macht, Ressourcen
12 Sudan (Nuer, White Army–SPLM/A)	regionale Vorherrschaft
13 Sudan (SPLM/A)	nationale Macht
14 Israel (Palästinenser)	Autonomie, System/Ideologie, Ressourcer
15 Israel-Libanon (internat. Macht)	Gebietsansprüche, internationale Macht
16 Türkei (Kurden)	Autonomie
17 Russ. Föd. (Tschetschenien)	Autonomie
18 Äthiopien (Guji–Borena)	regionale Vorherrschaft, Ressourcen
19 Äthiopien (EPPF)	nationale Macht
20 Irak (al-Sadr Gruppe)	System/Ideologie
21 Jemen (gläubige Jugendbewegung)	System/Ideologie
22 Pakistan (Balochs)	Autonomie, System/Ideologie, Ressource
23 Pakistan (Waziristan)	regionale Vorherrschaft
24 Indien (Kashmir)	Autonomie
25 Indien (Naxalites)	System/Ideologie
26 Sri Lanka (LTTE-East–LTTE)	regionale Vorherrschaft
27 Myanmar (Minoritäten)	Autonomie
28 Thailand (Südgrenze)	Autonomie
29 Philippinen (Abu Sayyaf)	Autonomie

Quelle: Konfliktbarometer 2006, Heidelberger Institut für Internationale Konfliktforschung; Stand: Dezember 200

Kriege, Konflikte, Krisen

– Gewaltkonflikte um basale Rohstoffe wie Wasser werden in Zukunft in erheblichem Umfang zunehmen – im Jahr 2050 werden zwei Milliarden Menschen unter Wasserknappheit leiden; die finstersten Prognosen gehen sogar von bis zu sieben Milliarden bis zu diesem Zeitpunkt aus.[182] Im Zusammenhang von Wasserproblemen tritt auch das bereits erwähnte neue Konfliktszenario auf, dass durch das Austrocknen von Binnenseen, durch die territoriale Grenzen verlaufen, plötzlich unklar wird, wie weit die Territorien der Anrainer der ehemaligen Gewässer reichen – das ist etwa am Tschadsee und am Aralsee der Fall.[183]

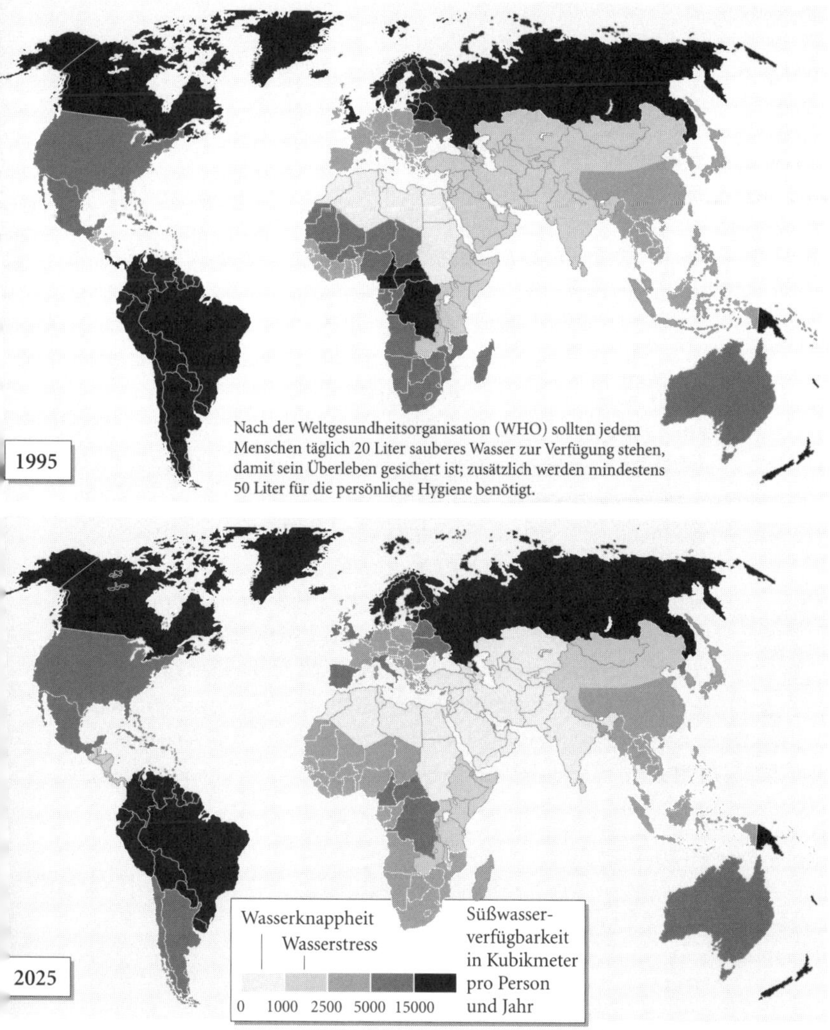

Quellen: Philippe Rekacewicz nach UNESCO/GRID

Von Wasserknappheit betroffene Regionen, 1995 und 2025 (Prognose)

– Schließlich liefert das Schmelzen der arktischen und antarktischen Eismassen ein Szenario für künftige Gewalt. Die unter dem Eis vermuteten gigantischen Rohstoffvorkommen werden bald zugänglich sein, und seit langem ist umstritten, wer Anrechte darauf hat, sie abzubauen. Die russische Arktis-

Expedition »Akademik Fjodorow« hat im Sommer 2007 Hoheitsansprüche angemeldet, indem sie in 4200 Meter Tiefe eine Titanflagge auf den Meeresgrund stellte. Die Expedition soll nach eigenen Angaben ermöglichen, die Grenzen des russischen Schelfs im Gebiet zwischen den Nowosibirk-Inseln und dem Nordpol zu präzisieren.[184] Umgehend erfolgten Reaktionen aus Amerika, Kanada und Dänemark, die jegliche russische Ansprüche negierten. Großbritannien hat Gebietsansprüche auf eine Million Quadratkilometer der Antarktis angemeldet, was zu Konflikten mit Argentinien und Chile führt.[185] Das Schmelzen des Eises eröffnet darüber hinaus neue Verkehrswege und damit beträchtliche wirtschaftliche Chancen. Ein neuer Seeweg nach Asien (Nordwestpassage) hat sich im Sommer 2007 zum ersten Mal geöffnet. Kanada zeigt ebenso wie die USA militärische Präsenz in der Region.

Anlässe für inner- und zwischenstaatliche Gewaltkonflikte werden also in Zukunft nicht weniger werden. Der Klimawandel schafft aber nicht nur neue Gründe für Gewaltkonflikte, sondern möglicherweise auch neue Formen von Kriegen, die im Rahmen klassischer Kriegstheorien gar nicht vorgesehen sind.

Dauerkriege

Extreme Gewalt etabliert Handlungs- und Erfahrungsräume, für die Lebenserfahrungen, die die weitgehend friedliche Welt der westlichen Hemisphäre seit dem Zweiten Weltkrieg bereithielt, keinen *Referenzrahmen* bieten. Mit anderen Worten: Auseinandersetzungen mit extremer Gewalt sollten zunächst einmal davon ausgehen, dass vieles an ihr aus der Außenperspektive *unverstehbar* ist und es ein methodischer Fehler wäre anzunehmen, dass man konventionell unverstehbare soziale Entwicklungen mit konventionellen Theorien verstehen könnte. Gérard Prunier, einer der besten Kenner der afrikanischen

Kriege und Völkermorde, betont eingangs seiner Untersuchung zum Völkermord in Darfur, dass nicht *alles* in diesem Gewaltkonflikt Sinn hat – die nachträgliche Konstruktion von Zwangsläufigkeiten ist ein Sündenfall, den es zu vermeiden gelte.[186]

Eines der zentralen Merkmale extremer Gewaltprozesse besteht darin, dass sie soziale Verhältnisse und Erfahrungsräume etablieren können, die den Sinnbedürfnissen und -zuschreibungen, mit denen man wissenschaftlich an sie herangehen könnte, nicht entsprechen. Unsere Instrumente, Methoden und Theorien sind auf die Voraussetzung geeicht, dass wir es in sozialen Prozessen mit kausalen Geschehensabläufen, zusammenhängenden Handlungsbedingungen und Handlungsfolgen zu tun haben, die nach unseren Normalitätsvorstellungen erklärbar sind. Das ist ein Irrtum, weil es – wie Joseph Conrad am eigenen Leib erfahren hat – soziale Verhältnisse geben kann, in denen Sinn in unserem Verständnis vollständig suspendiert ist, in denen aber trotzdem Menschen handeln und soziale Beziehungen existieren.

Prunier gibt noch einen weiteren wichtigen Hinweis: Prozesse extremer Gewalt werden nur dann aus einer Außenperspektive wahrgenommen, wenn sie mit einem konkreten Interesse zu verbinden sind. Das Engagement, das europäische Politiker hinsichtlich der Beilegung der jugoslawischen Zerfallskriege an den Tag gelegt haben (und das konfliktverschärfend gewirkt hat), hatte nicht zuletzt damit zu tun, dass hier Teilgesellschaften in extremer Gewalt versanken, für die man nach dem Ende des Kalten Krieges schon Rollen als Bündnispartner und EU-Mitglieder vorgesehen hatte. Insofern betraf das jugoslawische Desaster unmittelbar die Interessen westeuropäischer Staaten – die Reaktion war entsprechend engagiert. In Afrika und in anderen Regionen der Welt sind solche Interessen gelegentlich nicht berührt – zum Beispiel dann, wenn Hutu zu Massenmördern an Tutsi werden –, weshalb zum Teil sogar jahrzehntelange Kriege in der westlichen Öffentlichkeit kaum Aufmerksamkeit finden. Prunier schreibt lapidar, dass es »für die entwickelte Welt in diesen Konflikten nicht mehr um große politische, ökonomische oder sicherheitspolitische Interessen geht; es wird nur noch gestorben. Nicht einmal das Element, das größere Aufmerksamkeit auf das Problem lenken könnte, ist von Belang: die Angst vor dem radikalen Islam. Muslime bringen Muslime um – das ist kein Thema, das die Herzen bewegt.«[187]

Diese Ökonomie der Aufmerksamkeit (Georg Franck) ist übrigens eine durchaus wechselseitige. Während die westlichen Gesellschaften nur dann interessiert und engagiert werden, wenn entweder aus der Kolonialzeit bestehende Verbindungen wirksam oder vitale Interessen in Bezug auf Bündnisse oder Rohstoffe berührt sind, setzen Kriegsakteure in den Dauerkriegsgebieten immer öfter darauf, Flüchtlingsbewegungen zu erzeugen und Elend herzustellen, um den Westen zu Hilfsaktionen zu veranlassen, die in die Gewaltökonomie eingespeist werden. Auch dies ist ein soziales Wechselspiel, für das unsere Gesellschaftstheorien noch keine Modelle verfügbar haben.

Die kurze Euphorie über das Ende der Blockkonfrontation und des Kalten Krieges nach 1989 und die damit verbundene Erwartung an das Verschwinden zwischenstaatlicher Gewalt hat dafür gesorgt, dass man die oft jahrzehntelang vor sich hinschwelenden, zeitweise aufflackernden und zwischendurch wieder verlöschenden Kriege zu übersehen neigte, die sich im Schlagschatten des großen Systemkonflikts abspielten und die nur dann Aufmerksamkeit gewannen, wenn sie als »Stellvertreterkriege« der Hauptkontrahenten, also Amerikas und der Sowjetunion, interpretiert wurden. Wenn man sich dagegen ansieht, dass es Länder gibt, in denen – wie zum Beispiel in Afghanistan, Tadschikistan, Kolumbien, Sierra Leone usw. – seit Jahrzehnten Krieg herrscht, dann wird klar, dass man vielleicht zu sehr den klassischen zwischenstaatlichen Krieg vor Augen hatte, wenn man über die Präsenz und den Stellenwert von Kriegsgewalt nachdachte – also jenen zwischenstaatlichen Krieg, in dem sich staatliche Kriegsparteien mit regulären Armeen nach den Regeln des Kriegs- und Völkerrechts bekämpften, nachdem eine Partei der anderen den Krieg erklärt hatte.

Es ist allerdings äußerst fraglich, ob diese im westlichen Referenzrahmen dominante Form von Krieg überhaupt jemals ein Standardmodell des Krieges war. Am ehesten mag das vielleicht für den Ersten Weltkrieg gelten, der aber seinerseits inzwischen als die Urkatastrophe des zwanzigsten Jahrhunderts betrachtet wird – dessen regelhafter Beginn und dessen erklärtes Ende also gar nichts an seiner destruktiven Nachhaltigkeit ausgerichtet haben, die nur zwei Jahrzehnte später ihre Fortsetzung in einem noch grauenhafteren Krieg fand. Und dieser Zweite Weltkrieg entsprach dem Bild des klassischen Krieges in mindestens zwei Aspekten überhaupt nicht: nämlich darin, dass Deutschland als Hauptakteur Verletzungen des Kriegs- und Völkerrechts systematisch betrieb, um seine Ziele der Kolonisierung und der Vernichtung unterschiedlicher Menschengruppen zu erreichen. Und darin, dass das Konzept des totalen Krieges die klassische Unterscheidung von Kämpfern und Zivilbevölkerung der Sache nach aufhob und jedes Mitglied der Gesellschaft in Mithaftung nahm. Auf diese Weise war die Gewalt dieses Krieges in extremem Maße dereguliert und entgrenzt; und die Tiefenwirkungen dieser Gewalterfahrung bestehen nicht nur in den mehr als 50 Millionen Toten, die dieser Krieg verzeichnete, sondern auch in einer generationenübergreifenden Halbwertszeit der Gewalterfahrung, die nach wie vor zu nationalen wie internationalen Verspannungen (wie etwa im deutsch-polnischen oder estnisch-russischen Verhältnis) führt.

Und weder die so genannten Volksbefreiungskriege Mao Tse-tungs oder Pol Pots noch die, die die kommunistischen Regime dann gegen die eigenen Bevölkerungen führten, lassen sich in Kategorien des klassischen geregelten Krieges beschreiben. Auch die totale Auslöschung von Stadtbevölkerungen wie in Hiroshima und Nagasaki passt nicht in dieses Muster. Die Unterscheidung zwischen »alten« und »neuen« Kriegen, wie sie in den letzten Jahren en vogue geworden ist,[188] erscheint nicht nur von daher fragwürdig; auch vor dem Hintergrund der Kriege, die der Genfer Konvention, der Haager Landkriegsordnung und der Clausewitzschen Theorie vom Kriege vorausgehen, stellen die geregelten Kriege eher eine Ausnahme dar, die eng mit spezifisch europäischen Staatsbildungsprozessen verknüpft war, als eine Regel, die heute das Prädikat »alt« verdienen würde.

Und was ist mit all jenen Gewaltkonflikten, die oft jahrzehntelang zwischen irischen Protestanten und Katholiken, zwischen Chinesen und Nepalesen, Türken und Kurden, Israelis und Palästinensern ausgetragen wurden oder noch werden? »Low-intensity-wars« mit langer Lebensdauer stellen also keineswegs eine neue Dimension von Gewaltkonflikten war. Das alles spricht für die Gleichzeitigkeit heterogener Formen des Gewaltgebrauchs, und wenn das etwas aussagt, dann vor allem dies: Dass Gewalt als Option sozialen Handelns, als jederzeit verfügbare Möglichkeit, ein latentes oder manifestes Kernelement sozialer Beziehungen darstellt, auch wenn Mitglieder von Gesellschaften mit stabilen Gewaltmonopolen das gern zu übersehen pflegen. Aber in solchen Gesellschaften ist die Gewalt lediglich in ein anderes soziales Beziehungsverhältnis eingelagert, *indirekt* geworden, und wird nur im abweichenden und strafbaren Fall direkt ausgeübt – das bedeutet aber nicht, dass sie verschwunden ist. Und wenn übrigens eine geregelte Form des Krieges jemals über lange historische Zeiträume Bestand hatte, dann war es, wie John Keegan schreibt, die Kriegführung sogenannter primitiver Völker, deren gewaltförmige Auseinandersetzungen in hohem Maße ritualisiert und damit eingehegt waren.[189] Dies alles zeigt, dass wir uns angewöhnt haben, lediglich jene gewaltförmigen Konfrontationen für Kriege zu halten, die es unserer eigenen historischen Erfahrung nach sind, und dabei übersehen, dass andernorts andere Gewaltverhältnisse in anderer Intensität und Dauer die gesellschaftliche Wirklichkeit bestimmen.

Aber unabhängig davon, ob die Unterscheidung zwischen »neuen« und »alten« Kriegen trägt oder nicht, bleibt Mary Kaldor zuzustimmen, dass sich in den letzten dreißig Jahren vor allem in Afrika ein Typus organisierter Gewalt herausgebildet hat,[190] der sich dadurch auszeichnet, dass er keine scharfe Unterscheidung zwischen Kriegs- und Friedenszustand zulässt, und ebenso wenig eine zwischen legitimer und krimineller Gewalt. Im selben Maße ist die Unterscheidbarkeit von regulären und irregulären Kämpfern und Truppen verloren gegangen, und die Kämpfe sind, wie Herfried Münkler sagt, asymmetrisch: Sie werden nicht zwischen statusgleichen Gegnern ausgetragen, sondern zwischen halbstaatlichen oder privaten Gewaltunternehmern und Bevölkerungen. Dabei organisieren zunehmend regierungsnahe oder oppositionelle private Kriegsherren, so genannte Warlords, die Gewalt, die dem Machterhalt finanziell potenter Gruppen, der kriminellen Ausbeutung von Rohstoffen wie Diamanten, Edelholz, Öl oder der Produktion und dem Export von Drogen dient, weshalb die Kriegsherren eben auch an der Aufrechterhaltung des Krieges und nicht an seinem Ende interessiert sind.[191]

Hier treten nicht Staaten als »Monopolisten des Krieges« mit dafür ausgebildeten Spezialisten auf, sondern halb- oder nichtstaatliche Akteure, die partikulare Interessen verfolgen und zu deren Durchsetzung einen Teil der Bevölkerung ermorden, um den Rest in Angst und Schrecken zu versetzen. Solche asymmetrischen Kriege werden Münkler zufolge das 21. Jahrhundert bestimmen. Es spricht viel dafür – denn die Verletzlichkeit fragiler oder scheiternder Staaten vertieft sich mit den Folgen des Klimawandels, weshalb Prozesse der Entstaatlichung und umgekehrt der Privatisierung von Gewalt künftig weitere Länder betreffen und häufiger auftreten werden. Insofern sind Klimakriege wie in Darfur Vorboten der Zukunft, was keineswegs heißt, dass zum Beispiel die OECD-Länder von vergleichbaren Erosionsprozessen betroffen sein werden. Im Gegenteil werden sich die Macht-, Wohlstands- und Sicherheitsgefälle zwischen den Ländern der ersten und der dritten Welt und der Schwellenländer weiter verstärken und für dauerhafte Dissonanzen im globalen Gerechtigkeitsgefüge sorgen.

Mary Kaldor zufolge treten in diesen Dauerkriegen fünf verschiedene Gruppen von Gewaltakteuren auf: zunächst die *regulären Streitkräfte*, die aber gerade wegen ihrer Schwächen in fragilen Staaten hochproblematische Rollen spielen. Schlecht ausgebildet, oft unter- oder unbezahlt, unzureichend ausgerüstet und demotiviert, sind die Soldaten eher Rekrutierungskandidaten für private Gewaltunternehmer als loyale Vertreter des Staates; die Armee selbst leidet unter Disziplinlosigkeit und Auflösungserscheinungen. Zugleich sind sie von fragilen Staaten schwer kontrollierbar, überlasten die Haushalte durch Waffenkäufe, produzieren überhebliche militärische Eliten und neigen zu schneller Gewaltbereitschaft, wie auch John Keegan schreibt. Zugleich »war der objektive militärische Wert der meisten der etwa hundert im Zuge der Entkolonisierung entstandenen Armeen sehr gering. ›Technologietransfers‹ des Westens, ein beschönigender Ausdruck für Waffenverkäufe reicher an arme Länder, die sich dies kaum leisten konnten, bedeuteten nicht auch die Übertragung einer Kultur, die diesen Waffen in den Händen des Westens ihre tödliche Wirkungskraft verlieh.«[192] Nicht selten sind Teile solcher regulärer Armeen käuflich oder machen sich unter dem Kommando irgendeines Offiziers selbständig, der sich entschlossen hat, privater Gewaltunternehmer zu werden. So etwas ist in Jugoslawien genauso geschehen wie in Tadschikistan oder Zaire.

Diese Teile regulärer Armeen sind dann nicht mehr von jenen *paramilitärischen Gruppen* zu unterscheiden, die sich – wie die Dschandschawid in Darfur – aus entlassenen oder abtrünnigen Soldaten, Jugendbanden, Kriminellen und Abenteurern zusammensetzen, nicht selten auch aus Kindern und Jugendlichen. Solche Paramilitärs können regierungs- oder rebellennah sein und übernehmen im ersten Fall Aktionen, von denen die jeweilige Regierung sich distanzieren kann, und im zweiten

Fall die Aufgabe, die jeweilige Regierung zu bekämpfen. Diese Rollen können selbstverständlich wechseln.

Selbstverteidigungseinheiten bilden die dritte Gruppe von Gewaltakteuren, die sich in Reaktion auf Übergriffe durch die reguläre Armee oder durch Paramilitärs bilden, in der Regel aber keine effektiven Gewaltpotenziale ausbilden und nicht über längere Zeit bestehen können.[193]

Wichtiger sind dagegen Einheiten *privater militärischer Dienstleister (PMCs)* und *ausländischer Söldner* – Armeeveteranen aus west- und osteuropäischen Armeen, Mudschaheddin aus Afghanistan oder »oftmals aus pensionierten britischen oder US-Soldaten zusammengesetzte private Sicherheitsfirmen, die sowohl von Regierungen als auch von multinationalen Konzernen angeheuert werden«.[194] Solche hochprofessionellen Gewaltspezialisten privatwirtschaftlichen Zuschnitts treten besonders dann auf, wenn Gewalt- und Sicherheitsaufgaben (wie Folter, Erpressung etc.) übernommen werden müssen, die die beteiligten Regierungen wegen ihrer Skandalisierbarkeit nur ungern selber durchführen; solche Gewaltunternehmen spielen auch in den jüngeren Kriegen im Irak und in Afghanistan wichtige Rollen, etwa im Zusammenhang von Bewachungsaufgaben, Verfolgung von Terroristen, Ausbildung örtlicher Polizeikräfte und Milizen etc. Allein im Jahr 2003 hat die amerikanische Regierung 3512 Verträge mit privaten Sicherheitsfirmen geschlossen.[195] In Kenia sollen 40 000 Polizisten 300 000 Angestellten privater Sicherheitsfirmen gegenüberstehen.[196] Die Größenordnung nicht-staatlicher Gewaltakteure im Irak-Krieg liegt bei etwa 50 000 Personen. »Die meisten privaten Vertragsnehmer bieten Dienste wie Logistik, Ausbildung, Kommunikationstechnik, geheimdienstliche Informationen, Verpflegung und Wäscherei an. […] Als etwa der Folterskandal von Abu Ghraib öffentlich wurde, stellte sich sehr bald heraus, dass viele der der fragwürdigsten Praktiken von privaten Vertragsnehmern durchgeführt worden waren.«[197] Auch die Tötung von Zivilisten geht nicht selten auf das Konto dieses Personals.[198]

Eine fünfte Akteursgruppe bilden reguläre *externe Streitkräfte*, also der UN, der afrikanischen Union und der NATO, die Völkermorde und ethnische Säuberungen unterbinden, Wahlen sichern oder die Einhaltung von Waffenstillstandsabkommen überwachen sollen, oftmals aber in der prekären Situation sind, nur ein eingeschränktes Gewaltmandat zu haben, zahlenmäßig schwach besetzt und in der Bevölkerung nicht akzeptiert zu sein. Zudem werden sie oft zum Objekt gezielter Provokationen durch andere Gewaltakteure, die Überreaktionen wie Angriffe auf Zivilpersonen dann als globale mediale Waffe gegen die Interventionstruppen verwenden. Ein extremes Versagen einer Interventionstruppe stellte der Abzug der niederländischen UN-Soldaten aus Srebrenica dar. Der Abzug war die Ouvertüre zu einem Massenmord, dem dann rund 8000 Männer und Jungen zum Opfer fielen.

Gewaltmärkte

Insgesamt hat man es in den Dauerkriegen mit einer Verflechtung heterogener und zersplitterter Akteursgruppen zu tun, die (mit Ausnahme der Interventionstruppen) Gewalt weniger gegen eine der anderen Gruppen als gegen die Zivilbevölkerung ausüben. Die sozialen Räume, in denen sie das tun, lassen sich mit Georg Elwert als *Gewaltmärkte* bezeichnen.[199] Der kürzlich verstorbene Sozialanthropologe hat als Erster darauf hingewiesen, dass die Privatisierung und Ökonomisierung von Gewaltbeziehungen ein zentrales Element der Dauerkriege bilden. Seiner Auffassung nach handelt es sich dabei um »ökonomische Strategien des Gewalthandelns, die aus Sicht der Führungskräfte, der Gewaltunternehmer, durchaus rentabel erscheinen. Die Berufung auf Kultur, ethnische Traditionen und Religion ist dabei eine Ressource unter anderen« – eine Ressource für das Schüren und Aufrechterhalten des gewalttätigen Konflikts. Ganz ähnliche Rollen schreibt Elwert Emotionen wie Hass oder Angst zu, die von den Gewaltunternehmern ausgebeutet werden, selbst aber kein Strukturelement der Konfliktentstehung bilden. Solche Emotionen entstehen vielfach erst mit dem Gewaltprozess selbst, haben dann aber die Tendenz, sich zu verselbständigen und eine neue Gewaltquelle zu bilden.

Im Zusammenhang mangelnder oder fragiler Staatlichkeit war bereits davon die Rede, dass das Fehlen eines stabilen Gewaltmonopols Nischen und Gelegenheitsstrukturen für privaten Gewaltgebrauch öffnet. Elwert nennt solche sozialen Räume »gewaltoffen«, und es ist die Koppelung von gewaltoffenen Räumen mit Marktinteressen, die Gewaltmärkte etabliert. Ein Gewaltmarkt ist nach Elwerts Definition ein von Erwerbszielen bestimmtes Handlungsfeld, in dem sowohl Warentausch als auch Raub und diverse Kombinationen von beidem – wie Lösegelderpressung durch Entführungen, Zölle, Schutzgelder etc. – realisiert werden. Handelsgüter sind Waffen, Drogen, Nahrungsmittel, örtliche Rohstoffvorkommen oder Geiseln. »Als Zwischenform zwischen Handel und Raub entwickeln sich Einzug von Schutzgeldern, auch Zölle genannt, und die Geiselnahme. […] Diamantenschmuggler im heutigen Zaire, Qat-Händler in Somalia, Smaragdschmuggler in Kolumbien und nicht zuletzt die Konvois mit Nahrungsmittelhilfe in Somalia und Bosnien lassen in bestimmten Perioden diesen Wirtschaftszweig zum wichtigsten Einkommenssektor der Kriegsherren werden.« Auch hier wird deutlich, dass Entführungen, wie sie etwa im Irak oder in Afghanistan an der Tagesordnung sind, viel seltener jenen politischen Kalkülen zuzuordnen sind, mit denen sie camoufliert werden, sondern Teil einer Gewaltökonomie darstellen, die Politik, Glaube oder Ideologie als Instrument nutzt, aber nicht zum Inhalt hat.

Auch die Produktion von Gewalt selbst folgt ökonomischen Gesichtspunkten. Wenn die Kämpfer sich selbst versorgen, also rauben und plündern, reduziert das die laufenden Kosten für die Kriegsherren und trägt zugleich zur Strategie des Gewalteinsatzes bei: Da geht es um das Schüren von Angst, die Erzeugung von Flüchtlingsbewegungen und die Möglichkeit der Rekrutierung von Kämpfern oder Zwangsarbeitskräften. Die Mittel der Gewalt sind preiswert. Handfeuerwaffen, Kalaschnikows, einfache Raketenwerfer und leichte Lastwagen spielen die Hauptrollen; am Beispiel Darfurs war schon berichtet worden, wie einfache Benzinfässer zu Brandbomben umfunktioniert werden. Es geht also um Gewaltmittel niedrigen technologischen Standards, die den Vorteil haben, wenig zu kosten und ohne besondere Ausbildung angewendet werden zu können. Ermordung bzw. Einschüchterung der Bevölkerung erfolgen kostengünstig und effizient.

In der Tat ist der Umstand, dass sich die Gewalt weniger gegen eine andere Partei als gegen die Bevölkerung richtet, eines der wichtigsten Merkmale der Dauerkriege. Denn die sofort einsetzenden Flüchtlingsbewegungen, die eilig errichteten Lager, die postwendend erfolgenden Hilfsaktionen der internationalen Gemeinschaft stellen wichtige Ressourcen der Gewaltökonomie und ihrer Dauer dar: Dazu gehört die Strategie, Hilfskonvois selbst für die Ausrüstung und Ernährung der eigenen Truppen zu nutzen, ja, durch gezielte Aktionen gegen die Zivilbevölkerung gewissermaßen im Ausland zu bestellen. Oder man verlangt in erheblichem Umfang Schutzgelder und Zölle dafür, dass die Konvois ungeplündert oder nur leicht beraubt die Wege zu den Lagern passieren dürfen. Die Flüchtlingslager selbst werden als Arenen für politische oder religiöse Agitation genutzt und dienen nicht zuletzt der Rekrutierung neuer Kämpfer und Arbeitskräfte jeglicher Art. Das sind subtile und weniger subtile Formen der Ausbeutung internationaler Hilfegewohnheiten in Krisenfällen.

Kriege in opaken Regionen der dritten Welt haben etwas beunruhigend Unübersichtliches, und selbst der Krieg in Jugoslawien, so nahe er dem Westen geographisch war, wurde wie die Vorgänge in Ruanda, Darfur etc. exotisiert. Waren es dort »Stammeskonflikte«, war es hier die besondere gewaltorientierte Kultur des Balkans, die eine Erklärung für die überraschende

Gewalteskalation bieten sollte.[200] Solche Erklärungsversuche dienen der Reduzierung der Dissonanz, die durch offensichtliche Gewalteskalationen, Menschenrechtsverletzungen, Ungerechtigkeiten etc. auf Seiten derjenigen entsteht, die erstens in besseren Welten leben und es sich zweitens zur politischen und kulturellen Aufgabe gemacht haben, die Menschenrechte weltweit durchzusetzen und im Schadensfall materielle Hilfe zu leisten.

Mit anderen Worten: Ein Völkermord in Ruanda erzeugt in Deutschland eine moralische Dissonanz, und um diese Dissonanz zu reduzieren, wird das Menschenmögliche getan, um den Opfern zu helfen – jedenfalls denen, die vorerst mit dem Leben davonkamen. Man schickt transportable Hospitäler, Ärzte, Krankenschwestern, Medikamente, Decken, Zelte, Nahrungsmittel, die, wie gesagt, auf oftmals komplizierte Weise an Ort und Stelle gebracht werden müssen, was viel Geld kostet und viel Schwund beinhaltet. Dieser westliche Modus der Dissonanzreduktion wird von den Gewaltakteuren ausgebeutet, wobei die Ausbeutung so weit geht, dass die Anlässe für die moralischen Dissonanzen des Westens erst geschaffen werden; man sät Gewalt und erntet Ressourcen.

Erving Goffman hat diese Ausbeutung institutioneller Strukturen und Gewohnheiten in anderem Zusammenhang »sekundäre Anpassung« genannt[201] – und genau das ist die Weise, in der sich Gewaltmärkte parasitär zu anderen Ökonomien verhalten. Inzwischen hat sich das System der sekundären Anpassung so eingespielt, dass Schutzgelder und Schwundquoten in die Kalkulationen für die Hilfsaktionen schon eingerechnet werden, womit sich die Hilfsorganisationen wiederum tertiär an die Strategien der Gewaltunternehmer anpassen. Auch diese Verflechtung von Gewalt mit Hilfe und Hilfe mit Gewalt ist ein interessantes Beispiel dafür, dass der Zusammenhang zwischen Handlungsbedingungen und Handlungsfolgen ein recht lockerer, jedenfalls ein unerwarteter sein kann.

Dies ist freilich nicht die einzige Ressource, die Gewaltunternehmer nutzen. Neben direkten Beraubungen der Bevölkerung, der Ausbeutung von Rohstoffen, Schmuggelökonomien, Drogen- und Waffenhandel, Geiselnahmen und Auftragsgewalt sind es nicht zuletzt auch Gelder von Diasporagruppen, die im Rahmen von eskalierenden Konflikten von außen Mittel in die Gewaltmärkte pumpen, um ihre jeweilige Wir-Gruppe im Kampf zu unterstützen. Das war etwa in ausgeprägtem Maß im Jugoslawienkrieg der Fall.[202]

Gewaltmärkte stellen eine Form radikal freier Marktwirtschaft dar, in der Güter nach Maßgabe der größten Gewaltpotenziale angeeignet, gebraucht und weitergegeben werden. Die Ausbreitung solcher Gewaltökonomien hat in der Regel das Zurückweichen traditioneller Wirtschaftszweige in derselben Region zur Folge – Handel, Gewerbe, Landwirtschaft geraten in Krisen, weil weder Lieferungen von außen hereinkommen noch externe Absatzmärkte für Produkte erreicht werden können. Vor diesem Hintergrund ist es nicht erstaunlich, dass Gewaltunternehmer gelegentlich zuvor andere Formen von Handel betrieben haben, angesichts der Umstrukturierung des Marktes aber die Branche wechseln; dasselbe gilt dann für Gewalttäter, die vorher als Arbeiter im Kleingewerbe beschäftigt waren.

An dieser Stelle wird einmal mehr sichtbar, welche Folgen solche Formen der Gewaltorganisation für Entwicklungsprozesse und -dynamiken haben. Erstens ist irgendwann völlig unklar, wer eigentlich wann und unter welchen Umständen diese Entscheidung getroffen hat oder in jene Situation geraten ist, und zweitens etablieren sich im Prozess der Gewaltentwicklung Verhältnisse, die vorher nicht da waren und mit denen auch niemand gerechnet hatte, die womöglich auch von niemandem intendiert waren – deshalb zeugen Interviews mit Tätern im Rahmen von Massengewalteskalationen immer von einer gewissen Ratlosigkeit der Täter, *wie es eigentlich kam,* dass sie gemordet, vergewaltigt und geplündert haben.[203]

Gewaltmärkte haben Elwert zufolge eine starke Tendenz zur

Selbststabilisierung, da andere Reproduktionsmöglichkeiten durch die dauernde Gewalt und Gewaltdrohung verloren gehen. »Gewaltmärkte entstehen und bestehen nicht in einem Vakuum. Sie erwachsen aus sich selbst organisierenden sozialen Systemen, die als solche auf einen Austausch mit ihrer Umwelt angewiesen sind, und sie setzen diesen Austausch zum Teil mit veränderten Formen fort.« Die Entstehung von Gewaltmärkten wird, wie gesagt, durch das Fehlen oder Kollabieren eines staatlichen Gewaltmonopols möglich, was wiederum zur Folge hat, dass allfällige Konflikte, wie sie etwa um Land, Wasser etc. gerade unter Bedingungen des Mangels oder der Schrumpfung von Ressourcen entstehen, nicht staatlich, also rechtsförmig reguliert werden, sondern durch direkte Gewalt.

Elwert schildert diese autokatalytische Entwicklung anhand einer älteren Studie, die die Vorgänge in Somalia untersucht hat: »Der Anfang erschien banal: Hütegemeinschaften hatten sich in dem von [dem Anthropologen Marcel Djama, HW] erforschten Gebiet schon seit einiger Zeit mit Feuerwaffen versehen, um das Recht auf Wasserstellen unabhängig von Clangerichten, staatlichen Gerichten oder Notaren zu klären. Für den Staat wie für die Betroffenen war das die billigere Alternative. Der Staat tolerierte diese Entwicklung, da sie ihn von einer Aufgabe entlastete. Mit Clansystemen, die bei der journalistischen Analyse der Somaliakonflikte so oft beschworen wurde, hatte diese Entwicklung nur negativ etwas zu tun. Denn die Bewaffnung signalisierte gerade die Ablösung vom Clansystem und seiner Form der Gerichtsbarkeit. Der staatlich tolerierte Waffengebrauch beschränkte sich zuerst auf ein niedriges Niveau. Als nun aber die Grenzen zu den Nachbarstaaten geschlossen wurden, ohne dass der Staat die Interessen der Viehzüchter verteidigte, wurde der Zugang zu Brunnen und zu Nahrungsmittelhilfe aus dem Nachbarstaat Äthiopien zum Problem. (Aus internationalen Hilfslieferungen für Äthiopien abgezweigte Nahrungsmittel waren bis dahin zu niedrigen Preisen nach Somalia vermarktet worden.) Es litten darunter nicht nur Viehzüchter, sondern auch Händler, die das Kleinvieh dieser Nomaden in großen Mengen mit Profit nach dem Jemen und Saudi Arabien exportierten. Gerade der Jemen war fast völlig abhängig von diesen Fleischimporten. Das Geschäft der Händler brach zusammen. Nun lieferten sie Waffen in größeren Mengen an diese Nomaden, damit diese die Reproduktion ihrer Herden mit Waffengewalt sichern konnten. So entstand die so genannte Miliz der Gadabursi. Eine Miliz, die bald entdeckte, dass man mit Waffen Nahrung auch kostenlos erstehen kann, dass Geiselnahme, die ›Besteuerung‹ von Nahrungsmitteltransporten und auch der Begleitschutz für Drogenhändler lohnende Formen des Gelderwerbs sind.«

Hier sieht man die Gewaltdynamik wie unter dem Vergrößerungsglas entstehen, mäandern, sich verstetigen und Kreise ziehen. Genau diese autokatalytische Bewegungsform der Gewalt in Gesellschaften ohne oder mit fragiler Staatlichkeit ist es, die von außen so schwer zu durchschauen ist.[204] Hier paaren sich partikulare Interessen mit kollektiver Unvernunft. Das Ergebnis sind Dauerkriege.

Eine Studie von Oxfam International belegt, dass die Kriege in Afrika zwischen 1990 und 2005 insgesamt etwa 211 Milliarden Euro gekostet haben – was ziemlich genau der Summe der Entwicklungshilfe entspricht, die im selben Zeitraum in die afrikanischen Länder geflossen ist.[205]

Dauerkriege sind eine zukunftsträchtige Form der Gewalt. Die konfliktverschärfenden Folgen des Klimawandels sind hier noch gar nicht eingerechnet. Am Fall Darfur ist aber deutlich geworden, dass Folgen des Klimawandels wie eine rasant voranschreitende Wüstenbildung schnell zu Gewaltanlässen werden können, die dann von interessierten Gruppen auf vielfältige Weise kanalisiert und ausgebeutet werden. Man kann das als autokatalytische Dynamik der Entstehung und Ausfüllung gewaltoffener Räume beschreiben, die die Entstaatlichung und Fragilität der betroffenen Staaten weiter vorantreiben, was die gewaltoffenen Räume wiederum erweitert, was seinerseits internationale Akteure auf den Plan ruft, die die Gewaltressourcen erhöhen usw. usf.

Anpassung

Dies alles sind Anpassungsversuche von Menschen an sich verändernde Umweltsituationen, und Ausdruck solcher Anpassungen ist die Herausbildung von Gewaltmärkten, Gewaltspezialisten, Flüchtlingen, Lagern und Toten. Wem das zu nüchtern formuliert erscheint, der sei darauf hingewiesen, dass die westliche Anpassungsstrategie an die prognostizierten Folgen des Klimawandels im Ausrufen und Forcieren einer dritten industriellen Revolution besteht. Nicholas Stern hat, wie berichtet, eindrucksvoll vorgerechnet, dass diese Strategie die Industrieländer erheblich billiger zu stehen kommt, als wenn sie *nicht* auf den Wandel reagieren würden, sich also nicht *anpassen* würden. Wahrscheinlich wird diese Anpassung für den Westen volkswirtschaftlich sogar profitabel sein. Ein Problem wird also in einen Standortvorteil transformiert, weil Bildung, Technologie und Geld für diese Transformation vorhanden sind. Das ist zwar in der Wahl der Mittel und hinsichtlich der Legitimität der Strategie etwas anderes, als wenn ein somalischer Warlord die Gelegenheit eines sich bietenden Ressourcenkonflikts beim Schopfe packt und seine Gewaltmacht zur Öffnung größerer ökonomischen Chancen einsetzt – was auch *moralisch* fragwürdiger ist als die ökonomische Anpassungsstrategie des Westens. Strukturell gleichen sich beide Strategien aber zweifellos darin, dass sie eine Problemsituation in einen partikularen Vorteil umzumünzen versuchen. Die eine Anpassungsstrategie kann übrigens als *Reduzierung oder Vermeidung von* CO_2*-Emissionen* bezeichnet werden, die andere als *Unterstützung von Freiheitskämpfern.*

Übrigens ist das, was hier über die Dauerkriege gesagt wurde, nur Ausdruck des sichtbaren, wenn auch schwer überschaubaren Teils der vollständigen Gewaltfiguration. An der Rolle, die internationale Hilfsorganisationen oder auch Interventionstruppen spielen, ist aber deutlich geworden, dass auch externe Akteure Teil dieser Figuration sind. Die Hilfsorganisationen und UN-Soldaten sind jedoch wiederum nur die sichtbaren externen Spieler in diesem sozialen Gefüge. Die meisten der externen Akteure bleiben freilich unsichtbar. Diese unsichtbaren Akteure sind wir.

An dieser Stelle bleibt zu resümieren, dass das Phänomen der Dauerkriege und der ihnen zugrunde liegenden Gewaltmärkte eines ist, dass mit der Zunahme der Folgen des Klimawandels, also der Ausbreitung der Wüsten, der Versalzung und Erosion der Böden, dem Versiegen des Wassers etc., künftig weitere Verbreitung und Dramatik erfahren wird. Es wird dann die Frage sein, welche Möglichkeiten der internationalen Hilfe auf der einen Seite und der Interventionen gegen völkermörderische Gewalt, ethnische Säuberungen etc. auf der anderen Seite bestehen, wenn die Gewaltmärkte größer werden. Schon jetzt ist absehbar, dass international einsetzbare Truppen und Spezialeinheiten nicht grenzenlos verfügbar sind. Auch die Ressource Intervention ist ein knappes Gut, das rational nur nach den Interessen derjenigen verteilt werden kann, die intervenieren. Um es einfacher zu sagen: Dort, wo solche Interessen nicht tangiert sind – wo also die Leute *unter sich* kämpfen und keine machtpolitischen, strategischen oder ressourcenbezogenen Interessen realisiert werden können –, wird man die betroffenen Länder aufgeben.

Die damit vielleicht verbundenen moralischen Dissonanzen lassen sich vielfältig reduzieren: Man kann argumentieren, dass man sich nicht in die internen Angelegenheiten eines souveränen Staates einmischen dürfe, dass ein Engagement an anderen Krisenorten wichtiger sei, dass die Risiken für die eigenen Soldaten zu hoch seien, dass eine Intervention weitere Eskalationen nach sich ziehen würde, dass die Akteure vor Ort die Konflikte viel besser regeln könnten, dass man keine Fehler wiederholen und die falschen Gruppen unterstützen dürfe usw. Natürlich mag dann auch das Argument gelten, dass man den Gewaltunternehmern nicht mehr die Möglichkeit eröffnen möchte, die humanitären Hilfsaktionen auszubeuten und weiter in die Ökonomie der Gewaltmärkte zu investieren. Das wäre dann eine weitere Stufe der Anpassung an die Folgen des Klimawandels.

Ethnische Säuberungen

»Die Vertreibung ist, soweit wir in der Lage sind, es zu überschauen, das befriedigendste und dauerhafteste Mittel. Es wird keine Mischung der Bevölkerung geben, wodurch endlose Unannehmlichkeiten entstehen, wie zum Beispiel im Fall Elsass-Lothringen. Reiner Tisch wird gemacht werden. Ich bin von der Aussicht einer Entflechtung der Bevölkerung nicht beunruhigt, auch nicht von diesen umfangreichen Umsiedlungen, die durch andere Hilfsmittel jetzt besser möglich sind als früher.«[206] Diese nüchternen Worte Winston Churchills bezogen sich auf die künftige Situation der so genannten Volksdeutschen in Polen und Tschechien. Als der britische Premierminister am 15. Dezember 1944 vor dem britischen Unterhaus über die Frage der Vertreibung sprach, war es bereits beschlossene Sache, dass es nach dem Krieg in den zuvor von Deutschland besetzten Gebieten keine *gemischten Bevölkerungen* mehr geben sollte. Die Vorstellung, ethnisch homogene Nachkriegsstaaten zu schaffen, traf nach Kriegsende dann ungefähr 14 Millionen »Volksdeutsche«, die zu Flüchtlingen und Vertriebenen wurden. Etwa zwei Millionen Menschen kamen dabei ums Leben, mehrere 100 000 wurden deportiert und mussten Zwangsarbeit leisten.[207]

Das war vermutlich der zahlenmäßig größte Bevölkerungsaustausch, der im 20. Jahrhundert vorgenommen wurde, aber nicht der einzige. Alle diese Verschiebungen, ob sie nun als Vertreibung, ethnische Säuberung, Deportation oder eben administrativ als Bevölkerungsaustausch bezeichnet wurden, sind Ergebnis des Weges in die Moderne, der über die Schaffung ethnisch homogener Nationalstaaten verläuft – das ist ein Aspekt moderner Staatsbildungsprozesse. Heterogene Bevölkerungen mit ihren »endlosen Unannehmlichkeiten«, wie Churchill sagt, wurden immer als potenzielles oder faktisches Hindernis nationalstaatlicher Entwicklungsmöglichkeiten betrachtet, und Churchills Vorstellung, dass auch umfangreiche Umsiedlungen keine besonderen Probleme machen würden, konnte bereits auf die Erfahrung des Vertrags von Lausanne 1923 zurückgreifen, in dem nach dem Ende des griechisch-türkischen Krieges der Austausch riesiger Gruppen von Griechen aus Anatolien und Türken aus Griechenland festgelegt wurde. Der Bevölkerungsaustausch von etwa anderthalb Millionen Griechen und rund 350 000 Türken wurde in einem internationalen Vertrag festgelegt, unter den Augen einer internationalen Kommission vollzogen und galt keineswegs als inhuman, sondern als rationale Strategie der Homogenisierung von Nationalstaaten, die geeignet schien, künftige Konfliktrisiken erheblich zu mindern.

Die Moderne hat eine ganze Reihe von ethnischen Säuberungen gesehen. Einige von ihnen sind in Völkermorde übergegangen wie in Armenien oder im Rahmen stalinistischer Neuordnungsstrategien. Solche massenmörderischen Ergebnisse entstehen nicht nur durch Eskalationen von Gewalt, sondern auch durch Planlosigkeit und Gleichgültigkeit, wenn – wie im Fall der von den Sowjets deportierten Tschetschenen und Inguschen – schon während der Transporte Zehntausende sterben, und die Überlebenden vor Ort weder Nahrung noch Unterkunft vorfinden, weil niemand es für nötig gehalten hatte, solche Dinge bereitzustellen. So fanden etwa 100 000 Tschetschenen und Inguschen in den ersten drei Jahren nach ihrer Deportation den Tod.[208]

Das Ergebnis der jugoslawischen Auflösungskriege war die Transformation der ehemaligen Teilrepubliken eines föderativen

Staates in ethnisch homogene Nationalstaaten; das Mittel dafür war auch hier die ethnische Säuberung, und im Kosovo bzw. in Bosnien, wo sie unvollendet blieben, schwelen Konflikte, die nur unter internationaler Kontrolle nicht zum offenen Austrag kommen. Michael Mann, der eine umfangreiche Geschichte der ethnischen Säuberungen im 20. Jahrhundert geschrieben hat, kommt zu dem ernüchternden Schluss, dass diese nicht das Ergebnis *fehlgeschlagener* Modernisierungsprozesse sind, sondern im Gegenteil, ein Zeichen gelingender. Alle westlichen Gesellschaften, mit Ausnahme der Schweiz, Belgiens, Großbritanniens und Spaniens, verdanken ihre heutige nationalstaatliche Gestalt einer Politik der ethnischen Homogenisierung, deren Kehrseite die ethnische Säuberung ist – das ist die dunkle Seite der Demokratisierung, und das hat man lediglich vergessen, wenn man voller Entsetzen auf die Gewalt in Bosnien blickt.

Vor diesem Hintergrund hält der Prozess der Globalisierung natürlich noch einiges an Gewalt bereit. Je mehr postkoloniale, postsozialistische oder postautokratische Gesellschaften in Staatsbildungsprozesse nach dem nationalstaatlichen Vorbild der OECD-Länder gezogen werden, desto mehr Gewaltpotenzial entsteht im Inneren dieser Gesellschaften und desto mehr Tendenzen entstehen, diese Gewalt auch nach außen zu verlagern. Der radikale Islamismus und seine gewalttätige Verweigerung, sich in diesen globalen Prozess einzufädeln, ist nur ein Ausdruck dafür, wie sehr dieser Modernisierungsdruck von Betroffenen empfunden und abgewehrt wird.[209] Dazu im Abschnitt über Terrorismus noch einige Bemerkungen. Hier geht es zunächst darum, dass Dauerkriege, Flüchtlingsströme, ethnische Säuberungen etc. nicht die Antithese der Modernisierung darstellen, sondern lediglich einen Teil ihrer Kosten.

Wenn Globalisierung, schreibt Mary Kaldor, »die Zunahme der den ganzen Erdball umspannenden Verflechtungen im politischen, wirtschaftlichen, militärischen und kulturellen Bereich« ist, dann müssen auch Gewaltformen wie Dauerkriege und ethnische Säuberungen im Zusammenhang dieser Verflechtung gesehen werden.[210] Das Gewaltpotenzial entsteht durch Veränderungen *innerhalb* des bestehenden Gefüges, nicht im Zusammenprall prinzipiell antagonistischer Kontrahenten, wie es etwa die geläufige Entgegensetzung von radikalem Fundamentalismus und liberalem Westen suggeriert. Samuel Huntingtons These vom Zusammenprall der Kulturen ist nicht grundlegend falsch, weil es diese kulturellen Gewaltkonflikte tatsächlich gibt, aber sie ist in ihrem Horizont dadurch begrenzt, dass Huntington nur sieht, was die *anderen* tun, und nicht die Rolle, die seine eigene Kultur in jenem Handlungs*zusammenhang* spielt, den die Kulturen gemeinsam bilden und deren Konflikte sie *gemeinsam* austragen. Es handelt sich hier um eine Interaktion, zum Teil um eine gewaltförmige, aber gewiss nicht um so etwas Metaphysisches und Subjektloses wie einen »Zusammenprall« von Kulturen. So etwas gibt es in der Welt des Sozialen nicht. Konflikte sind Interaktionen und verflechten die Wahrnehmungen, Deutungen und Handlungen der Beteiligten ineinander.

Die Veränderung der Verflechtung der Kulturen verändert die konkreten Lebenslagen sehr unterschiedlicher Menschen, wobei eine entscheidende Rolle spielt, dass die globale Informationslandschaft sich rapide verändert hat. Die Kommunikation über alle kulturellen Differenzen und regionalen Distanzen hinweg hat sich radikal verdichtet und führt entlegenste und gegensätzlichste Kulturen und Weltgegenden informationell extrem dicht zusammen, während die Lebenslagen und Lebenschancen zugleich extrem weit auseinanderliegend bleiben. Deshalb führt die Globalisierung »gleichermaßen zur Integration wie Fragmentierung, zunehmender Gleichartigkeit wie Verschiedenartigkeit«[211], zum Universalismus wie zum Nationalismus. An der Praxis des Dauerkriegs lassen sich diese Globalisierungsfolgen unmittelbar ablesen – jede Information über ein beliebiges lokales Scharmützel ist potenziell sofort international kommunizierbar, instrumentalisierbar und geeignet, neben den lokalen Kontrahenten jede Menge nichtstaatlicher, transstaatlicher und staatlicher Akteure auf den Plan zu rufen, die das, je nach Perspektive, als Anlass für Interventionen oder Geschäfte sehen können. Das ist es, was sich hinter Begriffen wie »Verflechtungen im politischen, wirtschaftlichen, militärischen und kulturellen Bereich« verbirgt, und am Ende dieser Verflechtungsketten stehen Menschen, die fliehen oder getötet oder gerettet werden, und schließlich internationale Gerichtshöfe, deren wenig beneidenswerte Aufgabe es ist, die Ursachen von Mord und Völkermord zu entwirren und die Verantwortlichen zu verurteilen.

Und hier zeigt sich ein tödliches Modernisierungsgefälle: »Auf der einen Seite stehen die Angehörigen der globalen Klasse, die über Englischkenntnisse verfügen, Zugang zu Fax, Email und Satellitenfernsehen haben, mit Dollar (...) oder Kreditkarten ausgestattet sind und reisen können, wohin sie wollen; auf der anderen Seite befinden sich jene, die von globalen Prozessen ausgeschlossen sind; die von dem leben, was sie verkaufen oder eintauschen können oder an humanitärer Unterstützung erhalten; deren Bewegungsfähigkeit durch Straßensperren, Visa und hohe Reisekosten begrenzt ist und die von Belagerungen, erzwungenen Hungersnöten, Landminen und ähnlichem bedroht sind.«[212]

Am oberen Ende des Gefälles mag es Dissonanz erzeugen, wenn Kriege und Vertreibungen entstehen und fortdauern, aber am unteren Ende finden sie statt, und deshalb liegt man falsch, wenn man die Gewalt, die dort unten ankommt, als tribal, ethnisch, primitiv etc. versteht. Das mag ihre Erscheinung, aber nicht ihre Ursache sein. Wie das 20. Jahrhundert gezeigt hat, gibt es einen engen Zusammenhang von Modernisierung und Massengewalt, und ethnische Säuberungen breiten sich, wie Michael Mann schreibt, mit dem Prozess der Demokratisierung aus, nicht gegen ihn. »Ethnisch motivierte Aufstände haben sich in der südlichen Hemisphäre seit den 1969er und 1970er Jahren entwickelt, also im Zeitraum von deren vermeintlicher Demokratisierung. Auf der Nordhalbkugel, die von fest institutionalisierten Demokratien und klassenbezogener Politik dominiert wird, bleiben sie dagegen eine Seltenheit. In den kommunistischen Staaten, die autoritär regiert und von klassenbezogener Politik beherrscht waren, nahmen sie im Verlauf der 1950er Jahre stark ab. Sie fluktuierten im nahen und mittleren Osten und in Nordafrika, nahmen in Schwarzafrika nach 1960 im Umfeld sich demokratisierender Staaten enorm zu und traten nach 1965 in Asien und nach 1975 auch in Süd- und Mittelamerika häufiger auf. Nach 1975 zeigen alle regionalen Trends im Süden bis etwa 1995 eine ansteigende Tendenz. Mit dem Zusammenbruch der Sowjetunion und Jugoslawiens stieg die Kurve steil an. Nach 1995 mag diese Tendenz – mit Ausnahme Schwarzafrikas – etwas nachgelassen haben, doch der Gesamttrend ist bis heute noch nicht auf das Niveau der Zeit vor 1991 zurückgegangen.«[213]

Bei all dem können die Anlässe für die ethnisch verstandenen Konflikte höchst unterschiedlich sein; im Rahmen der Verschiebung politischer Einflussräume, von Systemzusammenbrüchen oder dem Implodieren autoritärer Herrschaft können die verschiedensten Ursachen nach ethnischen Kategorien gedeutet werden, besonders dann, wenn sie unübersichtlich oder gar unverständlich sind. Insgesamt geht es um ein Spannungsfeld von geo-, macht- und ressourcenpolitischen Verschiebungen und Interessen in einer großräumigen und zunehmend globalen Verflechtung. Die Bedeutung von Umweltveränderungen für dieses Spannungsfeld ist bislang noch kaum beachtet worden – obwohl es nach Erdbeben, Überschwemmungen und Bränden nicht selten zu Plünderungen Demonstrationen, Aufständen oder Revolten kommt, in jüngster Zeit nach Waldbränden in Griechenland[214] oder nach einem Erdbeben in Peru[215] und vor einigen Jahren in Pakistan.[216] Auslöser war jeweils das Versagen der staatlichen Katastrophenhilfe. Das griechische Beispiel zeigt ebenso wie das von New Orleans, dass die Ordnung selbst in Gesellschaften mit intakter Staatlichkeit sehr schnell zusammenbrechen kann.

Umweltkonflikte

Wenn aber die Folgen des Klimawandels in der Verschiebung von bewohnbaren Zonen, in der Wanderung von Anbauregionen, im Vorrücken von Wüsten und Verknappungen von Wasser auf der einen und Überflutungen auf der anderen Seite bestehen, dann sind die bestehenden Balancen des geo-, macht- und ressourcenpolitischen internationalen Spannungsfeldes berührt – und insofern spricht nicht das Geringste dagegen, dass das 21. Jahrhundert infolge des Klimawandels ein erhöhtes Spannungspotenzial mit einer erheblichen Gefahr von gewaltsamen Lösung erleben wird. Michael Mann nennt schon mal ein paar Kandidaten für die nächsten Konflikte, wenn er sagt, dass »es Indonesien nicht gelingen wird, die Autonomiebewegungen in Aceh oder West-Papua zu unterdrücken; Indien wird die muslimischen Kaschmiris ebenso wenig assimilieren oder niederhalten können wie einige seiner kleineren Völker an den Grenzen des Subkontinents; Sri Lanka wird die Tamilen nicht assimilieren oder unterdrücken können, genauso wenig wie Mazedonien die Albaner, die Türkei, der Iran und der Irak die Kurden, China die Tibeter und zentralasiatischen Muslime, Russland die Tschetschenen und das Regime in Khartoum die südsudanesischen Bewegungen. Und natürlich wird auch Israel die Palästinenser nicht auf Dauer niederhalten können.«[217] Auch im Baltikum sind Auseinandersetzungen zu erwarten, weil hier besonders in den extrem umweltbelasteten Industrieregionen mehrheitlich ethnische Russen leben.[218]

In einigen dieser und anderer Konflikte mit Zukunft werden die mit dem Klimawandel einhergehenden Überlebensprobleme die Gewaltdynamik weiter befeuern, in anderen gar keine Rolle spielen, in dritten vielleicht zur Beilegung von Spannungen beitragen. In jedem Fall wird die Praxis des 20. Jahrhunderts, Staatsbildungen auf ethnisch homogener Grundlage und Gewalt entlang ethnischer Linien zu praktizieren, auch im 21. Jahrhundert gepflegt werden, womöglich sogar in größerem

Maßstab als zuvor. Der Klimawandel beschleunigt die Veränderungen in der Staatenfiguration, erhöht die Spannungen und erzeugt Druck, schnelle Lösungen zu finden. Dass dies keine düstere Prognose, sondern bereits ein Teil der Gegenwart ist, zeigt die folgende Übersicht gewaltförmiger Umweltkonflikte:

Gewaltförmige Umweltkonflikte

Region	Land/Länder (Jahr)	Konfliktebene	Ressource
Nordamerika	Kanada – Spanien (1995–heute)	International	Fisch
Nordamerika	USA (Hawaii) (1941–1990)	Lokal	Wasser, Boden
Nordamerika	USA – Mexiko (heute)	International	Wasser
Zentralamerika/Karibik	Mexiko (2005)	Lokal	Land/Boden
Zentralamerika/Karibik	El Salvador – Honduras (1969–1980)	International	Land/Boden
Zentralamerika/Karibik	Belize (1993–heute)	National	Wald/Holz, Wasser
Zentralamerika/Karibik	Mexiko (1995–heute)	Lokal	Land, Wälder
Zentralamerika/Karibik	Guatemala (1954–heute)	National	Land
Zentralamerika/Karibik	El Salvador (1970–1992)	National	Land
Zentralamerika/Karibik	Haiti–USA	International	Land
Südamerika	Brasilien(2005)	Lokal	Land
Südamerika	Chile (2005)	Lokal	Wasser
Südamerika	Ecuador – Peru (1995)	International	Land
Südamerika	Peru (1996)	National	Land
Südamerika	Brasilien (1960–heute)	Lokal	Land
Südamerika	Chile (1960–heute)	Lokal	Land
Südamerika	Peru (2001)	Lokal	Land
Südamerika	Bolivien (2000)	National	Wasser
Südamerika	Uruguay (2005)	Lokal	Boden
Südamerika	Kolumbien (1992–heute)	Lokal	Boden, Wasser, Biodiversität
Europa	Frankreich (1995–heute)	International	Wasser, Boden
Europa	Griechenland – Türkei (1987–1999)	International	Fisch
Europa	Russland – Norwegen (1955–1990)	International	Wasser, Fisch
Europa	Ungarn – Slowakei (1989–1994)	International	Wasser, Fisch, Biodiversität
Europa	Großbritannien (1971–heute)	Lokal	Land, Biodiversität, Fisch
Afrika N.	Äthiopien (heute)	Lokal	Land, Holz, Wasser

Region	Land/Länder	Konfliktebene	Ressource
Afrika N.	Eritrea (1991–heute)	Lokal	Land, Holz, Wasser
Naher Osten	Irak (1991–2003)	Lokal	Boden, Land, Wasser
Naher Osten	Israel – Libanon (1967–heute)	International	Wasser
Naher Osten	Israel -Palästina (1967–heute)	International	Wasser
Naher Osten	Jordanien – Libanon (1948–1999)	International	Wasser
Afrika (Nord)	Marokko – Spanien (1948–1999)	International	Fisch
Afrika (Nord)	Somalia – Äthiopien (1886–1991)	International	Boden
Afrika (Nord)	Sudan – Ägypten (1992–1999)	International	Wasser
Afrika (Nord)	Sudan (1987–heute)	National	Land
Naher Osten	Türkei – Syrien – Irak (1990–1999)	International	Wasser
Afrika (Nord)	Mauretanien – Senegal (1989–2001)	International	Wasser
Naher Osten	Jordanien – Saudi Arabien (1990–heute)	International	Wasser
Afrika (Nord)	Mali (1970–1996)	National	Land, Wasser
Afrika (Nord)	Niger (1970–1995)	National	Land, Wasser
Afrika (Nord)	Äthiopien (1000–heute)	Lokal	Land, Wasser
Afrika (Nord)	Äthiopien (1990)	Lokal	Wasser
Afrika (Nord)	Senegal – Mauretanien (1989–1993)	International	Land, Wasser
Afrika (Nord)	Niger (1990–1991)	Lokal	Wasser, Boden, Land
Subsahara Afrika	Kenia (2005)	National	Wasser, Land
Subsahara Afrika	Tschad (2005)	Lokal	Wasser, Brennholz
Subsahara Afrika	Lesotho – Südafrika (1955–1986)	International	Wasser
Subsahara Afrika	Ruanda (1990–1994)	National	Land
Subsahara Afrika	Simbabwe (1980–heute)	National	Land
Subsahara Afrika	Nigeria (1978–1980)	Lokal	Land, Wasser
Subsahara Afrika	Südafrika (1984–heute)	National	Wasser, Land
Subsahara Afrika	Botswana (1985–1991)	Lokal	Wasser, Land
Subsahara Afrika	Kenia (1991–1995)	Lokal	Land
Asien/Ozeanien	China (2006)	Lokal	Land
Asien/Ozeanien	China (2004–heute)	Lokal	Land
Asien/Ozeanien	China-Vietnam (1973–1999)	International	Wasser, Luft, Boden
Asien/Ozeanien	Indonesien (1996)	Lokal	Land
Asien/Ozeanien	Pakistan (2006)	Lokal	Wasser
Asien/Ozeanien	Philippinen – USA (1991–heute)	International	Wasser, Luft, Boden
Asien/Ozeanien	Indien (1974–heute)	Lokal	Wasser
Asien/Ozeanien	Nordkorea (1994–heute)	National	Boden, Land
Asien/Ozeanien	Usbekistan – Kasachstan (1970–heute)	International	Wasser, Boden
Asien/Ozeanien	Japan – UdSSR/Russland (1945–1999)	International	Fisch, Biodiversität
Asien/Ozeanien	Japan – Südkorea (1997–heute)	International	Fisch
Asien/Ozeanien	Indien – Bangladesch (1951–heute)	International	Wasser

Region	Land/Länder	Konfliktebene	Ressource
Asien/Ozeanien	Philippinen (1971–heute)	Lokal	Fisch, Land
Asien/Ozeanien	Indien (1985–heute)	Lokal	Wasser, Land, Biodiversität, Fisch
Asien/Ozeanien	China (1980–heute)	Lokal	Wasser; Land
Asien/Ozeanien	Thailand (1985–heute)	Lokal	Wasser, Land
Asien/Ozeanien	Pakistan (1995)	National	Wasser, Land
Asien/Ozeanien	Indien – Bangladesch (1980–1988)	International	Land
Asien/Ozeanien	Philippinen (1970–1986)	National	Land

Die Forschergruppe, die im Auftrag des Wissenschaftlichen Beirats der Bundesregierung Globale Umweltveränderungen (WBGU) diese Übersicht auf der Basis anderer Datenbanken erstellt hat, definiert Umweltkonflikte als »Konflikte, die durch die Zerstörung von erneuerbaren Ressourcen verschärft oder beschleunigt werden«.[219] Natürlich gibt es keine »reinen« Umweltkonflikte, sondern immer nur solche, in denen mehrere Faktoren wirksam werden. Die Gruppe hat in der genauen Analyse der bisher erfassten Umweltkonflikte vier regionale Typen identifiziert: In Mittelamerika sind es vor allem Landnutzungs- und Bodendegradationskonflikte, während in Südamerika fast ausschließlich die Bodendegradation als Konfliktursache wirkt. Im Nahen Osten spielen Wasserkonflikte die Hauptrolle, während im subsaharischen Afrika Wasser- und Bodendegradationskonflikte vorherrschen.[220] In den ersten beiden Fällen wirken nicht Regierungsversagen und Migration konfliktverschärfend, sondern die Konflikte werden durch Armut, Bevölkerungsdruck und ungleiche Machtverteilung angetrieben. Im Fall der Wasserkonflikte im Nahen Osten prägen Bevölkerungsdruck, Migration, Armut und ethnische Spannungen das Szenario, und über den vierten Fall wurde schon ausführlich berichtet: Hier sind es Entstaatlichung, Bevölkerungsdruck, Armut, Migration und ethnische Spannungen, die die Gewaltkonflikte beherrschen. Die Konflikte um Landnutzung in Mittel- und Südamerika sind nichts Harmloses. Neben der folgenreichen Abholzung der Wälder finden umfangreiche Vertreibungen statt; in El Salvador kamen im Zuge solcher Konflikte 70 000, in Guatemala 200 000 Menschen ums Leben.[221] Daneben wird auf das Konfliktpotenzial hingewiesen, das in extremen Wetterereignissen liegt: »Insbesondere Fluten und Dürren mit mehr als 500 Todesopfern [nehmen] in solchen Regionen zu, in denen bereits andere Formen von Umweltkonflikten vermehrt auftreten.«[222] Das verschärfe die ohnehin bestehenden Probleme in den betroffenen Regionen beträchtlich.

Es wird insgesamt deutlich, dass allein schon eine veränderte Betrachtungsweise vergangener, gegenwärtiger und künftiger Konflikte die Bedeutung klarer hervortreten lässt, die Umweltveränderungen für die Entstehung von Gewaltprozessen haben. Bislang galt das Augenmerk der Forschung hauptsächlich ökonomischen, ideologischen und ethnischen Faktoren, wenn Ursachen von Gewalt analysiert werden sollten – aber eine anders eingestellte Optik zeigt die herausragende Rolle, die Konflikte um basale Ressourcen wie Wasser, Boden und Luft als Gewaltursache spielen.

Natürlich hat die Entstehung von Gewalt nur selten einen einzigen Grund – gerade das Phänomen des Modernisierungsdrucks, den die Globalisierung weltweit erzeugt, verdeutlicht den engen, aber nicht deterministischen Zusammenhang von zwischen- und innerstaatlicher Gewalt und Disparitäten in den Überlebensbedingungen und künftigen Entwicklungschancen. Alle Staaten, die in den Globalisierungsprozess einbezogen sind, bilden eine spannungsvolle Figuration, aber die entstandenen Spannungen beschränken sich nicht nur auf die staatliche Ebene, sondern werden auch von Individuen und Gruppen empfunden, die durch die Entwicklung benachteiligt oder bevorzugt werden. Diese Empfindungen müssen nicht durch direkte Veränderungen in den eigenen Lebensverhältnissen ausgelöst sein, sie können auch stellvertretend gefühlt werden.

Terror

Seit die amerikanische Regierung nach den Anschlägen vom 11. September 2001 einen weltweiten »Krieg gegen der Terror« erklärt hat, ist die klassische Unterscheidung zwischen Krieg auf der einen und Terror auf der anderen Seite brüchig geworden. Die Grenze zwischen beiden Gewaltformen ist fließend. Dies wird schon daran deutlich, dass eine solche Kriegserklärung – im Unterschied zum klassischen Auftakt eines zwischenstaatlichen Krieges – keinen Adressaten hat. »Terror« ist ja kein staatliches oder individuelles Subjekt, sondern ein soziales Phänomen. Diese Auflösung der Grenze zwischen Terrorismus und Krieg kann man selbst als Erfolg terroristischer Strategien betrachten, bemühten sich doch Terrorgruppen, wie etwa die deutsche RAF, bei ihren Gegnern stets um den Status von Kriegsgegnern und – im Fall einer Verhaftung – um den von Kriegsgefangenen, was eine bei Licht besehen merkwürdige Bitte um Anerkennung durch jene Staatsform war, die man doch mit aller Macht zu beseitigen trachtete.

Dabei stellte Terror als politische Waffe gegen ein System oder eine Regierung seit seinen Anfängen *die* asymmetrische Form des Kampfes gegen reguläre Polizei- und Militärformationen von Staaten schlechthin dar. Das Werfen von Bomben, die Ermordung exponierter Personen oder Anschläge auf Symbole der Macht wie Regierungsgebäude, Firmenzentralen, Kaufhäuser etc. war nie als Einleitung von Kampfhandlungen mit den regulären Truppen des Gegners gedacht; ihre relative Stärke bezogen terroristische Aktionen gerade aus der Irregularität der Mittel wie der Zwecke. So einfach es in logistischer Hinsicht ist, einen Terroranschlag zu verüben, der nachhaltige Verunsicherung in der angegriffenen Gesellschaft auslöst (wie etwa im Fall des Abschusses der Präsidentenmaschine in Ruanda), so liegt der Zweck eines solchen Anschlags denn auch nicht in der Tötung der jeweiligen Person, sondern tatsächlich darin, Unsicherheit zu erzeugen. Die Hilflosigkeit hochgerüsteter Staaten gegenüber *unerwarteten* Angriffen (wie auf New York 2001) zeigt deren prinzipielle Verwundbarkeit durch einfachste Mittel, wie hier die Umfunktionierung von Verkehrsflugzeugen in Explosionswaffen. Wenn die staatliche Gegenreaktion wie im Fall des »Kriegs gegen den Terror« unverhältnismäßig und in gewisser Weise sogar selbstzerstörerisch ausfällt, können die Terroristen und ihre Sympathisanten darin eine Bestätigung der Richtigkeit ihrer Annahmen und Behauptungen über die Gegner sehen. Und sie können die substanzielle Erschütterung der Gegenseite ermessen, die sie hervorzurufen imstande sind.

In der Relation von Aufwand und Resultat ist Terrorismus ein in jeder Hinsicht erfolgreiches Gewaltkonzept, und das ist er insbesondere seit jenem Zeitpunkt geworden, seitdem er mehrheitlich auf das Konzept des Selbstmordattentats setzt. Konnten die staatlichen Kontrahenten der RAF, der IRA oder der roten Brigaden in Italien noch mit einer Rationalität der Selbsterhaltung ihrer Gegner rechnen, ging diese in der 1980er Jahren zunehmend verloren, und damit auch die Möglichkeit, terroristische Direkttäter dingfest zu machen und zu verurteilen, also ein Verhältnis zwischen Angreifern und Angegriffenen herzustellen, da die Täter sich ja in ihrer eigenen Gewalttat selbst atomisieren. Anschläge dieser Art haben juristisch keine Täter und sind deshalb mit klassischen Rechtsvorstellungen überhaupt nicht zu erfassen.

In der Tat liegt in dem Umstand, dass die Attentäter im Augenblick des Anschlags schon von der Erde verschwunden sind, kein Faktor der Beruhigung für die Angegriffenen, sondern eine erhebliche weitere Verunsicherung, besonders wenn die Angriffe westlichen Ländern gelten – ist doch der Tradition aufgeklärten Denkens nichts unheimlicher als die mit dem Selbstmordanschlag demonstrierte Überzeugung, dass es Wichtigeres gibt als das Leben. Die Kultur des Selbstmordattentats hat damit nicht nur eine Waffe entwickelt, die solange nicht unschädlich zu machen ist, wie sich Täterinnen und Täter finden, sondern zugleich ein starkes Bild der absoluten Negation westlich geprägter Werte. Die amerikanische Terrorismusforscherin Nichole Argo hat übrigens ganz zu Recht vorgeschlagen, den Begriff »Selbstmordattentäter« aufzugeben und stattdessen von »menschlichen Bomben« zu sprechen[223] – denn um Selbstmorde im christlich-abendländischen Verständnis handelt es sich ja keineswegs, wenn sich junge Männer (und gelegentlich Frauen) mit Sprengstoffgürteln unter Nike-Sweatshirts auf den Weg machen, um möglichst viele Menschen zu töten, sondern um die Erfüllung einer als sinnhaft erlebten und verstandenen Aufgabe, die zugleich einem historischen wie religiösen wie sozialen Zweck dient und überdies, wie man hört, mit einigen Annehmlichkeiten im Jenseits verbunden sein soll.

Die Kultur der menschlichen Bomben ist in einen Referenzrahmen eingebettet, in dem der Status der Familien der Attentäter sich ebenso erhöht wie ihr materieller Wohlstand. Wo anderswo die Ausübung extremer Gewalt als höchst bedrohlich und entsprechend als abweichendes Verhalten empfunden wird, gilt sie in einigen Gegenden der Welt als sozial erwünscht und als prosoziales Verhalten. So haben sich etwa in den Palästinensergebieten normative Referenzrahmen etabliert, die radikal vom westlichen Wertesystem abzuweichen scheinen und deshalb exotisch anmuten. Aber auch hier scheint es aus der Sicht der Täter und ihrer Familien ganz und gar vernünftig, wenn sich jemand dafür entscheidet, sich in eine Bombe zu verwandeln.

Jedenfalls sind bis 2006 weltweit mehr als 350 Anschläge menschlicher Bomben in 24 Ländern verübt worden[224] – allein die seither im Irak täglich stattfindenden Anschläge haben diese Zahl allerdings inzwischen mehr als verdoppelt.[225] Hier ist übrigens der inzwischen fließende Übergang von Terror und Krieg wiederum überdeutlich. »Zu Beginn des modernen Zeitalters des Selbstmordterrorismus vor gut zwei Jahrzehnten war dieses Phänomen auf zwei Länder beschränkt: auf Kuwait und den Irak. Doch Ende der 1980er Jahre begann der Selbstmordterrorismus sich über den Nahen und Mittleren Osten hinaus auszubreiten, zunächst nach Sri Lanka und dann im Laufe der 1990er Jahre auch nach Indien, Argentinien, Israel, Saudi-Arabien, Kenia und Tansania. Außerdem beschränkte die Taktik sich anfangs auf einige wenige terroristische Gruppen: die irakisch-schiitische al Dawa und die libanesisch-schiitische Hizbollah (die meist unter ihrem Decknamen ›Islamischer Dschihad‹ auftrat). Als die Hizbollah die Amerikaner durch Selbstmordanschläge aus dem Libanon vertrieb, wirkte dieser Erfolg als Anreiz für andere Gruppen, diese Taktik zu übernehmen, insbesondere für die Befreiungstiger von Tamil Eelam (LTTE oder Tamile Tigers), Hamas, den palästinensischen islamischen Dschihad und al-Qaida. Einige weltlich ausgerichtete ethnisch-nationalistische Bewegungen, die später zum Mittel des Selbstmordanschlags griffen, kultivierten ganz bewusst ein religiöses Erscheinungsbild – etwa wenn al-Fatah ihrer Selbstmordeinheit den Namen al-Aqsa-Märtyrerbrigade gab (al-Aqsa heißt die Moschee in Jerusalem, die gemeinsam mit dem danebenliegenden Felsendom das drittwichtigste Heiligtum des Islam darstellt, während ›Märtyrer‹ zu den stärksten religiösen Bildern gehört).«[226]

Die Expansion dieser Form des Terrorismus zeigt eine Eskalationsdynamik, die durch Erfolg vorangetrieben wird, und die religiöse Etikettierung, die politische Organisationen wie die Fatah den Einheiten der menschlichen Bomben (und den Protagonisten selbst) geben, verdeutlicht einmal mehr, dass Gewalt im Fall ihrer Anwendung nicht nur expandieren, sondern sich hinsichtlich ihres gefühlten Sinns verändern kann. Die im Gewaltprozess erst entstehenden Motive, Ursachenzuschreibungen und Referenzrahmen können ganz andere sein als die, die zum Auftakt der Gewalt vorgelegen haben, werden aber – wie im Fall der Ethnisierung – nachträglich dem ganzen Konflikt unterlegt.

War der Terrorismus der 1970er Jahre auch deswegen logistisch aufwendig, weil die Täterinnen und Täter kein Interesse daran hatten, selbst zu sterben oder verhaftet zu werden, und erforderten sie deshalb eine auch finanziell aufwendige Ausstattung und Infrastruktur (wie etwa Geldbeschaffung durch Banküberfälle), ist die Logistik von Anschlägen mit menschlichen Bomben so simpel, dass buchstäblich *jeder* sie ausführen könnte. Menschliche Bomben können flexibel auf unerwartete Zwischenfälle reagieren, das Ziel wechseln, sich zurückziehen etc. Außerdem sind sie extrem preisgünstig – die Durchschnittskosten für einen Anschlag palästinensischen Typs sollen bei 150 Dollar liegen[227]; der Anschlag auf das World-Trade-Center kostete nicht mehr als 500 000 Dollar, richtete aber einen volkswirtschaftlichen Schaden von mehreren Milliarden an.[228]

Die Einfachheit der Planung und Ausführung von Anschlägen menschlicher Bomben schuf erst die Möglichkeit zu jener unheimlichen dezentralen Struktur des internationalen Terrorismus, die allenfalls noch durch clandestine Netzwerke, nicht mehr aber über die aufwendige und gefährliche Bildung terroristischer Gruppen und Zellen funktioniert. Da jeder, der Gründe dafür sieht, sich entschließen kann, Terrorist zu werden und sein Leben für eine gefühlt sinnvolle Sache einzusetzen, verallgemeinert sich die Angst in den Gesellschaften, die sich bedroht fühlen, radikal – zumal dann, wenn die Attentäter nicht aus irgendwelchen Ausbildungslagern im gewaltnotorischen Nahen Osten kommen, sondern Mediziner aus London oder Glasgow oder Maschinenbaustudenten aus Hamburg-Harburg sind. Das ist ein weiteres Kapitel dieser modernen Form von Terrorismus: Der Gegner kommt nicht von außen, sondern ist bereits da – eine phobische Vorstellung, die einen umso dringlicheren Wunsch nach sich zieht, die Gegner *unter uns* möglichst früh und zielsicher erkennen zu können.[229]

Hat der moderne Terrorismus auf diese Weise ein erhebliches soziales Erosions- und Verunsicherungspotenzial entwickelt, bietet er auf der anderen Seite für die Ausführenden eine ganze Bandbreite von psychologischen und sozialen Anziehungselementen. Auffällig ist zunächst einmal die Dominanz junger Menschen (vorwiegend männlichen Geschlechts) und ihr oft unbemerktes Hineinwachsen in eine immer radikalere und exklusivere Sinnwelt. Nach Marc Sageman, der die bislang umfangreichste Studie über islamistische Terroristen vorgelegt hat, haben sich 84 Prozent der späteren Dschihad-Kämpfer nicht in einem islamischen Land dazu entschlossen, zum Terroristen zu werden, sondern lebten als Studenten in einem westlichen Land oder waren Migrantenkinder, also Angehörige der zweiten Generation von Einwanderern.[230] Dabei handelt es sich nicht um soziale Outsider, sondern um gut integrierte und gebildete Kinder aus meist nicht besonders religiösen Elternhäusern. Sie weisen anscheinend weder besondere psychische Merkmale auf, noch haben sie in auffälligem Maß unter Ausgrenzung, Unterdrückung oder Deklassierung gelitten.[231]

Das ist insofern interessant, als die gefühlte Ungerechtigkeit, die nach Selbstaussagen und Bekennerschreiben das stärkste Motiv für die Gewalt liefert, kein Produkt einer *eigenen* Armuts- oder Unterdrückungserfahrung ist, sondern in einer vergleichsweise luxuriösen Außenperspektive entwickelt wird, in der es gerade nicht um einen täglichen Kampf ums Überleben oder andere existenzielle Dinge geht, sondern um eine stellvertretende Reaktion auf die Unterdrückung oder Deklassierung anderer, denen man sich zugehörig fühlt. Mit anderen Worten: Erst die Erfahrung von westlichen Lebensgefühlen und -standards stattet die späteren Gewalttäter mit den kognitiven und emotionalen Motiven aus, den Westen zerstören zu wollen.[232]

Insgesamt geht die Forschung heute aber davon aus, dass ideologische Aspekte wie fundamentalistische religiöse oder politische Überzeugungen eher Ergebnis des Eintauchens in diese Sinnwelt sind als ihre Ursache – erstens, schreibt Nichole Argo, gehen dem Erwerb einer ideologischen Einstellung »emotionale und soziale Bindungen voraus; zweitens darf man sich die Teilnahme am Dschihad nicht als explizite Entscheidung vorstellen, sondern als langwierigen sozialen und emotionalen« Übergang.[233] Der Beginn dieses Prozesses liegt bei islamistischen Terroristen aus der zweiten Einwanderergeneration bzw.

aus dem studentischen Milieu in der persönlichen Erfahrung, in einer Welt zu leben, zu der man nicht gehört, mit der man nicht identisch ist. Die Täter der Londoner Anschläge vom August 2005 waren Kinder pakistanischer Einwanderer, die es als kleine Geschäftsleute, Händler, Angestellte oder Arbeiter durch Anpassung an die Bedingungen der Aufnahmegesellschaft zu bescheidenem Wohlstand gebracht hatten. Während diese erste Migrantengeneration der Aufnahmegesellschaft meist loyal gegenübersteht, weil sie ihr jenen sozialen Aufstieg und Lebensstandard ermöglicht hat, den sie bei ihrer Migration erhofft oder angestrebt hatte, setzen die Angehörigen der zweiten Generation diese Standards als gegeben voraus, erleben aber gerade darum die subtilen und weniger subtilen Ausgrenzungen durch die Mehrheitsgesellschaft desto intensiver. Der latente und zuweilen manifeste Rassismus westlicher Gesellschaften gegenüber »Pakis«, »Fidschis« und »Kanaken« sorgt für eine tiefe Erfahrung der Unzugehörigkeit und nicht selten auch für eine Identifikation mit der Herkunftskultur der Elterngeneration; soziale Benachteiligungen etwa bei der Vergabe von Ausbildungsplätzen oder bei sexuellen Chancen untermauern die gefühlte Ausgrenzung.

Zugleich verfügen diese jungen Erwachsenen meist aber über eine Bildung oberhalb des Niveaus ihrer Eltern, die ihnen erstens deren Lebenslehren als verlogen erscheinen lässt und es ihnen zweitens verbietet, in dumpfem Ressentiment zu versinken und Schläger, Drogensüchtiger oder Kleinkrimineller zu werden, sondern stattdessen erlaubt, über die Verhältnisse in ihrer Welt nachzudenken und daraus Schlussfolgerungen zu ziehen. Diesem Muster folgte zum Beispiel die terroristische Karriere von Sidique Khan, eine der menschlichen Bomben der Londoner Anschläge.

Als jüngstes von vier Kindern des Gießereiarbeiters Tika Khan besuchte er erfolgreich die Highschool, war sozial hervorragend integriert und machte seinen Eltern lediglich dadurch Probleme, dass er in religiösen Dingen zunehmend radikale Positionen bezog. Khan engagierte sich lange Zeit in der Jugendarbeit, betreute drogenabhängige Jugendliche und Einwandererkinder. Zugleich bildete und stabilisierte sich sein Freundeskreis zu einer engen und hermetischen Clique, aus der sich später die menschlichen Bomben jener Anschläge rekrutierten. Die Lebenskreise dieser Gruppe wurden nicht nur intellektuell immer enger, sondern auch geographisch: »Die Moscheen, in denen er betete; die Räume, in denen er pakistanische Jugendgruppen unterrichtete; der Buchladen, in dem er Gespräche führte – kein wichtiger Ort in seinem Leben lag weiter als 500 Meter vom Mittelpunkt des Pakistanerviertels von Beeston entfernt.«[234]

Eine solche Zentrierung um einen Raum mit geringstmöglicher Ausdehnung in jeder Hinsicht zeichnet die meisten terroristischen Gruppen und ihre Täter aus: In solchen hermetischen Räumen sinkt die Kommunikation mit der Außenwelt in dem Maße, wie sie nach innen zunimmt und sich in Spiralen wechselseitiger Bestätigung homogenisiert und verfestigt. Dies ist eine Maßnahme zur Reduktion sozialer Komplexität und der mit ihr verbundenen alltäglichen Widersprüche, die das Leben in der Moderne mit seiner Heterogenität der Lebensformen, seinen Kommunikations- und Warenangeboten und seinen Forderungen an Flexibilität mit sich bringt. Die Konzentration auf eine sehr enge Wir-Gruppe schafft eine eigene Sinnwelt, die zu der diffusen, unreinen Sinnwelt außerhalb der Gruppe scharf kontrastiert.

Dabei ist das Hineinwachsen in die Kultur einer solchen Wir-Gruppe nicht das Ergebnis einer spontanen Entscheidung oder eines Beitritts, sondern erfolgt langsam und kann durch Entfremdungsgefühle, Einsamkeit und gefühlte Ablehnung durch die Mehrheitsgesellschaft motiviert sein. Eine solche Gruppe ist vor allem Ideologischen eine psychosoziale Heimat für die, die eine Heimat brauchen. 75 Prozent der späteren Dschihad-Terroristen hatten zunächst eine soziale Verbindung zu jemandem, der in Verbindung zu einem Terrornetzwerk stand; dagegen kamen lediglich acht Prozent aus islamistischen Kaderschmieden mit expliziter Schulung und Indoktrination.[235] Terrorist zu werden ist ein sozialer Prozess, keine vorformatierte kognitive Entscheidung.

Jedes Mitglied, dass die Glaubensüberzeugungen und Sinnzuschreibungen der anderen Mitglieder teilt, stellt eine lebendige Bestätigung der Richtigkeit dieser Überzeugungen und Zuschreibungen sicher – und zwar gerade dann, wenn diese radikal von dem abweichen, was in der Außenwelt als Normalität vertreten wird. Die Herkunftsfamilien werden als angepasst empfunden, gar als Verräter an der Sache des Islam und sowieso des Dschihad – in seinem Abschiedsvideo spricht Sidique Khan verächtlich von denen, die »mit ihren Toyotas und ihren Doppelhaushälften« zufrieden seien.[236]

Damit ist ein wichtiger Punkt in dem Prozess angesprochen, in dem man Terrorist wird: Es geht hier um das Bewusstsein, einer Elite anzugehören, die sich hinsichtlich ihrer Interessen, Wertvorstellungen und vor allem ihrer Tatbereitschaft weit vom profanen Alltag gewöhnlicher Leute entfernt hat. »Man hat dieses erhabene Gefühl«, berichtet ein ehemaliger islamistischer Täter, »der Einzige zu sein, der erkennt, dass sich die Gesellschaft in Untaten verstrickt hat, dass die Menschen in einem Abgrund kauern, vor sich hindämmern und über ihnen die Sonne langsam untergeht. Wir fühlten, dass Gott uns auserwählt hat, diese Gesellschaft zu retten. Wir gehörten also zu der Rettergeneration. Wir dachten manchmal aber auch, dass es diese Gesellschaft gar nicht verdient hat, von uns gerettet zu werden.«[237]

Es ist dieses Elitebewusstsein, dass die Selbstermächtigung zum Morden hervorbringt, die terroristischen Gruppen von der RAF bis zum islamistischen Dschihad die mentale Lizenz zum Töten beliebiger anderer Menschen gibt. Die lange geläufige Hypothese, Motivationen zum Terror wurzelten in Defizitgefühlen und -erfahrungen, ist vermutlich falsch – ganz im Gegenteil fühlen sich die Protagonisten der Kleinlichkeit und Banalität des Denkens und Handelns ihrer Eltern, Lehrer und früheren Freundinnen und Freunde überlegen. Auch die Überzeugungstäter des linken Terrorismus der 1970er Jahre fühlten sich als Angehörige einer zweiten Generation (nach dem Nationalsozialismus) dem restlichen Personal der als miefig und repressiv empfundenen deutschen Nachkriegsgesellschaft moralisch wie intellektuell überlegen. Daraus bezogen sie die Selbstlegitimierung, den Staat zu bekämpfen, der ihnen die Ausbildung jener intellektuellen Fähigkeiten und elitären Gefühle ermöglicht hatte, die sie jetzt hauptsächlich für die wechselseitige Bestätigung ihrer Ideen in der Hermetik nach außen abgedichteter Gruppen gebrauchten. Es ist von heute aus betrachtet geradezu bizarr, dass Angehörige der RAF sich allen Ernstes als »Pädagogen des Proletariats« bezeichneten, totalitären Devisen wie »Bestrafe einen, erziehe Hunderte« huldigten und folgerichtig ihre Entführungsopfer nicht einfach nur versteckten, sondern im »Volksgefängnis« gefangen hielten – wobei dieses »Volk« natürlich nicht national gedacht war, sondern vor allem aus den imaginierten Entrechteten und Geknechteten der Dritten Welt bestand. »Es hat keinen Zweck, den falschen Leuten das Richtige erklären zu wollen«, heißt es in einem programmatischen Text. »Die Baader-Befreiungs-Aktion haben wir nicht den intellektuellen Schwätzern, den Alles-besser-Wissern zu erklären, sondern den potentiell revolutionären Teilen des Volkes.«[238]

Die Rhetorik der propagandistischen Schriften der RAF ist übrigens voll von solchen subjektlosen Imperativen: »Wir haben nicht« dieses oder jenes zu erklären, zu rechtfertigen oder zu vermitteln, heißt es monoton, so, als kämen die Aktionen und ihre Folgen auf einen höheren Auftrag hin zustande (der in diesem Fall eine säkular-historische Mission befahl und keine religiös-historische wie im Fall des islamischen Fundamentalismus, bei dem der Auftraggeber allerdings ohnehin feststeht).

Tatsächlich liegt eines der wichtigsten Momente der Entwicklung terroristischen Denkens in der Folgerichtigkeit seiner

Schritte, im logischen Schließen, in dem jede Erwägung aus einer anderen folgt und so, ambivalenz- und widerspruchsfrei, auf ein tödlich gerechtfertigtes Finale zuläuft. Das endet in vollständig zirkulären Argumentationen, die ihren Autoren und Adressaten nichtsdestoweniger als absolut sinnhaft erscheinen. In der RAF-Schrift »Das Konzept Stadtguerilla« vom April 1971 wird zum Beispiel so argumentiert: »Die Rote Armee redet vom Primat der Praxis. Ob es richtig ist, den bewaffneten Widerstand jetzt zu organisieren, hängt davon ab, ob es möglich ist; ob es möglich ist, ist nur praktisch zu ermitteln.«[239] Der unbekannte Autor jener Zeilen mag von der Schlüssigkeit seiner Gedankenführung ebenso beglückt gewesen sein wie ein islamistischer Hassprediger über seine folgerichtigen Argumentationen. So antwortet Mohammed Fazazi in Romuald Karmakars Film »Hamburger Lektionen« auf die Frage, ob man Gewalt gegen westliche Bevölkerungen ausüben dürfe, in der folgenden Weise: »Der Gott der Demokratie ist das Volk. Das Volk ist Gott, das Volk ist der HERR und entscheidet, was erlaubt ist und was verboten ist. Das Volk bestimmt eine Elite von Gewählten. Diese Gewählten sind seine Götter. Sie sind die Götterfiguren in den Parlamenten. Also: es geht alles, was an Feindseligkeiten gegen den Islam und die Muslime von den Parlamenten in Europa und anderswo begangen wird, vom Volk aus. Denn die Völker beteiligen sich über Wahlen, sie beteiligen sich über Steuern und sie beteiligen sich über die Presse – und die Presse ist die vierte Macht im Staate – in jedem Staat. Also sind diese Ungläubigen Kriegführende! Und wenn sie Kriegführende sind, dann sind ihre Habe und ihre Ehre und ihre Vermögenswerte und ihre Seelen und alles, was sie haben, für die Muslime antastbar.«

Solche Gedankenführungen sind in ihrer Widerspruchsfreiheit selbstevident und verkörpern im selben Maße einen exklusiven Wahrheitsanspruch wie eine daraus abgeleitete Verpflichtung. Dabei ist die enge Verknüpfung zwischen solchem Denken und Handeln deutlich – die Legitimation etwa dafür, andere Menschen zu töten, leitet sich daraus ab, dass es *notwendig* ist, sie für einen übergeordneten religiösen oder historischen Zweck zu töten; der Umstand, dass die designierten Toten nicht auf der eigenen Seite stehen, macht sie zu *kategorial* Anderen, die getötet werden dürfen – wie es eine legendäre Aussage von Ulrike Meinhof aus dem Juni 1970 verdeutlicht: »Wir sagen natürlich, die Bullen sind Schweine, wir sagen, der Typ in Uniform ist ein Schwein, das ist kein Mensch, und so haben wir uns mit ihm auseinanderzusetzen. Das heißt, wir haben nicht mit ihm zu reden, und es ist falsch, überhaupt mit diesen Leuten zu reden, und natürlich kann geschossen werden.«[240]

Das ist ein weiteres Beispiel dafür, dass die kategoriale Unterscheidung von Menschengruppen regelmäßig auf Mord hinausläuft. Islamistische Prediger und Attentäter argumentieren in ihren Abschiedsvideos nicht anders, und ihre psychologische Durchschlagskraft beziehen solche kategorialen Unterscheidungen daraus, dass man handeln *muss*, wenn man zu jener elitären Gruppe gehört, die das alles erkannt hat. Es ist übrigens von heute aus betrachtet ein Rätsel, wieso weite Teile einer studentenbewegten Öffentlichkeit die nachgerade irrwitzigen Argumentationen der RAF ernst nehmen und ihre Aktionen als politische begreifen konnten, und wieso niemand die Verwandtschaft der Argumente und Aktionen mit jenen des Faschismus gesehen hat, den die RAF zu bekämpfen behauptete.[241] Hier wird sichtbar, dass Umformatierungen von Realitätswahrnehmungen erstaunlich schnell und radikal vonstatten gehen können – dazu später mehr (S. 220).

Jedenfalls bietet die Widerspruchslosigkeit innerhalb der Gruppe die beste Basis für eine gemeinsame Wahrnehmung der äußeren Wirklichkeit. Ausgangspunkt und Mittel für derart modifizierte Weltsichten ist die Gruppe selbst, die statusunsicheren jungen Erwachsenen mit elitärem Bewusstsein Halt und Orientierung gibt. Gerade dann, wenn die Gruppe sich in die Illegalität begibt, bildet sie die stabilste und verlässlichste, nämlich die *ausschließliche* Wirklichkeit für ihre Mitglieder. Nach ihren Konspirationsregeln, nach den Fallen der Verfolger, nach den Zielen des historischen oder religiösen Auftrags *hat man* sich zu verhalten – und das bedeutet eine Totalität des Zeiteinsatzes für diese Ziele ebenso wie eine des emotionalen Engagements. Diese psychologisch höchst wirksamen Mechanismen werden in expliziten Lehrsätzen (»Du bist nichts, die Gruppe ist alles«) genauso formuliert wie in der ausschließlichen Verwiesenheit der Gefühle, Ängste und Hoffnungen des Einzelnen auf die Binnenwelt der Gruppe. Das alles ist in der Sozialpsychologie der Intergruppenbeziehungen hervorragend untersucht[242] und ist empirisch nicht nur in terroristischen Gruppen, sondern auch in Sekten oder militärischen Einheiten, also in allen totalen Gruppen zu finden.[243]

Und gewiss ist die Teilhabe an einer elitären Mission auch eine probate Kompensation erlebter Ausgrenzungserfahrungen, die ja mit dem tödlichen Anschlag radikal zurückgegeben werden – hier ist nämlich der Täter Herr der Situation und niemand sonst. Der Eintritt in totale Gruppen hat übrigens psychologisch betrachtet noch einen weiteren, oft übersehenen Effekt zur Folge, den Sebastian Haffner am Beispiel der Kameradschaft beschrieben hat: »Die Kameradschaft […] beseitigt völlig das Gefühl der Selbstverantwortung. Der Mensch, der in der Kameradschaft lebt, ist jeder Sorge für die Existenz, jeder Härte des Lebenskampfes überhoben. […] Er braucht sich nicht die kleinste Sorge zu machen. Er steht nicht mehr unter dem harten Gesetz: ›Jeder für sich‹, sondern unter dem generös-weichen: ›Alle für einen‹. […] Das Pathos des Todes allein erlaubt und erträgt diese ungeheuerliche Dispensierung von der Lebensverantwortung.«[244]

Sich einer totalen Gruppe anzuschließen, bedeutet mithin nicht nur Verzicht auf Autonomie und Individualität, sondern umgekehrt gerade eine *Entlastung* von den Zumutungen der Individualisierung. Man entbindet sich von der Verantwortung für das eigene Leben. Mit anderen Worten: Jemand, der sich entscheidet, Terrorist zu werden, bekommt eine ganze Menge: die Zugehörigkeit zu einer exklusiven, elitären Gruppe, die einer gemeinsamen Sinnbildung folgt, die rastlose Arbeit an einer als notwendig und sinnvoll erlebten Aufgabe und die Entlastungen von Lebenslauferwartungen und anderen sozialen Verpflichtungen der gewöhnlichen Welt, von der Existenzsicherung bis zur Rentenvorsorge. Und an dieser Stelle ahnt man, wie äußerst eng der Zusammenhang von Modernisierung und Gewalt gerade im Fall des Terrorismus ist. Nicht nur, dass es gerade die modernen Kommunikationskulturen und -mittel sind, die den heutigen Terrorismus überhaupt ermöglichen – es ist die *Freiheitszumutung*, die die Modernisierung für die Einzelnen mit sich bringt, die die schärfste Reaktion gegen die Moderne erzeugt.

Hannah Arendt hat in ihrer Untersuchung über totalitäre Systeme hellsichtig bemerkt, dass man nicht sicher sein kann, wie viele Menschen »die sichere Erfüllung aller Aufstiegswünsche mit einer erheblich abgekürzten Lebenszeit zu bezahlen« bereit wären, und gleichermaßen wisse man nicht, »wie viele Menschen sich in Erkenntnis ihrer wachsenden Unfähigkeit, die Last des Lebens unter modernen Verhältnissen zu tragen und zu ertragen, willig einem System unterwerfen würden, das ihnen mit der Selbstbestimmung auch die Verantwortung für das eigene Leben abnimmt«.[245] Das war auf politische Herrschaftssysteme gemünzt, aber zweifellos können totale Gruppen diese besondere Form der Dispensierung von eigener Verantwortung ebenso gewährleisten. Als Terrorist hat man jedenfalls ein Mittel, jene Freiheit zu bekämpfen, die ein gefühltes Problem nicht nur für die Ordnung der Welt, sondern auch für einen selbst darstellt.

Hier offenbart sich eine fatale Dialektik der Modernisierung, die in dem Maße gefährlicher wird, je heteronomer und ungerechter die Welt erlebt wird. Wenn dann noch die Reaktion der äußeren, als feindlich gefühlten und definierten Wirklichkeit der eigenen Vorstellung auf das Genaueste zu entsprechen beginnt – wie im Fall von Amerikas Krieg gegen den Terror mit dem Irak- und Afghanistan-Krieg und völkerrechtlich illegalen Institutionen wie Guantanamo – ist die Welt der Terroristen einmal mehr in sich stimmig. Hier begegnet man erneut jener Strukturentsprechung von gespiegelter Bedrohung und unterstellten Vernichtungswünschen, wie sie auch anderen Prozessen extremer Gewalt zugrunde liegt (vgl. S. 91).

Terror als Transformation des sozialen Raumes

Aber Terror ist nicht nur ein Mittel der Transformation einer gefühlten in eine handfeste Wirklichkeit, sondern auch, und vielleicht vor allem, ein Modus von Kommunikation. Gerade darin, dass moderne terroristische Aktionen den symbolischen und mörderischen Beweis führen, dass es für Menschen Wichtigeres geben kann als das Leben, sind sie geeignet, die Grundannahmen, die die angegriffene Gesellschaft über die Welt hat, radikal in Frage zu stellen und zu verunsichern. Deshalb werden die Ziele der Gewalt im Unterschied zu früheren Formen des Terrorismus heute willkürlich gewählt: Ging es im Terrorismus der 1970er Jahre noch um die Exekution von »Repräsentanten des Schweinesystems«, also um repräsentative Tötungen, zeichnet sich der moderne Terrorismus gerade dadurch aus, dass die Zahl und Art der Opfer nur quantitativ von Belang ist – je mehr, desto besser – , aber nicht mehr qualitativ. Ob es Besucher eines Marktes, Fahrgäste eines U-Bahn-Zuges oder Gäste einer Hochzeitsfeier trifft, ist einerlei – und der Umstand, dass nur mehr dreißig Prozent aller Terroranschläge Urheber haben, die sich selbst zu der jeweiligen Aktion bekennen,[246] macht das Ganze für die Mitglieder der betroffenen Gesellschaften nur noch unheimlicher. Hier wird nicht mit einem utilitaristischen Sinn kalkuliert, den auch das aufklärerische Denken kennt, und wie man ihn noch den zielgenauen Morden an Vorstandsvorsitzenden oder Generalbundesanwälten zuschreiben könnte, weshalb diese Art von Terror die Sinnbedürfnisse moderner Gesellschaften ins Mark trifft und mühelos erreicht, dass die psychologischen Effekte und die Reaktionsbildungen die Anlässe bei weitem übersteigen.

So lässt sich auf der Seite der angegriffenen USA eine zunehmende Favorisierung von Sicherheitsmaßnahmen gegenüber Freiheitsrechten verzeichnen – Folter von Gefangenen und die Schaffung exterritorialer Lager wie Guantánamo und die Strategie einer »extraordinary rendition« (womit widerrechtliche Verhaftungen bezeichnet werden) sind dabei nur die extremen Ausschläge einer sukzessiven Verschiebung der Balance von Freiheit und Sicherheit.[247] Diese Verschiebungen sind aber nicht auf Amerika beschränkt – so musste der Bundesinnenminister Wolfgang Schäuble am 14. Dezember 2005 einräumen, dass Beamte des Bundesnachrichtendienstes den Deutschen Murat Kurnaz in Guantánamo und Mitglieder des Bundeskriminalamtes einen anderen Gefangenen in Syrien verhört haben. Dem Eingeständnis des Bundesinnenministers war ein Dementi vorausgegangen, in dem Kontakte zu dem in Syrien Inhaftierten Mohammed Haydar Zammar geleugnet wurde. Auch im Fall Kurnaz hatte die Bundesregierung Kontakte nach Guantánamo zurückgewiesen. Mittlerweile ist auch durch einen Parlamentarischen Untersuchungsausschuss zu diesem Fall im Jahr 2006/2007 klar geworden, dass die beiden Personen im Rahmen des Kampfes gegen den Terror zur Gewinnung neuer Informationen von Beamten des BND und des BKA »abgeschöpft« wurden. In beiden Fällen konnten die bundesdeutschen Beamten nicht ausschließen, dass die Inhaftierten misshandelt oder gefoltert worden waren. Auch im Fall des deutschen Staatsangehörigen Khaled el Masri ist die Rolle der Bundesregierung und der Sicherheitsbehörden zwiespältig. El Masri gibt an, während seiner Haft in Afghanistan von Deutschen verhört worden zu sein.[248]

Sowohl der Bundesinnenminister als auch die Bundeskanzlerin Angela Merkel unterstreichen, dass im Rahmen der Terrorbekämpfung auch Erkenntnisse benutzt werden sollten, bei denen die Möglichkeit besteht, dass sie durch Folter erlangt wurden.[249] Man erkennt hier eine Gewaltfiguration, in der reale und gefühlte Bedrohungen mit Gegenmaßnahmen beantwortet werden, die die Vorstellungen und Behauptungen bestätigen, die zur Legitimation von Terror verwendet werden – und die sich gewissermaßen *mit Gewalt* in Wirklichkeit transformieren.

Terror verliert damit den Charakter einer punktuellen und kontrollierbaren Bedrohung und wird zu einem umfassenden Angriff – und damit tatsächlich zu jenem wechselweise latenten und manifesten Kriegszustand, als den Präsident Bush und andere ihn definieren. Nichts konnte besser den internationalen Terrorismus befördern als der Krieg gegen den Irak, aus dem mittlerweile ein selbst in Terror versinkender Gesellschaftszustand geworden ist. Vielleicht stellt dieser Zustand eine Variante möglicher Gesellschaftsformen des 21. Jahrhunderts dar.

Was bei all dem im Zusammenhang künftiger Gründe und Formate des Tötens wichtig bleibt, ist die Legitimation des eigenen Gewalthandelns. Als Kommunikationsmittel wird Terror daher noch bedeutsamer werden, und mit ihm die Spirale der wechselseitig unterstellten Vernichtungsdrohung, die den Treibstoff sowohl für gegenwärtige terroristische Angriffe und staatliche Gegenangriffe wie für völkermörderische Staatsverbrechen wie in Ruanda, Bosnien und im Nationalsozialismus geliefert hat und liefert.

Was dem Terrorismus aber eine lange Zukunft bescheren wird, ist der Umstand, dass er ein Kind von Modernisierungsprozessen ist. Genau deshalb hat er in Zeiten der Globalisierung Konjunktur, deshalb erweitert er sich quantitativ und qualitativ zu kriegsförmiger Gewalt (die sich wie alle modernen Gewaltformen vor allem gegen Zivilbevölkerungen richtet), und deshalb sind seine Protagonisten und Protagonistinnen meist Angehörige der zweiten Migrantengeneration oder Personen, die im Westen studiert oder gearbeitet haben, wenn sie nicht gleich aus der Mitte der Gesellschaft kommen, die sie nun bekämpfen. Der Zusammenhang zwischen den Folgen des Klimawandels und dem antiwestlichen Terrorismus ist selbstverständlich nur indirekt und hängt auch in Zukunft an den gefühlten und realen Asymmetrien der Welt, die durch die Ungleichheitsfolgen der Klimaerwärmung vertieft werden. Insofern gehört der Terror etwa auch als stellvertretende und selbstermächtigte Kriegführung in den Kontext des Tötens von morgen, und er wird weiter zunehmen.

Blockierter Sinn

Mit der Zunahme der weltweiten Migration wächst der Terror; mit der Modernisierung weiterer Gesellschaften ergeben sich Freiheitszumutungen und Sinnprobleme für mehr Menschen – insbesondere dann, wenn die Modernisierung in eine gefühlte Aufteilung der Welt in Gewinner und Verlierer führt. Daher können sich Gesellschaften wie China oder Indien, die sich in Phasen radikaler Modernisierung befinden, schon mal darauf vorbereiten, dass sie in einigen Jahren ein vehementes Terrorproblem haben werden. Und der islamistische Terrorismus wird desto weniger Nachwuchsprobleme haben, je kleiner die Welt kommunikativ und je größer die Diskrepanzen zwischen den Wohlstands- und Überlebensniveaus werden. Hier bildet der Klimawandel keine Gewaltursache, wohl aber Gewaltanlässe – wobei Fragen der Gerechtigkeit eine immer wichtigere Rolle spielen werden, und zwar sowohl solche der zwischenstaatlichen wie der generationellen Gerechtigkeit.

Darin können die Folgen des Klimawandels indirekt soziale Sprengkraft auch in den westlichen Ländern gewinnen. Einen Vorgeschmack haben die Unruhen in Frankreich im Herbst 2005 gegeben, die vorwiegend in Problemzonen von Großstädten ausbrachen und im Wesentlichen von Jugendlichen mit Migrationshintergrund bestritten wurden.[250] Nachdem am Abend des 27. Oktober 2005 in Clichy-sous-Bois zwei Jugendliche afrikanischer und nordafrikanischer Herkunft auf der Flucht vor der Polizei durch einen Stromschlag ums Leben gekommen waren, entwickelten sich schnell Unruhen; Autos wurden angezündet und Feuerwehr- und Polizeikräfte angegriffen. In den folgenden Wochen weiteten sich die Krawalle zuerst auf andere Siedlungen der Île-de-France und schließlich auf andere urbane Großräume und die Provinz aus. In der Nacht vom 6. auf den 7. November waren 243 Kommunen in 64 Departements betroffen; am 8. November wurde der nationale Notstand ausgerufen, der es ermöglichte, Ausgangssperren zu verhängen und öffentliche Versammlungen zu verbieten. Insgesamt brannten in der Zeit vom 27. Oktober bis 18. November 2005 ca. 10 000 Autos; rund 300 Gebäude wurden beschädigt oder zerstört. Es gab 2900 Verhaftungen, ein Drittel davon entfiel auf Minderjährige. Nach Schätzungen von Versicherungen belief sich der angerichtete Schaden auf circa 200 Millionen Euro.

Dieser Ausbruch von Gewalt, der durch diskriminierende Äußerungen des damaligen Innenministers und heutigen Präsidenten Nicolas Sarkozy noch angeheizt wurde, war keine einmalige Eruption; seither gehen immer wieder in Frankreichs Vorstädten Autos in Flammen auf. Es ist ein Gefühl von sozialer Deklassierung und Zukunftslosigkeit, das sich hier artikuliert. Norbert Elias hat darauf hingewiesen, dass Generationenkonflikte mit die stärksten Antriebskräfte sozialer Dynamiken bilden,[251] wobei die Blockierung von Sinnerfüllungen und Ambitionen eine ebenso wichtige Rolle spielt wie die Verengung von Aufstiegsmöglichkeiten und, natürlich, Überlebenschancen. Damit deutet sich ein weiteres Zukunftsthema der Innen- und Sicherheitspolitik der westlichen Länder an – der Konfliktstoff, der in der zerstörten Generationengerechtigkeit im Zusammenhang der Klimafolgen liegt. Einen nochmals brisanteren Teilaspekt der Ungerechtigkeitsproblematik bilden die Reaktionen von Angehörigen der zweiten und dritten Generation von Immigranten und Flüchtlingen auf die wirklichen und gefühlten Asymmetrien und Blockierungen der Zukunft.

Aeneas, Hera, Amazon und Frontex: indirekte Grenzkriege[252]

Immer mehr Menschen versuchen, unter Umgehung der legalen Einreisemöglichkeiten nach Westeuropa oder Nordamerika zu gelangen. Die meisten Flüchtlinge, die nach Europa wollen, kommen gegenwärtig aus Afrika und erreichen über die südlichen Seegrenzen Portugal, Spanien oder Italien. Andere wichtige Wege illegaler Einwanderung sind die östlichen Landgrenzen sowie die internationalen Flughäfen innerhalb der EU. Doch der Flüchtlingsstrom ist derzeit an den südlichen Küsten am auffälligsten, und entsprechend konzentriert sich die Sicherung der EU-Außengrenzen bislang auch vorwiegend auf diesen Raum. Der Umgang mit Flüchtlingen in der Europäischen Union ist durch die folgenden Eckpunkte charakterisiert:

- Abschottung: Die Grenzen werden mit technischen, polizeilichen und militärischen Mitteln abgeriegelt.
- Verlagerung der Abwehr von Flüchtlingen in die Herkunfts- und Transitländer: In der jüngsten Vergangenheit richtete sich das Bemühen der EU darauf, Flüchtlinge, die nach Europa wollen, bereits in Afrika am Aufbruch zu hindern.
- Einbindung der Herkunfts- und Transitländer in die europäische Flüchtlingsabwehr: Mit mehreren afrikanischen Ländern bestehen Abkommen, die es den europäischen Grenzschützern ermöglichen, in den Gewässern der afrikanischen Länder zu operieren. Außerdem wird Druck auf die Transitländer ausgeübt, selbst verstärkt gegen illegale Migranten vorzugehen.
- Einrichtung von Lagern: Sowohl innerhalb der EU als auch in den Transitländern außerhalb der EU werden Auffang- und Abschiebelager für Flüchtlinge eingerichtet.
- Abschiebung: Illegale Migranten, die in Europa kein Asyl erhalten, werden in ihre Herkunftsländer zurückgebracht.[253]

Die Route Marokko – Spanien

2002 hat die spanische Regierung mit Unterstützung durch die EU damit begonnen, das »Integrierte System zur Außenüberwachung« (»Sistema Integral de Vigilancia Exterior«, kurz: SIVE) aufzubauen, zunächst in Form einiger Stützpunkte auf den Kanaren und an der Meerenge von Gibraltar,[254] wo regelmäßig Flüchtlinge aus Marokko landeten und die Leichen jener angeschwemmt wurden, die die Überfahrt nicht geschafft hatten. Im Jahr 2005 wurde SIVE auf die gesamte Südküste ausgedehnt, nachdem die Flüchtlinge auf andere Routen ausgewichen waren.[255] Das System besteht aus mehreren Dutzend Türmen, von denen aus mit Infrarotkameras und Radargeräten das Meer überwacht wird. Die Radargeräte können ein Flüchtlingsboot mit zwei mal sechs Meter Grundfläche aus einem Abstand von zwanzig Kilometern orten; mit Hilfe der Infrarotkameras sind menschliche Körper auf 7,5 Kilometer Entfernung zu erkennen. Dazu patrouilliert die spanische Küstenwache mit Booten und Hubschraubern.[256] Zunächst war die elektronische Abschirmung durch SIVE ein Erfolg – die Anzahl der Flüchtlinge, die das Festland erreichten, sank ebenso wie die der angeschwemmten Toten. Deshalb wurde ein ähnliches System 2004 auch auf den griechischen Inseln installiert.[257] Nun wichen allerdings die Flüchtlinge auf andere Routen aus und nahmen vermehrt Kurs auf die Kanarischen Inseln, etwa auf Fuerteventura, Teneriffa und Gran Canaria, wo im Jahr 2006 zusammen rund 31 000 Afrikaner landeten. Sie nehmen auch nicht mehr den Weg über Marokko, wo die Küstenüberwachung erheblich verschärft wurde, sondern kommen jetzt über das Meer aus der Westsahara, aus Mauretanien oder seit 2006 vermehrt aus dem Senegal, was eine Strecke von mehr als 1000 Kilometern über See bedeutet, die allerdings in der Regel nicht in hochseetauglichen Booten zurückgelegt wird.[258]

Die spanische Regierung hat im Frühling desselben Jahres beschlossen, auch Satelliten zur Küstenüberwachung einzusetzen; im Mai legten die französische Firma Spot Image und die Universität von Las Palmas ein Konzept für ein Pilotprojekt des Satelliteneinsatzes vor.[259] Im Juni berichtete der britische Independent von Plänen der EU-Kommission, zur Überwachung des Mittelmeers unbemannte Aufklärungsdrohnen einzusetzen.[260] Das Firmenkonsortium BSUAV (Border Surveillance by Unmanned Aerial Vehicles) entwickelt unter Leitung des französischen Unternehmens Dassault Aviation derzeit ein Konzept dafür.[261] Italien hat bereits im Jahr 2004 fünf »Predator«-Drohnen in den USA eingekauft, die man zum Aufspüren sowohl von Terroristen als auch von irregulären Migranten einsetzen wolle, wie Leonardo Tricario, der damalige Luftwaffenchef des Landes, im Oktober desselben Jahres bekanntgab.[262]

Nachdem der Seeweg über die Straße von Gibraltar durch SIVE abgeschnitten worden war, zog im September und Oktober 2005 das Flüchtlingsproblem an der europäischen Südküste öffentliche Aufmerksamkeit auf sich, als immer wieder Hunderte Flüchtlinge in Marokko mit selbstgebastelten Leitern die Grenzzäune der spanischen Enklaven Ceuta und Melilla zu überwinden versuchten.[263] Diese sind durch stacheldrahtverkleidete Zäune, patrouillierende Wachleute mit Bewegungsmeldern, Nachtsichtgeräten und Richtmikrofonen sowie durch Wachtürme geschützt.[264] Streckenweise verlaufen gleich drei Zäune parallel zueinander; im Sommer 2005 war man gerade dabei, den Zaun um Melilla von 3,5 auf 6 Meter zu erhöhen.[265] Marokkanische und spanische Grenzbeamte setzten Knüppel, Tränengas und Gummigeschosse gegen die anstürmenden Flüchtlinge ein, die ihrerseits mit Stöcken und Steinen angriffen.[266] Vierzehn Flüchtlinge kamen bei diesen Vorfällen ums Leben.[267] Wie Vertreter der Organisation »Ärzte ohne Grenzen« beobachtet haben, wurden etwa 500 zum Teil verletzte Flüchtlinge von der marokkanischen Polizei in der Wüste nahe der algerischen Grenze ausgesetzt.[268] Marokko erhielt nach den Zwischenfällen eine EU-Soforthilfe in Höhe von 40 Millionen Euro für die Grenzsicherung.[269]

»Ärzte ohne Grenzen« beklagen in einem Bericht vom September 2005 die »extrem gewalttätigen Abwehrmaßnahmen« des nationalen marokkanischen Grenzschutzes, aber auch die Abschottungsstrategie der EU. Der Bericht geht von geschätzten 6300 Todesfällen an den Küsten in den vergangenen zehn Jahren aus; offiziell waren es 1400[270], was die mutmaßlich Tausende von Ertrunkenen um die Jahreswende 2005/2006 nicht einschließt (im März 2006 sprach selbst die spanische Regierung von einem »Massensterben« vor den Kanaren[271]). »Folter und erniedrigende Behandlung« trügen zum schweren Leid der Flüchtlinge bei. Ärzte der Organisation haben nach eigenen Angaben zwischen März 2003 und Mai 2005 in mehreren marokkanischen Orten insgesamt 9350 Migranten aus Subsahara-Ländern behandelt, 2193 von ihnen (23,5 Prozent) wiesen Spuren von Gewaltanwendung auf.[272]

Lager

Zur Strategie der Flüchtlingsabwehr gehört auch die Einrichtung von Auffang- und Abschiebelagern innerhalb und außerhalb des eigenen Territoriums. Die britische Regierung unter Tony Blair schlug im Februar 2003 in einem Papier mit dem Titel »A new Vision for Refugees« vor, ein »weltweites Netzwerk sicherer Häfen« zu schaffen, die später als »Regional Protection Areas« (RPA) bezeichnet wurden – »Schutzzonen«, die in der Nähe der Länder eingerichtet werden sollen, aus denen Menschen fliehen. Im März desselben Jahres wurde der Vorschlag um so genannte »Transit Processing Centres« (TPC) außerhalb der EU-Grenzen ergänzt, in denen Flüchtlinge gesammelt werden sollten, während ihre Asylverfahren behandelt bzw. bis sie bei Ablehnung ihrer Asylanträge in ihre Herkunftsländer zurückgebracht werden könnten. Die Pläne wurden durch die Regierungen der Niederlande, Österreichs und Dänemarks unterstützt, doch in der europäischen Öffentlichkeit überwog der Protest. Wenig später präsentierte das UNO-Flüchtlingswerk UNHCR eine Variation dieses Modells.

Auf einer EU-Gipfelkonferenz Mitte Juni 2003 in Griechenland wurde die Kommission aufgefordert, »Mittel und Wege zu prüfen, wie die Schutzkapazität von Herkunftsregionen erhöht werden kann (…). Der Europäische Rat stellt fest, dass eine Reihe von Mitgliedstaaten beabsichtigt, als Teil dieses Prozesses gemeinsam mit dem UNHCR die Möglichkeiten für einen verbesserten Schutz der Flüchtlinge in ihrer Herkunftsregion zu untersuchen.«[273] Im Jahr 2004 griffen der deutsche Bundesinnenminister Otto Schily und sein italienischer Amtskollege Giuseppe Pisanu die Pläne wieder auf, vor allem in Nordafrika Lager zu errichten. Im Oktober 2004 gaben dann die Justiz- und Innenminister der EU nach einem informellen Treffen in Scheveningen ihre Pläne bekannt, in Algerien, Tunesien, Marokko, Mauretanien und Libyen »Aufnahmezentren für Asylbewerber« errichten zu lassen, die in Eigenregie der jeweiligen Länder betrieben werden sollten.[274]

Auffanglager für Flüchtlinge gibt es darüber hinaus auch in Ceuta und Melilla[275], auf der sizilianischen Insel Lampedusa[276], wo im Jahr 2004 knapp 2000 Flüchtlinge landeten, sowie auf dem südlichen italienischen Festland und den ostgriechischen Inseln.[277] Nach dem großen Flüchtlingsandrang auf die Kanaren wurde von Spanien eine Delegation nach Mauretanien entsandt, um finanzielle und technische Hilfe anzubieten. 35 Ingenieure des Militärs folgten, um ein Lager in Nuadibú einzurichten.[278] Italien unterhält in Libyen und Tunesien exterritoriale Lager; bereits im Oktober 2004 und März 2005 hatten italienische Behörden mehrere hundert auf Lampedusa gelandete Flüchtlinge nach Libyen abgeschoben.[279] In Libyen halten sich zwischen einer halben und einer Million Personen ohne gültige Papiere auf, die auf eine Gelegenheit warten, nach Italien oder Malta überzusetzen. 2006 wurden 64 000 illegale Einwanderer ausgeflogen oder mit Lastwagen außer Landes gebracht; nicht wenige wurden vermutlich in der Wüste ausgesetzt.[280]

Mit der Finanzierung der exterritorialen Lager und der Aufrüstung des Grenzschutzes in den entsprechenden Ländern durch die EU-Länder geht politischer Druck auf die afrikanischen Länder einher, selbst gegen Flüchtlinge aktiv zu werden.[281] Für den Zeitraum von 2004 bis 2006 hat die EU-Kommission 120 Millionen Euro für das AENEAS-Programm zur »finanziellen und technischen Unterstützung von Drittländern im Migrations- und Asylbereich« zur Verfügung gestellt. Damit sollen Projekte »insbesondere in den Feldern der Verwaltung von Migrationsströmen, der Rückkehr und Reintegration der Migranten in ihre(n) Herkunftsländer(n), des Asyls, des Grenzschutzes und der Binnenflüchtlinge« gefördert werden.[282]

Bei dem Versuch, aus einem afrikanischen Land nach Europa zu gelangen, sind viele Menschen auf die Hilfe von Schleusern angewiesen. Diese profitieren umso mehr von der Migration, je aufwendiger und schwieriger die Reise wird. Auf die Frage, wie denn mit den zahlreichen hilflos auf dem Meer treibenden Flüchtlingsschiffen verfahren werden solle, bekundete dementsprechend Bundesinnenminister Wolfgang Schäuble in einem Interview mit der Frankfurter Allgemeinen Zeitung vom 29. März 2007, man müsse »die Organisationen der Schleuser zerstören«. Nur dann werde man »aus diesem Dilemma rauskommen«.[283]

Frontex, noch einmal

Wie eingangs bereits gesagt, reagiert die Europäische Union auf den in den vergangenen Jahren zunehmenden Andrang von Migranten mit dem Aufbau eines gemeinsamen europäischen Grenzschutzes. Dessen Leitung und Verwaltung soll die Agentur Frontex übernehmen.[284] Durch die Verordnung (EG) 2007/2004 des Rates der Europäischen Union vom 26. Oktober 2004 wurde die Einrichtung einer »Europäischen Agentur für die operative Zusammenarbeit an den Außengrenzen der Mitgliedsstaaten der Europäischen Union« in die Wege geleitet.

Laut eigener Darstellung koordiniert die Agentur »die operative Zusammenarbeit der Mitgliedstaaten im Bereich des Schutzes der Außengrenzen, unterstützt die Mitgliedstaaten bei der Ausbildung von nationalen Grenzschutzbeamten und legt unter anderem gemeinsame Ausbildungsnormen fest, erstellt Risikoanalysen, verfolgt die Entwicklungen der für die Kontrolle und Überwachung der Außengrenzen relevanten Forschung, unterstützt die Mitgliedstaaten in Situationen, die eine verstärkte technische und operative Unterstützung an den Außengrenzen erfordern, und leistet die erforderliche Unterstützung für die Organisation gemeinsamer Rückführungsaktionen der Mitgliedstaaten.«[285] Die Behörde nahm im Oktober 2005 ihre Arbeit auf, im ersten Jahr mit einem Budget von 6,2 Millionen Euro. Im zweiten waren es bereits 19,2 Millionen, für 2007 sind laut Frontex 35 Millionen[286], nach Angaben des Bundesinnenministeriums sogar bis zu 42 Millionen Euro vorgesehen.[287] Dieses Budget deckt allerdings nur die laufenden Kosten der Behörde selbst, die in Warschau ansässig ist; die direkt im Grenzschutz eingesetzten Beamten und deren Ausrüstung gehen zusätzlich auf Kosten der Mitgliedsländer, die sie Frontex zur Verfügung stellen.[288] Derzeit verfügt Frontex über 105 eigene Mitarbeiter, die in der Administration tätig sind.[289]

Am 26. April 2007 verabschiedete das Europäische Parlament eine Verordnung »über die Bildung von Soforteinsatzteams für Grenzsicherungszwecke« (»Rapid Border Intervention Teams«, kurz: RABITs), die auf eine gemeinsame Initiative des Europäischen Kommissars für Justiz, Freiheit und Sicherheit, Franco Frattini, und des deutschen Innenministers Wolfgang Schäuble zurückgeht. RABITs sollen laut Parlamentsbeschluss von Mitgliedsstaaten »in Ausnahme- und Notsituationen« für einen »begrenzten Zeitraum« angefordert werden können, nämlich wenn ein »Mitgliedstaat sich einem massiven Zustrom von Drittstaatenangehörigen gegenübersieht, die illegal in sein Hoheitsgebiet einzureisen versuchen«.[290] Vorerst wird dieser »Ad-hoc-Einsatzpool« (BMI)

500 bis 600 Grenzschutzbeamte umfassen.[291] Außerdem wurde im Lauf des Jahres 2007 ein gemeinsamer Ausrüstungspool, auch »Toolbox« genannt, eingerichtet – die Mitgliedsstaaten melden Frontex Ausrüstungsgegenstände, die sie für Frontex-Einsätze bereithalten können. Laut BMI enthält diese Toolbox bislang »über 20 Flugzeuge, fast 30 Hubschrauber und weit mehr als 100 Schiffe neben umfassender weiterer technischer Ausrüstung«.[292]

Mit Frontex wurde eine weitgehend autonome supranationale Behörde geschaffen. Nachdem sich im Rahmen einer kleinen Anfrage[293] einige FDP-Abgeordnete nach der Rechenschaftspflicht von Frontex erkundigt hatten, informierte die Bundesregierung am 13. April 2007: »Der Exekutivdirektor von Frontex [seit Einrichtung der Behörde der finnische Brigadegeneral Illka Laitinen, HW] ist gegenüber dem Verwaltungsrat von Frontex informationspflichtig. Das Europäische Parlament oder der Rat können den Exekutivdirektor von Frontex auffordern, über die Erfüllung seiner Aufgaben Bericht zu erstatten. Frontex steht gegenüber den Mitgliedsstaaten nicht in Informationspflicht.«[294] Frontex betont selbst, seine Tätigkeit sei »intelligence driven«[295] – das heißt, die Agentur kooperiert mit den Geheimdiensten der Mitgliedsstaaten und trägt Informationen zusammen. Einige der ersten Frontex-Einsätze im Jahr 2006 fanden zudem in Kooperation mit EUROPOL statt.[296]

Laut Jahresbericht 2006 hat die Behörde fünfzehn »Operationen« geleitet. So wurden im Juni und Juli beispielsweise verstärkte Kontrollen an der griechisch-türkischen Grenze sowie an den griechischen Küsten durchgeführt, an denen Grenzbeamte aus Österreich, Italien, Polen und Großbritannien teilnahmen. Dabei seien 422 illegal reisende Migranten gefasst worden. Bezüglich der Details ihrer Arbeit vor Ort hält sich Frontex bedeckt. Zu besagten fünfzehn Operationen gehörten auch »Hera I« und »Hera II« auf den Kanarischen Inseln, die seit der Abriegelung der spanischen Südküste und der spanischen Enklaven in Marokko Brennpunkt der illegalen Einwanderung aus Afrika sind. Im Rahmen von Hera I wurden den Kanarischen Behörden internationale Experten zur Seite gestellt, die im Wesentlichen bei der Feststellung der Staatsangehörigkeit aufgegriffener Flüchtlinge helfen sollten.

Im Rahmen von Hera II übernahm Frontex ab dem 11. August 2006 direkt Aufgaben der Gewässerüberwachung und des Grenzschutzes. Neben den Schiffen der spanischen Küstenwache, so der Bericht, seien ein portugiesisches und ein italienisches Schiff sowie ein italienisches und ein finnisches Flugzeug eingesetzt worden. Erstmals habe eine solche Operation auch in den Hoheitsgewässern Senegals und Mauretaniens in Kooperation mit den dortigen Regierungen stattgefunden. Während des neunwöchigen Einsatzes seien 3887 illegale Flüchtlinge auf 57 Fischerbooten aufgegriffen worden; 5000 wurden bereits in Afrika daran gehindert, in See zu stechen. Insgesamt sieben Schengen-Länder hätten sich an den Operationen beteiligt.[297]

Im Februar 2007 begann Frontex mit Hera III: der Befragung von Flüchtlingen auf den Kanaren über die Routen, die sie genommen hatten, und der anschließende Versuch, diese Routen abzuschneiden, möglichst schon vor der afrikanischen Küste.[298]

Im Rahmen der Operationen »Amazon« und »Amazon II« (2006/2007) sammelte Frontex auch Erfahrungen mit einem Einsatz innerhalb der EU, und zwar an einigen internationalen Flughäfen. Im Rahmen von Amazon II fahndete Frontex auf den Flughäfen Frankfurt, Amsterdam, Barcelona, Lissabon, Mailand, Madrid, Paris und Rom nach illegalen Migranten aus Südamerika. 2161 Menschen wurden von 29 Grenzschützern aus sieben EU-Staaten während des 17-tägigen Einsatzes kontrolliert.[299] Seit Mai 2007 koordiniert Frontex ein gemeinsames Patrouillennetz der Grenzpolizeibehörden im Mittelmeer.[300]

Illegal Aliens

Die Grenze zwischen den USA und Kanada hat eine Länge von 8891 Kilometern; zwischen den USA und Mexiko sind es 3360 Kilometer. Obwohl die USA und Kanada zu Zwecken des Grenzschutzes und der Einwanderungskontrolle kooperieren, stellt die Nordgrenze der USA ein geringeres Problem dar, weil Kanada aufgrund seiner geographischen Lage für illegale Flüchtlinge schwer zu erreichen ist. Aktuellen Schätzungen zufolge halten sich etwa 200 000 Menschen illegal in Kanada auf.[301] Die Grenze zwischen den USA und Mexiko wurde mit der Umsetzung des Nordamerikanischen Freihandelsabkommens (NAFTA) in den vergangenen 15 Jahren zunehmend aufgerüstet. Die Grenzpatrouillen haben sich in dieser Zeit verdoppelt. Zugleich wurden die Grenzen streckenweise durch Zäune und Mauern gesichert, vornehmlich an Hauptverkehrsadern und in der Nähe von Städten, wo man nach einem illegalen Grenzübertritt schnell in der Menge untertauchen kann. Im Spätsommer 2006 wurde zum Beispiel eine dreifache, viereinhalb Meter hohe Mauer aus Stahl um die viel genutzte Verbindungsstraße zwischen San Diego und dem Mexikanischen Tijuana fertig gestellt. Ähnliche Anlagen gibt es in Arizona und Texas.[302] Jedes Jahr sterben mehrere hundert Menschen bei dem Versuch, über die Grenze aus Mexiko illegal in die USA einzuwandern[303], eine Gefahr, die auch hier zunimmt, je schwieriger die Grenzsicherungsmaßnahmen eine solche Reise machen.[304] Unter den Todesursachen sind Schlangenbisse und Insektenstiche, Ertrinken, Verletzungen durch Kakteen, Unfälle und Verdursten.[305]

Als Reaktion auf die Terroranschläge vom 11. September 2001 wurde ein neues Ministerium, das Department of Homeland Security (DHS), eingerichtet, das im November 2002 seinen Dienst aufnahm und seither für die Grenzsicherung zuständig ist. Dessen Vorläufer war ein bereits im Oktober von Präsident Bush im Weißen Haus etabliertes »Office of Homeland Security«, das den Auftrag hatte, eine nationale Sicherheitsstrategie (»National Strategy for Homeland Security«) zu erarbeiten. Eine solche wurde im Juli 2002 vorgelegt. Darin kündigte sich der Trend an, auch die Grenzsicherung vornehmlich unter dem Gesichtspunkt der Terrorgefahr zu betrachten und zu organisieren. So heißt es in dem Strategiepapier:

»Historisch konnten sich die USA in Sachen des Grenzschutzes in hohem Maße auf die zwei großen Ozeane und zwei freundliche Nachbarn sowie in der Sicherheit von Verkehr und Transport im Innern auf den privaten Sektor verlassen. Die zunehmende Mobilität und das ebenso zunehmende zerstörerische Potenzial des modernen Terrorismus hat es jedoch notwendig gemacht, dass die Vereinigten Staaten ihre Systeme der Grenz- und Verkehrssicherheit grundlegend überdenken und neu organisieren.«[306] Bereits im Oktober 2001 wurde der so genannte »Patriot Act« beschlossen, der es unter anderem erleichtert, Nicht-Staatsbürger in Untersuchungshaft zu nehmen und Immigranten abzuschieben.[307]

Nach der Einrichtung des Heimatschutzministeriums wurde diesem die Grenzsicherung überantwortet, vor allem in Gestalt der Küstenwache und der neu geschaffenen Zoll- und Grenzschutzbehörde »U. S. Customs and Border Protection« (CBP).[308] Seither werden auch die Kontrollen bei der legalen Einreise immer weiter verschärft. Eine visumfreie Einreise, etwa aus Europa, ist nur noch mit maschinenlesbarem Reisepass möglich, außerdem werden bei der Einreise Fingerabdrücke und Fotos aufgenommen und gespeichert. Künftig sollen sich Einreisende 48 Stunden vor Reiseantritt online registrieren. Das Deutsche Auswärtige Amt empfiehlt bereits, bei USA-Flügen mindestens drei Stunden vor Abflug am Flughafen zu sein, um rechtzeitig durch die Kontrollen zu gelangen.[309] Die USA sind Vorreiter bei der Erhebung und Speicherung biometrischer Daten. Noch in diesem Jahr soll die Einreiseprozedur für Reisende aus Staaten, die von den USA zum visumfreien Reisen zugelassen sind, auf die Abnahme digitaler Fingerabdrücke aller zehn Finger erweitert werden. Künftig könnten solche Einreisekontrollen auch Netzhautscans einschließen, wie ein Vertreter des Heimatschutzministeriums im Juni erklärte. Die erfassten Daten sollen mit einer zentralen Datenbank abgeglichen werden, auf die auch FBI und CIA Zugriff haben.[310]

Interessant sind in diesem Zusammenhang auch die Kosten und die Privatisierung der Sicherheitsdienstleistungen – im Jahr 2006 gab die US-Regierung durchschnittlich 545 Dollar je Haushalt für den Heimatschutz aus; in diesem Zusammenhang wurden mehr als 100 000 Verträge mit privaten Sicherheitsfirmen geschlossen.[311] Auch wurde unmittelbar nach den Anschlägen die Zusammenarbeit der USA mit Kanada in Grenzschutzfragen intensiviert. Mitte Dezember wurde hierzu in Ottawa ein Abkommen namens »Smart Border Declaration« verabschiedet, das unter anderem einen Ausbau des Austausches von Daten (Projekt »Northstar«) sowie eine stärkere Kooperation bei Grenzkontrollen und auf Flughäfen vorsieht, wo gemeinsame »passenger analysis units« eingerichtet wurden. Inzwischen erhält etwa die kanadische Bundespolizei RCMP Zugriff auf die Fingerabdruckdatei des FBI. Auch der Datenaustausch über Flüchtlinge und Asylbewerber wurde intensiviert.[312]

Die Hauptverantwortung für den Grenzschutz kommt der CBP (U. S. Customs and Border Protection) zu, die im März 2003 ihre Arbeit aufgenommen hat. Sie verfügt über 42 000 Mitarbeiter, darunter 18 000 Beamte, an den 325 Kontrollstellen an Flughäfen, Häfen und Grenzübergängen zu Land sowie 11 000 zur Bewachung der Grenzen. Die CBP setzt nach eigenen Angaben gut 8000 Kraftfahrzeuge, 260 Fluggeräte und 200 Schiffe ein.[313] Seit 2005 patrouillieren zwei unbemannte Flugdrohnen in Arizona, bis Ende 2008 sollen vier weitere den Dienst aufnehmen, um auch Küstenabschnitte und Teile der Grenze zu Kanada zu überwachen.[314] An einem durchschnittlichen Tag überqueren nach CBP-Angaben knapp 1,2 Millionen Reisende legal die Grenzen der USA, werden 870 an den Grenzen an der Einreise gehindert und knapp 3500 Personen aufgegriffen, die einen illegalen Grenzübertritt abseits der Kontrollstellen versucht haben (»illegal aliens«).[315] Auf einen erfolgreichen illegalen Einreiseversuch kommen statistisch acht missglückte.[316]

Im November 2005 trat die vom Heimatschutzminister Michael Chertoff angestoßene »Secure Border Initiative« (SBI) in Kraft. Nach CBP-Angaben beinhaltet die Initiative nicht nur Bemühungen um eine effektivere Grenzkontrolle, sondern auch eine umfassendere Durchsetzung von Immigrations- und Zollvorschriften sowie ein Programm zur Schaffung legaler Arbeitsmöglichkeiten für Einwanderer (»Temporary Worker Program«). Ein »kritischer Bestandteil« von SBI, so die CBP, ist »SBInet«, ein Programm zur Modernisierung des Grenzschutzes, das auf moderne Überwachungs- und Kommunikationstechnik setzt.[317]

Im September 2006 vergab die US-Regierung im Rahmen von SBInet einen 2,5 Milliarden Dollar schweren Bauauftrag für die technische Ausstattung einer »virtuellen Grenze« im Südwesten. Hunderte von mit Radar und Kameras ausgestatteten, etwa dreißig Meter hohe Überwachungstürme, vernetzt mit der Luftüberwachung und mit Grenzpatrouillen, sollen ein unbemerktes Passieren der Grenze unmöglich machen. Im Juli 2007 waren bereits neun der Türme fertiggestellt, die je einen Radius von sechzehn Kilometern überwachen. Die Entwicklung, der Bau und teilweise auch der Betrieb der Anlagen werden privatwirtschaftlichen Vertragspartnern überantwortet – nahezu einhundert Unternehmen sind an diesem Unternehmen beteiligt. Begonnen wurde mit einem Pilotprojekt entlang einem rund 45 Kilometer langen Grenzabschnitt in der Wüste von Arizona westlich der Stadt Nogales (»Project 28«), das im Juni 2007 an die Regierung übergeben werden sollte und dessen Kosten auf 20 Millionen Dollar veranschlagt waren. Doch die Fertigstellung verzögerte sich aufgrund technischer Probleme, und bereits nach wenigen Monaten waren die voraussichtlichen Kosten für das SBInet im Südwesten auf acht Milliarden

Dollar angestiegen.[318] Michael Chertoff drohte im September 2007, SBInet notfalls aufzugeben und nach anderen Lösungen zu suchen. Im Verlauf des Herbstes soll das nachgebesserte System getestet und dann über seine Zukunft entschieden werden.[319] Die Wüste von Arizona bildet einen Brennpunkt der illegalen Einwanderung aus Mexiko; von den geschätzten 1,13 Millionen Verhaftungen illegaler Einwanderer im Jahr 2005 entfielen 438 000 auf dieses Gebiet. Hier sind auch die »Minutemen« aktiv; eine Bürgerwehr von Freiwilligen, die an der Grenze Wache schieben und bei Sichtung von Grenzgängern bei den Behörden Alarm schlagen.[320]

Nach jahrelangen Diskussionen stimmte Ende September 2006 der Senat den Plänen von Präsident Bush zu, für rund 1,2 Milliarden US-Dollar einen 1123 Kilometer langen Zaun an der Grenze zu Mexiko zu errichten. Mexikanische Politiker kritisierten die Pläne scharf.[321] Doch bislang stellt es sich eher so dar, als ob die US-Regierung sich nur die Option zu einem Zaunbau sichern wollte, denn bis September 2007 wurden nicht mehr als 30 Kilometer Zaun gebaut, und eine Sprecherin des Heimatschutzministeriums zählte zuletzt auch »virtuelle Zäune« (wie SBInet) unter besagten »Secure Fence Act« vom September 2006.[322] Einschließlich der schon vorher vorhandenen Zaunanlagen an der US-amerikanisch-mexikanischen Grenze sind bislang rund 160 Kilometer Grenzlinie durch Zäune gesichert.[323]

Wie in Europa, gibt es auch seitens der USA Bemühungen, Flüchtlinge aufzuhalten, bevor sie überhaupt zu den Landesgrenzen gelangen, also die Grenzen weiter nach außen zu verlegen. Nach einem Bericht der Caritas wird auch die Südgrenze Mexikos auf Betreiben der USA immer stärker überwacht, denn für viele Migranten aus dem angrenzenden Guatemala und anderen mittel- und südamerikanischen Ländern ist Mexiko nur Transitland. Im Rahmen bilateraler Abkommen wie »Plan Sur« und »La Repatriacion Segura« gibt es in Mexiko bereits 41 von den USA finanzierte Abschiebegefängnisse.[324]

In der jüngeren Geschichte bekam das Thema illegale Einwanderung erstmals durch Ronald Reagan große öffentliche Aufmerksamkeit, der 1985 von einer »Invasion« sprach und behauptete, die USA hätten die Kontrolle über ihre Grenzen verloren. Es folgte der »Immigration Reform and Control Act« von 1986, der eine Verstärkung der Südgrenze, eine Sanktionierung von Arbeitgebern, die illegale Immigranten beschäftigten, und eine Amnestie für illegale Einwanderer vorsah, die sich schon länger im Land aufhielten.[325] Im Jahr 1994 hatte der damalige republikanische Gouverneur von Kalifornien, Pete Wilson, vorgeschlagen, illegale Einwanderer per Gesetz von staatlichen Dienstleistungen wie Schulen und medizinischer Behandlung auszuschließen. Im Rahmen einer Volksbefragung in Kalifornien fand sich dafür eine Mehrheit, doch die Folge war eine politische Mobilisierung der Latinos, die gegen die Pläne aufbegehrten und schließlich Kalifornien zu einer Hochburg der Demokraten machten. Den Republikanern wurde hier drastisch vor Augen geführt, dass aufgrund des mittlerweile großen Bevölkerungsanteils der Lateinamerikaner eine allzu einwandererfeindliche Politik, auch im Hinblick auf die illegalen Einwanderer, politisch herbe Verluste bringen muss.[326]

Diese politische Lage auf der einen und die konservative Kernwählerschaft der Republikaner auf der anderen Seite mögen erklären, dass seit einigen Jahren zwar Konsens darüber herrscht, dass die Einwanderungspolitik reformiert werden müsse, bislang aber kein umfassendes Konzept dafür auf den Weg gebracht ist. Eine Gesetzesvorlage des Repräsentantenhauses vom Dezember 2005 (H. R. 4437) sah vor allem ein verschärftes Grenzregime vor; der Senat verabschiedete im Mai 2006 eine Vorlage, die auf eine Ausweitung der Möglichkeiten zur legalen Einwanderung und zur Einbürgerung hinauslief, doch keine konnte bisher die nötige Zustimmung des Kongresses erlangen.[327] Die erstgenannte Vorlage provozierte zudem im Frühjahr 2006 die größten Massenproteste in der

Geschichte der Vereinigten Staaten. Allein in Los Angeles demonstrierten am 25. März eine halbe bis eine Million Menschen gegen eine Verschärfung der Einwanderungsgesetze und gegen den Ausbau der Grenzanlagen.[328] Zuletzt scheiterte im Juni 2007 im US-Senat ein Gesetzesentwurf für eine Reform der Einwanderungspolitik, der neben einer personellen und technischen Aufrüstung der Südgrenze auch jährlich 200 000 zeitlich begrenzte Visa für Gastarbeiter und erweiterte Möglichkeiten für Beschäftigte in der Landwirtschaft beinhaltet hätte, einen regulären Aufenthaltstitel zu erhalten.[329]

Flüchtlings- und Asylpolitik

Wer im Heimatland politisch verfolgt wird, kann um eine Einreisegenehmigung in die USA ersuchen; wer bereits im Land ist und im Heimatland Verfolgung fürchten muss, kann Asyl beantragen. Im Jahr 1980 wurde erstmals eine Obergrenze für die Anzahl der aufzunehmenden Flüchtlinge festgelegt, und zwar bei 231 700 Personen jährlich. Seit 2004 liegt diese Grenze bei nur noch 70 000. In der Praxis liegt die Anerkennung von Flüchtlingen in der Regel noch unterhalb dieser Grenzen. In den 1990er Jahren wurden jährlich im Durchschnitt 100 000 aufgenommen, von 2000 bis 2006 waren es im Schnitt 50 000. Im Jahr 2006 kamen 41 150 Flüchtlinge legal in die USA; die am stärksten vertretenen Herkunftsländer waren Somalia (25 %), Russland (15%) und Kuba (7,6%). Asyl erhielten 26 113 Menschen, die vornehmlich aus China (29 %), Haiti (12%), Kolumbien (11%) und Venezuela (5,2%) stammten.[330] Zwischen 1995 und 2004 kamen in Kanada 46 Prozent der Flüchtlinge, denen Asyl zuerkannt wurde, aus einem der Länder China, Kolumbien, Republik Kongo, Ungarn, Indien, Iran, Mexiko, Nigeria, Pakistan, Sri Lanka. Zwischen 2002 und 2004 kamen die meisten aus Mexiko und Kolumbien.[331] Aufgrund der erschwerten Einreisebedingungen der USA zeichnet sich derzeit eine Verlagerung des mexikanischen Migrationsstromes von den USA auf Kanada ab.[332]

Europa wie Nordamerika verfolgen als Staaten, die für Flüchtlinge und illegale Migranten den höchsten Attraktionswert haben, in mindestens zwei Aspekten ähnliche Strategien der Sicherung ihrer Grenzen: Zum einen werden die Grenzanlagen und das Sicherheitspersonal technisch aufgerüstet, zum anderen gibt es in beiden Fällen eine Tendenz zur Außenverlagerung der Grenzen, in der EU noch stärker als in den USA. In beiden Fällen wird auf das Problem des wachsenden Migrationsdrucks reagiert, und es stellt sich die Frage, wie diese Reaktionen aussehen werden, wenn dieser Druck infolge des Klimawandels weiter zunimmt.

Grenzen außerhalb des eigenen Territoriums

Die Außenverlagerung von Grenzen scheint dabei die zugleich effektivste und unauffälligste Praxis, sich unerwünschte Einwanderinnen und Einwanderer vom Leib zu halten, denn wenn weder europäische Sicherheitskräfte als Akteure auftreten noch EU-Behörden mit der administrativen Behandlung und mit der Rückführung der Flüchtlinge befasst sind, erreicht das Flüchtlingsproblem nur insoweit die europäische Öffentlichkeit, als gelegentlich Tote an die sizilianischen und kanarischen Strände gespült werden. Allein darin wird aber kein Zusammenhang zwischen einer restriktiven Heimatschutzpolitik und dem Tod von Flüchtlingen sichtbar; es scheint sich vielmehr um unverbundene Ereignisse zu handeln, die allerdings ein Problem für die Sicherheitsbehörden darstellen.

Viele der Bemühungen um eine Abschottung der Grenzen spielen sich auf der Hinterbühne der Politik ab; insbesondere der außerparlamentarische Status von Frontex, die zugleich hoheitliche Aufgaben exekutiert, ist dafür ein Beispiel. Bemerkenswert an den Aktivitäten zur Grenzsicherung ist die darin zum Ausdruck kommende Erwartung, dass die Probleme in den nächsten Jahren gravierender werden – es handelt sich hier um eine Präventivmaßnahme gegen eine zentrale Folge des Klimawandels: umweltbedingte Migration.

Weiter ist die Phantasie in der Namensfindung für die einzelnen Aktionen und Einheiten interessant, die bevorzugt auf die griechische Mythologie zurückgreift – als sollte auf diese Weise nicht nur die Harmlosigkeit der Maßnahmen, sondern auch der kulturelle Traditionsbestand betont werden, der durch die Grenzsicherung geschützt wird. Schließlich fällt auf, dass das grundlegende Paradigma der Grenzpolitik darin besteht, das Problem der potenziellen Grenzverletzung so weit nach außen zu verlagern, wie es nur irgendwie geht.

Nicht nur, dass Schutzlager und -zonen unselige historische Vorläufer haben – auch die schiere Zahl bereits existierender und geplanter Lager deutet an, dass man festen Willens ist, die kommenden Flüchtlingsanstürme mit Hilfe indirekter Gewalt zu lösen, Gewalt, die nicht in direkter Konfrontation europäischer Sicherheitskräfte und Flüchtlinge auftritt, sondern etwa an nordafrikanische Behörden delegiert ist. Politische und wirtschaftliche Macht wird dafür eingesetzt, Länder wie Marokko oder Libyen zu Kooperationspartnern in der Auslagerung von Gewalt zu machen. Juristisch wie moralisch bedeutet das eine Entfernung der Gewalt aus dem unmittelbaren Verantwortungsbereich – denn wenn die marokkanischen oder algerischen Behörden Flüchtlinge in der Wüste aussetzen, liegt das fern von der Verantwortung europäischer Sicherheitspolitik; es kann sogar als Verletzung von Menschenrechten beklagt werden.

Gemessen an der Dimension der Maßnahmen und der mutmaßlichen Zahl der Flüchtlinge lässt sich hier von einem neuen Konflikttyp sprechen, der sich durch Delegation von Gewalt auszeichnet und dadurch *technische Unschuldigkeit* herstellt. Das ist nur möglich durch einen Organisationsvorteil der finanziell, machtpolitisch und technologisch überlegenen Länder,

der den Gewaltgebrauch unsichtbar und unidentifizierbar macht.[333] Die sichtbaren Akteure sind die Flüchtlinge, die »Schleuserbanden« und »Menschenhändler«, die afrikanischen Behörden und vielleicht noch die Familien, die die Flüchtlinge finanzieren. Die Grenzschutzbehörden der EU treten dagegen primär als humanitäre Akteure auf, die das Elend auf den Meeren nach Kräften zu verhindern suchen.

Anscheinend denkt gegenwärtig niemand darüber nach, ob es Kontingentierungsmöglichkeiten für Klimaflüchtlinge geben könnte, was etwa damit zu rechtfertigen wäre, dass die Einschränkungen der Überlebensbedingungen in Afrika von den frühindustrialisierten Ländern verursacht worden sind und als solche auch verantwortet werden müssen. Der Hinweis des WBGU, dass Klimapolitik Sicherheitspolitik sei, kann ebenso als Votum für eine effizientere Klimapolitik wie für eine schärfere Sicherheitspolitik interpretiert werden.

Sozialpsychologisch stellt sich hier auch die Frage, inwieweit der wachsende Migrationsdruck Bedrohungsgefühle und Sicherheitsbedürfnisse auf Seiten der europäischen Bevölkerungen erzeugt, die dann Forderungen nach einer rigoroseren Sicherheitspolitik nach sich ziehen würden. Optionen für mehr Sicherheit und weniger Freiheitsrechte nach versuchten oder erfolgreichen Terroranschlägen (vgl. S. 234 ff.) deuten jedenfalls an, dass sich gefühlte Bedrohungen der eigenen Situation zu allererst in Wünschen nach effizienten Abwehrmaßnahmen artikulieren. Bedrohungen von außen erzeugen Kohäsion nach innen.

So richten sich die Aktivitäten von der Entwicklungspolitik bis zur Grenzsicherung auf Maßnahmen *außerhalb* der EU, um mehr Druck auf die Grenzen gar nicht erst entstehen zu lassen. Bislang fehlt allerdings jede Vorstellung darüber, was es eigentlich bedeutet, wenn die Flüchtlingszahlen die Dimension erreichen, die für die Mitte des Jahrhunderts prognostiziert werden. Eine Verzehnfachung der Flüchtlingszahl wird eine erheblichen Außendruck auch auf das Binnengefüge der demokratischen

Gesellschaften ausüben, und damit eine Reihe gefühlter Probleme erzeugen, die auf Lösungen drängen.

Rapide gesellschaftliche Veränderungsprozesse

Das 20. Jahrhundert hat eine ganze Reihe rapider gesellschaftlicher Wandlungsprozesse gesehen – zum Beispiel die russische Revolution 1917, die nationalsozialistische Zeit, die südamerikanischen Revolutionen in den 1960er und 1970er Jahren, den Zerfall Jugoslawiens usw. Erstaunlicherweise verfügen aber weder die Soziologie noch die Politik-, noch die Geschichtswissenschaft über eine Theorie oder auch nur über Konzepte zur Beschreibung und Erklärung extrem beschleunigter gesellschaftlicher Wandlungsprozesse. Das ist schon deswegen seltsam, weil alle, die im Rahmen dieser Wissenschaften arbeiten und denken, mindestens *einen* rapiden gesellschaftlichen Wandlungsprozess live miterlebt haben, mit dem buchstäblich *niemand*, kein Politiker, kein Wissenschaftler, kein Journalist, gerechnet hatte. Der Kollaps des Ostblocks hatte sich in einem Zeitraum von einigen Monaten aufgebaut, um sich dann im November 1989 innerhalb weniger Tage Bahn zu brechen. Danach sah die Welt anders aus, wenigstens die europäische. Eine derartige soziale Verdichtung von Veränderung ist in der Theorie moderner Gesellschaftsentwicklung nicht vorgesehen und dürfte daher eigentlich gar nicht vorkommen. »Wahnsinn«, war demgemäß das Etikett jener Tage, die, abgesehen vom Tod eines rumänischen Diktatorenehepaars, zudem zunächst überraschend gewaltfrei abliefen, obwohl die Welt für 365 Millionen Menschen plötzlich völlig anders aussah.

Das Fehlen einer *Theorie sich selbst dynamisierender sozialer Veränderungsprozesse* verstellt die Möglichkeit, Transformationen der eigenen Gesellschaft zu registrieren, zu interpretieren und gegebenenfalls zu steuern. Vor diesem Hintergrund ist es symptomatisch, dass die westlichen Gesellschaften zwar die osteuropäischen Länder nach 1989 schnell als Transformationsgesellschaften charakterisiert haben, bis heute aber nicht erkennen, dass die seither veränderte zwischenstaatliche Figuration mit all ihren ökonomischen, sozialen und ökologischen Folgen die westlichen Länder ebenfalls in Transformationsgesellschaften verwandelt hat.

Deutlich werden rapide Veränderungsprozesse meist erst dann, wenn sie gewaltförmig verlaufen oder in kollektive Gewaltprozesse einmünden. Wenn man sich etwa die Geschwindigkeit vergegenwärtigt, mit der in Jugoslawien die Ethnisierungsprozesse verlaufen sind, die eine ganze Gesellschaft in einen äußerst brutalen Krieg inklusive ethnischer Säuberungen und Massenerschießungen gezogen haben, oder bemerkt, in welch unglaublich kurzem Zeitraum die deutsche Gesellschaft sich nach Januar 1933 nationalsozialisiert hat, bemerkt man, wie schwach es offensichtlich um die häufig unterstellte Stabilität und Trägheit moderner Gesellschaften in ihren institutionellen Sicherungen und ihrem psychosozialen Binnengefüge bestellt ist.

Zum anderen wird begreiflich, dass es eben nicht nur abstrakte, analytische Kategorien wie »Gesellschaft« und »Herrschaftsformen« sind, die sich innerhalb weniger Monate verändern, sondern dass die konkreten Menschen, die diese Gesellschaften bilden und ihre Herrschaftsformen leben, sich in ihren moralischen Orientierungen, in ihren Werten, in ihren Identifikationen und auch in ihrem zwischenmenschlichen Handeln überraschend schnell neu justieren können. Das ist insbesondere dann der Fall, wenn gefühlte oder reale Bedrohungen das wahrgenommene Handlungsspektrum einengen und rasche Entscheidungen gefordert scheinen. Dabei spielt eine wichtige Rolle, wie konkret oder wie abstrakt eine Bedrohung ist. Was man sich nicht vorstellen kann, kann man auch nicht bewältigen, es liegt außer Kontrolle.

Klimawandel, überlebensgroß

Der Klimawandel hat überlebensgroße Dimensionen, in mehrfacher Hinsicht. Er ist das erste wirklich globale menschengemachte Geschehen: Gleichgültig, wer wo wann die Entwicklung des Klimas durch Emissionen beeinflusst hat – die Folgen dieser Einflussnahme können in einer ganz anderen Gegend der Welt und von ganz anderen Generationen zu spüren und zu ertragen sein. Ursache und Wirkung sind im Klimawandel auseinandergerissen – diejenigen, die die Folgen verursacht und diejenigen, die sie zu bewältigen haben, sind keine Zeitgenossen. Die Probleme bei den Versuchen, noch irgendetwas an seiner Entwicklung zu steuern, gehen unter anderem auf diese *eingebaute Verantwortungslosigkeit* zurück. Das zeitliche, regionale und biografische Missverhältnis zwischen Verursachung und Wirkung steht der Zurechnung von Verantwortung ebenso im Wege wie der Zuschreibung von Pflichten, die aus der Abwendung der möglichen Katastrophe entstehen. Und da das Klima träge ist, kann sein Wandel vorerst nicht beeinflusst werden; was man tun könnte, wenn etwas getan würde, hätte auf Jahrzehnte kein sicht- und fühlbares Resultat – das Äußerste, was alle Anstrengungen hervorbrächten, wäre eine mit irgendwelchen unverständlichen Verfahren messbare Verlangsamung des Anstiegs von CO_2-Konzentrationen, aber die Gletscher würden trotzdem weiterschmelzen und die Eisbären auch dann aussterben, wenn die Skalenwerte sich verbessern.

Die Ungleichheit der Folgelasten ist ihrer schieren Dimension wegen nicht zu kompensieren – schließlich kann man nicht die Hälfte der afrikanischen Bevölkerung umsiedeln, schon gar nicht, wenn auch den Leuten aus Bangladesh und den Bewohnern der Arktis ihr Überlebensraum abhanden gekommen ist. Im Unterschied zu Katastrophen wie dem Tsunami Weihnachten 2004 oder dem Hurrikan Katrina im Sommer 2005 ist der Klimawandel nicht irgendwann *vorbei*, und schon die Folgen dieser Flut und jenes Sturms überforderten das Vorstellungsvermögen der Zeitgenossen ebenso wie die Pläne und Kapazitäten des Katastrophenschutzes. Wie stellt man sich aber dann eine *gewusste*, jedoch nicht gefühlte Katastrophe vor, die geeignet ist, die Verhältnisse auf der Welt zumindest in einigen Regionen radikal zu verändern? Gestattet der westliche Fortschrittsglaube und die damit verschwisterte Überzeugung, es gäbe nichts, was nicht gelöst werden könnte, überhaupt eine vernünftige Ausmessung der Dimension des Problems? Und falls ja: Was wären die lebenspraktischen Konsequenzen daraus?

Technische, natürliche[334] und soziale Katastrophen, die unerwartet waren und sowohl das Vorstellungsvermögen wie die Bewältigungsmöglichkeiten übersteigen, sind schon vorgekommen. Der Unfall im Kernreaktor von Tschernobyl im April 1986 war eine *technische* Katastrophe, die statistisch nach den Berechnungen der Eintretenswahrscheinlichkeit einer Kernschmelze nicht hätte passieren können,[335] und die, als sie dann doch geschah, die Welt mit Fassungslosigkeit erfüllte. Das lag daran, dass erstens das Unerwartete eingetreten war, und dass man zweitens keine Ahnung hatte, wie man einer solchen Katastrophe Herr werden sollte. Und drittens daran, dass sich hier zum ersten Mal zeigte, dass Umweltbelastungen wie radioaktiver Fall-out sich an Unterscheidungen zwischen Verursachern und Betroffenen nicht halten – auch Regionen in Schweden, Finnland oder Polen wurden verseucht, weil der Wind eben so wehte. Insofern war Tschernobyl ein früher Ausblick auf die Zukunft globaler Umweltdesaster. Übrigens stellte der Unfall auch ein Debakel für die Kontrollphantasien derjenigen dar, die sich ökologisch zu ernähren bemühten, und die jetzt froh waren, dass es holländisches Treibhausgemüse gab, das nicht vom Fall-out verseucht war, der das kontrolliert biologische Freilandgemüse in schwach radioaktiven Abfall verwandelt hatte. Aber die größte Demoralisierung des Sicherheits- und Kontrollbewusstseins der Bewohner einer technischen Zivilisation stellt die Armseligkeit und Primitivität der Problemlösung dar – jener technologisch lächerliche Schutzmantel aus Beton um den schmelzenden Reaktorkern, der dauernd wieder brüchig wird und jeweils um eine weitere Schicht ergänzt werden muss, ist das eindringlichste Symbol dafür, dass es technische Katastrophen gibt, die *nicht heilbar* sind.

Mit einer *natürlichen* Katastrophe wie dem auf ein Seebeben zurückgehenden Tsunami vom zweiten Weihnachtstag 2004 verhält es sich etwas anders. Auch dieses Ereignis kam unerwartet, konnte aber als schicksalhaft und damit als unabwendbar und unkontrollierbar verstanden werden – was es weniger beschämend und demoralisierend macht, als wenn die Ursache einer Katastrophe in einem großen banalen Fehler liegt, den Menschen gemacht haben.[336] Aber auch der Tsunami war eine globale Katastrophe, nicht nur, weil er medial sofort weltweite Verbreitung fand, sondern weil so viele internationale Touristen betroffen waren. Er überforderte die Bewältigungskapazitäten der betroffenen Länder radikal und störte das Sicherheitsgefühl von Fernreisenden nachhaltig. Freilich war diese Katastrophe *heilbar* in dem Sinn, dass man die Toten betrauern und sich an die Restauration der Strände und Hotels machen konnte.

Die *soziale* Katastrophe des Holocaust liegt viel länger zurück, hat aber bis heute nachhaltige Wirkung, zumindest in der westlichen Welt. Dass aus der christlich-abendländischen Kultur ein Gesellschaftsverbrechen erwachsen könnte, das sich zuvor weder literarische Apokalyptiker noch politische Zyniker hatten vorstellen können, verstört noch heute, mehr als sechs Jahrzehnte danach, jeden, der über den Charakter und die Dialektik von Zivilisationsprozessen nachdenkt. Dass man das Prinzip rationaler Problemlösung so weit treiben würde, dass die Einrichtung von Menschenvernichtungsanlagen als folgerichtig erscheinen konnte, war weder in den Theorien der Moderne noch im Bewusstsein ihrer Bewohner vorgesehen. Auch der Holocaust hatte globalen Charakter, weil ihm mit dem Weltkrieg, in dessen Rahmen er stattfand, Opfergruppen unterschiedlichster Herkunft und Nationalität zugeführt wurden (insgesamt kamen die Opfer aus 20 Nationen[337]), und er hatte auch insofern globale Wirkung, als die Nürnberger Prozesse, die das bis dato unvorstellbare Verbrechen juristisch zu fassen versuchten, die Geburtsstunde des heutigen Menschenrechtskonzepts und auch des Völkerstrafrechts war.

Die sozialen, politischen und psychologischen Folgen dieser Katastrophe haben sich freilich wiederum als *nicht heilbar* erwiesen – noch immer gibt es zwischenstaatliche Spannungen und transgenerationelle Wirkungen, die auf dieses soziale Ereignis extremer Gewalt zurückgehen. Der Holocaust ist überdies eine soziale Katastrophe, die das Weltvertrauen, jedenfalls des säkularen Westens, nachhaltig erschüttert hat. Er war die erste systematische Vorführung dessen, dass gerade in einer aufgeklärten Welt Menschen mit Menschen *alles* machen können, was ihnen richtig und vernünftig erscheint, weil ihnen keine transzendentale Instanz Verpflichtungen auferlegt, die den Freilauf der eigenen Vernunft begrenzen würden.

Technische, natürliche und soziale Katastrophen können also *unvorstellbar* groß ausfallen; bevor sie geschehen sind, gibt es keinen Referenzrahmen, in den sie eingeordnet werden könnten. Der Klimawandel als *ökosoziales* Problem hat insofern etwas mit diesen überlebensgroßen Katastrophen gemein, als seine Bedrohung global, seine Folgen unabsehbar, die Mittel zu seiner Kontrolle harmlos und seine psychologische Wirkung desorientierend ist. Alle diese Elemente werden, wenn Flut- oder Sturmkatastrophen, Hungersnöte oder Verwüstungen von Megastädten geschehen, das grundlegende Gefühl von Hilflosigkeit, das er erzeugt, verstärken. Kurz: Wir haben es mit einem qualitativ wie quantitativ *neuen* Problem zu tun, für dessen Bewältigung weder Masterpläne vorliegen noch Handlungsanleitungen. Und eine psychologische Reaktion auf etwas, was bedrohlich ist, sich aber der Kontrollierbarkeit entzieht, ist im Normalfall Abwehr: man reduziert die Dissonanz, die aus dem Bewusstsein einer unkontrollierbaren Bedrohung erwächst, indem man die Gefahr ignoriert oder sie kleiner macht, als sie ist.

Die Möglichkeiten dafür sind vielfältig und reichen von Skepsis gegenüber der Wissenschaft bis zur achselzuckenden Einschätzung, bislang sei die Menschheit ja noch mit allem fertig geworden, warum also nicht auch mit der Erderwärmung?

Da sich Katastrophenfolgen sozial ungleich auswirken und nicht selten die Unfähigkeit von Regierungen und Administrationen offen legen, mit unerwarteten Ereignissen umzugehen, folgen der Bestattung der Katastrophenopfer und dem Taxieren der Schäden immer öfter Plünderungen, Massenproteste, Demonstrationen usw. Das war nach der Flut in New Orleans im Herbst 2005 nicht anders als nach der Brandkatastrophe in Griechenland im Sommer 2007 oder nach dem Erdbeben in Peru im August 2007. Sogar Systemwechsel können durch Umweltereignisse beschleunigt werden – so erfolgte etwa der Sturz der Somoza-Diktatur in Nicaragua 1972 nach einem Erdbeben.[338]

Mit anderen Worten: Nicht beherrschbare Ereignisse führen zu Unmut bei denjenigen, die am meisten unter ihnen zu leiden haben – ihre Schutz- und Fürsorgeerwartungen an den Staat werden enttäuscht, und diese Enttäuschung artikuliert sich in Protest und nicht selten auch in Gewalt. Besonders heftig fallen Unruhen dann aus, wenn die jeweilige Katastrophe deutlich gemacht hat, dass diejenigen besonders hart betroffen werden, die arm sind und deshalb ohnehin wenig Bewältigungs- und Kompensationsmöglichkeiten haben. Hier schlummert ein Gewaltpotenzial, das mit künftigen Katastrophen virulenter wird, da auch diese asymmetrische Folgen haben.

Soziale Katastrophen zerstören soziale Gewissheiten; was zuvor die selbstverständliche Grundierung des Alltags bildete, verliert schlagartig seine Verlässlichkeit; die Rezepte, nach denen man sich bisher verhalten hat, erweisen sich als untauglich und die Regeln als ungültig. Das Resultat ist eine tiefe »Erschütterung des Vertrauens in die eigene Kultur, in die Beherrschbarkeit von Risiken, aber auch in die Zuverlässigkeit insbesondere planenden, also auch voraussehenden Handelns«.[339]

Die Verkürzung des Planungshorizonts, die Verengung von Handlungsspielräumen und der Verlust aller Selbstverständlichkeiten kann dort in Gewalt münden, wo es keine stabilen Institutionen der Konfliktregulierung gibt oder wo diese selbst durch ein unbeherrschbares Ereignis in eine Krise geraten sind. Technische, natürliche und soziale Katastrophen, also nukleare oder chemische Unfälle, Erdbeben oder Tsunamis, Revolutionen und Völkermorde, können in verblüffend kurzer Zeit vorführen, dass Instabilität die Regel ist und Stabilität die Ausnahme.

Zugleich hat die Moderne in der Auflösung vergleichsweise träger traditionaler Produktions- und Beziehungsverhältnisse dafür gesorgt, dass sich die Lebensformen immer weiter flexibilisiert und die Beziehungsmuster kompliziert haben. Im Vergleich zum instabilen individuellen Leben erscheinen heute die Institutionen relativ verlässlich und dauerhaft, und sie sind es in der Regel auch. Jedenfalls sind im Zuge der Modernisierung viele Mittel der Herstellung von Vorausschau und Stabilität aus der direkten Verantwortung der einzelnen ausgelagert worden – Gesundheits- und Altersvorsorge ist keine Aufgabe der Familie, sondern der Systeme der sozialen Versorgung, die Regelung von Konflikten ist keine Sache der Clans und Familien, sondern des Staates und seiner Organe, die Kontrolle von Risiken übernehmen Versicherungen. Das ist der normale Gang in funktional differenzierten Gesellschaften, und diese Delegationen von Verantwortung an Institutionen garantieren im Normalfall, wenn alles wie erwartet läuft, Kontinuität, Stabilität und Planbarkeit.

Die Kehrseite dieser Entwicklung steckt aber darin, dass die Wirkungsketten zwischen Maßnahmen, Interventionen und Folgen länger werden und sich die Sichtbarkeit dessen, was da eigentlich wie funktioniert, verringert, da »Versorgungs-, Transport-, Kommunikations- und andere Infrastrukturnetzwerke idealtypisch reibungsarm im Hintergrund der Funktionssysteme in Gang gehalten werden«.[340] Im Krisenfall können sich diese Garantien freilich als Chimäre erweisen – und der Krisenfall ist es, der plötzlich spürbar macht, was eigentlich alles im Normalfall zum unauffälligen Funktionieren einer Gesellschaft dazugehört. Die abgeschatteten Bereiche des Funktionszusammenhangs werden im Augenblick ihres Versagens sichtbar – und insofern offenbaren Katastrophen, dass »in alltäglichem Handeln und Entscheiden Risiken und Gefahren systematisch ausgeblendet werden«.[341] Dass dabei Selbstverstärkungseffekte von Unsicherheit, Fehlentscheidungen, Panikreaktionen usw. entstehen, die die Rückkehr zum Normalfall erschweren oder gar unmöglich machen, liegt auf der Hand – weshalb die Katastrophe selbst auch keiner inneren Ordnung oder Logik folgt, sondern hinsichtlich ihres Ergebnisses offen ist. Wenn sie groß genug ist, weiß niemand, was passieren wird.

Gleichwohl hat eine über nunmehr zwei Generationen anhaltende Friedens- und Prosperitätsphase in den westlichen Ländern dafür gesorgt, dass man Stabilität für das Erwartbare und Instabilität für ausgeschlossen hält. Wenn man in einer Welt aufgewachsen ist, in der nie ein Krieg stattgefunden hat, nie die Infrastruktur durch ein Erdbeben zerstört wurde, nie Hunger geherrscht hat, wird man Massengewalt, Chaos und Armut für ein Problem halten, das *für andere* vorgesehen ist. Die Referenzrahmen, die in Phasen relativer Stabilität ausgebildet werden, sind nicht auf Krisen oder Katastrophen geeicht, sondern allenfalls auf kleinere Unregelmäßigkeiten wie Waldbrände oder Überschwemmungen. Daher wird in solchen Regionen aus jedem Hochwasser eine »Jahrhundertflut«.[342]

Das allerdings birgt die Gefahr, dass die Entstehung von Potenzialen für rapide soziale Veränderungen selbst dann nicht gesehen wird, wenn sie fast schon mit Händen zu greifen sind. So sind die Menschen, die vor 1989 in der DDR und der Bundesrepublik gelebt haben, davon ausgegangen, dass sich die Verhältnisse in beiden Ländern nicht radikal ändern würden; viele Juden in Deutschland waren noch bis zum Zeitpunkt ihrer Deportation derselben Auffassung, und die Menschen, die in der Umgebung des Atomreaktors in Tschernobyl lebten, haben das ebenso geglaubt – wie übrigens Untersuchungen zeigen, dass Menschen desto weniger Unsicherheitsgefühle artikulieren, je näher sie an einem Atomkraftwerk leben.[343] Je unabweisbarer eine Gefährdung ist, desto größer ist das Maß an Dissonanz und desto notwendiger ihre Reduktion durch Indolenz, Verdrängung oder Abwehr. Man kann mit Gefahren, die man nicht kontrollieren kann, sonst nicht gut leben.

Die überlegene Anpassungsfähigkeit von Menschen an veränderte Umweltbedingungen liegt in ihrem Vermögen zur kulturellen Tradierung – neue Generationen finden die Kenntnisse und Techniken vor, die ihre Vorgänger entwickelt haben und können mit ihren Problemlösungsstrategien schon auf dem Niveau ansetzen, dass die Generation zuvor erst entwickeln musste.[344] Was in den Theorien, die sich mit diesem faszinierendsten Aspekt der menschlichen Lebensform beschäftigen, allerdings leicht übersehen wird, ist das Problem, dass im Rahmen dieser sozialen Co-Evolution nicht nur *evolutionär erfolgreiche* Strategien tradiert, transgenerationell ausgebaut werden und global diffundieren, sondern dass auch Fehler gemacht werden, für die das genauso gilt.

Dabei kann kurzfristiger Erfolg, wie die atemberaubende Erhöhung der Überlebenssicherheit und des Lebensstandards in den frühindustrialisierten Ländern, die auf Ausbeutung von Ressourcen basiert und nur durch Wachstum bestehen kann, mittelfristig zum Desaster werden. Wenn *alle* Gesellschaften in den Sog der industriellen Moderne gezogen werden, gerät das Prinzip der Wohlstandsmehrung durch Ausbeutung und Wachstum sehr schnell an eine natürliche Grenze. Menschen sind psychologisch aber so gebaut, dass sie lediglich abrupte Veränderungen ihrer Lebenswelt registrieren, schleichende dagegen nicht.

Es kommen also zwei psychologische Aspekte zusammen, wenn man es mit einem überlebensgroßem Problem zu tun hat, gegen das man nicht viel machen kann: die anachronistische Trägheit der Gefühle, die gelebte Erfahrung, dass schon nichts Weltbewegendes passieren wird, und das Bedürfnis, Dissonanzen zum Verschwinden zu bringen. Bei Norbert Elias wird diese Trägheit als Nachhinken des Habitus hinter der Fortentwicklung der Wirklichkeit beschrieben, was verhindert, dass der sozialen Transformation eine Transformation der Wahrnehmung Schritt hält.[345] Wir *sind* noch, was wir gestern über uns geglaubt haben, schreibt Günter Anders, Einstellungen synchronisieren sich nicht mit veränderten Bedrohungslagen.[346] Anders führt die »Apokalypseblindheit«, die Unfähigkeit, reale Gefahren angemessen einschätzen und auf sie reagieren zu können, auf den »generationenlangen Glauben an den angeblich automatischen Aufstieg der Geschichte« zurück.[347] Die Kehrseite dieser Trägheit gegenüber Veränderungsprozessen und der Unfähigkeit, ihre Dimension einzuschätzen, ist das Phänomen der shifting baselines: Wahrnehmungen und ihre Interpretationen verschieben sich unmerklich zusammen mit einer sich verändernden Wirklichkeit.

Veränderte Menschen in veränderten Wirklichkeiten

In der gleitenden Gegenwart ist es schwer, zu entscheiden, ob man sich an einem kritischen Punkt einer Entwicklung befindet, ab welchem Niveau eine Entscheidung irreversibel wird oder in welchem Augenblick des Verfolgens einer Strategie eine Katastrophe entsteht. Wo wäre dieser Punkt auf der Osterinsel gewesen? Von heute aus würde man sagen: Als so viel Baumbestand vernichtet war, dass der Wald sich nicht mehr regenerieren konnte. Aber das hat man damals, auf dieser Insel, vermutlich nicht wissen können. Das verfügbare Umweltwissen und die mentalen Referenzrahmen, die einen angemessenen Umgang mit der Welt vorgaben, ließen wahrscheinlich gar nicht zu, dass man so etwas hätte *besser* wissen können.[348] Deshalb ist Jared Diamonds Frage, was jener Osterinsulaner gedacht hat, der den letzten Baum fällte, falsch gestellt: Denn das Verhängnis liegt nicht *am Ende* eines Zerstörungsprozesses, sondern dort, wo noch niemand sehen kann, dass sein Tun zerstörerisch ist.

Die soziale Katastrophe der Osterinsel beginnt nicht, wenn der letzte Baum gefällt wird, sowenig wie der Holocaust mit der Installierung der ersten Gaskammer in Auschwitz anfängt. Soziale Katastrophen beginnen dort, wo falsche Entscheidungs*richtungen* eingeschlagen werden – also dort, wo Distinktions- und Statusregeln auf der Osterinsel den Verbrauch von Holz für die Skulpturenproduktion fordern oder dort, wo wissenschaftlich begründete Annahmen über die Ungleichheit von Menschen in Deutschland den Rang von Gesetzen und Verordnungen erhalten. Aber – um beim Beispiel des Holocaust zu bleiben – wie bewusst konnte das zu diesem Zeitpunkt noch gar nicht entworfene Verhängnis der Juden in einer Gegenwart werden, als noch niemand an so etwas Bizarres dachte wie an die Erfindung von Menschenvernichtungsanlagen?

Shifting baselines

»Es gab starke Stürme, und in den Regenwäldern fiel kein Regen. In den knochentrockenen Urwäldern in Borneo und Brasilien, Peru und Tansania, Florida und Sardinien wüteten Waldbrände von nie da gewesener Heftigkeit. Neuguinea verzeichnete die schlimmste Dürre seit 100 Jahren, und Tausende verhungerten. Ostafrika erlebte die verheerendsten Überschwemmungen seit 50 Jahren – mitten in der Trockenzeit. Uganda war mehrere Tage von der Umwelt abgeschnitten, ein Großteil der Wüste im Norden stand unter Wasser. Mongolische Stammesangehörige erfroren, während in Tibet so viel Schnee fiel wie seit 50 Jahren nicht mehr. Im Wüstenstaat Kalifornien rissen Schlammlawinen Häuser von den Klippen.

In Peru verlor an einem Küstenstreifen, an dem oft jahrelang keine Niederschläge fallen, durch Überflutungen eine Million Menschen ihr Dach über dem Kopf. Der Panamakanal hatte einen so niedrigen Wasserpegel, dass er für große Schiffe nicht mehr befahrbar war. Eisstürme legten Stromleitungen durch Neuengland und Quebec lahm, so dass Tausende wochenlang ohne Strom und Licht auskommen mussten. In Indonesien fiel die Kaffeeernte aus, in Uganda gingen die Baumwollpflanzen ein, und im Ostpazifik brach der Fischfang zusammen. Aufgrund einer nie da gewesenen Erwärmung der Meere zogen sich die Abermilliarden winziger Algen, die den Korallen ihre Farbe verleihen, von den Riffen überall im Indischen und Pazifischen Ozean zurück und hinterließen die farblosen Skelette ihrer toten Wirte.«[349]

Soweit ein Bericht aus der Zukunft, wenn die Klimaerwärmung um ein weiteres Grad vorangeschritten ist, sagen wir im Jahr 2018. Falsch: Alle aufgelisteten Ereignisse fielen in ein Jahr der Vergangenheit, nämlich 1998, und hingen mit dem Klimaereignis El Nino zusammen. Sie waren mithin kein Ergebnis der Erderwärmung, obwohl man davon ausgeht, dass auch El-Nino-Ereignisse in Zukunft wegen des Klimawandels häufiger auftreten werden. Die Ereignisse des Jahres 1998, denen man beliebige aus den Jahren 1999, 2000, 2001 etc. hinzufügen könnte, zeigen vor allem eins: die Vergesslichkeit, die Menschen gegenüber Katastrophen entwickeln, von denen sie nicht selbst betroffen waren, sondern die sie lediglich über die Medien wahrgenommen haben.

Hinsichtlich medial vermittelter Katastrophen hatten die vergangenen zehn Jahre einiges zu bieten – ein verheerender Brand des Regenwaldes in Borneo, der die Hauptstadt Palangkaraya 1997/98 monatelang im Smog verschwinden ließ und zwischen 800 Millionen und 2,6 Milliarden Tonnen Kohlendioxid freisetzte.[350] Oder eine Serie von Tornados, die im Mai 1999 Oklahoma verwüsteten, vierzig Tote und 675 Verletzte forderten und einen Schaden von 1,2 Milliarden Dollar anrichteten. Besonders spektakulär waren die Hurrikane: Mitch kostete 1998 mehr als 10 000 Menschen in Mittelamerika das Leben, Katrina setzte 2005 mit New Orleans zum ersten Mal eine westliche Großstadt unter Wasser, und Wilma war im selben Jahr gleich dreifach rekordträchtig: Als Nummer 22 der Hurrikansaison stellte er die bisherige Höchstmarke von 21 Stürmen pro Saison ein, war der stärkste atlantische Hurrikan, der jemals gemessen wurde und richtete Schäden in Höhe von 29 Milliarden Dollar an.

Solche extremen Wetterereignisse sind nicht neu, aber in dieser Häufung und Dimension treten sie erst seit einigen Jahren auf. Gleichwohl erscheinen sie den Menschen inzwischen als

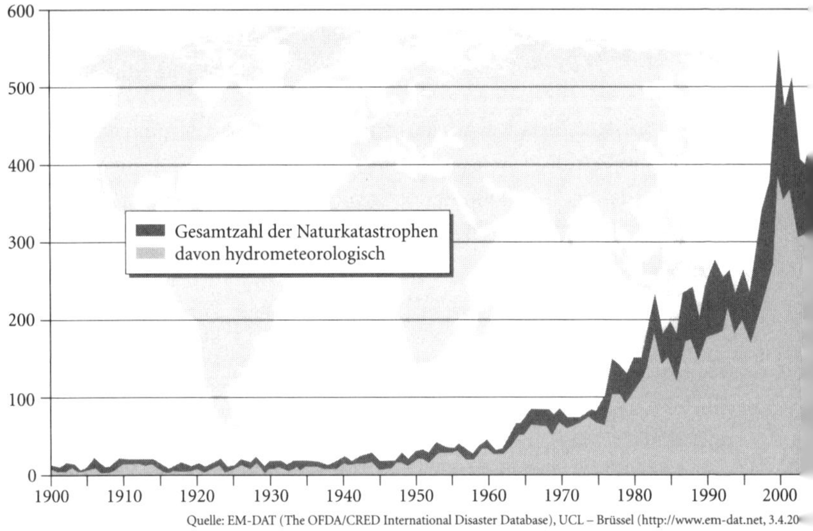

Anzahl extremer Naturereignisse und Anteil wetterbedingter Katastrophen 1900–2005

normal, die Aufmerksamkeitsintensität nimmt ebenso ab wie der Nachrichtenwert. Man hält zunehmend für »natürlich«, was eigentlich wenig mit der Natur zu tun hat.

Shifting baselines – so nennen Umweltpsychologen das faszinierende Phänomen, dass Menschen immer jenen Zustand ihrer Umwelt für den »natürlichen« halten, der mit ihrer Lebens- und Erfahrungszeit zusammenfällt. Veränderungen der sozialen und physischen Umwelt werden nicht absolut wahrgenommen, sondern immer nur relativ zum eigenen Beobachterstandpunkt. Deshalb haben die in einer jeweiligen Gegenwart lebenden Generationen allenfalls vage oder abstrakte Vorstellungen darüber, dass nicht nur die bebaute und mit Infrastrukturen versehene Lebenswelt ihrer Vorgängergenerationen eine andere war, sondern auch die, die als natürliche Umwelt aufgefasst wird – dass zum Beispiel Au- und Heidelandschaften Produkte lange zurückliegender Abholzungen sind und Erosionsprobleme in Mitteleuropa schon seit den massiven Rodungen des Hochmittelalters bekannt sind.[351]

Aber man muss die Zeiträume, in denen Veränderungen *nicht*

bemerkt werden, gar nicht so weit strecken – in der Regel genügt der Übergang von einer Generation zur nächsten, um massive Veränderungen der Umweltwahrnehmung zu finden. So hat, wie eingangs schon erwähnt, eine Gruppe von Ökologinnen und Ökologen unlängst untersucht, wie kalifornische Fischer Veränderungen in ihren Fischbeständen und Fanggründen im Generationenvergleich wahrnehmen. Das ist die bislang einzige empirische Untersuchung über sich verändernde Wahrnehmungen der Umwelt, und ihre Ergebnisse sind verblüffend. Die Forscher haben drei Generation von Fischern danach gefragt, wo aus ihrer Sicht welche Bestände zurückgegangen seien, welche Arten ihnen hauptsächlich ins Netz gegangen sind, was der größte Fang und wie groß der mächtigste Fisch war, den sie je an Bord gezogen haben. Die jüngste Befragtengruppe war zwischen 15 und 30 Jahre alt, die mittlere 31 bis 54 Jahre, die dritte entsprechend älter als 54 Jahre.[352] Zwar sagten 84 Prozent der Befragten, dass es einen Rückgang der Bestände insgesamt gäbe, aber die Annahmen darüber, welche Fische wo nicht mehr vorkämen, fielen krass unterschiedlich aus. So nannten die Fischer der ältesten Gruppe elf Arten, die verschwunden waren, die der mittleren Gruppe sieben, aber die Jüngsten nannten lediglich zwei Fischarten, die in ihren Fanggründen nicht mehr vorkämen.[353]

Die Jüngsten hatten auch gar keine Vorstellung mehr darüber, dass es dort, wo sie selbst täglich fischten, vor nicht allzu langer Zeit massenhaft Weißhaie, Judenfische (Epinephelus itajara)[354] oder auch Perlaustern gegeben hatte. Derselbe Befund zeigte sich, als es um die Fischgründe ging. Während die älteste Befragtengruppe sich erinnerte, dass man früher nicht weit herausfahren musste, um die Netze zu füllen, müssen sie heute weit aufs Meer, um annähernd ausreichende Fänge zu machen. Von den jüngsten Befragten hatte niemand mehr auch nur die Idee, dass man in Küstennähe überhaupt etwas fangen könnte, und deshalb hielt diese Regionen auch niemand für überfischt. Mit anderen Worten: In ihrem Referenzrahmen *gab es* in der Nähe der Küste überhaupt keine Fische.

Reiseführer aus den 1930er Jahren empfahlen die Gegend um den Golf von Kalifornien besonders für Sportangler, da man hier mühelos kapitale Judenfische fangen könne. Wenn man heute die ältesten Fischer danach fragt, können sie sich denn auch erinnern, vor fünfzig oder sechzig Jahren bis zu 25 solcher Tiere am Tag gefangen zu haben, in den sechziger Jahren waren es dann nur noch zehn oder zwölf, und in den neunzigern höchstens noch ein einziger. Während fast alle der ältesten und der mittleren Altersgruppe Judenfische gefangen hatten, waren es unter den Jüngsten nur mehr weniger als die Hälfte, die überhaupt jemals einen gesehen hatten. Und besonders verblüffend ist wieder: Nur zehn Prozent der Jüngsten glaubten, dass hier Bestände *verschwunden* seien, die meisten dachten, solche Fische hätte es dort niemals gegeben.[355] Und entsprechend fallen mit sinkendem Alter auch die Angaben immer kleiner aus, wenn nach dem größten Fisch gefragt wurde, den man je gefangen hatte.

Die Autorinnen und Autoren der Studie fassen zusammen, dass diese rapiden Veränderungen in der Wahrnehmung der Umwelt erklären, warum die meisten Menschen den Rückgang der Artenvielfalt ziemlich gelassen sehen: In ihrer eigenen Wahrnehmung nämlich verändert sich wenig, weil sie das Schwinden der Vielfalt von einem gleitenden Referenzpunkt aus betrachten.[356] Dieser Befund ist für Ökologen natürlich deprimierend, weil das zugleich bedeutet, dass ein Handlungsbedarf zum Schutz von Beständen, der aus Sicht der Wissenschaft dringend erforderlich scheint, in der Alltagswahrnehmung erst mühsam vermittelt werden muss.

Sozialpsychologisch liefert die Studie ein ausgezeichnetes Beispiel dafür, dass sich die Einschätzungen von Menschen mit der Veränderung ihrer Umwelten gleitend selbst verändern – das ist wie mit zwei Zügen, die auf parallelen Gleisen fahren und relativ zueinander stillzustehen scheinen. Shifting baselines haben natürlich Folgen dafür, wie man Bedrohungen und Verluste wahrnimmt und bewertet, dafür also, was man für *normal* hält und was nicht.

Shifting baselines betreffen keineswegs nur die Sphäre des Biologischen, sie lassen sich vielleicht sogar noch besser im Rahmen sozialer Prozesse beschreiben. Wenn man sich etwa daran erinnert, welche Woge der Empörung Anfang der 1980er Jahre die Absicht der damaligen Bundesregierung auslöste, eine Volkszählung durchzuführen, und die damaligen Debatten um den »totalen Überwachungsstaat« und den »gläsernen Bürger« mit der Sorglosigkeit vergleicht, mit der heute Kreditkarten, Mobiltelefone, Internetanschlüsse etc. benutzt werden, hat man ein vielsagendes Beispiel für eine shifting baseline im Bereich des Sozialen. Jeder Benutzer solcher Techniken hinterlässt elektronische Spuren seines Handelns, die jederzeit rekonstruierbar sind, und der Begriff des intimen Persönlichkeitsbereiches hat sich dadurch völlig verändert. Aber kaum jemand scheint sich dadurch in seinen Persönlichkeitsrechten eingeschränkt oder gar »gläsern« zu empfinden, und dies ist wahrscheinlich gerade deshalb so, weil es sich hier nicht um eine absichtsvolle Erhöhung von Transparenz handelte, sondern um einen Kollateraleffekt technischer Innovationen, bei denen Kategorien wie informationelle Selbstbestimmung, Datenschutz oder Persönlichkeitsrecht aus der Nutzerperspektive zunächst mal gar keine Rolle zu spielen scheinen. Die Technik erhöht die kommunikativen Möglichkeiten, die zugleich zu erheblichen normativen Veränderungen führen, was aber wegen des gleitenden Referenzpunktes gar nicht weiter auffällt.

Soziale shifting baselines lassen sich auch hinsichtlich der Akzeptanz von Normenveränderungen in der Sozialgesetzgebung ebenso verzeichnen wie etwa im Hinblick auf die Akzeptanz von Einsätzen der Bundeswehr. Ablesbar sind sie am sinkenden bzw. irgendwann ganz ausbleibenden Diskussionsbedarf. Besonders deutlich sind Beispiele aus dem ökologischen Bereich: So haben etwa verschärfte Umweltschutzauflagen und erhöhte Energiekosten in den vergangenen Jahrzehnten zur

Entwicklung erheblich effizienterer Automotoren geführt, während zugleich gestiegene Sicherheits- und Statusbedürfnisse die Fahrzeuge immer größer und schwerer werden ließen. Die Folge war ein kontinuierlicher Anstieg der Hubräume und Leistungen der Motoren, die die erzielten Effizienzgewinne weitgehend aufzehrten oder sogar ins Gegenteil verkehrten.

Shifting baselines lassen sich auch in Bezug auf Normen und Überzeugungen verzeichnen, also auf Referenzrahmen, die darüber orientieren, was richtig oder falsch, gut oder schlecht ist.

Referenzrahmen und die Struktur des Nichtwissens

Am 2. August 1914, dem Tag nach der deutschen Kriegserklärung gegen Russland, notiert Franz Kafka in Prag in seinem Tagebuch: »Deutschland hat Russland den Krieg erklärt. – Nachmittag Schwimmschule.« Das ist lediglich ein besonders prominentes Beispiel dafür, dass Ereignisse, die die Nachwelt als *historische* zu bewerten gelernt hat, in der Echtzeit ihres Entstehens und Auftretens nur selten als solche empfunden werden. Wenn sie überhaupt zur Kenntnis genommen werden, dann als Teil eines Alltags, in dem noch unendlich viel mehr anderes wahrgenommen wird und Aufmerksamkeit beansprucht, und so geschieht es, dass selbst außergewöhnlich intelligente Zeitgenossen einen Kriegsausbruch mitunter nicht bemerkenswerter finden als den Umstand, dass man am selben Tag seinen Schwimmkurs absolviert hat. Wann beginnt also eine soziale Katastrophe?

In dem Augenblick, in dem Geschichte stattfindet, erleben Menschen Gegenwart. Historische Ereignisse zeigen ihre Bedeutung erst im Nachhinein, nämlich dann, wenn sie nachhaltige Folgen gezeitigt haben oder sie sich, mit einem Begriff von Arnold Gehlen, als »Konsequenzerstmaligkeiten« erwiesen haben, also als präzedenzlose Ereignisse mit Tiefenwirkung für alles, was danach kam. Damit ergibt sich ein methodisches Problem, wenn man die Frage stellt, was Menschen eigentlich von solch einem heraufdämmernden Ereignis wahrgenommen bzw. gewusst haben bzw. wahrnehmen und wissen *konnten*. Denn Erstmaligkeitsereignisse werden in der Regel gerade deshalb nicht wahrgenommen, weil sie neu sind, man also das, was geschieht, mit den verfügbaren Referenzrahmen zu erfassen versucht, obwohl es sich um ein präzedenzloses Geschehen handelt, das selber erst eine Referenz für spätere vergleichbare Ereignisse liefern kann.

Aus genau diesem Grund haben, wie gesagt, viele der jüdischen Deutschen nicht die Dimension des Ausgrenzungsprozesses erkannt, deren Opfer sie wurden. Die nationalsozialistische Herrschaft wurde als kurzlebiges Phänomen betrachtet, »das man durchstehen müsse, oder als ein Rückschlag, auf den man sich einstellen konnte, schlimmstenfalls als Bedrohung, die einen zwar persönlich einengte, aber immer noch erträglicher war als die Fährnisse eines Exils«.[357] Die bittere Ironie liegt im Fall der Juden gerade darin, dass ihr Referenzrahmen Antisemitismus, Verfolgung und Beraubung aufgrund leidvoller historischer Erfahrungen ohne weiteres umfasste, er es ihnen aber gerade dadurch unmöglich machte zu sehen, dass nun etwas geschah, was anders, nämlich absolut tödlich, war.

Insofern hängt, was man wissen kann, zunächst davon ab, was man wahrnimmt, aber nicht nur deshalb ist die Erforschung dessen, was Menschen zu einem früheren Zeitpunkt gewusst haben, ein schwieriges Unterfangen. Denn Geschichte wird im Rahmen gleitender Referenzlinien wahrgenommen, weshalb sie ein für die Wahrnehmung *langsamer* Prozess ist, der erst durch Begriffe wie etwa »Zivilisations*bruch*« nachträglich auf ein abruptes Ereignis verdichtet wird – dann nämlich, wenn man weiß, dass eine Entwicklung radikale Konsequenzen gehabt hat. Die Interpretation dessen, was Menschen vom Entstehen eines Prozesses wahrgenommen haben, der erst sukzessive sich zur Katastrophe auftürmte, ist also ein äußerst vertracktes Unterfangen – vertrackt auch deswegen, weil wir unsere Frage nach der zeitgenössischen Wahrnehmung im Wissen darum stellen, wie die Sache ausgegangen ist, das aber die Zeitgenossinnen und Zeitgenossen logischerweise gar nicht haben konnten. Man blickt also vom Ende einer Geschichte auf ihren Beginn und müsste gewissermaßen das eigene historische Wissen suspendieren, um für einen jeweiligen Zeitpunkt angeben zu können, was man damals gewusst hat. Norbert Elias hat es deshalb nicht zu Unrecht als eine der schwierigsten Aufgaben der Sozialwissenschaften bezeichnet, die Struktur des Nichtwissens zu rekonstruieren, die zu anderen Zeiten vorgelegen hat.[358]

Umgekehrt verfügt man als Zeitgenosse von Ereignissen nicht über das Wissen eines künftigen Betrachters dessen, was heute Gegenwart und morgen Geschichte ist. Die paradoxe Aufgabe wäre also, auszuloten, was unter gegenwärtigen Bedingungen nicht sichtbar ist, aber gleichwohl die Zukunft bestimmt. Eine solche Zukunftsheuristik kann sich nur auf eine einzige Quelle stützen: die Vergangenheit.

Wissen und Nichtwissen über den Holocaust

> Das Entsetzen, wissen Sie, das Entsetzen, das wir am Anfang verspürt haben, dass ein Mensch so mit einem anderen umgehen kann, das hat sich dann irgendwie gelegt. Ja, so ist das eben, nicht wahr? Und ich hab's ja dann auch an mir selbst gesehen, dass wir dann eigentlich relativ cool geworden sind, wie man heute so schön sagt.
>
> *Ehemalige Anwohnerin des Konzentrationslagers Gusen*

Jeder völkermörderische Prozess beginnt an einer Stelle, an der noch niemand an Mord denkt. Er beginnt dort, wo eine Bevölkerungsmehrheit ein gefühltes Problem hat. Die Frage aber, an welchem zeitlichen Punkt die Analyse einer sozialen Katastrophe wie des Holocaust anzusetzen hat, ist schwer zu beantworten, beeinflusst die Befunde aber in hohem Maße. Zudem macht es einen erheblichen Unterschied, ob man den Völkermord auf einen vorliegenden Plan zurückführt (oder, wie es immer noch gern versucht wird, auf einschlägige Formulierungen in Hitlers »Mein Kampf«), oder ob man es als ein sich radikalisierendes, autokatalytisches soziales Geschehen versteht, dass weder eines Masterplans noch eines Führerbefehls bedarf, um sich zu entfalten. Jedenfalls kann eine Analyse des Holocaust nicht zu dem Zeitpunkt ansetzen, an dem er de facto beginnt, zumal dieser Zeitpunkt selbst fragwürdig ist: Beginnt er mit der Gewalt der so genannten Reichskristallnacht 1938? Beginnt er mit den Rassegesetzen von 1935? Mit dem Sieg der NSDAP bei den Reichstagswahlen 1933? Mit dem Ermächtigungsgesetz 1933? Mit der Euthanasie ab 1939? Mit dem Krieg gegen Polen 1939? Oder mit dem Vernichtungskrieg im Sommer 1941, in dem die ersten systematischen »Judenaktionen«, geplante Massenerschießungen durchgeführt werden? Oder als Rudolf Höß, dem Kommandanten von Auschwitz, die Wirkung von Zyklon B vorgeführt worden war, und er sich glücklich schätzte, dass fortan die Massenmorde ohne unnötiges Blutvergießen durchgeführt werden konnten?

Man sieht, dass die von Historikern geliebte Suche nach starting points, die markante Punkte in Kausalketten darstellen, fehlgehen muss. Kausalität ist keine Kategorie sozialer Beziehungen, und innerhalb von sozialen Verflechtungszusammenhängen kann es markante Spannungen und verdichtete Veränderungsprozesse geben, aber nicht so etwas wie den entscheidenden Anlass, auf den alles weitere zurückzuführen ist. Deshalb bleibt die Suche nach dem Führerbefehl zur Ermordung der Juden vergeblich; ein sozialer Prozess wie der Holocaust drängt aus seiner eigenen Dynamik heraus auf Ergebnisse und Lösungen, mit denen niemand gerechnet hatte, vermutlich eben nicht einmal der »Führer« selber. Soziale Entwicklungen gehen auf

Veränderungen in den figurativen Verflechtungen zurück, die Menschen miteinander bilden, nicht darauf, dass jemand B sagt, weil er A gesagt hat. Deshalb führen soziale Prozesse – wie im Fall des body count – nicht selten zu Ergebnissen, die nicht ein einziger der Beteiligten beabsichtigt hatte, die aber nichtsdestoweniger die Wirklichkeit bestimmen. Zwar sind die Handlungsfolgen von gestern die Handlungsbedingungen von heute – aber diese Gleichung funktioniert nicht umgekehrt, weshalb man aus den Folgen nicht immer auf die Bedingungen und schon gar nicht auf die dazugehörigen Gedanken und Absichten zurückschließen kann.

Also muss auch der Holocaust als ein *Prozess* betrachtet werden, der zu einem unbestimmten Zeitpunkt begann und mit der Befreiung der Lager im Frühjahr 1945 zu Ende ging. In Deutschland vollzog sich vom Tag der so genannten Machtergreifung am 30. Januar 1933 an ein fundamentaler Wertewandel, in dem es zunehmend als normal empfunden wurde, dass es kategorial unterschiedliche Menschengruppen gab, für die entsprechend unterschiedliche Normen des zwischenmenschlichen Umgangs auf der einen und der Rechtsetzung und -anwendung auf der anderen Seite galten.[359] Wie man bei Raul Hilberg nachlesen kann, blieb es juristisch bis in die Kriegsjahre hinein ein Problem, im Einzelfall genau festzulegen, ob jemand jüdisch war oder nicht – so wurde im August 1942 eine junge, »halbjüdische« Frau in einem Urteil des Reichsgerichts als nicht-jüdisch erklärt, weil sie allen Versuchen ihres Vaters widerstanden habe, sie der jüdischen Religion zuzuführen. Das Reichsverwaltungsgericht entschied im Fall eines »Halbjuden« genau gegenteilig, weil dieser sich in Dokumenten und Formularen selbst als Jude bezeichnet hatte.[360] Während juristisch also lange Zeit ein Problem blieb, wer Jude war und wer nicht, war diese Frage auf der Ebene der sozialen Alltagspraxis durch die Entrechtung, Beraubung und psychische wie materielle Verelendung der meisten jüdischen Deutschen längst beantwortet. Hier leistet nämlich die Praxis der Ausgrenzung selbst die Identifizierung. Im nationalsozialistischen Alltag wird Ausgrenzung in einer sich rapide verändernden Wirklichkeit zugleich praktiziert und wahrgenommen, und in der Wahrnehmung verschiebt sich, was im Umgang mit Angehörigen der Sie-Gruppe als akzeptabel, tolerabel, kurz: als normal betrachtet wird.

Man kann zur Rekonstruktion des Wertewandels im nationalsozialistischen Deutschland, der sich als fortschreitende Normalisierung radikaler Ausgrenzung bezeichnen lässt, zeitgenössische Quellen heranziehen, die, wie die Aufzeichnungen Sebastian Haffners, die Tagebücher Victor Klemperers oder Willy Cohns oder die Briefe Lilly Jahns auf der Mikroebene des sozialen Alltags nachzeichnen, wie in verblüffend kurzer Zeit Menschengruppen aus dem Universum der sozialen Verbindlichkeit entfernt werden – aus jenem Universum also, in dem Normen wie Gerechtigkeit, Mitleid, Nächstenliebe etc. zwar noch in Kraft sind, nun aber nicht mehr für diejenigen gelten, die per definitionem aus der Gemeinschaft ausgeschlossen sind. Man übersieht bei der Betrachtung des nationalsozialistischen Systems häufig, dass dieses zwar ein Unrechts- und Willkürsystem gewesen ist, dass Willkür und Unrecht aber fast ausschließlich die Nicht-Zugehörigen trafen, während die Mitglieder der Volksgemeinschaft nach wie vor in weiten Bereichen sowohl Rechtssicherheit als auch staatliche Fürsorge genossen.[361]

Die Volksgemeinschaft wurde gerade dadurch gestiftet, dass *nicht jeder* zu ihr gehören konnte. Das verbreitete Gefühl, nicht bedroht zu sein und keinerlei Repression zu unterliegen, beruhte umgekehrt auf einem starken Gefühl der Zugehörigkeit, deren Spiegelbild die täglich demonstrierte Nicht-Zugehörigkeit von anderen Gruppen, insbesondere von Juden war. Unmittelbar nach dem 30. Januar 1933 setzte eine ungeheuer beschleunigte Praxis der Ausgrenzung der Juden ein, und zwar ohne relevanten Widerstand der Mehrheitsbevölkerung. Dabei spielt nicht nur der Gesetzgeber und die Verwaltung mit einer

Kaskade antijüdischer Gesetze und Verordnungen sowie ihre umstandslose Durchsetzung durch hochmotivierte Bürokraten eine Rolle, sondern auch das freiwillige, oft vorauseilende Praktizieren antijüdischer Maßnahmen durch Privatpersonen in Vereinsfunktionen oder durch Kommunalbeamte, die die entsprechenden Maßnahmen durchaus nicht hätten ergreifen *müssen*, sondern aus freien Stücken ergriffen haben.

»Wenn in späteren Jahren einmal ein Forscher, der die Juden nur vom Hörensagen kennt, die Akten im Stadtarchiv Dortmund durchwühlt, wird er die Erkenntnis gewinnen, dass auch die deutschen Pfandleihanstalten zu ihrem geringen Teil an der Lösung der Judenfrage in Deutschland mitgearbeitet haben.« Das schrieb mit sichtlicher Befriedigung über die geleistete Arbeit der Leiter der Städtischen Leihanstalt Dortmund im August 1941.[362] In diesem stolzen Satz steckt eine Menge von dem, was man eine »nationalsozialistische Moral« nennen könnte, denn dieser Amtshandelnde verbindet deutlich einen eigenen Sinn mit der »Lösung der Judenfrage« und ist schon 1941 davon überzeugt, dass es gut und sinnvoll war, sie auf so radikale Weise zu lösen, dass Nachgeborene – die Historiker einer imaginierten Zukunft – Juden überhaupt nur noch »vom Hörensagen« kennen können. So etwas verweist nicht nur auf anti-soziale Bedürfnisse, die nun unter neuen Verhältnissen freudig befriedigt werden können, sondern auch auf den Wunsch, einen eigenen Beitrag zu etwas leisten zu können, das als richtig und sinnvoll empfunden wird. Wegen dieses Sinnangebots stoßen antijüdische Maßnahmen innerhalb der entsprechenden Vereine, Verbände und Kommunen bei Nicht-Betroffenen in der Regel auf Zustimmung, jedenfalls nicht auf Protest oder gar auf Widerstand.

Im sozialen Alltag des Nationalsozialismus sind solche Maßnahmen, die *andere* treffen, aber von Nicht-Betroffenen natürlich zur Kenntnis genommen werden, allgegenwärtig. Kaum ein Tag vergeht ohne eine neue Maßnahme. Die antijüdischen Gesetze, die die normsetzende Spitze dieses Eisbergs ausgrenzender Praxis bilden, sind das »Gesetz zur Wiederherstellung des Berufsbeamtentums« vom 7. April 1933, das unter anderem die Versetzung aller »nicht-arischen« Beamten in den Ruhestand vorsieht. Noch im selben Jahr werden 1200 jüdische Professoren und Dozenten entlassen, ohne dass auch nur eine einzige Fakultät dagegen protestiert hätte. Am 22. April werden nichtarische Kassenärzte aus den kassenärztlichen Vereinigungen ausgeschlossen.[363] Am 14. Juli 1933 wird das »Gesetz zur Verhinderung erbkranken Nachwuchses« verabschiedet.

Wie immer auch die Gesetze und Maßnahmen bei den einzelnen Volksgenossinnen und Volksgenossen ankamen – festzuhalten ist, dass sich auch in dieser frühen Phase, die ja zumindest auch für die Nicht-Betroffenen einen erheblichen *Wertewandel* hinsichtlich zwischenmenschlicher Umgangsformen bedeutete, keinerlei Unmut artikulierte. Aber was heißt eigentlich Nicht-Betroffene? Wenn man den Vorgang der Ausgrenzung, Beraubung und Vernichtung als einen Handlungs*zusammenhang* betrachtet, ist es logisch unmöglich, von Nicht-Betroffenen zu sprechen: Wenn eine Personengruppe auf solch schnelle, verdichtete, öffentliche und nicht-öffentliche Weise aus dem Universum der moralischen Verbindlichkeit ausgeschlossen wird, dann bedeutet das umgekehrt, dass sich der wahrgenommene und gefühlte Stellenwert der Zugehörigkeit zur Volksgemeinschaft *erhöht.* Das heißt, dass sich die innere Konsistenz der Wir-Gruppe und die gefühlte Bedeutung, ihr anzugehören, verstärkt, während im selben Maß die wahrgenommene Homogenität der Sie-Gruppe und der Makel, ihr anzugehören, wächst. Das sicherste Anzeichen einer totalen Kategorisierung ist die Verwendung des Kollektivsingulars: der Jude.

Der Unterschied zwischen beiden Gruppen wird nun nicht nur der rassistischen Theorie und der Gesetzgebung nach kategorial, also unüberbrückbar, sondern zunehmend auch in der sozialen Wirklichkeit. Das zeigt an, dass sich der Referenzrahmen der Beteiligten selbst verändert hat: Wurde zuvor so etwas wie Gewalt gegen Juden als ungewöhnlich und nicht erwartbar betrachtet, galt sie nun zunehmend als normal. Wenn sich die Gewalt veralltäglicht, entsteht nun keine Dissonanz mehr zwischen Erwartung und Wirklichkeit – man findet also nichts mehr dabei. Die Referenzlinien haben sich mit der neuen Wirklichkeit verschoben.

Psychologisch ist es kein Wunder, dass die praktische Umsetzung der Theorie von der Herrenmenschenrasse äußerst zustimmungsfähig war. Vor dem Hintergrund dieser in Gesetze und Maßnahmen gegossenen Theorie konnte sich nämlich noch jeder sozial deklassierte ungelernte Arbeiter ideell jedem jüdischen Schriftsteller, Schauspieler oder Geschäftsmann überlegen fühlen, zumal dann, wenn der ablaufende gesellschaftliche Prozess die faktische soziale und materielle Deklassierung der Juden auch durchsetzte. Die Aufwertung, die der einzelne Volksgenosse auf diese Weise erfuhr, bestand auch im Gefühl einer relativ verringerten sozialen Gefährdung – einem ganz neuen Lebensgefühl in einer exklusiven Volksgemeinschaft, zu der man nach den wissenschaftlichen Gesetzen der Rassenauslese so unabänderlich gehörte, wie die anderen genauso unabänderlich niemals gehören konnten.

Während es den einen zunehmend schlechter ging, fühlten sich die anderen immer besser.[364] Seine psychosoziale Durchschlagskraft bezog das nationalsozialistische Projekt aus einer radikalen Transformation des sozialen Raumes, aus der unmittelbaren Umsetzung seiner Behauptungen in eine greif- und fühlbare Wirklichkeit, und aus der Veränderung des Referenzrahmens, die das für die Beteiligten bedeutete. »Die Juden« wurden in diesem Prozess genauso geschaffen wie »die Deutschen«, und diese Differenzierung hält, woran Geschichtspädagogen verzweifeln, bis heute an. Hier sieht man, welche Nachhaltigkeit historische Gewaltprozesse und ihre Ergebnisse haben. Und Interviews mit ehemaligen Volksgenossinnen und -genossen legen von der psychosozialen Attraktivität und emotionalen Bindungskraft dieses Ein- und Ausschließungsprozesses bis heute Zeugnis ab. Nicht umsonst besteht bis heute weitgehende Übereinstimmung unter den Zeitgenossen, dass das »Dritte Reich« mindestens bis zum Russlandfeldzug als »schöne Zeit« zu beschreiben sei; bei vielen geht diese Zuordnung auch noch bis weit in den Krieg hinein.[365] Die Ausgrenzung, Verfolgung und Beraubung der Angehörigen der Sie-Gruppe wurde kategorial nicht als solche erlebt, weil diese Anderen per definitionem eben schon nicht mehr dazugehörten und ihre antisoziale Behandlung den Binnenbereich der Moralität und Sozialität der Wir-Gruppe gar nicht mehr berührte.

Ein besonders betrübliches Kapitel in diesem Zusammenhang bilden die so genannten Arisierungen jüdischer Geschäfte und Unternehmen sowie die öffentlichen Versteigerungen von Wert- und Einrichtungsgegenständen aus jüdischem Besitz. Während insgesamt etwa 100 000 Betriebe im Zuge der »Arisierung« ihre Besitzer wechselten, lässt sich die Beteiligung an den Versteigerungen des Hausrats deportierter Juden kaum noch quantifizieren, aber anhand von Beispielen wenigstens dimensionieren. In Hamburg etwa wurden 1941 die Ladungen von 2699 Güterwagen und 45 Schiffen voll »Judengut« versteigert; 100 000 Hamburger erwarben Möbel, Kleidungsstücke, Radios und Lampen, die aus etwa 30 000 jüdischen Familien stammten.[366] Hinzu kamen der vieltausendfache Besitzerwechsel von Immobilien, Autos, Kunstgegenständen etc. Gelegentlich wurden übrigens die Behörden schon mit der Bitte nach besonders begehrten Gütern bedrängt, noch bevor ihre rechtmäßigen Besitzer abtransportiert worden waren, und es werden auch Fälle geschildert, wo bei noch nicht deportierten Juden geklingelt wurde, damit man schon mal in Augenschein nehmen konnte, was man auf der bereits angesetzten Versteigerung erwerben könne.[367]

Hier wird ein Handlungszusammenhang sichtbar, in dem veränderte Normengefüge nicht vertikal von oben nach unten durchgesetzt werden, sondern in dem auf praktische und sich immer noch verschärfende Weise das Verhältnis zwischen den

Menschen entsolidarisiert wird und neue soziale Referenzlinien etabliert werden. In dieser Normalität mag es zwar 1941 noch kein Bestandteil des Referenzrahmens eines Durchschnittsvolksgenossen sein, dass Juden ebenso gut auch getötet werden können, aber in diesem Rahmen ist es schon nichts Bemerkenswertes mehr, wenn Ortsschilder verkünden, dass der entsprechende Ort »judenfrei« sei, wenn Parkbänke nicht von Juden benutzt werden dürfen, und auch nicht mehr, dass die jüdischen Bürger entrechtet und beraubt werden.

Vor diesem Hintergrund erläutert in einem der Kriegsverbrecherprozesse etwa ein Beamter des Auswärtigen Amtes, Albrecht von Kassel, was man unter dem Begriff »Endlösung« verstanden habe: »Dieser Ausdruck ›Endlösung‹ ist ja in verschiedenem Sinne gebraucht worden. 1936 bedeutete Endlösung ja nur, dass die Juden alle Deutschland verlassen sollten, und dabei sollten sie allerdings ausgeplündert werden; es war nicht schön, aber auch nicht verbrecherisch …«. Daraufhin glaubt der Richter, nicht recht verstanden zu haben und bittet um eine Wiederholung. Von Kassel: »Ich habe gesagt, es war leider nicht schön, aber nicht verbrecherisch. Man wollte ihnen nicht ans Leben, sondern man wollte ihnen nur das Geld wegnehmen.«[368]

In einer solchen Aussage, der sich zahllose ähnliche hinzufügen ließen, dokumentiert sich die Veränderung des Referenzrahmens, die für viele Deutsche zwischen 1933 und 1941 stattgefunden hatte, in aller Klarheit. Diese Veränderung umfasste die Schaffung zweier juristisch und sozial völlig unterschiedlicher Kategorien von Menschen, und davon hing wiederum ab, was in bezug auf die Wir- bzw. die Sie-Gruppe jeweils als Rohheit, Unrecht oder Verbrechen betrachtet wurde.[369]

Im Herbst 1941 begannen dann die Deportationen der noch im Lande lebenden jüdischen Deutschen, sofern diese nicht mit einem nicht-jüdischen Partner verheiratet waren oder in kriegswichtiger Produktion arbeiteten. Diese Deportationen fanden in aller Öffentlichkeit statt, weil die Opfer mit der deutschen

Reichsbahn abtransportiert und entweder mit Lastwagen oder in größeren oder kleineren bewachten Gruppen zu den Bahnhöfen gebracht wurden. Unabhängig davon, wie die Reaktion der örtlichen Bevölkerung jeweils ausfiel, kann kein vernünftiger Zweifel daran bestehen, dass die Deportationen als solche allgemein bekannt waren. Nicht selten zogen sie große Mengen Zuschauer an, es wurde geklatscht, gejohlt und kommentiert, und besonders Schulkinder taten sich durch Geschrei, Spott und Schmähungen hervor.[370] Es lässt sich im Nachhinein nicht abschätzen, wie groß die Bevölkerungsanteile derjenigen gewesen sind, die das Spektakel mit eigenen Augen sehen wollten, und was die Haltung dazu auf Seiten derjenigen war, die diesen Ereignissen lieber fernblieben. Aber das Wissen darüber, dass jetzt die letzten im Land verbliebenen Juden gegen ihren Willen und unter Zwang »nach Osten« transportiert wurden, war öffentliches Wissen, der Umstand, dass so etwas geschah, Teil einer gefühlten Normalität.

Welcher Wertewandel bis dahin stattgefunden hatte, wird klar, wenn man sich im Rahmen eines Gedankenexperiments vorstellt, die Deportationen hätten schon im Februar 1933, unmittelbar nach der so genannten Machtergreifung, begonnen. Da wäre die Abweichung von den Normalitätserwartungen der Mehrheitsbevölkerung zu krass gewesen, als dass sie hätten reibungslos vonstatten gehen können – ganz abgesehen davon, dass eben die Folge Ausgrenzung – Entrechtung – Beraubung – Deportation – Vernichtung zu diesem Zeitpunkt noch gar nicht gedacht wurde, ja, vielleicht nicht einmal denkbar war. Nur acht Jahre später war diese Form des Umgangs mit Anderen Bestandteil dessen geworden, was man erwarten konnte und was deshalb kaum noch jemand als außergewöhnlich empfand. Man sieht, dass die Verschiebung sogar ganz grundlegender sozialer Referenzlinien nicht einmal eines generationellen Wechsels oder jahrzehntelanger Entwicklung bedarf; es genügen ein paar Jahre.

Und die Beteiligten merken nicht, wie sich ihre Realitätswahrnehmungen, ihre moralischen Einstellungen, ihre Einschätzungen über richtiges und falsches, pro- und antisoziales Verhalten verändern. Ein verblüffendes Beispiel darüber, wie ein sozialer Verschiebungsprozess in der Struktur einer Erzählung sichtbar wird, aber nicht das Bewusstsein der Erzählerin erreicht, haben wir in einer unserer Interviewstudien gefunden. Hier erzählt eine alte Dame, was sie von der Judenverfolgung mitbekommen habe: »Ja, wir hatten ja *wenig* Juden. Die Geschäfte, die geschlossen wurden, daraus war ja noch nicht zu entnehmen, was in den Gaskammern geschah. Also, ja, wir hatten *ganz ganz wenig* Juden. Im Grunde genommen fiel das nicht so auf. Erschütternd war diese Kristallnacht, und an unserer Schule war dann plötzlich die Tochter des Rabbiners nicht mehr da. Aber das war *die einzige Jüdin* an unserem Oberlyceum, die ich kannte. Und die konnte ja auch ausgewandert sein oder sonstwie. Es ist ja etlichen auch gelungen. Ob die nun inhaftiert war oder ausgewandert, das konnten wir nicht feststellen. Wir hatten ja auch keinen persönlichen Kontakt, die war sechs Jahr älter, in einer anderen Klasse, also *die kannte ich nicht, und sie hätte mich auch nicht gekannt.*«[371]

Man sieht, auf der Ebene der Erzählstruktur ist der Ausgrenzungs- und Verfolgungsprozess, in dem die Juden immer weniger werden und schließlich ganz verschwunden sind, durchaus präsent, und zahlreiche Zeitzeugenerzählungen offenbaren bei genauerer Betrachtung analoge Strukturen. Bewusst hat die Erzählerin von der Verfolgung der jüdischen Bevölkerung nicht viel mitbekommen, weil diese zunehmend als normal wahrgenommen wurde – aber die Struktur ihres Berichts dokumentiert wie ein geheimes Protokoll, dass diese Wahrnehmung auf einer shifting baseline beruht.

Angesichts des Phänomens der gleitenden Referenzpunkte wird man sich auch angesichts ganz anderer Problem- und Veränderungslagen nicht der Illusion hingeben wollen, ihre moralischen Überzeugungen würden Menschen schon an irgendeiner Stelle eines gegenmenschlichen Prozesses innehalten und zum Besseren zurückkehren lassen. Das geschieht oft selbst dann nicht, wenn dieser Prozess selbstzerstörerisch zu werden droht. Man muss sich dazu nur in Erinnerung rufen, dass die Zustimmung der Volksgenossen zum System erst mit der immer offensichtlicher werdenden Niederlage des Krieges zu sinken begann, und sogar viele, besonders junge Deutsche noch bis zum April 1945 an den »Endsieg« und die »Wunderwaffe« glaubten, die zum guten Schluss das Blatt doch noch wenden würde – gegen jede Belehrung durch die Wirklichkeit.

Shifting baselines, anderswo

Das ist ein entscheidender Punkt, wenn man verstehen möchte, wieso sich Menschen für ein von außen betrachtet ganz und gar unverständliches, grausames, zuweilen sogar selbstschädigendes oder -zerstörendes Verhalten entscheiden. Schon am Beispiel der menschlichen Bomben ist deutlich geworden, dass es für jemanden sinnvoll sein kann, sich zusammen mit möglichst vielen Opfern in die Luft zu sprengen. Das ist freilich keine Entscheidung, die einsam gefällt wird, die also nicht in einen sozialen Referenzrahmen eingebettet wäre und dem keine shifting baselines zugrunde lägen. Denn auch nach den Maßstäben eines islamischen Fundamentalismus ist ja das Selbstmordattentat etwas historisch und normativ Neues, und die Familien, aus denen die menschlichen Bomben kommen, hätten es noch vor wenigen Jahrzehnten für ganz undenkbar gehalten, dass sie Freude darüber empfinden würden, wenn sich ihre Söhne oder Töchter auf diese Weise umbrächten. Der Koran verbietet den Selbstmord.

Auch hier hat es also einen Wertewandel gegeben, der es schon nach relativ kurzer Zeit ermöglichte, es als sozial höchst positiv und wünschenswert zu betrachten, wenn jemand sich in die Luft zu sprengen bereit sieht. Von der religiösen Kodierung, die solchen politischen Gewaltakten unterlegt wird, war schon die Rede, auch davon, welche Rolle die Inanspruchnahme der traditionellen Rolle des »Märtyrers« hier spielt. »Die Bilder von Selbstmordattentätern auf Wandmalereien, Plakaten, Kalendern, Schlüsselanhängern, Postkarten und Wimpeln, die man in ganz Palästina findet, sind eine Ausdrucksform dieses bewusst eingeleiteten Prozesses« der gesellschaftlichen Umwertung der Selbstzerstörung. »Der plötzliche erhöhte und nun äußerst geachtete Status der Familien dieser Attentäter eine weitere. So lassen stolze Eltern palästinensischer Märtyrer die Anzeige zu der Tat ihres Sprösslings nicht unter den Todesanzeigen der örtlichen Tageszeitung erscheinen, sondern unter den Hochzeitsanzeigen.«[372]

Moderne Medien spielen für diesen Wertewandel eine wichtige Rolle – so etwa, wenn im palästinensischen Fernsehen Werbespots für die Terrororganisationen laufen und Jugendliche aufgefordert werden, mitzumachen. »Einer dieser Spots, der 2003 gesendet wurde, zeigt ein junges palästinensisches Paar auf einem Spaziergang, als plötzlich israelische Soldaten auftauchen, das Feuer eröffnen und die junge Frau durch einen Schuss in den Rücken töten. Als ihr Freund ihr Grab besucht, wird auch er von israelischen Soldaten getötet. Dann sieht man, wie er in den Himmel aufsteigt und dort von seiner Freundin empfangen wird, die mit Dutzenden anderer Märtyrerinnen tanzt, den 72 Jungfrauen, die den Märtyrer angeblich im Paradies erwarten.«[373] Offenbar gibt es enge Zusammenhänge zwischen der Ausstrahlung solcher Werbesendungen und kurz darauf erfolgenden Anschlägen (hochmütige Leser mögen an dieser Stelle kurz innehalten und sich fragen, ob es mehr Sinn ergibt, ohne jede Aussicht auf jenseitige Belohnungen für einen »Führer« zu sterben).

Die Familien, aus denen die menschlichen Bomben kommen, erhalten finanzielle Unterstützung, und zwar bis zu 25 000 Dollar je Leben eines Familienmitglieds, dazu noch schöne Dinge wie Fernsehgeräte, Möbel oder Schmuck. Die Terrororganisationen bzw. ihre Geldgeber sorgen im Übrigen nicht nur für die

Finanzierung der direkten Akteure, sondern für Infrastrukturen, die von staatlicher Seite nicht zur Verfügung gestellt werden – etwa der Gesundheitsversorgung, der Bildung, der Fürsorge etc. Alle terroristischen Organisationen finden ihre Unterstützerinnen und Unterstützer durch derlei praktische Formen der Erzeugung von Loyalität und befördern umgekehrt ihre Abkehr von jenen, die falsche Werte zu vertreten scheinen oder sich einfach nur nicht um die Probleme der Leute kümmern – das gilt für die Hamas genauso wie für die IRA oder die ETA. Ideologie spielt gegenüber dieser praktischen Transformation des sozialen Raums kaum eine Rolle. Menschen verändern ihre Werte, weil ihre Welt sich verändert, nicht umgekehrt.

Von der Verschiebung der Wertvorstellungen in der palästinensischen Gesellschaft geben die Videobotschaften, die die menschlichen Bomben vor der Erfüllung ihrer Mission anfertigen, ebenso Auskunft, wie die erwähnten Hochzeitsanzeigen oder die öffentlichen Begeisterungsbekundungen, wenn ein geglückter Anschlag bekannt wird. Mehr als siebzig Prozent der Palästinenser finden Umfragen zufolge Selbstmordanschläge gut.[374]

In dem Maße, in dem sich die Normen auf Seiten des islamistischen Fundamentalismus verschoben und Formen von Gewalt etabliert haben, die vor zwei Jahrzehnten noch ganz undenkbar gewesen sind, haben sich in einem anderen Teil derselben Figuration, auf Seiten der Angegriffenen, ebenfalls soziale Normen verändert – zum Beispiel der Stellenwert der Freiheit gegenüber Sicherheit oder die Bereitschaft, vielfältigste Formen der Beschränkung und Überwachung zu ertragen oder militärische Interventionen zu befürworten.

Veränderungen in einem Teil des Spannungsgefüges, das Gesellschaften miteinander bilden, erzeugen Veränderungsdruck auch an ganz anderen Stellen im selben Gefüge. Im Fall des Terrorismus ist diese Wechselwirkung besonders deutlich, da die Aktionen der einen Seite ja auch Druck auf die andere erzeugen sollen. Daher bedeutet jeder erfolgreiche Anschlag nicht nur den Tod jener Menschen, die es zufällig trifft, sondern jedes

Attentat verändert als *kommunikativer Akt* zugleich das Sicherheitsgefühl unendlich vieler anderer Personen. Deshalb sind die gleitenden Referenzlinien im Fall des Terrorismus nahezu komplementär: Jeder terroristische Angriff erzeugt ein Bedürfnis nach höherer Sicherheit auf Seiten der Angegriffenen und erhöht deren Bereitschaft, die eigene Freiheit zugunsten von höherer Sicherheit oder wenigstens dem Gefühl davon einzuschränken.

Als eine Reaktion auf die New Yorker Anschläge vom 11. September 2001 ist in Deutschland ein auf fünf Jahre befristetes Terrorismusbekämpfungsgesetz in Kraft getreten, das eine Anpassung bestehender Gesetze (z.B. Bundesverfassungsschutzgesetz, Bundespolizeigesetz, Bundeskriminalamtgesetz, Sicherheitsüberprüfungsgesetz, Passgesetz, Gesetz über Personalausweise, Luftverkehrsgesetz, Bundeszentralregistergesetz, Energiesicherungsgesetz etc.) erlaubt, um den Sicherheitsbehörden die Möglichkeit zu geben, den Datenaustausch zu verbessern, Personen und Grenzen besser zu kontrollieren usw. Im Einzelnen wurden dabei die folgenden neuen Maßnahmen beschlossen.

- Der Verfassungsschutz darf Informationen über Geldströme und Kontobewegungen verdächtiger Organisationen und Personen bei Banken und Finanzunternehmen einholen. Weiterhin bestehen Auskunftsbefugnisse seitens des Verfassungsschutzes gegenüber Luftverkehrsunternehmen, Telekommunikations- und Teledienstleistern.
- Das Bundeskriminalamt hat mehr Kompetenzen (Ermittlungen auch nur bei »Anfangsverdacht«) gegenüber Computersabotage-Straftaten erhalten.
- Im Bundespolizeigesetz ist nun der Einsatz von Sicherheitskräften der Bundespolizei an Bord von Flugzeugen vorgesehen. Die Bundespolizei hat darüber hinaus erweiterte Möglichkeiten der Personenüberprüfung bekommen.
- Im Aufenthaltsrecht sind neue Bestimmungen verankert worden, um Personen, die die Sicherheit der Bundesrepublik

gefährden, sich an Gewalttätigkeiten beteiligen, öffentlich zur Gewaltanwendung auffordern oder einer terroristischen Vereinigung angehören, Visa oder Aufenthaltsgenehmigungen zu verweigern. Zudem wurde die Fälschungssicherheit von Ausweispapieren und aufenthaltsrechtlichen Dokumenten erhöht.

- Nach dem Asylverfahrensgesetz dürfen Sprachaufzeichnungen von Flüchtlingen vorgenommen werden, um das Herkunftsland zu bestimmen. Identitätssichernde Materialien (z.B. Fingerabdrücke) werden zehn Jahre nach der Asylentscheidung aufbewahrt und können mit den Daten des Bundeskriminalamts abgeglichen werden.
- Das Ausländerzentralregistergesetz erlaubt eine bessere Kontrolle des einreisenden Verkehrs. Damit verbunden ist auch der Zugriff auf das Register für Polizeibehörden, damit sie sofort feststellen können, ob sich jemand legal in Deutschland aufhält. Die Daten sind nun online abrufbar und nicht wie zuvor erst über eine postalische Anfrage an das Zentralregister zugänglich.
- Das Sicherheitsüberprüfungsgesetz erlaubt nun, dass Personen, die in lebens- oder verteidigungswichtigen Einrichtungen (wozu etwa auch Flughäfen zählen) arbeiten, streng überprüft werden dürfen.
- Im Pass- und Personalausweisrecht ist die Befugnis für die computergestützte Identifizierung von Personen auf der Grundlage der Ausweisdokumente (Lichtbild, Unterschrift und biometrisches Merkmal) geschaffen worden.

Das Terrorismusbekämpfungsgesetz ist 2005 evaluiert worden und wurde im Rahmen des »Terrorismusbekämpfungsergänzungsgesetzes« unter anderem um den Punkt erweitert, dass der Verfassungsschutz seine Auskunftsbefugnisse auch zur Aufklärung bisher noch nicht erfasster verfassungsfeindlicher Bestrebungen einsetzen darf. Außerdem kann er Auskünfte von Fluggesellschaften über Flugbuchungen verdächtiger Personen einfordern.

Geheime Online-Durchsuchungen, die von den Sicherheitsbehörden und vom Bundesinnenminister dringend gefordert werden, hat der Bundesgerichtshof mit Beschluss vom 31. Januar 2007 (StB 18/06) allerdings untersagt. Bisher wurden Fahndungen mittels Trojanern und Backdoor-Programmen bei Verdacht einer schweren Straftat gemäß § 102 der Strafprozessordnung ohne Wissen des Verdächtigen durchgeführt, doch der Bundesgerichtshof hat die verdeckte Online-Durchsuchung verboten, weil auch Computer zur Privatsphäre gehören (bei Durchsuchungen müssen die Betroffenen bzw. Zeugen anwesend sein). Das Bundesinnenministerium soll dennoch derzeit bereits eine Spy-Software parat haben (in diesem Fall kleine Programme, die unbemerkt vom Nutzer Festplatten durchsuchen und nach Datenbewegungen fahnden, die auf die Vorbereitung von Attentaten hindeuten).

Eine Anti-Terror-Datei, deren Einrichtung im Dezember 2006 beschlossen wurde, leistet die Verknüpfung von IT-Systemen der Nachrichtendienste, der Sicherheitsbehörden und der Polizei. In dieser Datei sind Informationen über die Zugehörigkeit zu terroristischen Vereinigungen, Waffenbesitz, Telekommunikationsdaten, Bankdaten, Ausbildung und Beruf, Familienstand und Religion, Aufenthaltsorte und Reisebewegungen verdächtiger Personen sowie Ausweisverlust enthalten. Damit geraten natürlich nicht nur Terrorverdächtige, sondern auch beliebige andere Personen in Gefahr, in dieser Datei geführt zu werden.

Im September 2007 wurde auf EU-Ebene ein »Forum zur Koordination der Zusammenarbeit zwischen Sicherheitsbehörden und Industrie gegründet. […] Die Europäische Union wird bis 2013 insgesamt 2,135 Milliarden Euro zur Entwicklung neuer Sicherheitstechnologien zur Verfügung stellen, die den Staaten in Europa weitgehende Überwachungs- und Ermittlungsmöglichkeiten schaffen sollen.«[375] Mit diesen Mitteln werden etwa Geräte entwickelt, mit denen man Sprengstoffe in Privathäusern entdecken kann oder auch spezielle

Videoüberwachungen zur Feststellung ungewöhnlichen Verhaltens in Menschenmassen. Selbst der Vizepräsident der EU-Kommission, Günter Verheugen, bezeichnete diese Innovationen als Technologien, »die unsere Gesellschaften fundamental verändern«.[376] Das neugegründete Forum ist übrigens von der EU unabhängig.

Vergleichbare Innovationen in der Gesetzgebung zur inneren Sicherheit wie in technologischer Hinsicht hat es in den meisten europäischen Ländern gegeben; in Frankreich etwa sollen bis 2009 eine Million Überwachungskameras installiert sein,[377] in Großbritannien ist die Allgegenwart der Kameras schon seit Jahren ein Faktum. In den USA ist nach dem 11. September, wie gesagt, sogar ein eigenes Ministerium für Sicherheitsfragen geschaffen worden. Auffällig bei all dem ist, dass sich gegen die mit den neuen Gesetzen und Technologien verbundenen Einschränkungen des Datenschutzes und der informationellen Selbstbestimmung kaum Widerspruch regt – im Gegenteil finden solche Maßnahmen besonders dann breite Unterstützung in der Bevölkerung, wenn gerade Anschläge stattgefunden haben oder verhindert worden sind. Die Angst der deutschen Bevölkerung vor Terroranschlägen wächst der Umfrageforschung zufolge kontinuierlich an,[378] und der Stellenwert dieser gefühlten Bedrohung hat sich gegenüber klassischen Ängsten etwa vor Krankheit, Unfällen, Arbeitslosigkeit etc. erheblich erhöht.[379]

Damit verändert sich auch die Zustimmungsbereitschaft zu sicherheitspolitischen Maßnahmen. Während im Jahr 2005 nur 37 Prozent der Bevölkerung der Auffassung waren, dass »mehr getan werden« müsse, »um Terroranschläge zu verhindern«, waren es ein Jahr später schon 46 Prozent. Mehr als zwei Drittel der Deutschen befürworten daher etwa eine stärkere Videoüberwachung an Bahnhöfen;[380] im Jahr 2007 glaubten 65 Prozent der Bevölkerung, dass nicht genug für die Bekämpfung von Kriminalität getan würde.[381]

Besonders interessant bei all dem ist, dass zwei Drittel der Befragten keine Einschränkung von Freiheitsrechten infolge von Maßnahmen zur Terrorbekämpfung sehen;[382] eine Studie der europäischen Kommission hat ergeben, dass lediglich Personen über 45 Jahre befürchten, dass der Datenschutz nicht ausreichend ist. Unter 30-Jährige dagegen sehen darin kein Problem.[383]

Solche Daten zeigen, dass es shifting baselines auch auf der anderen Seite des Konflikts gibt. Bei einem weiteren Anwachsen der gefühlten terroristischen Bedrohung, etwa im Fall eines größeren Anschlags, wird sich die Prioritätensetzung weiter von Freiheit auf Sicherheit verschieben, was insofern nicht ohne Rationalität ist, als Freiheit natürlich nur Lebende genießen können. Gleichwohl ist – besonders im Unterschied zu den 1970er und 1980er Jahren – deutlich, dass sich die Ansprüche an die Sicherung der eigenen Persönlichkeitsrechte deutlich verringert haben. Die Umfragen deuten bereits jetzt an, dass künftig die Bürgerinnen und Bürger verschärfte Sicherheitsmaßnahmen nicht nur billigen, sondern fordern werden. Auf diese Weise verschieben sich auch in demokratischen Gesellschaften Werte und gefühlte Normalitätsstandards.

Wie wird sich das Gefühl, was ein normales und abgewogenes Reagieren des Staates auf Bedrohungen von außen ist, verändern, wenn die Zahlen der Umweltflüchtlinge anwachsen und massive Sicherungsprobleme an den Grenzen erzeugen? Wie wird das Bedürfnis, Freiheitsrechte gegen Sicherheit zu tauschen, aussehen, wenn die Zahl und Heftigkeit terroristischer Anschläge zunimmt? Welche Wünsche nach Orientierung und Stabilität werden sich artikulieren, wenn eine Katastrophe europäische Städte verwüstet? Historisch gibt es zahlreiche Belege dafür, dass die Enttäuschung von Stabilitäts- und Sicherheitserwartungen Gewalt nach sich zieht, ebenso dafür, dass sich Gefühle von erhöhtem Bevölkerungsdruck gegen diejenigen richten, die dafür verantwortlich gemacht werden – also zum Beispiel Flüchtlinge. Auch die Bereitschaft, auf Freiheitsrechte zugunsten von Sicherheit zu verzichten, braucht nicht mehr unter Beweis gestellt zu werden. Insofern ist ein Vertrauen in die Stabilität von Werthaltungen sowie in Normalitäts- und Zivilisierungsstandards nicht angebracht. Eine Radikalisierung der Folgen des Klimawandels kann einen radikalen Wertewandel nach sich ziehen.

Gefühlte oder reale Bedrohungen von außen erzeugen ein tieferes Zusammengehörigkeitsgefühl nach innen – die terroristische Bedrohung ist mithin förderlich für die Identitätsbildung und -stärkung von Wir-Gruppen.[384] Solche Festigungen von Wir-Gruppenidentitäten finden nicht statt, ohne dass umgekehrt negative Feststellungen darüber gemacht werden, wer die Anderen sind; insofern folgt aus Bedrohungs-Reaktions-Figurationen immer ein erhöhter Bedarf an Identifizierungen, also Bestimmungen darüber, wer »Wir« ist und wer »Sie« sind. Es ist dann eine Frage der Dimension der gefühlten Bedrohung, ab wann Reaktionen ausgrenzender, ausschließender oder aggressiver Art gegen Angehörige der Sie-Gruppen gerichtet werden. Identitätspolitik bekommt, wie Mary Kaldor betont hat, gerade in Zeiten der Globalisierung einen neuen Stellenwert.

Kurz: Die Veränderung von Werten in einem Teil des transnationalen Spannungsgefüges lässt jene nicht unberührt, denen man in einem anderen Teil anhängt – und zugleich herrscht in beiden Teilen die Überzeugung vor, dass man gerade an den Werten festhält, die man immer schon vertreten hat.

Die Renaissance alter Konflikte: Glauben, Klassen, Ressourcen und die Erosion der Demokratie

Die Welt des Stalinismus mit seinen ethnischen Säuberungen, Deportationen, Zwangsarbeitslagern und bewusst herbeigeführten Hungerkampagnen stellt für sich genommen schon eine radikale Abweichung von dem dar, was im christlich-abendländischen Denken und in der prinzipiell mit Rationalität rechnenden Tradition der Aufklärung erwartbar gewesen wäre. Aber diese Welt hat einen großen Teil des zwanzigsten Jahrhunderts überdauert, und einige Ableger, wie Nordkorea, Kuba, Birma oder Laos halten sich bis heute. Im Zusammenhang dieses Buches ist das eigentlich nur deshalb von Interesse, weil die Empirie der Staats- und Systementwicklungen des 20. Jahrhunderts zeigt, dass *unerwartete* gesellschaftliche Entwicklungen ohne weiteres und andauernd vorkommen, und dass hier Wirklichkeiten erzeugt werden, mit denen vorher niemand gerechnet hatte. Vor diesem Hintergrund ist die Überzeugung, dass alle Gesellschaften früher oder später dem Entwicklungsmodell der OECD-Länder folgen werden, nichts als eine Illusion, und eine ahistorische zumal: Das westliche Experiment läuft gerade mal seit 250 Jahren, und es wird nicht das Ende der Geschichte sein, wenn dieses soziale Experiment beendet ist.

Andere Herrschaftssysteme haben erheblich länger existiert und sind trotzdem irgendwann kollabiert. Bislang ist – von wenigen Ausnahmen abgesehen – dem Scheitern von Gesellschaften viel geringere Aufmerksamkeit zuteil geworden als ihrem Aufstieg, und deshalb gibt es sowenig Modelle für das Implodieren von Systemen wie für die Entstehung unerwarteter Entwicklungsvarianten. Welche Staatstheorie hat eigentlich postkommunistisch-kapitalistische Autokratien wie Russland oder China auf der Rechnung? Welche einen modernen fundamentalistischen Staat wie den Iran? Und welche kalkuliert mit Anachronismen, also dem Hereinbrechen scheinbar *alter* Konfliktanlässe in moderne Entwicklungsprozesse?

Nachdem die großen Gewaltkonflikte des zwanzigsten Jahrhunderts unter zunächst imperialen, dann, im Kalten Krieg, unter ideologischen Vorzeichen zu stehen schienen, und die kurze Phase der westeuropäisch-amerikanischen Glückseligkeit nach 1989 rüde von ganz neuen Typen von Kriegen und Konflikten beendet wurde, schält sich nun eine Renaissance von Konfliktlinien heraus, die man eigentlich eher dem 19. als dem 21. Jahrhundert zugerechnet hätte.

Was heute nach Religionskriegen aussieht, gehört zweifellos einer noch länger zurückliegenden Epoche der Geschichte an, und obwohl es sich hier um Reaktionsbildungen auf Modernisierung und Globalisierung handelt, sind es doch reale und handfeste Gewaltkonflikte, die unter Vorzeichen religiöser Überzeugungen entstanden sind – und es sind machtvolle wechselseitige Etikettierungen wie »Kreuzzügler« oder »Schurkenstaaten«, die diese Konflikte auf beiden Seiten als antagonistisch und kategorial definieren. Ist ein Konflikt erst einmal so definiert, dass sich kategorial unterschiedliche Wir- und Sie-Gruppen gegenüberstehen, können Vermittlungslösungen gar nicht mehr gedacht werden, und das hat den fatalen Effekt, dass die zugrundeliegenden Konflikte auf Dauer gestellt sind, jedenfalls so lange, bis die eine Seite die andere besiegt hat. Das ist die wahlverwandtschaftliche Logik des »Kriegs gegen den Terror« ebenso wie des Dschihad – ein Friedensschluss unter Gleichen ist bei dieser Art von *Überzeugungskriegen* logisch ausgeschlossen. Deshalb bestärken die gegnerischen Parteien in ihren Aktionen immer nur die Vorstellungen und Behauptungen, die sie wechselseitig über sich haben.

Überzeugungskriege haben daher die Eigenschaft, die Referenzrahmen der Parteien nicht unbeeinflusst zu lassen, die zu der Konfliktfiguration gehören. Es entstehen spiegelbildliche Fundamentalisierungen, wie es etwa das stetige Anwachsen eines fundamentalistischen Protestantismus in den USA zeigt, der – im Gewand scheinwissenschaftlicher Auseinandersetzungen um Kreationismus und Evolutionstheorie – inzwischen auch nach Europa schwappt. Welches Wertewandelpotenzial in diesen gespiegelten Reaktionsbildungen liegt, lässt sich heute schwer sagen, aber wer in der ganz und gar säkularen Aufbruchszeit der 1960er Jahre, zu Zeiten von Bürgerrechtsbewegungen, antikolonialen Befreiungskriegen und einer wachsenden Liberalisierung in den westlichen Ländern und gelegentlichen Tauwettern in den östlichen gesagt hätte, dass nur drei, vier Jahrzehnte später mit Glaubensüberzeugungen begründete Gewalt Konflikte bestimmen würde, wäre gewiss für weltfremd erklärt worden.

Aber genau das ist heute der Fall, und wie die Glaubenskriege zurückgekehrt sind, so sind es auch die *Klassenkonflikte*, freilich in neuer Gestalt. Mit der Globalisierung und dem supranationalen Operieren von Wirtschaftsunternehmen und Hedge Fonds hat sich auch die Klassengesellschaft vom Nationalstaat emanzipiert; sie zeichnet sich gerade dadurch aus, dass sie sich unabhängig von nationalstaatlichen Grenzen herausbildet und die Angehörigen der jeweiligen Klassen transnational agieren. Der Vorstandsvorsitzende eines Automobilunternehmens, die Managerin einer Fondsgesellschaft, der IT-Spezialist, der Handwerker aus einem Billiglohnland und der illegale Wanderarbeiter – alle repräsentieren sie auf ihre höchst ungleiche Weise die globalisierte Asymmetrie der Handlungsräume und Erwerbschancen. Während die transnationale unternehmerische Rationalität sich längst von einengenden staatlichen und rechtlichen Rahmenbedingungen emanzipiert hat und nationale

Regelungen nur noch als Gelegenheitsstrukturen für Lagerungen von Aufgaben technischer, fiskalischer oder politischer Art nutzt, so können die Fachkräfte ebenso wie die Ungelernten dort, wo sie hingehen, Einkommenschancen realisieren, die dort, wo sie herkommen, utopisch sind. Die Rückkehr der Klassengesellschaft findet also jenseits der traditionellen und zum Teil mühsam erkämpften Institutionen der Konfliktregulierung statt – weder gibt es handlungsfähige internationale Gewerkschaften noch supranationale Wirtschafts- und Sozialministerien, die Disparitäten moderieren könnten; dieser neue Typ von Klassengesellschaft ist nationalstaatlich entbunden. Welche Konflikte er birgt, ist gegenwärtig unabsehbar.

Schließlich gibt es, und davon war in diesem Buch schon über weite Strecken die Rede, eine Renaissance der *Ressourcenkonflikte*, und so wie es aussieht, werden diese mit der Geschwindigkeit des Erschöpfens der weltweit verfügbaren Reserven an Öl, Uran, Wasser etc. immer schärfer. Die Auseinandersetzungen, die sich um die vermuteten Ressourcen unter dem arktischen Meer und dem antarktischen Eis ankündigen, geben schon einen Vorgeschmack auf die Rückkehr eines Ressourcenimperialismus, den man eigentlich für Geschichte hielt. Der Eroberungs- und Verteilungskampf hat bereits begonnen (vgl. S. 133 ff.).

Die dominanten Konflikte des 21. Jahrhunderts sind also (globalisierte) *Klassenkonflikte,* (globalisierte) *Überzeugungskonflikte* und (globalisierte) *Ressourcenkonflikte,* und da es bislang weder besonders effektive transnationale Akteure noch ein zwischenstaatliches Gewaltmonopol gibt, existieren gegenwärtig kaum Regulierungsmöglichkeiten für diese neu-alten Konflikte. Allerdings muss man davon ausgehen, und das zeigt etwa die umwelt- und ressourcenbedingte Gewalt, die es schon gibt, dass solche Konfliktlagen niemals eindimensional sind, sondern interdependent – und wenn sie es nicht zu Beginn der Auseinandersetzungen sind, dann werden sie es im Verlauf, und hier spielen dann Fragen von Gerechtigkeit, Ethnisierung, Rache, Vergeltung etc. konfliktverschärfende Rollen.

Das im Rückblick fast idyllisch erscheinende Zeitalter der kalten Kriege, Systemkonkurrenzen und Utopien ist also vorerst vorbei; worum es nunmehr in einer eigentümlichen Wendung der Geschichte geht, sind heiße Raum- und Ressourcenkonflikte, und die werden in den nächsten Jahrzehnten fundamentale Auswirkungen auf die Gestalt der westlichen Gesellschaften haben. Aus den totalitären Systemen und den Völkermorden des 20. Jahrhunderts ist bekannt, wie schnell die Lösung gefühlter sozialer Probleme in radikale Definitionen und tödliche Handlungen übergehen kann.

Auslagerung von Gewalt

Geschichte wiederholt sich natürlich nicht; Formate für die Lösung sicherheitspolitischer Probleme sehen im 21. Jahrhundert anders aus als im 20. – schon weil die neuen Medien eine kommunikative Aufrüstungsspirale zwischen Terroristen und Sicherheitsorganen in Gang gesetzt und die internationalen Spannungen sich verlagert haben. Auch die Gewalt, die für Problemlösungen gebraucht wird, hat ihr Gesicht verändert, wobei besonders auffällt, dass die westlichen Länder, sieht man vom Irak und von Afghanistan ab, ihren innen- wie außenpolitischen Gewalteinsatz in Zonen verlegen, die direkte Konfrontationen vermeidbar machen. Das ist der Fall bei der Abwehr illegaler Migranten: Hier werden die Grenzen exterritorialisiert. Im Fall der inneren Gefahrenabwehr ist es das Bemühen, die »Strafbarkeit ins Vorfeld« der Tat zu verlegen.[385]

Auch die Rückkehr privatisierter Gewalt auf die internationalen und nationalen Konfliktschauplätze mutet seltsam vormodern an, ist aber paradoxerweise eng mit der Modernisierung des Gewaltgebrauchs verbunden. Schon nach dem Ende des Zweiten Weltkriegs, spätestens aber nach dem Ende des

Kalten Krieges ist so etwas wie ein postheroisches Zeitalter angebrochen, das klassische Formen von Gewalt wie das Führen von Angriffskriegen oder die Anwendung von Gewaltmitteln wie Folter unter erhöhten Legitimationsdruck gesetzt hat. Da es aber auch im postheroischen Zeitalter noch Interessen gibt, deren Durchsetzung Gewalt erfordert, lässt sich seit einigen Jahren beobachten, dass sowohl militärische als auch polizeiliche Sicherheitsaufgaben an private Unternehmen abgegeben werden. Es wird bereits vermutet, dass in Zukunft umgekehrt auch private Unternehmen in Konflikte eingreifen werden, die etwa im Kontext von Rohstoffkonkurrenzen entstehen.[386] Solche Auslagerungen des Gewaltgebrauchs von der staatlichen auf die private Seite hat eine Aushöhlung des staatlichen Gewaltmonopols und der parlamentarischen Kontrolle von Gewalteinsätzen zur Folge – stellt also einen Rückschritt gegenüber einem bereits erreichten Niveau der Gewaltkontrolle dar.

Eine analoge Delegation findet statt, wenn Grenzkonflikte und die damit unvermeidlich verbundene direkte Gewalt vermieden werden, indem potenzielle Grenzverletzer schon in Pufferländern festgehalten oder zurückgeschickt werden. Der Gewaltgebrauch wird auch hier weitergegeben, nicht an private Akteure, aber an die Organe anderer Staaten.

Eine parallele Entwicklung zeigt das Bemühen um die Vorverlagerung von justiziablen Tatbeständen: Im Zuge der Terrorismusabwehr geht das Bestreben dahin, nicht mehr erst den Vollzug einer Tat, sondern schon strategisches und technisches Handeln in ihrem Vorfeld strafbar zu machen – was aus Sicht der Behörden wünschenswert, für die Demokratie aber verheerend ist. Denn unter dieser Voraussetzung verändern sich Rechtsstaaten in Präventionsstaaten (Heribert Prantl), und solche müssen notwendig davon ausgehen, dass ihre Bürger potenziell verdächtig sind. Wenn aber die »Grenze zwischen Unschuldigen und Schuldigen, zwischen Verdächtigen und Unverdächtigen aufgehoben« wird,[387] indem etwa verdachtsunabhängig Telefon- und Internetdaten gespeichert werden und Bankkonten genauso überwacht werden können wie die täglichen Wege, die jemand zurücklegt, findet eine Erosion des Rechtsstaats statt.

Beide Reaktionsbildungen auf gefühlte und reale Probleme verändern die Gestalt der westlichen Demokratien – mit Folgen für ihre eigene Zukunft: Je weniger Rechtsstaatlichkeit in einer Krisensituation gegeben ist, desto schwächer sind die Zivilisierungsmittel gegen Willkür und Gewalt, desto radikaler werden die Lösungsversuche sozialer Probleme ausfallen.

Mehr Gewalt

> Wir mussten die Stadt zerstören,
> um sie zu retten.
> *US-Offizier 1968 in Südvietnam*

Vor diesem Hintergrund ist der Klimawandel eine unterschätzte, bislang sogar weitgehend unbegriffene soziale Gefahr, und es scheint vorstellungswidrig, dass dieses *naturwissenschaftlich* beschriebene Phänomen soziale Katastrophen wie Systemzusammenbrüche, Bürgerkriege, Völkermorde bereithalten könnte, zumal im Augenblick, wo ja alles noch ganz in Ordnung zu sein scheint. Aber viel vorauseilende Phantasie ist gar nicht nötig, um sich das vorzustellen, lassen sich doch bereits für die Gegenwart umweltbedingte soziale Konflikte, Klimakriege und Sicherungsmaßnahmen beschreiben:

1. Klimakriege finden in Regionen und unter Verhältnissen bereits statt, in denen Entstaatlichung und die Existenz privater Gewaltmärkte den Normalzustand darstellen. Jede negative Veränderung von Umweltbedingungen in solchen Regionen öffnet weitere Gelegenheiten und Räume für Gewaltunternehmer und damit darauf, Kriege auf Dauer zu stellen und über die jeweiligen Staatsgrenzen hinaus zu tragen.
2. Folgen des Klimawandels wie Bodendegradation, Überschwemmungen, Trinkwassermangel, Stürme etc. schränken Überlebensräume und -chancen ein und vertiefen bestehende Problemlagen. Die Asymmetrie zwischen den begünstigten und den benachteiligten Ländern wächst.

3. Da Klimaveränderungen verletzliche Gesellschaften sowohl der Wahrscheinlichkeit wie der Dimension nach am tiefsten treffen, wird die Gewalt die Flüchtlings- und Migrationsbewegungen anwachsen lassen, und zwar sowohl die Binnen- wie die grenzüberschreitenden Migrationen. Beides zieht weitere Gewalt nach sich.
4. Grenzüberschreitende Migrationen erreichen die Inseln der Prosperität und Stabilität in Westeuropa und Amerika und veranlassen die staatlichen Akteure zu einer Verschärfung ihrer Sicherheitspolitik und Verstärkung ihrer Sicherheitskräfte. Das führt außenpolitisch zu Grenzsicherungsstrategien, die einerseits Grenzkonflikte weiter nach außen zu verlagern suchen und andererseits die Gewaltmittel gegen Grenzverletzungen erhöhen.
5. Der mit der Globalisierung von Modernisierungsprozessen wachsende Terrorismus wird durch klimawandelbedingte Ungleichheit und Ungerechtigkeit legitimiert und verstärkt.
6. Das zieht eine kontinuierliche Erhöhung der Kontrollbedürfnisse des Staates nach sich. Freiheitsspielräume engen sich ein, während sich das monopolisierte Gewaltniveau erhöht.
7. Neue rechtsfreie Räume, wie sie im Zuge des Krieges gegen den Terror etabliert worden sind, erhöhen das Niveau staatlich exekutierter Gewalt und eröffnen gesellschaftliche Hinterbühnen jenseits rechtsstaatlicher Normen. Gewaltgebrauch wird ausgelagert; Verbrechenstatbestände werden in das Vorfeld der Tat verlegt.
8. Shifting baselines verändern die Problemwahrnehmung und die Akzeptanz von Lösungsvorschlägen und Maßnahmen. Normalitätsstandards und Normen verschieben sich.
9. Diese Prozesse interagieren. Wachsende Flüchtlingszahlen, verschärfte Sicherheitsanstrengungen, zwischenstaatliche Ressourcenkonflikte usw. erzeugen autokatalytische Wirkungen. Plötzliche Umweltkatastrophen bringen die Bewältigungskapazitäten in OECD- und Schwellenländern

an ihre Grenzen, in scheiternden Gesellschaften wirken sie vernichtend. Daraus resultierende Bedrohungsgefühle und Stress führen zu unvorhersehbaren Reaktionen.

Aus all dem ergibt sich ein Szenario, das die globale Figuration der Gesellschaften insgesamt trifft und unter Druck setzt; unterschiedliche Formen und Intensitäten von Spannungen und Gewaltgebrauch werden die Folge sein. Das soziale Klima ist komplexer als das physikalische, was aber nicht bedeutet, dass man Gefährdungs- und Gewalt*potenziale* nicht bestimmen könnte, die in Zukunft wirksam werden können. Klimaveränderungen wirken in zwei Richtungen: Sie können Gewaltkonflikte hervorrufen oder bestehende Konfliktlagen vertiefen. Zudem können sie durch Interaktionen, Kumulierungen und indirekte Verkettungen *unerwartete Folgen* hervorrufen. Es ist an der Zeit, Umweltwirkungen in die Beschreibung und Analyse sozialer Konflikte einzurechnen. Die meisten Aspekte des skizzierten Veränderungsgeschehens haben das Stadium der hypothetischen Annahme längst verlassen und bestimmen bereits die Wirklichkeit von Menschen – es *gibt* Klimakriege, es wird *getötet, gestorben, geflohen*. Empirisch existiert nicht der mindeste Grund, zu glauben, dass die Welt so bleibt, wie wir sie kennen.

Was man tun kann und was nicht I

Ob *radikale Lösungen sozialer Probleme* künftig verhindert werden können, ist auch eine Probe darauf, ob Gesellschaften aus der Geschichte lernen können oder nicht. Das ist keine akademische, sondern eine politische Frage.

Allerdings kann sich politisches Denken in Zeiten globaler Gefährdung nicht an ausbuchstabierten Zukunftsmodellen orientieren, nicht nur, weil die Phantasie dazu fehlt, sondern weil sich die gesellschaftlichen Heilsversprechen des 20. Jahrhunderts als totalitäre Desaster entpuppt haben. Gerade deshalb aber ist eine Renaissance des politischen Denkens notwendig, und die muss sich in einer *Kritik jeder Einschränkung der Überlebensbedingungen anderer* erproben. Dazu wird allerdings erheblich mehr prospektives und antizipatorisches Denken nötig sein, als man in den letzten Jahrzehnten aufzubringen gelernt hat. Angesichts von Gefährdungen, deren umfassende Folgen erst in der Zukunft liegen, steuern Gesellschaften aufgrund ihrer diesbezüglichen Erfahrungslosigkeit auf neue Problemlagen zu wie ein Tanker auf den Eisberg, dem er nicht mehr ausweichen kann, auch wenn er längst schon in Sichtweite gekommen ist.

Nach allem, was in diesem Buch an sozialen Klimafolgen dargestellt wurde, sollte es nicht schwerfallen, sich vorzustellen, dass die Welt in wenigen Jahrzehnten deutlich anders aussehen wird als heute. Und es steht zu befürchten, dass sie in nicht wenigen Regionen schlechter sein wird, was die Überlebensmöglichkeiten der Menschen dort angeht. Die naheliegende Frage am Ende eines solchen Buches ist also: Was kann man tun, damit der Autor Unrecht behält?

Weitermachen-wie-üblich

Eine der vielen Handlungsmöglichkeiten ist so einfach wie naheliegend: weitermachen-wie-üblich. Diese Möglichkeit sieht ein weiteres Wachstum der Wirtschaft vor, was die fortgesetzte Nutzung importierter fossiler Energien und anderer Rohstoffe erfordert und mittelfristig zu einer systematischen Begrenzung der Hilfe- und Unterstützung jener Gesellschaften führt, die in immer größere Schwierigkeiten geraten werden. Eine solche Zukunftsstrategie nimmt beispielsweise in Kauf, dass Autobenzin immer mehr Biotreibstoffanteile beigemischt werden, um die Frist zu strecken, in der noch Erdöl verfügbar ist. Diese Strategie baut darauf, dass Regenwälder vernichtet werden, um Anbauflächen für Ölpflanzen zu gewinnen. Das ist in vielen Ländern Südamerikas und Asiens bereits jetzt der Fall[388] und geht nicht selten mit gewalttätigen Landnahmen und der Vertreibung der ortsansässigen Bevölkerung einher.

Weitermachen-wie-üblich setzt auch die wirtschafts- und außenpolitische Strategie voraus, zur mittelfristigen Versorgungssicherheit Abkommen und Verträge mit Staaten zu schließen, in denen weder Menschenrechte geachtet noch Umweltschutzstandards eingehalten werden. Und es muss in Kauf nehmen, dass die humanitären Mittel von Kriseninterventionen mittelfristig relativ begrenzter werden, als sie es heute schon sind, weil sowohl die Zahl der Konflikte wie auch die der Flüchtlinge zunehmen und die Überlebensressourcen zugleich abnehmen werden.

Man wird daher Hilfe gezielter verteilen müssen, was im Umkehrschluss bedeutet, dass man einzelne Länder und Regionen von dieser Hilfe ausschließen muss. Das alles sind keine Vorgänge, die sich auf der Vorderbühne gesellschaftlichen Lebens abspielen, sie gehören zum Verflechtungszusammenhang im Hintergrund, insofern haben negative Maßnahmen dieser Art kein Skandalisierungspotenzial und werfen keine politischen Handlungsprobleme auf. Eine solche Strategie kann also solange als rational betrachtet werden, bis die Folgen des Klimawandels aufgrund steigender Emissionen auch die vorerst wenig betroffenen Länder in starke Mitleidenschaft ziehen – sei es durch Umweltfolgen im engeren Sinne oder durch die wirtschaftlichen Resonanzwellen, die durch Kriege und Konflikte in anderen Teilen der Welt, durch Terrorismus und durch wachsenden Migrationsdruck entstehen. Oder durch Konflikte, die innergesellschaftlich aus dem Problem resultieren, dass den kommenden Generationen die Lebenschancen verwehrt sind, die die Verursachergenerationen genießen konnten. Aber das kann noch ein paar Jahrzehnte gut gehen, und für heute lebende Personen mittleren Lebensalters, die ja auch die Kerngruppe der Funktionseliten bilden, kann weitermachen-wie-üblich alles in allem als rationalste Handlungsstrategie gelten.

Eine solche Strategie scheint auch deshalb elegant, weil sie keine moralischen Probleme aufwirft – denn hier handelt ja mit dem Nationalstaat kein individueller, sondern ein repräsentationaler Akteur, und in Handlungszusammenhängen zwischenstaatlicher Natur sind individuelle Verhaltenskategorien wie Selbstsucht, Rücksichtslosigkeit, Indolenz irrelevant. Jeder Staat kann als Akteur ein Schwein sein, ohne dass dies an seiner Verhandlungsmacht im internationalen Verflechtungszusammenhang auch nur das Geringste ändern würde.

Würde man sich die Strategie des Weitermachen-wie-üblich herunterdekliniert auf die Ebene eines Individuums vorstellen, hätte man dagegen sofort eine soziopathische Person vor Augen, die nicht das mindeste Problem damit hat, das 70-fache[389] aller anderen Personen zu verdienen und trotzdem in erheblichem Umfang deren Rohstoffe zu konsumieren, die deshalb das 15-fache an Energie, Wasser und Nahrungsmittel verbraucht und im Vergleich zu weniger begünstigten Personen das 9-fache an Schadstoffen wieder an die Umwelt abgibt. Diese soziopathische Person ist darüber hinaus kategorisch uninteressiert an den Lebensbedingungen ihrer Kinder und Enkel und nimmt bei all dem in Kauf, dass wegen ihm und seinesgleichen weltweit 852 Millionen Menschen Hunger leiden und über 20 Millionen auf der Flucht sind.

Einen solchen Menschen würde man nach allen normativen Kriterien für sozial nicht integriert halten, einfach gesprochen für einen gefährlichen Schmarotzer, dem besser heute als morgen das Handwerk gelegt gehörte. Da kollektive Akteure aber keinen Zurechnungen moralischer Art unterliegen, weil hier lediglich Repräsentanten von Staaten, Institutionen, Verbänden und Unternehmen Handlungsgefüge gestalten, die sich von ihren Handlungen jederzeit subjektiv distanzieren können,[390] tritt Amoralität in der internationalen Politik kategorial gar nicht in Erscheinung. Deshalb mutet die Einführung einer Kategorie wie »Schurkenstaat«, wie sie Amerika zur Unterfütterung seiner Option von Präventivkriegen (»preemptive strikes«) versucht hat, so haltlos und deplatziert an. Anders gesagt: Solange man es in Handlungszusammenhängen nicht mit persönlichen Zurechnungen und Zuschreibungen zu tun hat, hat Moral keinerlei Handlungsrelevanz. Deshalb können sich die Mitglieder von Gesellschaften auch dann als moralisch handelnde Personen verstehen, wenn das Gemeinwesen, das sie bilden, sich amoralisch verhält.

Das lässt die Asymmetrien in den Gleichheits- und Gerechtigkeitslagen der globalisierten Welt unauffällig und unaufregend erscheinen, und deshalb würde jemand, der sich verantwortlich für das Elend eines Menschen am anderen Ende jener Handlungskette fühlt, deren Anfang er selber bildet, in der westlichen Welt als irrational und gerade nicht als vernünftig erscheinen. Insofern ist die Wahrscheinlichkeit, dass in den begünstigten Ländern eine andere Strategie als Weitermachen-wie-üblich gewählt wird, gering.

Wem diese Lösung allerdings aus Gründen der Generationengerechtigkeit oder der Überlebensrationalität der menschlichen Gattung unakzeptabel erscheint, hat drei Handlungsalternativen, die Verhältnisse zum Besseren zu wenden, die sich nicht wechselseitig ausschließen, sondern kombiniert werden können. Die erste und beliebteste ist die Individualisierung des Problems und seiner Bewältigung. So listet ein jüngst erschienenes Buch zum Klimawandel mit dem Titel »Die Klima-Revolution«[391] einhundert Tipps zur Rettung der Welt auf, etwa die Kinder zum Klimaschutz zu erziehen (Tipp 10), den Geschirrspüler erst anzustellen, wenn er voll ist (Tipp 35), Fahrgemeinschaften zu bilden (Tipp 56) oder Müll zu trennen (Tipp 95), was offenbar auch etwas Gutes gegen die Klimaerwärmung ist.

Derlei Tipps stehen nicht nur in einer grotesken Relation zur Dimension des Problems, mit dem man es zu tun hat, sondern reduzieren Niveau und Komplexität der Verantwortungs- und Verpflichtungsaspekte des Klimawandels radikal, indem sie diese individualisieren. Die immer schon falsche, aber höchst suggestible Annahme, dass gesellschaftliche Veränderungen im Kleinen anfangen, wird ideologisch, wenn sie korporative und politische Akteure aus der Verpflichtung nimmt, und sie wird verantwortungslos, wenn sie behauptet, dass dem Problem mit Veränderungen auf der Verhaltensebene beizukommen sei. Wenn jährlich durch die erdölfördernde Industrie 150 bis 170 Milliarden Kubikmeter Erdgas abgefackelt werden[392] – so viel, wie die Industrienationen Deutschland und Italien zusammen im Jahr verbrauchen – , dann wird individuelles Sparverhalten wirkungslogisch zur Fußnote.[393] Anders gesagt: Es ist politisch unverantwortlich, den Eindruck zu erwecken, dass Probleme, die auf das ökonomische Prinzip des Wachstums durch Ressourcenvernutzung zurückgehen, durch individuelle Verhaltensmaßregeln zu lösen seien. Gewiss ist der Satz richtig, dass die sauberste Energie jene ist, die gar nicht erst verbraucht wird, aber wenn man die Emissionssteigerung in den Schwellenländern betrachtet, sieht man, dass dieser Satz keinen relevanten Ausschnitt der Wirklichkeit betrifft.

Emissionen der Schwellenländer

Schwellenländer	China	Indien	Südafrika	Mexiko	Brasilien
Gesamtemissionen 2004 (in Klammern: Veränderungen seit 1990)	5.253 Mio.t (+ 48 %)	1.609 Mio.t (+ 50 %)	453 Mio.t (+ 18 %)	487 Mio.t (+ 30 %)	905 Mio.t (+ 35 %)
Emissionen pro Kopf (in Klammern: Veränderungen seit 1990)	4,2 t (+ 34 %)	1,6 t (+ 25 %)	10,5 t (– 1 %)	4,9 t (+ 9 %)	5,3 t (+ 18 %)

Quelle: Bundeszentrale für politische Bildung: M 02.07 CO_2-Emissionen Schwellenländer

Die psychologische Wirkung der Individualisierung der Folgen der Klimaerwärmung ist dafür umso größer. Das Problem scheint auf diese Weise in den Kontrollbereich der Einzelnen zurückgeholt. Jeder kann etwas tun, schon mit dem nächsten Starten der Spülmaschine.

Die zweite Handlungsebene ist die staatliche, auf der seit den IPCC-Berichten in vielen Ländern Aktivitäten ausgelöst worden sind – vom Klimaschutzprogramm des deutschen Umweltministers bis hin zu dem australischen Vorschlag, sämtliche Glühbirnen des Landes gegen Energiesparlampen auszutauschen. Maßnahmen zur Wärmeisolierung von Häusern führen zweifellos zur Einsparung von Energie, und das Ziel der deutschen Regierung, die CO_2-Emissionen bis zum Jahr 2020 um 40 Prozent abzusenken, ist ehrgeizig, aber gewiss problemangemessen. Auch wenn die internationalen Disparitäten in der Klimafrage und der Umstand, dass sich Emissionen und ihre Folgen nicht an Staatsgrenzen halten, nationale Lösungen hinsichtlich ihrer Wirkungen beschränken, sind sie doch hilfreich: Innovative Strategien einzelner kollektiver Akteure verändern die Verhältnisse in der Figuration, die Gesellschaften miteinander bilden, wenigstens graduell, und die Rolle des Vorreiters ist inspirativ. Auch hier ist die psychologische Wirkung wie im Fall der individuellen Verhaltensveränderungen erheblich; Gefühle von Kontrollverlust und Handlungsohnmacht lassen sich so reduzieren. Gleichwohl sollte die systematische Begrenztheit solcher Strategien gesehen werden; zur »Klimawende« können nationale Lösungen nicht führen, weil ihr quantitativer Einfluss zu gering bleibt.

Bleibt die zwischenstaatliche Ebene, auf der die Komplexität am größten und der Kontrollverlust entsprechend am deutlichsten ist. Es gibt keine suprastaatliche Organisation, die souveräne Staaten veranlassen könnte, weniger Treibhausgase zu emittieren, als ihnen sinnvoll erscheint. Dasselbe gilt für die Verschmutzung von Flüssen, den Bau von Staudämmen, das Abholzen von Wäldern. Es gibt auch kein zwischenstaatliches Gewaltmonopol, das die staatliche Souveränität etwa bei innerstaatlichen Umsiedlungen und Vertreibungen, Enteignungen und Landnahmen oder bei Verletzungen der Menschenrechte durch rücksichtslose Umweltpolitik etc. sanktionieren könnte. Es existiert zwar eine innerstaatliche, aber keine zwischenstaatliche Gewaltenteilung; allein das Völkerstrafrecht bietet erste Ansätze zu suprastaatlichen Regulierungen, mit denen verantwortliche Akteure für Massaker, Völkermorde etc. vor internationale Gerichtshöfe bzw. -tribunale gestellt werden können.[394] Die weitere Entwicklung supranationaler Institutionen und vor allem – wie das Beispiel der UN zeigt – ihre Ausstattung mit Sanktionsmitteln liegt in einer Ferne, die das Problem der Klimaerwärmung zeitlich nicht tangiert. Allerdings kann man die Hoffnung hegen, dass dieses Problem weitere Anstöße zur Schaffung solcher Institutionen befördert; das heutige Völkerstrafrecht hatte seinen Ursprung auch in einer sozialen Katastrophe, nämlich der nationalsozialistischen Verbrechen, die in den Nürnberger Prozessen als *crimes against humanity* definiert wurden. Gegenwärtig allerdings sind internationale Vereinbarungen im Umweltbereich auf Selbstverpflichtungen beschränkt, deren Verletzung von außen kaum sanktionierbar ist.

Deshalb lautet auch hier der Befund, dass alles gut ist, was auf der internationalen Ebene dem Klimaschutz dient, aber es ist illusionär zu glauben, dass damit bis zum Jahr 2020 das für eine Abbremsung der Erwärmung nötige Niveau an Emissionsreduzierungen erreicht werden kann.

Das sind die sozialen Handlungsebenen, die nach dem gegenwärtigen Sachstand verfügbar sind. Man wird daher davon ausgehen müssen, dass das Problem des Klimawandels derzeit *nicht lösbar* ist, was bedeutet, dass die Erwärmung auch über die noch für kontrollierbar gehaltenen zwei Grad plus gegenüber dem heutigen Level hinaus fortschreiten wird.

Zukünftige Vergangenheiten

»Lange bin ich dann auf der Brücke gestanden, die hinüberfährt auf das Terrain der ehemaligen Forschungsanstalt. Weit hinter mir im Westen zeichneten sich kaum wahrnehmbar die leichten Anhöhen des bewohnten Landes ab, nach Norden und Süden glänzte das von einem mageren Rinnsal durchzogene Schlammbett des toten Flussarms, und voraus war nichts als Zerstörung. Die ringsum mit Unmengen von Steinen zugeschütteten Betongehäuse, in denen, während der meisten Zeit meines Lebens, Hundertschaften von Technikern an der Entwicklung neuer Waffensysteme gearbeitet hatten, nahmen sich aus der Entfernung, wahrscheinlich aufgrund ihrer seltsamen Kegelform, wie Hügelgräber aus, in denen in vorgeschichtlicher Zeit große Machthaber beigesetzt worden waren mit all ihren Gerätschaften und all ihrem Silber und Gold. Der Eindruck, dass ich mich auf einem Areal befand, dessen Zweck über das Profane hinausging, wurde verstärkt durch mehrere tempel- oder pagodenartige Bauten, die ich auf keine Weise in Verbindung bringen konnte mit militärischen Einrichtungen. Je näher ich aber den Ruinen kam, desto mehr verflüchtigte sich die Vorstellung von einer geheimnisvollen Insel der Toten und wähnte ich mich unter den Überresten unserer eigenen, in einer zukünftigen Katastrophe zugrunde gegangenen Zivilisation. Wie einem nachgeborenen Fremden, der ohne jedes Wissen von der Natur unserer Gesellschaft herumgeht zwischen den Bergen von Metall- und Maschinenschrott, die wir hinterlassen haben, war es auch mir ein Rätsel, was für Wesen hier einstmals gelebt und gearbeitet hatten und wozu die primitiven Anlagen im Inneren der Bunker, die Haken an den zum Teil noch gekachelten Wänden, die tellergroßen Brausen, die Rampen und Sickergruben gedient haben mochten.«[395]

Der Schriftsteller W. G. Sebald befindet sich hier auf dem Gelände einer ehemaligen militärischen Versuchsanlage an der Küste von Suffolk. Dieser gespenstische Eindruck, auf die rätselhaften Monumente einer untergegangenen Zivilisation zu blicken, die in einer seltsamen Telescopage der Zeiten die eigene ist, kann einen auch bei der Besichtigung der Reste der gigantischen unterirdischen Produktionsstätten für Raketen im nationalsozialistischen Lager Mittelbau-Dora befallen oder in aufgegebenen Ortschaften in Osteuropa. Was man dort sieht, sind Infrastrukturen, die unter Nutzung ungeheuerer Energien und zum Teil auf Kosten tausender Menschenleben erbaut worden sind. In Mittelbau-Dora musste der Aufbau so schnell vorangehen, dass an Entkräftung zusammengebrochene Arbeiter kurzerhand mit in die Tunnelausschalungen einbetoniert worden sind; dort befinden sich ihre Leichen noch heute. Oft gab es diese mit extremem Aufwand und ungeheurer Zukunftsgewissheit errichteten Monumente nur wenige Jahre; danach wurden sie zu vollkommen nutzlosen Boten vergangener Absichten und Zwecke, die man heute nicht mehr oder nur noch mit Mühe entschlüsseln kann. Manchmal aber gibt es den Sinn auch gar nicht, den Historiker und Archäologen in ihnen zu entdecken suchen.

Sebalds Monumente in Orfordness sind ebenso wie die ehemaligen nationalsozialistischen Fabriken zur Produktion von Flugzeugen, Raketen und Leichen eigentümliche Inseln der

Zeit in einer fortschreitenden Gegenwart – sie sind Relikte einer *vergangenen Zukunft*. Wie die militärische Versuchsanlage der Entwicklung von Waffen für künftige Kriege diente, so hatte Mittelbau-Dora den Zweck, der zukünftigen Weltherrschaft des Nationalsozialismus den Weg zu bereiten. Und die Brachen des Kommunismus künden von der geträumten Zukunft einer Welt, die sogar den neuen Menschen hatte schaffen wollen. In den verrosteten Anlagen, überwucherten und zwecklosen Ruinen steckt also nicht nur Vergangenheit, sondern ebenso Zukunft, die nicht zur Wirklichkeit geworden ist.

Menschen leben nicht nur in der Gegenwart, sondern können mentale Zeitreisen zwischen Vergangenheit, Gegenwart und Zukunft machen. Das humanspezifische Vermögen, die persönliche Existenz in einem Raum-Zeit-Kontinuum zu situieren und auf eine Vergangenheit zurückblicken zu können, die der Gegenwart vorausgegangen ist, hat den Zweck, Orientierungen für zukünftiges Handeln zu ermöglichen. Umgekehrt können Menschen auf eine Zukunft zurückblicken, die noch gar nicht Wirklichkeit geworden ist. Die grammatische Form dafür ist das Futurum II – es wird gewesen sein –, seine mentale Form die »antizipierte Retrospektion«, wie Alfred Schütz das genannt hat.[396] Antizipierte Retrospektionen spielen für menschliches Handeln eine zentrale Rolle – jeder Entwurf, jeder Plan, jede Projektion, jedes Modell enthält einen Vorgriff auf einen Zustand, der in der Zukunft vergangen sein wird. Und genau aus diesem Vorentwurf eines künftigen Zustands speisen sich Motive und Energien – aus dem Wunsch, einen anderen Zustand zu erreichen als den gegebenen.

Dieses faszinierende Vermögen hat der menschlichen Lebensform nicht nur den evolutionären Vorteil verschafft, Vorteile und Hindernisse bei der Gestaltung der Welt abzuschätzen und virtuell durchzuspielen, sondern diese Lebensform überhaupt mit einer Psyche ausgestattet, die Energien nicht nur aus dem Gegebenen, sondern auch aus dem Erwünschten und Erträumten bezieht.

Ein solches Vermögen hat freilich seine eigene Dialektik, und antizipierte Retrospektionen vom Typ Hitlers oder Speers,[397] die voller utopischer Zuversicht nicht nur schon mal die neue Welthauptstadt Germania, sondern auch ein Museum für die zukünftig untergegangene jüdische Rasse geplant hatten,[398] belegen die dunkle Seite der Zukunftsgewissheit genauso wie alle totalitären Spielarten, die die marxistische Utopie von der befreiten Gesellschaft hervorgebracht hat. Aber gerade horrible Beispiele wie der Nationalsozialismus zeigen, welche psychosoziale Energie das Versprechen einer Zukunft freizusetzen vermag, die erreichbar erscheint, wenn nur jeder seinen Teil dazu tut. Diese Zustimmungsdiktatur (Götz Aly) vermochte nicht nur die ungeheure destruktive Energie zu entfalten, die am Ende fünfzig Millionen Tote und ein zur Hälfte zerstörtes Europa zurückließ, sondern auch eine geradezu fiebrige Zustimmung zu einem gesellschaftlichen Projekt, das all jenen, die dazugehörten, eine verheißungsvolle Zukunft bedeutete – bis noch weit in den Krieg hinein, »als die Spitzen der sechsten Armee die Wolga erreicht hatten und als nicht wenige davon träumten, wie sie nach dem Krieg in den Kirschgärten am stillen Don auf einem Landgut sich niederlassen wollten«.[399]

Antizipierte Retrospektionen werden regelmäßig tödlich, wenn ihre Erfinder die ganze Welt nach ihnen einzurichten trachten, weil jede gesellschaftliche Utopie eine Auffassung darüber voraussetzen *muss*, was *der Mensch* ist, und damit ist, wie Hans Jonas formuliert hat, der »Irrtum der Utopie ein Irrtum der vorausgesetzten Anthropologie, der Auffassung vom Wesen des Menschen«.[400] Wenn es überhaupt so etwas wie ein Wesen der Menschen gibt, dann liegt es erstens im Plural und zweitens in ihrer konstitutiven Potenzialität – ihrer kooperativen Lebensform und ihrer Fähigkeit zur Antizipation künftiger Chancen und Bedrohungen. Nun wird dieses Vermögen zur Potenzialität desto größer, je besser die Lebensbedingungen in der Gegenwart sind – erst die Freiheit von der unmittelbaren Sicherung des Überlebens gestattet die luxuriöse Beschäftigung mit

Möglichkeiten zur Verbesserung der Existenz; umgekehrt kann dieser Luxus jederzeit beschränkt werden oder spurlos verschwinden, wenn die Sicherheit des Überlebens bedroht ist.

Das heißt, dass die Möglichkeiten, die prinzipiell für alle Menschen gleiche Potenzialität *auszugestalten*, höchst ungleich verteilt sind, was auch eine ungleiche Verteilung *zukünftiger Chancen* bedeutet. Für eine Gesellschaft, die sich kulturell und politisch in der Tradition der Aufklärung sieht, ist das nicht akzeptabel. Insofern wird man, wenn man sich mit dieser Tradition (und all ihren post- und postpostmodernen Varianten) identifiziert, mit dem Problem des Klimawandels nicht nur aus Gründen der eigenen Überlebensrationalität, sondern auch der eigenen *Identität* anders umgehen müssen, als es bislang der Fall ist. Es geht also um einen gesellschaftlichen Selbstentwurf.

Die gute Gesellschaft

Zunächst: Das Problem der Klimaerwärmung ist durch bedenkenlosen Einsatz von Technik entstanden, weshalb jeder Versuch, es durch weiteren, nun aber »besseren« Technikeinsatz zu beheben, Teil des Problems und nicht der Lösung ist. Da aufgrund der qualitativen und quantitativen Dimension dieses Problems de facto niemand weiß, was eine rettende Handlungsstrategie wäre, ist es gerade an dieser Stelle notwendig, vom Denken-wie-üblich abzugehen. Es ist ja gerade die Entbindung vom unmittelbaren Handlungsdruck des Reagierens auf Reize, die die menschliche Überlebensform auszeichnet und Handeln ermöglicht, weshalb Auswege aus Krisen prinzipiell die Öffnung neuer mentaler Räume erfordern. Zu schnelles Denken kann für Menschen tödlich sein, weshalb die Wahrnehmung eines überdimensionalen Problems eine Denkpause einleiten sollte, in der sich überhaupt ein mentaler Raum für die Erkenntnis öffnen kann, mit *was* man es hier eigentlich zu tun hat und was man überhaupt tun kann. Erst illusionslose Betrachtungen ermöglichen es, aus der tödlichen Logik der Sachzwänge auszusteigen – wie sie sich etwa in falschen Alternativen wie der zeigt, ob man nun aus Gründen des Klimaschutzes auf verbesserte Kohlekraftwerke oder doch lieber auf die Atomkraft setzt.

Das sind deshalb falsche Alternativen, weil beide Energietechnologien auf begrenzte Ressourcen bauen und beide sich hinsichtlich ihrer Folgen als unüberschaubar erwiesen haben. Die Debatte um den Klimawandel ist voll von solchen Scheinalternativen, etwa auch in der Frage, ob man Gesellschaften mit Modernisierungsrückstand dieselben Verschmutzungsrechte einräumen müsse, wie sie die frühindustrialisierten Länder unheilvollerweise hatten – was ja nur deshalb der Fall war, weil niemand sich darüber Gedanken gemacht hat. In einer heutigen Situation, *im Wissen um die Folgen* von derlei Sorglosigkeit, ist eine solche Frage lediglich noch Ausdruck künstlicher Dummheit. Es gibt gewiss bessere Gelegenheiten, über globale Gerechtigkeit nachzudenken, als ausgerechnet im Zusammenhang einer weiteren Einschränkung der Zukunftschancen der Menschen. Wenn in diesem Kontext überhaupt etwas zu diskutieren ist, dann wäre es die Frage nach einer gerechten Verteilung der Lasten, die durch eine Reduzierung des Energieverbrauchs entstehen. Da sollten Ethikkommissionen Vorschläge erarbeiten, wie die reichen Hochtechnologieländer den Staaten mit nachholendem Modernisierungsbedarf kostenlos Technik zur Emissionsminderung oder besser -vermeidung zur Verfügung stellen können, falls man nicht überhaupt die Frage stellen mag, ob es wünschenswert ist, dass das westliche Modernisierungsniveau global erreicht wird.[401]

Zur Kategorie der falschen Alternativen zählt zweifellos auch die Frage, ob man die zahlreicher werdenden Umwelt- und Klimaflüchtlinge in Drittländern zwischenlagern oder im Meer ertrinken lassen soll; hier entfalten die Sachzwänge ihre totalitäre Logik, und es ist deutlich auszusprechen, dass diese Menschen zurückgeschickt werden oder sterben, weil man in den Schengenländern übereingekommen ist, dass man sie nicht haben will. Das ist keine moralische Aussage, sondern eine empirische. Wenn man bei sicherheitspolitischen Entscheidungen für einen solchen Umgang mit Menschen keine moralischen Dissonanzen verspürt, kann man ohne weiteres dabei bleiben, sie nicht hereinzulassen.

Ein Ausweg aus dieser Logik wäre allerdings, seine intellektuelle Kapazität nicht für die Entwicklung von möglichst human aussehenden Ausschlussstrategien aufzuwenden (und dafür erhebliche Mittel zu binden), sondern über Partizipationsmöglichkeiten nachzudenken, um die man aus demographischen Gründen in den frühindustrialisierten Ländern mittelfristig ohnehin nicht herumkommt. Warum sollten Gesellschaften, die auch künftige Herausforderungen zu bewältigen beabsichtigen, am Ideal des ethnisch möglichst homogenen Nationalstaates festhalten, der sich angesichts weiterer Modernisierungserfordernisse ohnehin als antiquiert erweisen wird?

Und wenn man schon dabei ist, nach Wegen jenseits falscher Alternativen und scheinbarer Sachzwänge zu suchen, dann könnte man das gesamte Problem des Klimawandels als ein *kulturelles* definieren und bekäme sogleich eine andere Sicht auf die Dinge. Das ist schon deshalb nahe liegend, weil der Klimawandel die Kulturen von Menschen trifft und ausschließlich im Rahmen kultureller Techniken wie Landbau, Viehzucht, Fischerei, Wissenschaft etc. wahrzunehmen ist. Ökologische Probleme sind grundsätzlich keine Probleme der gleichgültigen Natur, sondern allein der menschlichen Kulturen, die durch sie in ihrem Erhalt bedroht sind.

Also ist die Frage nach den Modi und Möglichkeiten des zukünftigen Überlebens eine *kulturelle Frage* und als solche auf die Gestaltung der eigenen Gesellschaft und Lebenswelt zu beziehen. Man kann sie ausdifferenzieren: Kann eine Kultur langfristig erfolgreich sein, wenn sie auf der systematischen Aufzehrung von Ressourcen gründet? Kann sie überleben, wenn sie den systematischen Ausschluss von Folgegenerationen in Kauf nimmt? Kann eine solche Kultur modellbildend für jene sein, die sie für ihren eigenen Fortbestand gewinnen muss? Ist es irrational, wenn eine solche Kultur von außen als exklusiv und räuberisch betrachtet und deshalb abgelehnt wird?

Die Übersetzung des Klimaproblems in eine kulturelle Fragestellung und das Ausscheren aus der fatalen, oft tödlichen Logik der Sachzwänge bedeutet eine qualitative Entwicklungschance, besonders dann, wenn die Lage so krisenhaft ist wie im Augenblick. Die Fixierung auf scheinbare Sachzwänge schließt Denk- und Handlungsmöglichkeiten aus, die bei distanzierter Betrachtung ohne weiteres gegeben sind.

Hierzu vier verschiedene Beispiele: Norwegen investiert das Volksvermögen, das ihm durch die Ölvorkommen zugewachsen ist, nicht in repräsentative Infrastrukturprojekte oder die Erhöhung des Wohlstands der Zeitgenossen, sondern verfolgt eine nachhaltige Anlagestrategie, die es auch kommenden Generationen ermöglicht, den hohen Lebensstandard der Gegenwart zu erreichen und von sozialstaatlichen Leistungen zu profitieren. Dabei werden die Anlagen nach ethischen Kriterien ausgewählt – Firmen, die etwa in der Produktion von Atomwaffen engagiert sind, scheiden aus.[402] Zugleich wird in eine klimaschonende Energieversorgung investiert. Die norwegische Gemeinde Utsira, eine Insel in der Nordsee, verfügt durch eine kombinierte Wind- und Wasserstoffanlage bereits über eine autarke Energieversorgung. Das ist ein Beispiel nachhaltigen Einsatzes volkswirtschaftlicher Mittel.

Die Schweiz hat sich bereits vor etwa zwanzig Jahren für ein Verkehrskonzept entschieden, das öffentliche Verkehrsmittel favorisiert und die Einbindung jeder Gemeinde in das öffentliche Verkehrsnetz sicherstellt. In diesem Zusammenhang wurde die Straßenbahn in Zürich wieder eingeführt, als sie in vielen deutschen Städten gerade abgeschafft wurde, und man eröffnete Bahnstrecken, während sie andernorts stillgelegt wurden. Die Schweiz weist heute das dichteste öffentliche Verkehrsnetz der Welt auf, obwohl ihre Ausgangslage dafür als Gebirgsland denkbar schwierig ist. Abgelegene Ortschaften und Seitentäler werden durch die »Postautos« angebunden. Jeder Schweizer legt im Schnitt 47 Fahrten pro Jahr mit der Bahn zurück; der EU-Durchschnitt liegt bei 14,7.[403]

Estland garantiert den kostenlosen Internetzugang als Grundrecht. Die Vollversorgung mit Kommunikationschancen reduziert nicht nur die Bürokratie und schafft Potenziale für direktere Formen der Demokratie, sie ist auch zu einer Antriebsfeder der Modernisierung geworden, die insbesondere jüngere Gesellschaftsmitglieder anspricht.

Die Entscheidung der deutschen Bundesregierung im Jahr 2003, sich der militärischen Allianz gegen den Irak zu verweigern und dafür erheblichen außenpolitischen Druck auf sich zu nehmen, hat sich als richtig und weitsichtig erwiesen. Hier wurde ein irreversibler Fehler mit unabsehbaren Folgen für das politische Gemeinwesen der Bundesrepublik vermieden, indem auf die negative historische Rolle Deutschlands in den zwei größten Kriegen des 20. Jahrhunderts verwiesen wurde. Das ist ein praktisches Beispiel für Lernen aus der Geschichte.

Diese sachlich höchst verschiedenen politischen Entscheidungen haben einen gemeinsamen Nenner: Sie weisen alle eine identitätspolitische Komponente auf. Alle vier Fälle ruhen auf der Selbstidentifizierung eines politischen Gemeinwesens, das nicht nur eine Entscheidung über ein Sachproblem fällt, sondern auch darüber, was es *sein* will: eine generationengerechte Gesellschaft im Fall Norwegens, eine Gesellschaft, die allen Bürgerinnen und Bürgern dieselbe Beweglichkeit offeriert im Fall der Schweiz, eine Republik mit egalitären Kommunikationschancen in Estland, eine lernfähige Gesellschaft, die sich verhängnisvollen Interventionspolitiken entzieht, im deutschen Fall. Diese identitätskonkrete Ebene der jeweiligen Entscheidungen enthält auch eine Selbstaussage darüber, wer man *als Norweger, als Schweizer, als Este, als Deutscher* sein und unter welchen Bedingungen man leben will, zumindest in der jeweils fraglichen Hinsicht. Und darin scheint mir etwas höchst Bedeutsames für die Frage des kulturellen Umgangs mit der

Klimaerwärmung zu liegen: Denn die Frage, was nun wie zu tun ist, lässt sich überhaupt nicht verfolgen, ohne dass zunächst beantwortet würde, wie man eigentlich leben will.

Man kann diese Frage nämlich nicht *nicht* beantworten; auch das Weitermachen-wie-üblich ist eine Antwort: Sie formuliert, dass man in die Richtung weitergehen möchte, die in die Probleme hineingeführt hat, die man zu bewältigen versucht. Diese Antwort bekennt sich auch zu der Vertiefung der schon bestehenden Asymmetrien, Ungleichheiten und Ungerechtigkeiten, wie sie der Klimawandel sowohl zwischenstaatlich wie intergenerationell mit sich bringt. Und jede Antwort schließt eine mögliche andere aus.

Wie man eigentlich in der Gesellschaft, deren Teil man ist, in Zukunft leben möchte – das ist in der Tat eine kulturelle Frage, denn sie zwingt zur Auseinandersetzung damit, wer zu dieser Gesellschaft zählen und wie Partizipation gestaltet werden soll, wie materielle und immaterielle Güter wie Einkommen und Bildung verteilt werden sollen usw. Eine Verständigung etwa darüber, ob man den Gebrauch fossiler Energie (wie im Kohlebergbau) subventionieren möchte oder den Ausbau des Bildungssystems, ob man Arbeitsplätze in rückständigen Industrien fördert oder Potenzialität in Form von besseren Schulen – all dies sind kulturelle Fragen, die Teilantworten darauf geben, als welches Gemeinwesen man sich versteht und ob Bürgerinnen und Bürger sich selbst darin wiederfinden können. Die Antworten auf solche kulturellen Fragen können sich an dem Imperativ orientieren, ob sie *künftige Entwicklungspotenziale* einschränken oder nicht.

Die Voraussetzung für ein partizipatives und gestaltungsoffenes Gesellschaftsmodell, einer Gesellschaft im Potenzialis, ist zum einen der materielle Reichtum, über den die westlichen Länder verfügen, und die Verpflichtung, die solcher Reichtum in internationaler Perspektive impliziert. Zum anderen muss über den Tag hinaus, also *politisch* gedacht werden. Das rat- und transzendenzlose Verweilen im sinngebungsfreien Universum eines globalisierten Kapitalismus reicht da nicht hin. Das nun bedeutet, sich gerade in einer Situation der Krise selbst Visionen, Konzepte oder auch nur Ideen zumuten zu müssen, die noch nicht gedacht sind. Eine solche Lösung mag naiv klingen, ist es aber nicht. Naiv ist die Vorstellung, der fahrende Zug der fortschreitenden Zerstörung der Überlebensbedingungen sehr vieler Menschen würde seine Geschwindigkeit und Richtung verändern, wenn man in seinem Inneren gegen die Fahrtrichtung läuft. Probleme, hat Albert Einstein gesagt, können nicht mit den Denkmustern gelöst werden, die zu ihnen geführt haben. Man muss die Richtung insgesamt ändern, und dafür muss der Zug erstmal angehalten werden.

Repressive Toleranz

Wer anders als indifferent mit den Ungleichheits- und Gewaltproblemen umgehen wollte, die der Klimawandel vertieft, müsste Kategorien wie Gerechtigkeit oder Verantwortung bemühen – das heißt, vor dem Hintergrund von Wertentscheidungen argumentieren und die höchstgebildete Indifferenz durch normative Unterscheidungsfähigkeit ersetzen. Und damit ist die Frage angesprochen, welche globalgesellschaftlichen Gruppen oder Einzelpersonen eigentlich größere Chancen haben, ihre Interessen durchzusetzen als andere. Herbert Marcuse hat 1965 einen berühmten Aufsatz mit dem Titel »Repressive Toleranz« verfasst, der – aus heutiger Sicht gelesen – geradezu abenteuerliche Argumentationslinien aufweist, aber einen wichtigen Sachverhalt zutreffend benennt: dass nämlich »Funktion und Wert der Toleranz von der Gleichheit ab[hängen], die in der Gesellschaft herrscht, in welcher Toleranz geübt wird«.[404]

Technisch gesprochen, ist Toleranz eine abhängige Variable vom erreichten Egalitätsniveau zwischen Gesellschaften. Wo Toleranz geübt wird, ohne bestehende Machtungleichgewichte in Rechnung zu stellen, kommt sie prinzipiell den Machtüberlegenen zugute. Toleranz wird, so Marcuse, in einer auf Ungleichheit basierenden Gesellschaft *prinzipiell* repressiv, weil sie die Position der Machtschwächeren normativ und ideologisch verfestigt. Es ist seinerzeit nicht verborgen geblieben, dass Marcuses Argumentation darauf hinauslief, eine Art putatives Widerstandsrecht zu begründen, mit dem unter anderem die Dritte Welt befreit werden sollte, aber auf Befunde übertragen, die dieses Buch aufgelistet hat, ließe sich zum Beispiel als »repressive Toleranz« bezeichnen, wenn die die Globalisierung kennzeichnende Asymmetrie zwischen begünstigten und benachteiligten Ländern vertieft wird, und niemand eine Notwendigkeit des Gegensteuerns artikuliert.

Repressive Toleranz liegt auch vor, wenn die Zukunftschancen von Menschen andernorts oder die der nachfolgenden Generationen eingeschränkt oder gar ausgeschlossen werden, ohne dass dies sofort Kritik hervorruft. Einer Gesellschaft, die der Kultur repressiver Toleranz folgt, kommt jede Möglichkeit abhanden, sich kritisch selbst zu betrachten und sich auf einen als wünschenswert betrachteten Zustand hinzubewegen. Die Vorstellung darüber, wie die Zukunft aussehen sollte, scheint dann auf die hilflose Formel zusammengeschnurrt: wie jetzt, nur besser. So etwa sieht der gegenwärtige visionäre Haushalt der westlichen Länder aus, wobei die Menschen allerdings eine tiefe Ahnung haben, dass genau diese Perspektive illusionär ist.

Eine Geschichte über sich selbst erzählen können

Individualistische Strategien gegen den Klimawandel haben vor allem sedative Funktionen. Die Ebene der internationalen Politik lässt nur zeitferne Veränderungen zu. Daher bleibt als kulturelles Handlungsfeld die *mittlere Ebene*, die der eigenen Gesellschaft, und damit die demokratische Arbeit an der Frage, wie man in Zukunft leben will.

Die kulturelle Bearbeitung dieser Frage könnte nicht nur identitätsstiftend sein, sondern würde notwendig auch Akteure einbinden, die quantitativ viel gravierender zum Emissionshaushalt beitragen als Individuen – also etwa die Energieversorger oder die Automobilindustrie. Auch in internationaler Perspektive würde die Entwicklung einer *anderen* Option zumindest Interesse erzeugen, auch wenn es die partikularistischen Klimaregime nicht beeinflussen kann. Aber psychologisch ergäbe sich der Vorteil, weniger illusionär und dafür problemangemessener zu denken, und auch das könnte umgekehrt wiederum ein Identitätsgenerator sein. Am Ende stehen Bürgerinnen und Bürger, die sich nicht zum Verzicht – weniger Auto, mehr Straßenbahn – *durchringen*, sondern in kultureller Teilhabe Veränderungen einer Gesellschaft herbeiführen und tragen, die sie für *gut* halten.

Seit etwa zwanzig Jahren hat sich in der Entwicklungspolitik die Auffassung verbreitet, dass materielle Entwicklungshilfen nicht aus sich heraus die gewünschten Wirkungen zeigen, sondern dass diese sehr stark von den jeweils gegebenen staatlichen Strukturen, der Funktionsfähigkeit von Institutionen und des Rechtssystems in den Ländern abhängen, in die das Geld fließt. Vor diesem Hintergrund wurde das Konzept der »good governance« entwickelt, das eine Reihe von Kriterien wie Transparenz, Effizienz, Partizipation, Verantwortlichkeit, Marktwirtschaftlichkeit, Rechtsstaatlichkeit, Demokratie und Gerechtigkeit vorsieht. Erst wenn eine Regierung solche Kriterien erfüllt, kann man von einer guten Führung, good governance, sprechen, und seit den 1990er Jahren werden Entwicklungsgelder und andere materielle Unterstützungen danach vergeben, ob das entsprechende Empfängerland den Kriterien von good governance folgt. Kritisch ist gegen dieses Konzept eingewandt worden, dass es ideologisch sei und ein festgelegtes Profil von Staatlichkeit vorgebe, und darüber hinaus könnte man ein Problem darin erkennen, dass dieses Profil für die Geberländer als gegeben vorausgesetzt wird, während es für die Empfängerländer ein Prüfstein ist.

Ohne hier weiter auf die immanente Problematik eines solchen Konzepts eingehen zu wollen, scheint mir aber die Überlegung fruchtbar, dass man über Kriterien guten Regierens nachdenken kann. Ganz analog könnte man ja auch Kriterien für eine *gute Gesellschaft* zu entwickeln versuchen und so das Konzept des good governance in eine reflexive Form bringen. Eine gute Gesellschaft müsste zunächst das Kriterium erfüllen, beständig an der Aufrechterhaltung des größtmöglichen Entwicklungspotenzials orientiert zu sein, was auch heißt, irreversible Entscheidungen zu vermeiden. Das wäre eine zentrale Schlussfolgerung aus den verheerenden Umweltfolgen der Frühindustrialisierung und der Erzeugung irreversibler Folgen – wie etwa der Aufzehrung vorhandener Ressourcen, generationenungerechter Entsorgungslasten wie im Fall der Kernenergie etc.

Auch Entscheidungen, die die gesellschaftliche Entwicklung selbst betreffen, Entscheidungen also sicherheits-, rechts-, bildungs- und sozialpolitischer Art müssen das Kriterium der Reversibilität erfüllen, um eine permanent gestaltungsoffene Gesellschaft zu gewährleisten. Ein weiteres Gütekriterium sind die Partizipationschancen, die eine Gesellschaft eröffnet – was etwa Fragen der Einwanderung ebenso betrifft wie solche des Asylrechts oder der staatsbürgerlichen Teilhabe an weitreichenden Entscheidungsprozessen. Kurz: Es geht um die Erhöhung der Teilhabechancen an Debatten und Entscheidungen über zukunftsrelevante Fragen, und im Zeitalter von *dichter Kommunikation* brauchen die Modi der Partizipation keineswegs am Zyklus der Wahlen orientiert zu bleiben. Nimmt man das estnische Beispiel einer grundrechtlich verbrieften kommunikativen Teilhabe, lassen sich ganz neue Formen außerparlamentarischer Debatten vorstellen und direktere Formen von Demokratie entwickeln.

Umgekehrt würde eine Erhöhung der Kommunikations- und Teilhabechancen zu einer höheren Identifikation der Bürgerinnen und Bürger mit der Gesellschaft führen, die sie bilden. Und das wiederum ist die Basis für ein größeres Engagement für das

Gemeinwesen. Bezogen auf die Klimaproblematik und das Inventar der vorhandenen Lösungsvorschläge bedeutet das *kulturelle Projekt* der guten Gesellschaft eine Abkehr von der Illusion, Menschen würden anders mit der Welt umgehen, wenn man ihnen sagt, dass diese dann irgendwann einmal weniger gefährdet ist als jetzt. So etwas funktioniert psychologisch nicht, weil die greifbaren Resultate der eigenen Anstrengungen ausbleiben, und letztlich nur die Erfahrung des Verzichts bleibt. Das Konzept der guten Gesellschaft favorisiert nicht Verzicht, sondern Teilhabe und Engagement für ein besseres Klima in der Gesellschaft, und eine Gesellschaft, die größere Teilhabe und höheres Engagement erlaubt, ist besser in der Lage, dringende Probleme zu lösen, als eine, die ihre Mitglieder gleichgültig lässt.

Das individualpsychologische Äquivalent zu diesem gesellschaftlichen Engagementkonzept heißt »empowerment« und beschreibt die Strategie, an den vorhandenen Kompetenzen und Stärken einer Person anzusetzen und diese zu fördern zu versuchen. In diesem Sinn nutzt das Konzept der guten Gesellschaft die Potenziale ihrer Bürgerinnen und Bürger, offeriert ihnen mehr Teilhabe, und nutzt die Ressource Engagement und Interesse weit besser und nachhaltiger als traditionelle Politikstile. Mit anderen Worten: Eine solche Gesellschaft schlägt eine bewusste Strategie reflexiver Modernisierung ein.[405] Im Unterschied zur Vergangenheit der ersten Moderne und der zweiten Moderne der Gegenwart wäre die gute Gesellschaft die dritte Moderne: Zukunft. Sie erzählt eine neue Geschichte über sich selbst.

Die Krux der funktionalen Moderne liegt darin, dass sie keine identitätsstiftende Geschichte über sich erzählt, in die man sich als Bürgerin oder Bürger einschreiben und auf dieser Basis das Gefühl eines identitätskonkreten »Wir« entwickeln könnte. Mit der Schaffung einer guten Gesellschaft könnte eine solche Geschichte erzählt werden.

Die wissenschaftlichen Kompetenzen haben Menschen mit der Fähigkeit ausgestattet, die Veränderung von Überlebenschancen auch dann antizipieren zu können, wenn sie sinnlich noch gar nicht wahrzunehmen sind; ihre intellektuellen Fähigkeiten erlauben es ihnen, daraus die angemessenen Schlussfolgerungen zu ziehen. Mit Hilfe sozialer und kultureller Kompetenzen lassen sich diese Schlussfolgerungen in eine Veränderung von Praxis übersetzen. In der Konsequenz würde eine praktische Einsicht in die Notwendigkeit der Abwehr der schlimmsten Folgen des global warming nicht nur eine globale Kultur der radikalen Reduzierung des Ressourcenverbrauchs erfordern, sondern auch eine ganz neue Kultur der Partizipation, die heute noch undenkbar scheint, aber dringend gedacht werden muss, wenn etwas anders werden soll. So gesehen, wäre der »Klimawandel« ein starting point für einen grundlegenden kulturellen Wandel, und zwar einer, in dem die Reduktion von Verschwendung und Gewalt nicht als Verlust gesehen wird, sondern als Gewinn.

Was man tun kann und was nicht II

Optimismus ist lediglich ein Mangel
an Information.
Heiner Müller

»Bei der Untersuchung gesellschaftlicher Entwicklungsvorgänge begegnet man immer von neuem einer Konstellation, wo die Dynamik ungeplanter sozialer Prozesse über eine bestimmte Stufe hinaus in der Richtung auf eine andere [...] Stufe vorstößt, während die von dieser Veränderung betroffenen Menschen in ihrer Persönlichkeitsstruktur, in ihrem sozialen Habitus auf einer früheren Stufe beharren. Es hängt ganz von der relativen Stärke des sozialen Entwicklungsschubes ab und von deren Verhältnis zur Tiefe des Einbaus und so zur Widerstandskraft des sozialen Habitus der Menschen, ob – und wie schnell – die Dynamik des ungeplanten Gesellschaftsprozesses eine mehr oder weniger radikale Umstrukturierung dieses Habitus herbeiführt oder ob sich der soziale Habitus der Individuen erfolgreich der weiterdrängenden Gesellschaftsdynamik widersetzt und sie sei es teilweise bremst, sei es auch völlig unterbindet.«[406]

Es könnte sein, dass der ungeplante und ungleiche Entwicklungsprozess der Menschheit mit der ungebremsten Klimaentwicklung eine Dynamik erreicht hat, hinter der Habitusformen, die sich über Jahrzehnte und Jahrhunderte herausgebildet haben, tatsächlich nur nachhinken können. Das weithin fehlende Vermögen, das Problem einer globalen Bedrohung mit angemessenen Dimensionen zu versehen, spricht dafür, ebenso wie die verbreitete Indolenz gegenüber den Gewaltfolgen, die mit dem Klimawandel faktisch und potenziell verbunden sind. Und natürlich sind es die in internationaler Perspektive völlig disparaten Interesselagen, die ein entschlossenes gemeinsames Abbremsen des Erwärmungsanstiegs auch mittelfristig verhindern werden. Die nachholenden Industrialisierungsprozesse in den Schwellenländern, der ungebrochene Energiehunger der frühindustrialisierten Staaten und die globale Verbreitung eines auf Wachstum und Ressourcenvernutzung setzenden Gesellschaftsmodells lassen es als unrealistisch erscheinen, dass ein Abstoppen der Klimaerwärmung bei plus zwei Grad bis zur Mitte des Jahrhunderts erreicht werden wird. Und dies ist ein Resümee, das nur auf die lineare Betrachtung der Dinge zurückgeht; autokatalytische Prozesse, die zur Beschleunigung der Entstehung sozialer Klimafolgen und zur Eskalation von Gewalt führen können, sind darin noch gar nicht berücksichtigt.

Auf der geophysikalischen Ebene können nicht-lineare Prozesse auftreten, die das Klimaproblem radikal verschärfen würden – wenn etwa das Auftauen der Permafrostböden Methan in ungeheuren Mengen freisetzt, was seinerseits das Klima beeinflusst, oder wenn Waldverluste oder Meerwasserübersäuerungen einen kritischen Punkt erreichen und bislang noch unabsehbare Dominoeffekte erzeugen. Auf der sozialen Ebene gilt dasselbe – wenn etwa Konflikte um Rohstoffe Kriege auslösen, die wiederum Flüchtlingsbewegungen zur Folge haben, die ihrerseits Grenzkonflikte verstärken, was inner- wie zwischenstaatlich zu unberechenbarer Gewalt führen kann. Die Logik sozialer Prozesse ist nicht linear; das gilt auch für die Folgen des Klimawandels. Nichts in der Gewaltgeschichte der Menschen deutet darauf hin, dass Zeitspannen des Friedens zugleich dauerhaft stabile Gesellschaftszustände anzeigen; die ganze Geschichte belegt, dass der massive Gebrauch von Gewalt *immer* eine Handlungsoption darstellt. Menschliche Überlebensgemeinschaften, darauf hat Norbert Elias hingewiesen, sind stets auch Vernichtungsgemeinschaften, und die sozialen Folgen des Klimawandels scheinen diese Einsicht zu bestätigen.

Gegenwärtig lassen sich Vertiefungen der globalen Asymmetrien genauso beschreiben wie Kriege, die ihre Ursache im Klimawandel haben und zu ganz neuen Formen endloser Gewalt führen. Da die härtesten Klimafolgen die Gesellschaften mit den geringsten Bewältigungsmöglichkeiten treffen, wird die weltweite Migration im Laufe des 21. Jahrhunderts dramatisch zunehmen und jene Gesellschaften zu radikalen Problemlösungen veranlassen, in denen der Migrationsdruck als Bedrohung empfunden wird. Wie tragfähig die Außenverlagerung der Grenzen und damit der Gewalt gegen die Flüchtlinge sein wird, wenn die illegalen Einwanderungen Zwischenländer wie Libyen, Israel, Algerien oder Marokko noch weiter überfordern, als es jetzt schon der Fall ist, muss offen bleiben.

Die Kehrseite der Sicherung der Außengrenzen Europas und Nordamerikas ist die kontinuierliche Verschärfung der Sicherheitsmaßnahmen nach innen und die Entstehung neuer Sicherheitspolitiken, die das staatliche Gewaltmonopol und die parlamentarische Gewaltlegitimierung unterlaufen – Stichworte hierzu sind exterritoriale Lager, Entführungen, Exekutionen, Folter, Söldnerarmeen und die Privatisierung von Gewalt überhaupt. All dies steht in vitaler Wechselwirkung mit dem wachsenden Terror in Zeiten der globalisierten Moderne. Das Aufschaukeln gegenseitigen Gewaltgebrauchs geht, das zeigt der Erfolg der irregulären Gewalt im 20. Jahrhundert, erstens immer zu Ungunsten der hochgerüsteten staatlichen Kriegsparteien aus und löst zweitens immer stellvertretende Angriffe auf die Sicherheit der etablierten Gesellschaften aus.

Im 21. Jahrhundert wird anders als im vergangenen weniger aus ideologischen Gründen getötet werden, und auch nicht deshalb, weil wissenschaftliche Utopien Entwürfe dafür bereitstellen, wie die Welt nach den ewigen Gesetzen der Natur einzurichten wäre und wer diesen Gesetzen nach auszurotten sei.

Das 21. Jahrhundert ist in Ermangelung zukunftsfähiger Gesellschaftsmodelle utopiefern und ressourcennah – es wird getötet, weil die Täter jene Ressourcen beanspruchen, die die Opfer haben oder auch nur haben möchten.

Kann man also wirklich glauben, dass sich die Dinge zum Besseren wenden werden? Mit der Verbreitung und Spürbarkeit der Klimafolgen, mit dem Wachsen von Not, Migration und Gewalt, wird sich der Problemlösungsdruck verschärfen und der mentale Raum einengen. Die Wahrscheinlichkeit irrationaler und kontraproduktiver Lösungsstrategien erhöht sich. Das gilt insbesondere für die Gewaltproblematik, die durch den Klimawandel verschärft wird. Es besteht aller historischer Erfahrung nach eine hohe Wahrscheinlichkeit, dass Menschen, die den Status von *Überflüssigen* bekommen und die Wohlstands- und Sicherheitsbedürfnisse von Etablierten zu bedrohen scheinen, in großer Zahl zu Tode kommen werden; sei es durch fehlendes Wasser und mangelnde Ernährung, sei es durch Kriege an der Grenze, sei es durch Bürgerkriege und zwischenstaatliche Konflikte infolge veränderter Umweltbedingungen. Das ist keine normative Aussage; sie entspricht lediglich dem, was man aus Lösungen gefühlter Probleme im zwanzigsten Jahrhundert gelernt haben kann.

Das alles wird nicht die Gestalt einer Wiederholung des Holocaust haben; Geschichte wiederholt sich nicht. Aber Menschen nehmen Probleme wahr, und wenn sie diese als bedrohlich für die eigene Existenz interpretieren, neigen sie zu radikalen Lösungen, solchen, an die sie *vorher nie gedacht* hätten. Den westlichen Kulturen muss man attestieren, dass sie diese Lektion des zwanzigsten Jahrhunderts nicht gelernt haben, sondern sich auf Humanität, Vernunft und Recht viel zugute halten, obwohl diese drei Regulierungen menschlichen Handelns historisch jedem Angriff erlegen sind, wenn er nur heftig genug ausfiel. Sehr lange werden diese Kulturen nicht mehr existieren, wenn sie an den gewohnten Strategien des Lösens von Problemen festhalten, vielleicht noch zwei, drei Generationen. Ihre Verweildauer wäre dann, gemessen an der Existenzzeit anderer Kulturen, lächerlich gering.

»Die Institutionen«, schreibt der Anthropologe Claude Levi-Strauss am Ende von »Traurige Tropen«, seinem melancholischsten Buch, »die Sitten und Gebräuche, die ich mein Leben lang gesammelt und zu verstehen versucht habe, sind die vergänglichen Blüten einer Schöpfung, der gegenüber sie keinen Sinn besitzen, es sei denn vielleicht den, dass sie es der Menschheit erlauben, ihre Rolle in dieser Schöpfung zu spielen.« Tatsächlich hat Kultur Sinn nur in sich selbst – als Technik, die Überlebenschancen sozialer Gruppen zu erhöhen. Ob dieses in der Evolution einzigartige Vermögen der Menschen, ihre Überlebensbedingungen durch kulturelle Tradierung kontinuierlich und exponentiell zu verbessern, mittelfristig erfolgreich sein wird, bleibt eine offene Frage. Dieses experimentum mundi dauert erst 40 000 Jahre, die westliche Variante davon 250, und in diesem verschwindend kurzen Zeitraum ist mehr an Überlebensgrundlagen zerstört worden als in den 39 750 Jahren davor. Zerstörte Überlebensgrundlagen sind nicht nur vernichtete Chancen der Gegenwart, sondern auch der Zukunft.

Die rastlose Tätigkeit der Menschen bestehe, fährt Levi-Strauss fort, in der fortschreitenden Auflösung einer komplexen Struktur und in der Nivellierung des Gefälles zwischen den verschiedenen Kulturen, also von Organisationsformen menschlicher Überlebensgemeinschaften. »Was die Schöpfungen des menschlichen Geistes angeht, so existiert ihr Sinn nur in bezug auf ihn selbst, und sie werden im Chaos versinken, sobald er erloschen sein wird. So dass sich die ganze Kultur als ein Mechanismus beschreiben lässt, in dem wir nur zu gern die Chance des Überlebens sehen möchten, die unser Universum besitzt, wenn seine Funktion nicht darin bestünde, das zu produzieren, was die Physiker Entropie und wir Trägheit nennen. Jedes ausgetauschte Wort, jede gedruckte Zeile stellt eine Verbindung zwischen zwei Partnern her und nivelliert die Beziehung, die vorher durch ein Informationsgefälle, also durch größere Organisation gekennzeichnet war.«[407]

Auch auf diese Weise lässt sich der Prozess der Globalisierung beschreiben – als ein sich beschleunigender Vorgang sozialer Entropie, der die Kulturen auflöst und am Ende, wenn es schlecht ausgeht, nur noch die Unterschiedslosigkeit bloßen Überlebenswillens zurücklässt. Das allerdings wäre die Apotheose jener Gewalt, zu deren Abschaffung die Aufklärung und mit ihr die westliche Kultur den Schlüssel gefunden zu haben glaubte. Aber von der neuzeitlichen Sklavenarbeit und der gnadenlosen Ausbeutung der Kolonien bis zur frühindustriellen Zerstörung der Lebensgrundlagen von Menschen, die mit diesem Programm nicht das Geringste zu tun hatten, schreibt die Geschichte des freien, demokratischen, aufgeklärten Westens eben doch seine Gegengeschichte der Unfreiheit, Unterdrückung und Gegenaufklärung. Aus dieser Dialektik, das zeigt die Zukunft der Klimafolgen, wird die Aufklärung sich nicht entlassen können. Sie wird an ihr scheitern.

Anhang

Anmerkungen

1 Jan Bart Gewald: The Issue of Forced Labour in the ›Onjembo‹: German South West Africa 1904–1908, *Bulletin of the Leyden Centre for the History of European Expansion*, 19/1995, S. 97–104, hier S. 102.
2 Medardus Brehl: *Vernichtung der Herero. Diskurse der Gewalt in der deutschen Kolonialliteratur*, München 2007, S. 96.
3 Ebd., S. 98.
4 Jürgen Zimmerer: Krieg, KZ und Völkermord in Südwestafrika, in: Jürgen Zimmerer und Joachim Zeller (Hg.), *Völkermord in Deutsch-Südwestafrika. Der Kolonialkrieg (1904–1908) in Namibia und seine Folgen*, Berlin 2003, S. 52.
5 Ebd., S. 54 ff.
6 Zit. nach ebd., S. 45.
7 Siehe http//:www.frontex.europa.eu
8 Zunächst vereinbarten Deutschland, Frankreich, Belgien, Luxemburg und die Niederlande, den Reiseverkehr an ihren gemeinsamen Grenzen zu erleichtern; gleichzeitig die Außengrenzen dafür strenger abzusichern. Dem Abkommen schlossen sich Italien (1990), Portugal (1991), Griechenland (1992), Österreich (1995), Dänemark, Finnland, Schweden (1996) an. 1997 erfolgte die Überführung des Schengener Abkommens in EU-Recht. Als Nicht-EU-Länder traten Norwegen, Island und die Schweiz bei.
9 Ein Platz kostet derzeit zwischen 2000 und 4000 Euro. Dieses Geld wird von den Familien der Flüchtlinge als Kredit in der Hoffnung aufgebracht, mittelfristig höhere Beträge von den später in Europa arbeitenden Migranten zurücküberwiesen zu bekommen. Vgl. Klaus Brinkbäumer: *Der Traum vom Leben. Eine afrikanische Odyssee*, Frankfurt am Main 2007.

10 Vgl. Anm. 7.

11 Cornelia Gunßer: Der europäische Krieg gegen Flüchtlinge, *ak – analyse und kritik*, 19. November 2004. Eine aktualisierte Fassung (2005) in: http://www.fluechtlingsrat-hamburg.de/content/eua_EULagerplaene Gunsser.pdf

12 Wissenschaftlicher Beirat der Bundesregierung Globale Umweltveränderungen (WBGU): *Welt im Wandel – Sicherheitsrisiko Klimawandel*, Berlin/Heidelberg 2007 (im Erscheinen); Expertisen und Zusammenfassung in: http://www.rhombos.de/shop/a/show/story/?1106&PHPSESSID=8398524d78686a29de09a62fe51342d3

13 Gerard Prunier: *Darfur. Der uneindeutige Genozid*, Hamburg 2006.

14 Nicholas Stern: *Stern Review on the Economics of Climate Change*, Cambridge u. a. 2007.

15 Während die Neuzulassungen in Deutschland in allen anderen Fahrzeugkategorien rückläufig sind, verzeichnen Geländewagen in der Zulassungsstatistik einen Zuwachs von 5,2 Prozent; bei Sportwagen sind es sogar 17 Prozent (vgl. Kraftfahrt-Bundesamt: *Fahrzeugzulassungen im Juni 2007*, Pressemitteilung Nr. 21/2007).

16 Werbebeilage zu Investmentfonds aus der *Frankfurter Allgemeinen Zeitung* v. 2. 10. 2007, S. 12.

17 Andrea Sáenz-Arroyo u.a.: Rapidly Shifting Environmental Baselines Among Fishers of the Gulf of California, *Proceedings of the Royal Society*, 272/2005, S. 1957–1962.

18 Der sozialpsychologische Klassiker in diesem Zusammenhang ist die Theorie der kognitiven Dissonanz, die Leon Festinger mit seinen Kollegen am Beispiel der Mitglieder einer amerikanischen Sekte entwickelte, die in Erwartung des Weltuntergangs alle Habe veräußerten und sich auf einem Berg versammelten, um als Auserwählte das Weltenende zu überleben. Bekanntermaßen blieb dieses aus, was bei den Sektenmitgliedern erhebliche kognitive Dissonanz hervorrufen musste. Festinger und seine Kollegen interviewten die Gläubigen, die natürlich keinerlei Zweifel an der Realitätsangemessenheit ihrer Erwartung hegten: Das sei nur eine weitere Prüfung der Festigkeit ihres Glaubens gewesen, die ihren Status der Auserwähltheit bestätige. Die Theorie der kognitiven Dissonanz geht vor diesem Hintergrund davon aus, dass Menschen Dissonanzen empfinden, wenn Erwartungen und Tatsachen nicht übereinstimmen, und dass sie danach trachten, entstandene Dissonanzen zu reduzieren. Dies kann auf zwei Wegen geschehen – indem die Erwartungen den Tatsachen angepasst, also nachträglich revidiert werden, oder die Tatsachen den Erwartungen entsprechend interpretiert werden. Vgl. Leon Festinger, Henry W. Riecken und Stanley Schachter: *When Prophecy Fails*, Minneapolis 1956.

19 Harald Welzer: *Täter. Wie aus ganz normalen Menschen Massenmörder werden*, Frankfurt am Main 2005.

20 Erving Goffman hat in seinen Untersuchungen zu psychiatrischen Anstalten den Begriff der »totalen Institution« geprägt, die sich dadurch auszeichnet, dass für ihre Mitglieder die Regeln des außerinstitutionellen Alltags nicht mehr in Geltung sind. Zum Beispiel fehlt den Mitgliedern die gewöhnliche Identitätsausstattung – sie können nicht mehr selbst über ihr Aussehen verfügen, bekommen den Kopf geschoren und eine Uniform bzw. Anstaltskleidung verpasst. Sie können ihren Tagesrhythmus nicht selbst regulieren, werden in bestimmter Form angeredet und haben nur sporadischen oder gar keinen Kontakt zur Welt außerhalb der Institution. Innerhalb der Institution entwickelt sich ein eigenes Regelsystem, das in vielen Aspekten den außerhalb geltenden Normen zuwiderläuft. Totale Institutionen sind beispielsweise Kadettenanstalten und andere militärische Ausbildungslager, psychiatrische Anstalten oder Klöster (vgl. Erving Goffman: *Asyle*, Frankfurt am Main 1973).

21 So sprach etwa Otto Ohlendorf, Führer der Einsatzgruppe D, im Nürnberger Prozess darüber, dass die Massenerschießungen »sowohl die Opfer als auch die, die zur Tötung befohlen waren, unendlich seelisch belastete(n)« (Internationaler Militärgerichtshof: *Der Prozess gegen die Hauptkriegsverbrecher*, Bd. 4, Nürnberg 1948, S. 355).

22 Dass das Morden als gemeinsame Lösung einer schweren, dem moralischen Empfinden zuwiderlaufenden Arbeit definiert wurde, ist programmatisch in Heinrich Himmlers Posener Rede von 4. Oktober 1943 formuliert: »Ich will hier vor Ihnen in aller Offenheit auch ein ganz schweres Kapitel erwähnen. Unter uns soll es einmal ganz offen ausgesprochen sein, und trotzdem werden wir in der Öffentlichkeit nie darüber reden. […] Ich meine jetzt die Judenevakuierung, die Ausrottung des jüdischen Volkes. Es gehört zu den Dingen, die man leicht ausspricht. – ›Das jüdische Volk wird ausgerottet‹, sagt ein jeder Parteigenosse, ganz klar steht in unserem Programm, Ausschaltung der Juden, Ausrottung, machen wir. Und dann kommen sie alle an, die braven 80 Millionen Deutschen, und jeder hat seinen anständigen Juden. Es ist ja klar, die anderen sind Schweine, aber der ist ein prima Jude. Und von allen, die so reden, hat keiner zugesehen, keiner hat es durchgestanden. Von Euch werden die meisten wissen, was es heißt, wenn 100 Leichen beisammen, wenn 500 daliegen oder wenn 1000 daliegen. Dies durchgehalten zu haben und dabei – abgesehen von Ausnahmen menschlicher Schwächen – anständig geblieben zu sein, das hat uns hart gemacht. Dies ist ein niemals geschriebenes und niemals zu schreibendes Ruhmesblatt unserer Geschichte, denn wir wissen, wie schwer wir uns täten, wenn wir heute noch in jeder Stadt – bei den

Bombenangriffen, bei den Lasten und bei den Entbehrungen des Krieges – noch die Juden als Geheimsaboteure, Agitatoren und Hetzer hätten. […] Wir hatten das moralische Recht, wir hatten die Pflicht gegenüber unserem Volk, dieses Volk, das uns umbringen wollte, umzubringen. […] Insgesamt aber können wir sagen, dass wir diese schwerste Aufgabe in Liebe zu unserem Volk erfüllt haben. Und wir haben keinen Schaden in unserem Inneren, in unserer Seele, in unserem Charakter daran genommen.« (Internationaler Militärgerichtshof: *Der Prozess gegen die Hauptkriegsverbrecher,* Bd. 29, S. 145 [1919–PS]).

23 Für diese Prognose ist nicht entscheidend, ob man es gegenwärtig mit einem anthropogenen Klimawandel oder mit einer »natürlichen« Klimaschwankung zu tun hat. Die Antwort auf diese strittige Frage ist relevant hinsichtlich umweltpolitischer Strategien zur Emissionsreduzierung etc., nicht aber für die Auseinandersetzung mit den sozialen und politischen Folgen des Klimawandels, um die es hier geht.

24 Zygmunt Bauman: Die Rationalität des Bösen, in: Harald Welzer (Hg.), *Auf den Trümmern der Geschichte*, Tübingen 1999, S. 101.

25 Heinrich Popitz: *Phänomene der Macht*, Tübingen 1986, S. 97.

26 So wurde übrigens die »Deutschen Afrika-Linien« als Rechtsnachfolgerin der Woermann-Linie, für die die »Eduard Bohlen« fuhr, im September 2001 durch Vertreter der Herero für ihre Beteiligung am Völkermord verklagt.

27 Jonathan Swift: *Satiren und Streitschriften*, München 1993.

28 Norman M. Naimark: *Flammender Hass. Ethnische Säuberungen im 20. Jahrhundert*, München 2005; Michael Mann: *Die dunkle Seite der Demokratie. Eine Theorie der ethnischen Säuberung*, Hamburg 2007.

29 Zygmunt Bauman: *Dialektik der Ordnung*, Hamburg 1992.

30 Ebd., S. 15.

31 Ebd., S. 17.

32 Ebd., S. 25.

33 Vgl. Hannah Arendt: Social Science Techniques and the Study of Concentration Camps, in: Dies. und Jerome Kohn (Hg.), *Essays in Understanding 1930–1954*, New York 1994, S. 232. Diese Arbeit war zugleich ein radikaler Versuch, das Verhältnis der Sozialwissenschaften zum Holocaust zu problematisieren: Die Vernichtungslager, schreibt Arendt, könnten möglicherweise die Grundannahmen über die Sozialität, die sozialwissenschaftliches wie alltagsweltliches Denken gleichermaßen prägen, aufs Heftigste erschüttern, weil in und mit ihnen soziale Verhältnisse etabliert worden sind, die unvorhersehbar und ohne historisches Vorbild waren. Sie bezieht sich hier auf Grundannahmen wie die, dass sich soziale Handlungen im Rahmen identifizierbarer Kausalzusammenhänge abspielen, dass ihnen Sinn zugeschrieben werden kann, dass es intersubjektive Verständigungsmöglichkeiten über

diesen Sinn gibt – kurz: dass alles, was in der sozialen Realität stattfindet, sich im Rahmen von grundsätzlich aufklärbaren Motiven, Handlungen und Handlungsfolgen abspielt.

34 Broszat, Manfred: *Nach Hitler. Der schwierige Umgang mit unserer Geschichte*, München 1987.

35 Diese Kontexte unterliegen mit dem Fortgang der Gewalt selbst der Veränderung; die Technik des Tötens bleibt in diesem Prozess nicht dieselbe – sie wird verbessert, es entwickelt sich Routine, Know-how, man benutzt Handwerkszeug, Berufskleidung und führt Innovationen ein. Alf Lüdtke hat an vielen Stellen die Verwandtschaft von Industrie- und Kriegsarbeit herausgestellt und deutlich gemacht, dass gerade in proletarischen Schichten man als »Arbeit« ansah, was man in anderer Funktion, etwa als Soldat oder Reservepolizist, tat. In den autobiografischen Zeugnissen solcher Männer, also in Feldpostbriefen und Tagebüchern aus dem Zweiten Weltkrieg, finden sich Lüdtke zufolge vielfältige Analogsetzungen von Krieg und Arbeit, was sich etwa in der Disziplin verkörpert, in der Monotonie von Vollzügen, sich aber auch in Bemerkungen äußert, »in denen eine militärische Aktion, d.h. das Zurückwerfen oder Vernichten des Gegners – also das Töten von Menschen und Zerstören von Material als *gute Arbeit* gilt.« Lüdtke fasst zusammen: »Gewalteinsatz, Gewaltandrohung, das Töten oder doch Schmerzzufügen ließ sich als Arbeit begreifen und damit als sinnvoll, zumindest als notwendig und unvermeidbar erfahren.« Vgl. Alf Lüdtke: Gewalt und Alltag im 20. Jahrhundert, in: Wolfgang Bergsdorf u.a. (Hg.), *Gewalt und Terror,* Weimar 2003, S. 35–52, hier S. 47.

36 Zit. nach Popitz, *Phänomene,* (Anm. 25) S. 87.

37 Deutsch in: *Spektrum der Wissenschaft*, Januar 2002 sowie in: *Spektrum der Wissenschaft Dossier*, 2/2005: Die Erde im Treibhaus.

38 Vgl. http://www.forumcivique.org/index.php?lang=DE&site=ARCHIPEL&sub_ a=ARCHI_ 131&article=731

39 John R. Logan: The *Impact of Katrina: Race and Class in Storm-Damaged Neighborhoods*, Brown University 2006, in: http://www.s4.brown.edu/katrina/report.pdf

40 John R. Logan: Unnatural Disaster: Social Impacts and Policy Choices after Katrina, in: Karl-Siegbert Rehberg (Hg.), *Die Natur der Gesellschaft. Verhandlungen des 33. Kongresses der Deutschen Gesellschaft für Soziologie in Kassel 2006*, Frankfurt am Main (im Erscheinen).

41 Auf einen bislang unbeachteten Aspekt von sozialen Katastrophen hat Naomi Klein hingewiesen: Desaster können auch als Chancen für Strukturmaßnahmen gesehen werden, die sich unter normalgesellschaftlichen Umständen nicht durchsetzen lassen. Der Untergang von New Orleans etwa wurde für eine weitgehende Privatisierung des Schulsystems genutzt – statt 131 öffentlicher Schulen wie vor

der Überschwemmung sind es jetzt nur noch vier, statt sieben privater zuvor sind es nun 31 sogenannter Charter Schools (Naomi Klein: *Die Schock-Strategie. Der Aufstieg des Katastrophen-Kapitalismus*, Frankfurt am Main 2007, S. 16). John R. Logan dagegen berichtet von der Wiedereröffnung von 54 public schools bis Herbst 2006 (Logan, *Unnatural Disasters*, [Anm. 40] S. 464). Übrigens hatten schon die Planer um Albert Speer im Zweiten Weltkrieg die alliierte Bombardierung der deutschen Städte nicht nur mit Missfallen betrachtet, sondern darin auch gesehen, dass ihnen für den ohnehin geplanten Neuaufbau nach dem Krieg die Abrissarbeit abgenommen wurde. Insofern haben Katastrophen auch positive Aspekte für den, der sie zu nutzen weiß. Das Beispiel Speer zeigt, dass sich daraus allerdings keine neue Strategie des globalen Kapitalismus ablesen lässt, wie Naomi Klein behauptet.

42 Geenen, Elke M.: Kollektive Krisen. Katastrophe, Terror, Revolution – Gemeinsamkeiten und Unterschiede, in: Lars Clausen u.a. (Hg.), *Entsetzliche soziale Prozesse*, Münster 2003, S. 5–24. Gesellschaften werden zum Beispiel desto verletzlicher, je komplexer sie vernetzt sind; Individuen, Gruppen, Unternehmen, Politiker haben, wie Lars Clausen schreibt, unterschiedliche Planungshorizonte, woraus nicht nur Konflikte entstehen, sondern auch verbreitete Gefühle von Verunsicherung, Entfremdung etc. resultieren können (vgl. Lars Clausen: Reale Gefahren und katastrophensoziologische Theorie, in: Ders. u.a. (Hg.), *Entsetzliche soziale Prozesse*, Münster 2003, S. 51–76, hier S. 58).

43 Das wird auch daran deutlich, dass es erstaunlich wenig Untersuchungen über das Unterleben der gesellschaftlichen Normalitätsfassade, also über das Bild hinter dem Bild gibt, das die Gesellschaft von sich hat. Prostitution, Schattenökonomien, Gewaltkulturen etc. sind die Stiefkinder soziologischer Forschung.

44 Joachim Radkau: *Natur und Macht. Eine Weltgeschichte der Umwelt*, München 2000; Josef H. Reicholf: *Eine kurze Naturgeschichte des letzten Jahrtausends*, Frankfurt am Main 2007; Jared Diamond: *Arm und Reich. Die Schicksale menschlicher Gesellschaften*, Frankfurt am Main 2006.

45 Fred Pearce: *Wenn die Flüsse versiegen*, München 2007, S. 275.

46 Tim Flannery: *Wir Wettermacher. Wie die Menschen das Klima verändern und was das für unser Leben auf der Erde bedeutet*, Frankfurt am Main 2006.

47 Pearce, *Flüsse*, (Anm. 45).

48 Jill Jäger: *Was verträgt unsere Erde noch?*, Frankfurt am Main 2007.

49 Klaus-Dieter Frankenberger: Chinas Hunger nach Energie, *Frankfurter Allgemeine Zeitung* v. 27. 3. 2007, S. 12.

50 Diamond, *Arm und Reich*, (Anm. 44).

51 Die Besorgnis über die Erwärmung des Klimas ist übrigens auch nicht neu. Bereits seit zwei Jahrzehnten werden entsprechende Warnungen ausgesprochen, das Phänomen der so genannten Treibhausgase wird ebenfalls seit langer Zeit thematisiert. In der Ökonomie der Aufmerksamkeit (Georg Franck) in Bezug auf Umweltprobleme lassen sich ähnliche Konjunkturen und Ungleichverteilungen verzeichnen wie in anderen ökonomischen Feldern.

52 Durch die erdölfördernde Industrie werden jährlich 150 bis 170 Milliarden Kubikmeter Erdgas abgefackelt werden – so viel, wie die Industrienationen Deutschland und Italien zusammen im Jahr verbrauchen (Anselm Waldermann: Profitdenken schlägt Umweltschutz, *Spiegel-online*, 6.9.2007, in: http://www.spiegel.de/wirtschaft/0,1518,504278,00.html).

53 Rainer Münz: Weltbevölkerung und weltweite Migration, in: Ernst Peter Fischer und Klaus Wiegand (Hg.), *Die Zukunft der Erde*, Frankfurt am Main 2006, S. 111. Bis zur Jahrhundertwende wird mit zehn bis elf Milliarden Menschen gerechnet, danach sollen es wieder weniger werden (Ebd., S. 112).

54 Ebd., S. 6.

55 Ebd., S. 7.

56 Ebd., S. 8.

57 Ebd., S. 16.

58 Vgl. Eva Berié u.a. (Red.): *Der Fischer-Weltalmanach 2008*, Frankfurt am Main 2007, S. 538ff. In Angola, wo lediglich 53 Prozent der Bevölkerung sicheren Zugang zu Trinkwasser haben, herrscht seit 2006 eine verheerende Cholera-Epidemie, die bislang 2174 Tote gefordert hat und die wesentlich auf die Unterversorgung mit Trinkwasser zurückgeführt wird (Ebd., S. 55).

59 Robert S. Watson u.a. (Hg.), *The Regional Impacts of Climate Change: An Assessment of Vulnerability. A special report of IPCC working group II*, Cambridge 1997, S. 10.

60 Das NASA-Klimainstitut hat bereits 2001 einen erheblichen Anstieg des Sturmflutrisikos für New York prognostiziert. Aus diesem Grund sollen drei Sturmflutbarrieren gebaut werden, die den Großraum New York sichern (*Frankfurter Allgemeine Zeitung*, 31. 7. 2007, S. 35).

61 Fred Pearce: *Das Wetter von morgen. Wenn das Klima zur Bedrohung wird*, München 2007, S. 309 ff.

62 Mischa Meier: Krisen und Krisenwahrnehmung im 6. Jahrhundert n. Chr., in: Helga Scholten (Hg.), *Die Wahrnehmung von Krisenphänomenen. Fallbeispiele von der Antike bis in die Neuzeit*, Köln u.a. 2007, S. 111–125, hier S. 116.

63 Ebd., S. 119.

64 Ebd., S. 117.
65 Ebd., S. 121.
66 Erving Goffman: *Rahmenanalyse*, Frankfurt am Main 1978.
67 Scott Straus: *The Order of Genocide. Race, Power, and War in Rwanda*, New York 2006, S. 154 (Übersetzung H. W.).
68 Ebd.
69 Vgl. Welzer, *Täter, (Anm. 19); Jacques Semelin: Säubern und Vernichten. Die politische Dimension von Massakern und Völkermorden*, Hamburg 2007, S. 87 ff.
70 Die Lektüre von Goebbels' Tagebüchern etwa führt schlagend vor, dass er tatsächlich von der Existenz einer jüdischen Weltverschwörung überzeugt war und diese Überzeugung keineswegs nur ein propagandistischer Trick war, an den er selbst nicht glaubte. Himmler, Hitler, Göring und die zahllosen anderen Vordenker und Exekutoren der Vernichtung auf allen anderen Hierarchie- und Funktionsebenen teilten diese Überzeugung in mehr oder minder ausgeprägtem, aber jedenfalls hinreichendem Maße, um das gigantische Projekt der Vernichtung der Juden ins Werk zu setzen und fast zur Vollendung zu bringen.
71 Zit. nach David Anderson: What Really Happened, in: Ders. (Hg.), *Facing My Lai. Beyond the Massacre*, Kansas 1998, S. 1–17, hier S. 8 (Übersetzung H. W.).
72 »Search and destroy« bezeichnet das Aufspüren und vollständige Zerstören von »Widerstandsnestern«, Waffenlagern, Verstecken, etc. Die Erklärung von Kampfgebieten zu »Free Fire Zones« bedeutete, dass innerhalb dieser Zonen auf jeden geschossen werden durfte, der das Pech hatte, sich in einer solchen Zone zu befinden, egal, ob er Soldat, Kind oder Greis war. Vgl. Bernd Greiner: »A Licence to Kill«: Annäherungen an das Kriegsverbrechen von My Lai, *Mittelweg 36*, Dezember 1998/Januar 1999, S. 4–24, hier S. 5.
73 Barbara Tuchman: *Die Torheit der Regierenden. Von Troja bis Vietnam*, Frankfurt am Main 2001, S. 439.
74 So die Selbstbeschreibung von Willy Peter Reese, einem jungen intellektuellen Soldaten der deutschen Wehrmacht, der sich zunehmend in Gewalttaten verstrickt sieht (Willy Peter Reese: *Mir selber seltsam fremd. Die Unmenschlichkeit des Kriegs. Russland 1941–44* [hg. v. Stefan Schmitz], Berlin 2004).
75 Bernd Greiner: *Krieg ohne Fronten. Die USA in Vietnam,* Hamburg 2007, S. 41.
76 Tuchman, *Die Torheit*, (Anm. 73), S. 474.
77 Gruppendenken entfaltet seine verhängnisvolle Wirkung dann, wenn innerhalb der Gruppe das Bemühen um Übereinstimmung Widersprüche überlagert und realistische Betrachtungen der Lage blockiert

(vgl. Elliot Aronson: *Sozialpsychologie. Menschliches Verhalten und gesellschaftlicher Einfluss*, München 1994, S. 39).

78 Tobias Debiel, Dirk Messner und Franz Nuscheler: *Globale Trends 2007. Frieden, Entwicklung, Umwelt*, Frankfurt am Main 2007, S. 97.

79 Die Rangfolge wird auf der Grundlage von Indikatoren gebildet, die etwa demographische Entwicklungen, Flüchtlingszahlen, Menschenrechtsverletzungen, externe Interventionen abbilden (ebd., S. 90ff.).

80 Jan Philipp Reemtsma: Nachbarschaft als Gewaltressource, *Mittelweg 36*, 13/5 2004, S. 103.

81 Natalija Basic: Krieg als Abenteuer. Feindbilder und Gewalt aus der Perspektive ex-jugoslawischer Soldaten 1991–1995, Gießen 2004 (Diss. Hamburg), S. 226. In Vietnam galt als sicherster Weg, um jemanden als Vietcong zu identifizieren, ihn als Vietcong zu behandeln: »if it's dead and it's Vietnamese, it's VC.« (Bernd Greiner: »First To Go, Last to Know«. Der Dschungelkrieger in Vietnam, Geschichte und Gesellschaft, 29/2003, S. 239–261, hier S. 257.) Wenn jemand getötet wurde, dann war er Vietcong; Töten und Definieren fällt hier in eins.

82 Durch die wissenschaftliche Literatur geistern gelegentlich Zitate, deren ursprüngliche Quelle nicht zu identifizieren ist, die aber so gut sind, dass sie immer wieder abgeschrieben werden. So auch hier. Die Quelle dieser Äußerung Kissingers ist nicht zu verifizieren; ich habe das Zitat übernommen aus Rudi Anschober und Petra Ramsauer: *Die Klimarevolution. So retten wir die Welt*, Wien 2007, S. 161.

83 Diese Blickbeschränkung ist kein Privileg von postdiktatorischen Gesellschaften. Auch etablierte Nationalstaaten leisten es sich bis heute, keinerlei Phantasie in Bezug auf Vergemeinschaftungsformen jenseits des Nationalen zu entwickeln, obwohl der Globalisierungsprozess mittelfristig genau das erfordern wird.

84 Mann, *Die dunkle Seite* (Anm. 28).

85 Jared Diamond: *Kollaps*, Frankfurt am Main 2005.

86 Ebd., S. 140.

87 John Keegan: *Die Kultur des Krieges*, Reinbek 1997, S. 53.

88 Diamond, Kollaps, (Anm. 85), S. 140.

89 Ebd., S. 126.

90 Ebd., S. 138.

91 Ernst Bloch: *Erbschaft dieser Zeit*, Frankfurt am Main 1962.

92 Das Beispiel stammt von Stanley Milgram.

93 Norbert Elias: *Die Gesellschaft der Individuen*, Frankfurt am Main 1987; Norbert Elias: *Engagement und Distanzierung*, Frankfurt am Main 1983.

94 Tuchman, *Torheit*, (Anm. 73), S. 16.

95 Keegan, *Kultur des Krieges*, (Anm. 87), S. 31. Von Gegnern, die solcher Ordnung des Krieges nicht folgten und traditionellen Vorstel-

lungen des Kampfes Mann gegen Mann anhingen, wurde diese Art von Kriegführung als lächerlich und absurd empfunden (ebd.).

96 Vgl. hierzu die literarische Beschreibung bei W. G. Sebald: *Austerlitz*, Frankfurt am Main 2003, S. 25 ff.

97 Heinrich Popitz: *Prozesse der Machtbildung*, Tübingen 1976, S. 9 ff.

98 Keegan, *Kultur des Krieges*, (Anm. 87), S. 55.

99 Ebd., S. 58.

100 Radkau, *Natur und Macht*, (Anm. 44), S. 198.

101 Catherine André und Jean-Philippe Platteau: Land Relations under Unbearable Stress: Rwanda Caught in the Malthusian Trap, *Journal of Economic Behavior and Organization*, 34/1998, S. 1–47; zit. nach Diamond, *Kollaps*, (Anm. 85), S. 399.

102 Semelin bezeichnet es irrigerweise als Dissonanzreduktion und als Verschleierung, wenn im Nationalsozialismus Juden als »schädliche Tiere« oder in Ruanda das Töten als »Ausmisten« bezeichnet wird. Man kommt der Sache näher, wenn man diese Begriffe als Konzepte versteht, die für die Täter Wirklichkeiten beschreiben (Semelin, *Säubern und Vernichten*, [Anm. 69] S. 277ff.).

103 Anna-Maria Brandstetter: Die Rhetorik von Reinheit, Gewalt und Gemeinschaft: Bürgerkrieg und Genozid in Rwanda, *Sociologus*, 51/1–2 2001, S. 148–184, hier S. 166.

104 Alison Des Forges: *Kein Zeuge darf überleben. Der Genozid in Ruanda*, Hamburg 2002, S. 212.

105 Brandstetter, *Die Rhetorik von Reinheit*, Anm. (103), S. 168.

106 Das ist klassisch von Benjamin Lee Whorf gezeigt worden (*Language, Thought, and Reality*, Cambridge 1956).

107 Des Forges, *Zeuge*, Anm. 104), S. 94.

108 Ebenda.

109 Prunier, *Darfur*, (Anm. 13), S. 132 ff.

110 Ebd., S. 133.

111 Ebd., S. 20.

112 Ebd., S. 129 ff.

113 Ebd., S. 130.

114 Ebd.

115 United Nations Environment Programme (UNEP) 2007, S. 81.

116 Früher mussten die Nomaden, wenn sie das Land der Bauern durchquerten und ihr Vieh weiden und trinken ließen, Entschädigungszahlungen leisten. Die Konflikte wuchsen parallel zur zunehmenden Verknappung von Wasser und Weideflächen, übrigens auch deswegen, weil die Viehherden immer größer wurden.

117 Alexander Carius, Dennis Tänzler und Judith Winterstein: *Weltkarte von Umweltkonflikten – Ansätze zu einer Typologisierung*, Potsdam 2007, S. 13, in: www.wbgu.de/wbgu_jg2007_ex02.pdf

118 Prunier, *Darfur*, (Anm. 13) S. 83.
119 Ebd., S. 78.
120 Ebd., S. 69.
121 Ebd., S. 72.
122 Diese Angaben zum Verlauf des Konflikts folgen der Darstellung in: Wissenschaftliche Dienste des Deutschen Bundestages: *Der Darfur-Konflikt – Genese und Verlauf*, Oktober 2006.
123 Ebd., S. 15.
124 Wolfgang Schreiber: *Sudan/Darfur*, Arbeitsgemeinschaft Kriegsursachenforschung Universität Hamburg, in: www.sozialwiss.uni-hamburg.de/publish/Ipw/Akuf/Kriege/301ak_sudan_darfur.htm, zit. nach Wissenschaftliche Dienste des Deutschen Bundestages, *Darfur-Konflikt*, (Anm. 123).
125 Vgl. Mary Kaldor: *Neue und alte Kriege. Organisierte Gewalt im Zeitalter der Globalisierung*, Frankfurt am Main 2000; Herfried Münkler: *Die neuen Kriege*, Reinbek 2002.
126 Vgl. http://web.fu-berlin.de/ethnologie/publikationen/media/Georg_Elwert-Gewalt_und_Maerkte.pdf (ohne Paginierung)
127 Florian Rötzer: Anhaltender Krieg in Afghanistan verursacht schwere Umweltschäden, *telepolis*, 23. 8. 2007, in: http://www.heise.de/tp/r4/artikel/26/26020/1.html
128 Vo Quy: *Ökozid in Vietnam. Erforschung und Wiederherstellung der Umwelt*, AG Friedensforschung der Universität Kassel, in: http://www.uni-kassel.de/fb5/frieden/Vietnam/fabig-voquy.html
129 Ebd.
130 Einige Teile dieses Abschnitts basieren auf dem Projektantrag »Failing Societies«, der in gemeinsamer Arbeit mit Tobias Debiel entstanden ist.
131 Alle Daten UNEP 2007, (Anm. 115), hier S. 61.
132 Dabei handelt es sich um einen Index, der nach verschiedenen Indikatoren wie Ungleichheit, Flüchtlingszahlen etc. das Niveau der Staatlichkeit misst.
133 Tobias Debiel u.a., Globale Trends, (Anm. 78), S. 90 ff.
134 Es gibt einen deutlichen Zusammenhang von Armut und kriegerischer Gewalt. Von Staaten, die einen relativ geringen Entwicklungsstand aufweisen, erlebte die Hälfte zwischen 1995 und 2004 jeweils einen oder mehrere Kriege, während das in Ländern mit mittlerer Entwicklung nur zu 29 % und bei jenen mit hoher Entwicklung nur zu 5,5 % der Fall war. Ebd., S. 95.
135 Ebd.
136 Andreas Mehler: *Oligopolies of Violence in Africa South of the Sahara*, Institut für Afrika-Kunde, Discussion Paper, Hamburg 2004; Tobias Debiel u.a.: *Zwischen Ignorieren und Intervenieren. Strategien und Di-*

lemmata externer Akteure in fragilen Staaten, Reihe Policy Paper der Stiftung Entwicklung und Frieden, Nr. 23. Bonn 2005.

137 Jon Barnett: *Climate Change, Insecurity and Justice*, Paper presented at ›Justice in Adaptation to Climate Change‹, Zuckerman Institute for Connective Environmental Research, University of East Anglia, Norwich 2003, S. 3.

138 Vgl. Stephan Libiszewski: International Conflicts over Freshwater Resources, in: Mohamed Suliman (Hg.), *Ecology, Politics and Violent Conflict*, London/New York 1999, S. 115–138; Steven C. Lonergan: Water and Conflict: Rhetoric and Reality, in: Nils P. Gleditsch und Paul Diehl (Hg.), *Democracy, Conflict and the Environment*, Boulder 2001; Joachim Blatter und Helen Ingram: *New Approaches to Transboundary Conflicts and Cooperation*, Massachusetts 2001; Aron T. Wolf und Yoffe B. Shira u.a.: Conflict and Cooperation over International Freshwater Resources: Indicators of Basins at Risk, *Journal of the American Water Resources Association*, 39/5 2003, S. 1109–1126; Geoffrey Dabelko und Alexander Carius u.a.: Water, Conflict and Cooperation, *Environmental Change and Security Project Report*, 10/2004, S. 60–66; Larry Swatuk: *Environmental Security in Practice: Transboundary Natural Resource Management in Southern Africa. Water Development and Cooperation: Lessons from Southern Africa and Euphrates Tigris*, Bonn 2004; Lars Wirkus und Volker Böge: *Afrikas internationale Flüsse und Seen. Stand und Erfahrungen im grenzüberschreitenden Wassermanagement in Afrika an ausgewählten Beispielen*, Discussion Paper, Bonn 2005.

139 Wissenschaftlicher Beirat der Bundesregierung Globale Umweltveränderungen (WBGU): *Welt im Wandel – Herausforderung für die deutsche Wissenschaft. Zusammenfassung für Entscheidungsträger*, Bremerhaven 1996.

140 Günther Bächler: *Transformation of Resource Conflicts: Approaches and Instruments*, Bern 2002.

141 Cord Jacobeit und Chris Methmann: *Klimaflüchtlinge. Eine Studie im Auftrag von Greenpeace*, Hamburg 2007.

142 Ragnhild Nordas: *Climate Conflicts: Commonsense or Nonsense?*, Paper presented at the 13th Annual National Political Science Conference, Hurdalsjoen 2005; Barnett, *Climate Change*, (Anm. 137).

143 Tobias Debiel und Dieter Reinhardt: Staatsverfall und Weltordnungspolitik. Analytische Zugänge und politische Strategien zu Beginn des 21. Jahrhunderts, *Nord-Süd aktuell*, 18/3 2004, S. 525–538.

144 I. William Zartman: Introduction: Posing the Problem of State Collapse, in: Ders., *Collapsed States: The Disintegration and Restoration of Legitimate Authority*, Boulder 1995, S. 1–11.

145 Jochen Hippler (Hg.): *Nation-Building – A Key Concept for Peaceful Conflict Transformation?*, London 2005.

146 Ludger Pries: Transnationalisierung der sozialen Welt?, *Berliner Journal für Soziologie*, 12/2 2002, S. 263–272.
147 Diamond, *Kollaps*, (Anm. 85), S. 398 ff.; Jack A. Goldstone: Population and Security: How Demographic Change Can Lead to Violent Conflict, *Journal of International Affairs*, 56/1 2002, S. 3–22.
148 Heidrun Zinecker: Gewalt im Frieden. Formen und Ursachen der Nachkriegsgewalt in Guatemala, *HSFK-Report*, 8/2006.
149 Vgl. Anm. 126.
150 Ken Menkhaus: Governance without Government in Somalia. Spoiler, State Building, and the Politics of Coping, *International Security*, 31/3 2006, S. 74–106.
151 Vgl. Stern, *Review*, (Anm. 14), wie auch die Berichte des Intergovernmental Panel on Climate Change (IPCC).
152 Donella Meadows, Dennis L. Meadows und Jørgen Randers u.a.: *Die Grenzen des Wachstums. Berichte des Club of Rome zur Lage der Menschheit*, München 1972.
153 Bächler, *Transformation*, (Anm. 140); Thomas Homer-Dixon: *Environment, Scarcity and Violence*, Princeton 1999; Nils P. Gleditsch: Environmental Change, Security, and Conflict, in: Chester A. Crocker, Fen O. Hampson und Pamela Aall (Hg.),*Turbulent Peace. The Challenges of Managing International Conflict*, Washington D. C. 2001, S. 53–68.
154 Richard A. Matthew und Michael Brklacich u.a.: *Global Environmental Change and Human Security Gaps in Research on Social Vulnerabirity and Conflict,* Washington 2003. Diese Differenzierung kann man allerdings für trivial halten, denn es ist nie die Umweltbedingung an sich, die ein bestimmtes Verhalten hervorruft, sondern die Deutung und Schlussfolgerung, die jemand daraus zieht.
155 Pearce, *Flüsse*, (Anm. 45), S. 129.
156 Paul Kollier u.a.: *Breaking the Conflict Trap. Civil War and Development Policy*, Washington D. C. 2003, (A World Bank Policy Research Report 2003 [15. 08. 2005], in: http://econ.worldbank.org/programs/conflict).
157 Watson u.a, *Regional Impacts of Climate Change*, (Anm. 59).
158 Tilman Santarius: Klimawandel und globale Gerechtigkeit, *Aus Politik und Zeitgeschichte*, 24/2007, S. 20.
159 UNICEF/WHO: *Meeting the MDG Drinking Water and Sanitation Target. A Mid-Term Assessment of Progress*, 2005, in: http://www.unicef.org/wes/mdgreport/millenium.php
160 Maarten de Wit und Jacek Stankiewicz: Changes in Surface Water Supply Across Africa with Predicted Climate Change, *Science*, 311/2006 (5769), S. 1917–1921.
161 Joshua C. Nkomo und Anthony Nyong u.a.: The Impacts of Climate

Change in Africa, in: *The Stern Review on the Economics of Climate Change, 2006*, in: http://www.hmtreasury.gov.uk/independent_reviews/stern_review_economics_climate_change/stern_review_supporting_documents.cfm

162 Ebd.

163 Pearce, *Flüsse*, (Anm. 45), S. 134.

164 Ebd., S. 224 ff. Pearce bezeichnet den Sechs-Tage-Krieg als ersten Wasserkrieg der Neuzeit, weil sich nach dem Krieg das Jordanbecken fast vollständig unter israelischer Kontrolle befand und Israel seither eine Politik der »hydrologischen Apartheid« (Ebd., S. 217) betreibe.

165 Ebd., S. 129.

166 Anschober/Ramsauer, *Klimarevolution*, (Anm. 82), S. 119.

167 Eva Berié u.a., *Der Fischer-Weltalmanach*, (Anm. 58), S. 231.

168 Jacobeit/Methmann, *Klimaflüchtlinge*, (Anm. 141), S. 2.

169 Santarius, *Klimawandel*, (Anm. 158), S. 18.

170 Ebd., S. 19.

171 Astrid Epiney: »Gerechtigkeit« im Umweltvölkerrecht, *Aus Politik und Zeitgeschichte*, 24/2007, S. 38.

172 Barnett, *Climate Change*, (Anm. 137).

173 Jürgen Müller-Hohagen: *Verleugnet, verdrängt, verschwiegen*, München 2005; Klaus Naumann: *Nachkrieg in Deutschland*, Hamburg 2001; Harald Welzer, Sabine Moller und Karoline Tschuggnall: *»Opa war kein Nazi!« Nationalsozialismus und Holocaust im Familiengedächtnis*, Frankfurt am Main 2002; Hartmut Radebold (Hg.): *Kindheiten im Zweiten Weltkrieg und ihre Folgen*, München 2004.

174 Popitz, *Phänomene*, (Anm. 25) S. 83.

175 Jean Claude Pressac: *Die Krematorien von Auschwitz. Die Technik des Massenmordes*, München 1995; Harald Welzer: Partikulare Vernunft. Über Soldaten, Ingenieure und andere Produzenten der Vernichtung, in: Aleida Assmann, Frank Hiddemann und Eckhard Schwarzenberger (Hg.): *Firma Topf & Söhne. – Hersteller der Öfen für Auschwitz*, Frankfurt am Main 2002, S. 139–156.

176 Beim »Madagaskarplan« handelte es sich um das zeitweilig ernsthaft erwogene Vorhaben, die »Endlösung der Judenfrage« durch eine Umsiedlung nach Madagaskar, also durch eine ethnische Säuberung, zu realisieren.

177 Jede soziale Handlung stellt eine vermutete Erwartung eines Gegenübers – also eines Gesprächs- oder Geschäftspartners oder von Dritten – in Rechnung, bevor sie überhaupt vollzogen wird. Ein grundlegendes Prinzip sozialen Handelns ist wechselseitige Beobachtung. Jeder Akteur ist nicht nur Subjekt seines Handelns, sondern zugleich Objekt der Beobachtung des jeweils anderen – das ist die Bedingung

für die Möglichkeit der Perspektivenübernahme, die wiederum die Bedingung für erfolgreiches soziales Handeln ist. Beobachtungen am jeweils anderen in einem Gespräch etwa müssen keineswegs nur darauf gerichtet sind, was dieser verbal zum Ausdruck bringt, sondern auf alle wahrnehmbaren Merkmale seines Handelns in einer Situation: Gestik, Mimik, körperliche Reaktionen wie Rotwerden oder Pupillenerweiterungen, Aufgeregtheit etc. – alles das gehört Erving Goffman zufolge zum Ausdrucksverhalten, das im komplexen Wechselspiel sozialer Interaktion permanent in Rechnung gestellt wird. Dabei wiederum ist zu beachten, dass Ausdrucksverhalten selbst Gegenstand bewusster Kontrolle oder Manipulation sein und dem Zweck dienen kann, das Gegenüber hinters Licht zu führen – die Operation des gewieften Pokerspielers, die auf der Annahme basiert, dass das Gegenüber eben grundsätzlich dazu neigen wird, sich zunutze zu machen, was das Ausdrucksverhalten des anderen ihm eröffnet. Daraus leitet sich das Interesse des Beobachteten ab, »das Sichzunutzemachen seines Verhaltens durch den Beobachter sich zunutze zu machen, ehe das noch der Beobachter selbst tun kann« – also Eindrucksmanipulation zu treiben, wie Goffman das nennt, etwas vorzutäuschen, was nicht der Fall ist. Dieses Modell lässt sich noch eine Windung weiterschrauben, nämlich bis zu dem Rekursionsproblem, dass die Einschätzung, die der eine zu durchschauen versucht, nämlich die, zu der der andere wahrscheinlich kommt, selbst schon in Rechnung stellen muss, dass sein Versuch, sie zu durchschauen, in der Einschätzung schon enthalten ist. Das hört sich kompliziert an, liefert aber die Basis für jedes soziale Handeln und macht unmittelbar klar, dass dessen grundlegende Kategorie nicht Kausalität, sondern Beziehung ist (vgl. Erving Goffman: *Strategische Interaktion*, München 1981, S. 88).

178 Keegan, *Kultur des Krieges*, (Anm. 87), S. 22 ff.

179 Alle folgenden Zahlen stammen aus der Übersicht der Arbeitsgemeinschaft Kriegsursachenforschung an der Universität Hamburg (AKUF), vgl. http://www.sozialwiss.uni-hamburg.de/publish/Ipw/Akuf/index.htm AKUF definiert Krieg als »gewaltsamen Massenkonflikt, der alle folgenden Merkmale aufweist: (a) an den Kämpfen sind zwei oder mehr bewaffnete Streitkräfte beteiligt, bei denen es sich mindestens auf einer Seite um reguläre Streitkräfte (Militär, paramilitärische Verbände, Polizeieinheiten) der Regierung handelt; (b) auf beiden Seiten muss ein Mindestmaß an zentralgelenkter Organisation der Kriegführenden und des Kampfes gegeben sein [...]; (c) die bewaffneten Operationen ereignen sich mit einer gewissen Kontinuierlichkeit und nicht nur als gelegentliche, spontane Zusammenstöße, d. h. beide Seiten operieren nach einer planmäßigen Strategie,

gleichgültig ob die Kämpfe auf dem Gebiet einer oder mehrerer Gesellschaften stattfinden und wie lange sie dauern.«

180 Debiel u.a., *Globale Trends*, (Anm. 78), S. 82.

181 Ebd., S. 26 ff.

182 Ebd.

183 Pearce, *Flüsse*, (Anm. 45), S. 128 ff.

184 Russische Nachrichten- und Informationsagentur *NOVOSTI* v. 1.8. 2007.

185 *Frankfurter Allgemeine Zeitung* v. 19. 10. 2007, S. 6.

186 Prunier, *Darfur*, (Anm. 13), S. 12.

187 Ebd., S. 10.

188 Die Unterscheidung geht im wesentlichen auf die verdienstvollen Arbeiten von Mary Kaldor einerseits und Herfried Münkler andererseits zurück (vgl. Anm. 125).

189 Keegan, *Kultur des Krieges*, (Anm. 87), S. 149 ff.

190 Kaldor, *Neue und alte Kriege*, (Anm. 125), S. 15 ff.

191 Münkler, *Die neuen Kriege*, (Anm. 125), S. 240.

192 Keegan, *Kultur des Krieges*, (Anm. 87), S. 537

193 Kaldor, *Neue und alte Kriege*, (Anm. 125), S. 158.

194 Ebd., S. 161.

195 Klein, *Schock-Strategie*, (Anm. 41), S. 26; das amerikanische Heimatschutzministerium hat bis 2006 115 000 solcher Verträge geschlossen.

196 *Frankfurter Allgemeines Zeitung* v. 24. 9. 2007, S. 8.

197 Kaldor, *Neue und alte Kriege*, (wie Anm. 125), S. 251.

198 Im September 2007 führte die Ermordung von Zivilisten im Irak durch Söldner dazu, dass die irakische Regierung mit Unterstützung des amerikanischen Außenministeriums der Sicherheitsfirma Blackwater die Lizenz entzog.

199 Vgl. http://web.fu-berlin.de/ethnologie/publikationen/media/Georg_Elwert-Gewalt_und_Maerkte.pdf

200 Wolfgang Höpken: Gewalt auf dem Balkan. Erklärungsversuche zwischen »Struktur« und »Kultur«, in: Ders. und Michael Rieckenberg (Hg.): *Politische und ethnische Gewalt in Südosteuropa und Lateinamerika*, Köln u.a. 2001, S. 53–95; Holm Sundhaussen: Der »wilde Balkan«. Imagination und Realität einer europäischen Konfliktregion, Ost-West, *Europäische Perspektiven*, 1/1 2000, S. 79–100; Marija Todorova: *Die Erfindung des Balkans. Europas bequemes Vorurteil*, Darmstadt 1999.

201 Goffman, *Asyle*, (Anm. 20).

202 Münkler, *Die neuen Kriege*, (Anm. 125).

203 Vgl. Straus, *The Order of Genocide*, (Anm. 67); Welzer, *Täter*, (Anm. 19).

204 Da in Konflikten dieser Art ständig neue »Bewegungen« auftreten, ist

es von außen oft nur schwer nachvollziehbar, worum es wem überhaupt geht – ein Umstand, der beträchtliche Folgen für die Kommunizierbarkeit der Gewaltkonflikte hat. So versucht zum Beispiel ein Bericht in der *Frankfurter Allgemeinen Zeitung* vom 25. 9. 2007 (S. 6) unter der Überschrift »Gefechte in Somalia« einen Konfliktverlauf zu beschreiben, in dem ein zwei Wochen zuvor gegründetes »Bündnis für die Wiederbefreiung Somalias« eine zentrale Rolle zu spielen scheint, an dem kurze Zeit vorher von Äthiopiern aus Mogadischu vertriebene Islamisten sowie verschiedene »Zivilgruppen« beteiligt sind. Als Leser gibt man nach kurzer Zeit den Versuch auf zu verstehen, wer die Akteure sind und worauf die Gefechte zurückgehen.

205 Vgl. www.spiegel.de/politik/ausland/0,1518,druck-510917,00.html

206 Zit. nach Naimark, *Flammender Hass*, (Anm. 28), S. 141.

207 Rainer Geißler: *Struktur und Entwicklung der Bevölkerung. Bundeszentrale für politische Bildung*, in: http://www.bpb.de/publikationen/7WF4KK.html Dies sind im Unterschied zur landläufigen Annahme keine gesicherten Zahlen, sondern Schätzungen auf zum Teil unsolider Grundlage. Die tatsächliche Opferzahl dürfte um einiges niedriger sein (Ingo Haar: Hochgerechnetes Unglück. Die Zahl der deutschen Opfer nach dem Zweiten Weltkrieg wird übertrieben, *Süddeutsche Zeitung* v. 14. 11. 2006).

208 Naimark, *Flammender Hass*, (Anm. 28), S. 125 ff.

209 Darüberhinaus trägt auch die Rückkehr puritanischer Religiosität Züge der Modernisierung, da sie – wie Claus Leggewie schreibt – transnational und individualistisch operiere (Claus Leggewie: *Glaubensgemeinschaften zwischen nationalen Staatskirchen und globalen Religionsmärkten*, Einleitungsvortrag des International Congress on Justice and Human Values in Europe, 10. 5. 2007).

210 Kaldor, *Neue und alte Kriege*, (Anm. 125), S. 18.

211 Ebd., S. 19.

212 Ebd., S. 20.

213 Mann, *Die dunkle Seite*, (Anm. 28), S. 744.

214 *Frankfurter Allgemeine Zeitung* v. 30. 8. 2007.

215 *Tagesschau* v. 20. 7. 2007.

216 *ORF*, in: http://news.orf.at/051010–92154/92155txt_story.html

217 Mann, *Die dunkle Seite*, (Anm. 28), S. 772.

218 Carius/Tänzler/Winterstein, *Weltkarte*, (Anm. 117), S. 10.

219 Ebd., S. 14.

220 Ebd., S. 46.

221 Ebd., S. 27.

222 Ebd., S. 47.

223 Nichole Argo: *Human Bombs: Rethinking Religion and Terror*, Working Paper, MIT Center for International Studies, 6/7 2008, S. 1–5.

224 Bruce Hoffman: *Terrorismus. Der unerklärte Krieg*, Frankfurt am Main 1999, S. 211.

225 Die *Frankfurter Allgemeine Sonntagszeitung* berichtet, dass allein zwischen dem 1. Januar und dem 23. September 2007 1533 Bombenanschläge im Irak verübt wurden, davon mehr als ein Drittel Selbstmordattentate. Die Zahl der dabei getöteten bzw. verletzten Menschen beläuft sich auf 14 624 bzw. 29 341 (Markus Wehner: Werkzeug des Terrorismus, *FAS* v. 30. 9. 2007, S. 4).

226 Hoffman, *Terrorismus*, (Anm. 224), S. 211 ff.

227 Ebd., S. 213.

228 Osama bin Laden brüstete sich mit derlei Kostenrelationen in einer Videobotschaft, jeder von al-Qaida investierte Dollar habe »mit Allahs Erlaubnis eine Million Dollar vernichtet und dazu noch eine riesige Zahl von Arbeitsplätzen« (zit. nach ebd., S. 215).

229 Insofern stellt es die höchste Form der Beunruhigung dar, wenn potenzielle Terroristen keine besonderen Merkmale aufweisen – das Beispiel der Konvertiten Fritz G. und Daniel Martin S., die einen Bombenanschlag in Deutschland planten und im September 2007 verhaftet wurden, versetzte die Öffentlichkeit in größere Aufregung, als es der Fall gewesen wäre, wenn es sich um Personen aus islamischen Ländern gehandelt hätte.

230 Marc Sageman: *Understanding Terror Networks*, Philadelphia 2004.

231 Argo, *Human Bombs*, (Anm. 223), S. 1.

232 Darauf nehmen auch Argumentationen in so genannten Hasspredigten bezug. Mohammed Fazazi etwa, dessen Hamburger Predigten einige Attentäter des 11. September besuchten, argumentiert mit einer starken Entgegensetzung westlicher und islamistischer Werte, betont den kolonialen Hintergrund einer kontinuierlichen Ausbeutungs- und Unterdrückungserfahrung und unterstreicht so die Notwendigkeit einer islamistischen Selbstermächtigung zu Rechtsbruch und Terror (Romuald Karmakar: *Hamburger Lektionen*, Dokumentarfilm 2007).

233 Argo, *Human Bombs*, (Anm. 223), Übersetzung H. W.

234 Shiv Malik: Der Bomber und sein Bruder, *ZEITmagazin Leben*, 28/2007, S. 21.

235 Sageman, *Understanding Terror*, (Anm. 230), vgl. Argo, *Human Bombs*, (Anm. 223), S. 3.

236 Malik, Der Bomber (Anm. 234), S. 20. Personen, die nur begrenzt in dieses Schema passen, sind Konvertiten wie Fritz G. und Daniel Martin S., die keiner gesellschaftlichen Minderheit angehörten, bevor sie zum Islam konvertierten. Wenn man sich allerdings an die Zeit des RAF-Terrors erinnert, wird deutlich, dass es nicht reale, sondern vor allem gefühlte Ungerechtigkeit in Verbindung mit einem elitären

Selbstverständnis sein kann, die Menschen zu Sympathie und Unterstützung oder gar zum Eintritt in terroristische Gruppen veranlasst.

237 Zit. nach Wolf-Dieter Roth: *Warum Terroristen töten*, in: http://www.heise.de/bin/tp/issue/r4/dl-artikel2.cgi?artikelnr=22140&mode=print

238 agit 883 zit. nach Butz Peters: *Tödlicher Irrtum. Die Geschichte der RAF*, Frankfurt am Main 2004, S. 194.

239 Ebd., S. 268.

240 Ebd., S. 197.

241 Auch vor diesem Hintergrund ist der Terrorismus dieser Bürgerkinder der zweiten Generation gespenstisch, zeigt er doch alle Anzeichen der Tradierung einer historischen Erfahrung, die in einer seltsamen Umkehrung der politischen Vorzeichen transgenerationell wirksam wird und ihren Ausdruck in totalitärer Gewalt findet. Das erklärt übrigens auch, weshalb Protagonisten dieser totalitären Linken von Horst Mahler bis Bernd Rabehl später mühelos diese Vorzeichen von ganz links nach ganz rechts wechseln konnten. Ein solches Denken leistet keiner Konversion Widerstand.

242 Klassisch hierzu Henry Tajfel: *Human Groups and Social Categories*, Cambridge 1981; Muzafer Sherif: *The Psychology of Social Norms*, New York 1936.

243 Totale Gruppen sind, in Anlehnung an Goffmans Begriff der totalen Institution, solche, die die Lebenswelt ihrer Mitglieder über weite zeitliche Strecken bilden und weder individuelle Zeitregime noch Entscheidungen noch Fluchten zulassen. Diese Merkmale gelten für Seglercrews ebenso wie für Polizeibataillone im Vernichtungskrieg.

244 Sebastian Haffner: *Geschichte eines Deutschen*, Stuttgart 2002, S. 279 ff.

245 Hannah Arendt: *Elemente und Ursprünge totaler Herrschaft*, München 1996, S. 675 ff.

246 Hoffman, *Terrorismus*, (wie Anm. 224), S. 411.

247 Für die folgenden Hinweise danke ich Alfred Hirsch.

248 Sabine Leutheusser-Schnarrenberger: Der Fall Khaled el Masri. Regierung im Zwiespalt zwischen Terrorbekämpfung und Menschenrechten, in: Till Müller-Heidelberg u. a (Hg.): *Grundrechte-Report 2006. Zur Lage der Bürger- und Menschenrechte in Deutschland*, Frankfurt am Main 2006, S. 24–28.

249 Barbara Lochbihler: Aufklärung und Prävention. Die offenen Aufgaben der Bundesregierung im Kampf gegen den Terrorismus mit Blick auf die Menschenrechte, in: Till Müller-Heidelberg u. a. (Hg.): *Grundrechte-Report 2006. Zur Lage der Bürger- und Menschenrechte in Deutschland*, Frankfurt am Main 2006, S. 177–181.

250 Die folgenden Informationen, besonders bezüglich der zeitlichen Dynamik und der räumlichen Ausbreitung, sind hauptsächlich ei-

nem Übersichtsbericht des Zentrums für Strategieanalysen (*Centre danalyse stratégique*), das direkt dem französischen Premierminister unterstellt ist, entnommen (in: http://www.strategie.gouv.fr/rubrique.php3?id_rubrique=21). Vgl. hierzu auch Paul Silverstein und Chantal Tetreault: Postcolonial Urban Apartheid, *Items and Issues*, 5/4 2006. Hinweise hierzu verdanke ich Jacques Chlopzyk.

251 Norbert Elias: *Studien über die Deutschen*, Frankfurt am Main 1989, S. 315.

252 Dieser Abschnitt basiert auf Recherchen von Sebastian Wessels.

253 Abschiebungen finden jedoch längst nicht immer in dieser legalen Form statt; die Länder, in die Flüchtlinge abgeschoben werden, sind nicht unbedingt ihre Herkunftsländer. In Marokko zum Beispiel wurden wiederholt Flüchtlinge einfach in der Wüste ausgesetzt.

254 Martin Dahms: Der weite Weg in die erste Welt, *Das Parlament*, 28/2006; in: http://www.bundestag.de/dasparlament/2006/28–29/Europa/007.html

255 Ralf Streck: »Massensterben« vor den Kanarischen Inseln, *telepolis*, 24. 03. 2006; in: http://www.heise.de/tp/r4/artikel/22/22317/1.html

256 Harald Neuber: Festung Europa: Beispiel Spanien, *telepolis*, 22. 10. 2004.

257 Helmut Dietrich: Die Front in der Wüste, *Konkret*, 12/2004, S. 5 f.; in: http://nolager.de/blog/files/nolager/lampedusa.pdf

258 Dahms, *Weg*, (Anm. 254).

259 Ralf Streck: Sechs Satelliten sollen Flüchtlinge aufspüren, *telepolis*, 30. 5. 2006, in: http://www.heise.de/tp/r4/artikel/22/22780/1.html

260 Severin Carrell: Revealed: Robot Spyplanes to Guard Europe's Borders, *The Independent*, 4. 6. 2006, in: http://news.independent.co.uk/europe/article624667.ece

261 Infoblatt des »Directorate General Enterprise and Industry – Security Research« der EU: Preparatory Action for Security Research – Border Surveillance UAV, 2005, in: http://ec.europa.eu/enterprise/security/doc/project_flyers/766–06_bsuav.pdf

262 Dietrich, *Front*, (Anm. 257), S. 6.

263 Alfred Hackensberger: Anschlag auf die Grenze, *telepolis*, 3. 10. 2005, in: http://www.heise.de/tp/r4/artikel/21/21064/1.html

264 Florian Rötzer: Ansturm auf die neue Mauer, *telepolis*, 6. 10. 2005, in: http://www.heise.de/tp/r4/artikel/21/21086/1.html

265 n-tv: *Noch ein Zaun für Melilla*, 4. 10. 2005, in: http://www.n-tv.de/586970.html

266 Hackensberger, *Anschlag*, (Anm. 263).

267 Stern/dpa: *Spanien beginnt mit Abschiebungen*, 7. 10. 2005, in: http://www.stern.de/politik/ausland/:Fl%FCchtlingsdrama-Spanien-Abschiebungen/547229.html

268 Alfred Hackensberger: Man muss die Flüchtlinge mit allem Respekt als menschliche Wesen behandeln (Gespräch mit Frederico Barroela, Ärzte ohne Grenzen, Tanger), *telepolis*, 16. 10. 2005, in: http://www.heise.de/tp/r4/artikel/21/21153/1.html

269 Michael Schwelien: Die Einfalltore, *Die ZEIT*, 42/2005, 13. 10. 2005, in: http://images.zeit.de/text/2005/42/Ceuta

270 Médicins sans Frontières: *Violence and Immigration. Report on Illegal Sub-Saharan Immigrants (ISSs) in Morocco*, 2005, S. 2ff, in: https://www.aerzte-ohne-grenzen.de/obj/_scripts/msf_download_pdf.php?id=2389&filename=09–05-Bericht-Marokko-Immigranten.pdf

271 Ralf Streck: »Massensterben« vor den Kanarischen Inseln, *telepolis*, 24. 3. 2006, in : http://www.heise.de/tp/r4/artikel/22/22317/1.html

272 Médicins sans Frontières, *Violence*, (Anm. 270), S. 6.

273 Vgl. Rat der Europäischen Union: *Tagung des Europäischen Rates in Thessaloniki vom 19./20. 6. 2003, Schlussfolgerungen des Vorsitzes*, Brüssel 1. 10. 2003, Ziffer 26, in: http://www.consilium.europa.eu/ueDocs/cms_Data/docs/pressdata/de/ec/76285.pdf

274 Gunßer, *Der europäische Krieg gegen Flüchtlinge*, (Anm. 11).

275 Leo Wieland: Erste afrikanische Flüchtlinge nach Marokko abgeschoben, *FAZ* v. 7. 10. 2005, S. 1.

276 Karl Hoffmann: Lampedusa: Die Ankunft in Europa, *Deutschlandfunk*, 30.4.2006, in: http://www.dradio.de/dlf/sendungen/transit/494082/

277 Dietrich, *Front*, (Anm. 257), S. 3.

278 Streck, *Massensterben*, (Anm. 255).

279 Anke Schwarzer: Das Lagersystem für Flüchtlinge, *telepolis*, 21. 8. 2005, in: http://www.heise.de/tp/r4/artikel/20/20764/1.html

280 Hans-Christian Rössler: In Libyens Hölle, FAS, *Frankfurter Allgemeine Sonntagszeitung*, 22. 7. 2007, S. 8.

281 Mike Davis: Die große Mauer des Kapitals, *Die ZEIT* v. 12. 10. 2006, 42/2006, in: http://www.zeit.de/2006/42/Mauern?page=2

282 Regulation (EC) No 491/2004 of the European Parliament and of the Council of 10 March 2004 – establishing a programme for financial and technical assistance to third countries in the areas of migration and asylum (AENEAS), Article 1,3; in: http://ec.europa.eu/europeaid/projects/eidhr/pdf/themes-migration-reglement_en.pdf

283 Franco Frattini und Wolfgang Schäuble (im Interview): Mit Hubschraubern gegen illegale Einwanderung, *Frankfurter Allgemeine Zeitung* v. 29. 3. 2007, S. 3.

284 Frontex Annual Report 2006, S. 2, in: http://www.frontex.europa.eu/annual_report

285 Einrichtungen der Europäischen Union: Europäische Agentur für die operative Zusammenarbeit an den Außengrenzen (Frontex),

Juni 2007, in: http://europa.eu/agencies/community_ agencies/frontex/index_de.htm

286 Siehe Frontex Finance, in : http://www.frontex.europa.eu/finance/XX

287 Bundesministerium des Innern (Hg.), *Aufgaben und Tätigkeit der Europäischen Grenzschutzagentur FRONTEX*, undatiert, in: http://www.eu2007.bmi.bund.de/nn_1034414/EU2007/DE/InnenpolitischeZiele/Themen/Frontex/Frontex__node.html__nnn=true XX

288 Christoph Marischka: Frontex als Schrittmacher der EU-Innenpolitik, *telepolis*, 25. 5. 2007, in: http://www.heise.de/tp/r4/artikel/25/25359/1.html

289 Siehe Anm. 287.

290 Siehe Anm. 288.

291 Bundesministerium des Innern (Hg.): *Innenpolitik – Informationen des Bundesministeriums des Innern*, Juli 2007, S. 6.

292 Siehe Anm. 287.

293 Bundestagsdrucksache 16/4902 v. 28. 3. 2007.

294 Bundestagsdrucksache 16/5019 v. 14. 4. 2007, S. 3, in: http://dip.bundestag.de/btd/16/050/1605019.pdf

295 Frontex Annual Report 2006, S. 5.

296 Ebd., S. 15. Vgl. auch: Endstation Grenze, *Öffentliche Sicherheit*, 5–6/2007, S. 25, in: http://www.bmi.gv.at/oeffentlsicherheit/2007/05_06/Frontex.pdf

297 Der Bericht lässt einige Fragen offen – nicht nur, welche sieben Länder das waren, sondern etwa auch, auf Grundlage welcher Verträge in senegalesischen und mauretanischen Gewässern operiert wurde und wie mit den knapp viertausend festgesetzten Flüchtlingen verfahren wurde.

298 Frontex News Releases: *A Sequel of Operation Hera Just Starting*, 15. Februar 2007, in: http://www.frontex.europa.eu/newsroom/news_releases/art13.html

299 Frontex Annual Report 2006, S. 11 sowie Christoph Marischka: Frontex geht in die Offensive, *Informationsstelle Militarisierung (IMI), IMI-Analyse*, 15/2007, in: http://www.imi-online.de/2007.php3?id=1530

300 Bundesministerium des Innern: Aufgaben und Tätigkeit der Europäischen Grenzschutzagentur FRONTEX, in: http://www.eu2007.bmi.bund.de/nn_1034414/EU2007/DE/InnenpolitischeZiele/Themen/Frontex/Frontex__node.html__nnn=true. Siehe auch (Anm. 288). Eine Zeitungsmeldung vom 24. August berichtet, dass Frontex die Aktivitäten im Mittelmeer vorübergehend eingestellt habe, da die Mittel fehlten, »um während des gesamten Sommers Schiffe, Hubschrauber und Personal für Einsätze in den Gewässern Südeuropas zru Verfügung zu stellen« (*Frankfurter Allgemeine Zeitung* v. 24. 8. 2007, S. 3). Diese Mitteilung, die auf EU-

Ebene offenbar Erstaunen ausgelöst hat, lässt sich vermutlich als Versuch interpretieren, mehr Mittel zugewiesen zu bekommen.

301 Von diesen sind die meisten legal als Touristen, Studenten oder Zeitarbeitskräfte eingereist und nach Ablauf ihrer Visa geblieben, vgl. Jennifer Elrick: Länderprofil Kanada, *focus Migration*, 8/2007, S. 7 f., in: http://www.focus-migration.de/Kanada.1275.0.html

302 Mike Davis: Die große Mauer des Kapitals, *Die ZEIT* v. 12. 10. 2006, Nr. 42/2006, in: http://www.zeit.de/2006/42/Mauern

303 U. S. Customs and Border Protection: *National Border Patrol Strategy*, September 2004.

304 Vgl. hierzu Anm. 302. Ein Beispiel für diesen Effekt war die »Operation Gatekeeper« im Jahr 1994. Diese beinhaltete eine Aufrüstung der Grenze zwischen Kalifornien und dem mexikanischen Bundesstaat Bajo Kalifornia in Form einer Aufstockung des Grenzschutzpersonals, der Modernisierung ihrer Ausrüstung und dem Bau von Zäunen sowie dem Ausbau schon vorhandener. Vier Jahre später zogen eine Reihe von US-amerikanischen und mexikanischen Nichtregierungsorganisationen – darunter *American Friends Service Committee*, *Centro de Apoyo al Migrante* und *Casa del Migrante* – eine Bilanz, in der sie eine Verschiebung der Migrationsströme feststellten. Nun erfolge die Mehrzahl der Grenzübertritte in Wüstengegenden östlich von Mexicali und um Tecate, wo Tagestemperaturen von bis zu 50 Grad herrschten (Bundeszentrale für politische Bildung): USA/Mexiko: Kritische Bilanz von Nichtregierungsorganisationen zu vier Jahren »Operation Gatekeeper«, *Migration und Bevölkerung*, 8/1998, in: http://www.migration-info.de/migration_und_bevoelkerung/artikel/980807.htm

305 Ebd. sowie Achim Reinke: Unterwegs in die Erste Welt, *Caritas International*, November 2006, in: http://www.caritas-international.de/10567.html

306 »America historically has relied heavily on two vast oceans and two friendly neighbors for border security, and on the private sector for most forms of domestic transportation security. The increasing mobility and destructive potenzial of modern terrorism has required the United States to rethink and rearrange fundamentally its systems for border and transportation security.« Vgl. Office of Homeland Security: *The National Strategy for Homeland Security*, Juli 2004, S. 21, in: http://www.dhs.gov/xabout/history/publication_0005.shtm

307 Nicholas Parrott: Länderprofil – Die Vereinigten Staaten von Amerika, *focus Migration*, 4/2007, in: http://www.focus-migration.de/Die_Vereinigten_Staa.1233.0.html

308 Department of Homeland Security: *Organizational Charts*, 1. 4. 2007, S. 1, in: http://www.dhs.gov/xlibrary/assets/DHS_OrgChart.pdf

309 Kai Oppel: USA – unbeliebt und unvermeidlich, *Financial Times*

Deutschland v. 9. 9. 2007, in: http://www.ftd.de/unternehmen/handel_dienstleister/247895.html

310 US-Regierung verschärft Einreisekontrolle, *Handelsblatt* v. 25. 6. 2007, in: http://www.handelsblatt.com/news/_pv/_p/200051/_t/ft/_b/1285723/default.aspx/index.html

311 Klein, *Schock-Strategie*, (Anm. 41), S. 26.

312 Bundeszentrale für politische Bildung: USA/Kanada: Grenzsicherungsabkommen und höhere Einwanderungsquoten in Kanada, *Migration und Bevölkerung*,1/2002, in: http://www.migration-info.de/migration_und_bevoelkerung/artikel/020104.htm

313 U. S. Customs and Border Protection: *Securing America's Borders*, September 2006, S. 1, in: http://www.cbp.gov/linkhandler/cgov/toolbox/about/mission/cbp_securing_borders.ctt/cbp_securing_borders.pdf

314 Tim Gaynor: Blocking the Border, *Reuters*, 10. 9. 2007, in: http://features.us.reuters.com/cover/news/N07313987.html

315 Vgl. Anm. 311.

316 Reinke, *Erste Welt*, (Anm. 305).

317 U. S. Customs and Border Protection: Secure Border Initiative: A Comprehensive Border Security Solution, *Secure Border Initiative Monthly*, 1/1 2006, S. 1, in: http://www.cbp.gov/linkhandler/cgov/border_security/sbi/sbi_monthly_newsletter/sbi_newsletter.ctt/sbi_newsletter.pdf

318 Joseph Richey: Fencing the Border: Boeing's Hightech Plan Falters, *The Nation Institute*, 9. 7. 2007, in: http://www.nationinstitute.org/ifunds/34/fencing_the_border_boeing_s_high_tech_plan_falters

319 Chris Strome: Contractor Problems Hold Up Border Fence Project, *Government Executive Magazine*, 7. 9. 2007, in: http://www.govexec.com/dailyfed/0907/090707cdpm1.htm

320 Thomas Kleine-Brockhoff: Ground Zero in Arizona, *Die ZEIT* v. 6. 4. 2006, Nr. 15/2006, in: http://www.zeit.de/2006/15/Einwanderung; siehe auch: www.minutemenhq.com

321 Hildegard Strausberg: Mexikaner protestieren gegen die neue Mauer, *Welt online*, 6. 10. 2006, in: http://www.welt.de/print-welt/article157609/Mexikaner_protestieren_gegen_die_neue_Mauer.html

322 Fred Lucas: Border Fence »Very Doable«, Engineers Say, *Cybercast News Service* v. 6. 9. 2007, in: http://www.cnsnews.com/ViewNation.asp?Page=/Nation/archive/200709/NAT20070906a.html

323 Ebd. Nach einer Studie des *Pew Hispanic Center* von März 2006 halten sich etwa zwölf Millionen illegale Einwanderer in den USA auf, eine Zahl, die jährlich um etwa eine halbe Million wachse. Forciert werde die Zuwanderung auch dadurch, dass die Immigranten der Wirtschaft als billige Arbeitskräfte durchaus willkommen seien. Der Studie zufolge sind 56 Prozent dieser Immigranten ohne Aufent-

haltsgenehmigung Mexikaner, weitere 22 Prozent kommen aus anderen lateinamerikanischen Ländern. 94 Prozent von ihnen sind erwerbstätig. Auf diesen Bedarf der US-Wirtschaft an aufgrund ihrer Illegalität gefügigen und billigen Arbeitskräften wird immer wieder hingewiesen. Der Soziologe Mike Davis meint, es gehe der Grenzpolitik gar nicht darum, die illegale Zuwanderung zu unterbinden, sondern sie nach Lage des Arbeitsmarktes zu regulieren.

324 Reinke, *Erste Welt*, (Anm. 305).

325 Parrott, *Länderprofil*, (Anm. 307), S. 2.

326 Thomas Kleine-Brockhoff: Die Macht der Latinos, *ZEIT-online*, 1.4. 2005, in: http://www.zeit.de/online/2006/14/usa_immigration

327 Parrott, *Länderprofil*, (Anm. 307), S. 2.

328 Netzwerk Migration in Europa e.V. (Hg.), USA: Massenproteste gegen Einwanderungsgesetze, *Migration und Bevölkerung*, 3/2006, in: http://www.migration-info.de/migration_und_bevoelkerung/artikel/060308.htm

329 Ebd., S. 7.

330 Ebd., S. 5.

331 Elrick, *Länderprofil*, (Anm. 301), S. 8.

332 Joan Delaney: Kanada, Magnet für Immigranten, *The Epoch Times Deutschland*, 29. August – 4. September 2007, Nr. 2, in: http://www.epochtimes.de/fileadmin/DieNeueEpoche/print/2007/34/ETD_A07–02_S03__v01.pdf

333 Popitz, *Prozesse*, (Anm. 97), S. 9 ff.

334 Im strengen Sinn gibt es keine natürlichen Katastrophen, denn der Natur ist es vollkommen gleichgültig, was mit ihr geschieht. Katastrophen sind immer etwas, wovon Menschen betroffen sind und insofern nur relativ zu ihnen, den einzigen zukunftsbewussten Lebewesen, die die Evolution hervorgebracht hat. Aus Gründen der Unterscheidung zu anthropogenen Katastrophen behalte ich den Begriff »natürlich« hier bei.

335 Später stellte sich allerdings heraus, dass die statistische Möglichkeit eines solchen Unfalls, die bei einem Ereignis auf 20 000 Jahre lag, über alle existierenden Reaktoren gerechnet war, insofern auch rechnerisch häufiger vorkommen konnte. Außerdem war im Publikum den meisten nicht klar, dass das so unwahrscheinliche Ereignis nach der Wahrscheinlichkeitsrechung ebenso gut auch am ersten Tag der 20 000 Jahre eintreten könnte.

336 Für die Verarbeitung und Bewältigung von Katastrophenerfahrungen macht es psychologisch einen erheblichen Unterschied, ob ein Ereignis prinzipiell kontrollierbar bzw. abwendbar gewesen wäre oder ob es unkontrollierbar, also schicksalhaft war (vgl. Julian Rotter: Clinical Psychology, New York 1964).

337 Wolfgang Benz: Dimension des Völkermords. Die Zahl der jüdischen Opfer des Nationalsozialismus, München 1996.
338 Geenen, *Krisen*, (Anm. 42), S. 15.
339 Ebd., S. 6.
340 Ebd., S. 12.
341 Ebd.
342 Auch Sozialwissenschaftler leben mehrheitlich in gefühlt stabilen Welten, und deshalb ist es nicht verwunderlich, dass ihre Theorien den Zusammenbruch ganzer Systeme, den Ausbruch extremer Gewalt, das Umschlagen sozialer Verhältnisse in ein ganz Anderes nicht vorsehen und es als »Ausnahme« definieren, wenn es trotzdem geschieht. Während Ozeanologen, Meteorologen und Paläoarchäologen kein Problem damit haben, Modellannahmen für problematische Entwicklungen vorzulegen, haben ihre Kolleginnen und Kollegen aus den Kulturwissenschaften offensichtlich Schwierigkeiten, zu erforschen, was eine Erhöhung der globalen Durchschnittstemperatur um zwei Grad und ein Anstieg des Meeresspiegels um 15 Zentimeter sozial bedeutet. Der Grund dafür ist einfach. Sie sind Teil der Welt, mit der sie sich wissenschaftlich beschäftigen, und deshalb vermeiden sie Themen, die Gefühle von Bedrohung, Angst, Unsicherheit und Kontrollverlust auslösen können.
343 Dies gilt sogar dann, wenn ein Unglück geschieht. Eine Studie zum Zeitpunkt des Kraftwerkunfalls von Three Mile Island hat gezeigt, dass Personen desto eher den Versicherungen der Kraftwerksbetreiber glaubten, dass kein schwerwiegender Unfall vorläge, je näher sie am betroffenen Atommeiler wohnten (Aronson, *Sozialpsychologie*, [Anm. 77], S. 244).
344 Michael Tomasello: *Die kulturelle Entwicklung menschlichen Denkens*, Frankfurt am Main 2002.
345 Elias, *Gesellschaft*, (Anm. 93), S. 219.
346 Günter Anders: *Die Antiquiertheit des Menschen*, München 1987, S. 278.
347 Ebd., S. 277.
348 Stephen Jay Gould hat sich in vielen Untersuchungen mit dem beschäftigt, was Menschen zu einem gegebenen Zeitpunkt *nicht* wissen konnten (vgl. zum Beispiel Stephen Jay Gould: *Die Lügensteine von Marrakesch. Vorletzte Erkundungen der Naturgeschichte*, Frankfurt am Main 2003).
349 Pearce, *Wetter*, (Anm. 61), S. 39.
350 Ebd., S. 99.
351 Radkau, *Natur und Macht*, (Anm. 44), S. 164 ff.
352 Sáenz-Arroyo u.a., *Rapidly Shifting*, (Anm. 17).
353 Ebd., S. 1959.
354 Judenfische sind eine Unterart der Zackenbarsche, heißen im Ame-

rikanischen Goliath Groupers und können bis zu zwei Meter lang und mehrere hundert Pfund schwer werden.

355 Sáenz-Arroyo, *Rapidly Shifting*, (wie Anm. 17), S. 1960.

356 Veränderungen in Umweltwahrnehmungen werden übrigens auch dann sichtbar, wenn Symbole gedeutet werden. Die kalifornische Flagge zeigt etwa einen Bären nicht deshalb, weil das dort so ein seltenes Tier ist, sondern weil es früher so viele davon gab.

357 Raul Hilberg: *Täter, Opfer, Zuschauer. Die Vernichtung der Juden 1933–1945*, Frankfurt am Main 1992, S. 138.

358 Norbert Elias: *Was ist Soziologie?*, München 2004.

359 Welzer, *Täter*, (Anm. 19), S. 48 ff.

360 Raul Hilberg: *Die Vernichtung der europäischen Juden*, Bd. 1, Frankfurt am Main 1990, S. 80 ff.

361 So zeigt eine retrospektive Befragung von 3000 Personen, die in den 1990er Jahren durchgeführt wurde, dass nahezu drei Viertel der vor 1928 geborenen deutschen Befragten niemanden kannten, der aus politischen Gründen mit der Staatsgewalt in Konflikt geraten und deshalb verhaftet oder verhört worden war (Eric Johnson und Karl-Heinz Reuband: *What We Knew. Terror, Mass Murder and Everyday Life in Nazi Germany*, London 2005, S. 349). Noch mehr Befragte gaben an, sich selbst niemals bedroht gefühlt zu haben, und das, obwohl in derselben Befragung zu hohen Anteilen angegeben wird, dass man illegale Radiosender gehört oder Witze über Hitler und kritische Äußerungen über die Nazis gemacht habe (ebd., S. 357) Ein höchst bemerkenswertes Ergebnis dieser Studie liegt auch darin, dass sich im Nachhinein jeweils zwischen einem Drittel und mehr als der Hälfte der Befragten dazu bekennen, an den Nationalsozialismus geglaubt, Hitler bewundert und nationalsozialistische Ideale geteilt zu haben (ebd., S. 330 ff.). Ein ähnliches Bild zeichnet eine Allensbach-Umfrage aus dem Jahr 1985. Die Befragten, die 1945 mindestens 15 Jahre alt gewesen sein mussten, bekennen hier zu 58 Prozent, an den Nationalsozialismus geglaubt zu haben, 50 Prozent sahen ihre Ideale in ihm verkörpert, 41 Prozent bewunderten den Führer (zit. nach Karl-Heinz Reuband: Das NS-Regime zwischen Akzeptanz und Ablehnung, *Geschichte und Gesellschaft*, 32/3 2006). Dabei zeigt sich auch, dass die Zustimmung zum NS-System mit dem Niveau des Bildungsabschlusses steigt – was dem gängigen Vorurteil zuwiderläuft, dass Bildung vor gegenmenschlichen Einstellungen schützt. Mit steigender Bildung wuchs auch die Zustimmung zu Hitlers Welt, und die Aspekte, die seiner Politik positiv zugeschrieben werden, sind auch in dieser Studie die Bekämpfung von Arbeitslosigkeit und Kriminalität sowie der Bau der Autobahnen. Ein Viertel der Befragten betonen noch ein halbes Jahrhundert nach dem Ende des

»Dritten Reiches« das Gemeinschaftsgefühl, das damals herrschte (Johnson und Reuband, What We Knew, [Anm. 361], S. 341).

362 Konrad Kwiet zit. nach Raul Hilberg: *Die Quellen des Holocaust*, Frankfurt am Main 2002, S. 49.

363 Alex Bruns-Wüstefeld: *Lohnende Geschäfte. Die »Entjudung« am Beispiel Göttingens*, Hannover 1997, S. 69.

364 Das nationalsozialistische Projekt bot ja nicht nur eine glanzvoll ausgemalte Zukunft, sondern auch ganz handfeste Gegenwartsvorteile wie zum Beispiel Karrierechancen. Der Nationalsozialismus hatte eine extrem junge Führungselite, und nicht wenige gerade der jüngeren Volksgenossinnen und -genossen konnten große persönliche Hoffnungen mit dem Siegeszug der »arischen Rasse« verbinden. Vor diesem Hintergrund ist die enorme Freisetzung von individueller und kollektiver Energie zu verstehen, die diese Gesellschaft kennzeichnete. Eine zeitgenössische Statistik gab das Durchschnittsalter der führenden Personen in der Partei mit 34 und im Staat mit 44 Jahren an. Vgl. Götz Aly: *Hitlers Volksstaat. Raub, Rassenkrieg und nationaler Sozialismus*, Frankfurt am Main 2005, S. 12 ff.

365 Vgl. z.B. Lutz Niethammer und Alexander von Plato: »*Wir kriegen jetzt andere Zeiten*«, Bonn 1985; Harald Welzer, Robert Montau und Christine Plaß: »*Was wir für böse Menschen sind!*« *Der Nationalsozialismus im Gespräch zwischen den Generationen*, Tübingen 1997; Welzer/Moller/Tschuggnall, »*Opa war kein Nazi!*, (Anm. 173).

366 Aly, *Hitlers Volksstaat*, (Anm. 364), S. 154.

367 Frank Bajohr und Dieter Pohl: *Der Holocaust als offenes Geheimnis. Die Deutschen, die NS-Führung und die Alliierten*, München 2006, S. 30 ff.

368 Zit. nach Raul Hilberg: *Die Vernichtung der europäischen Juden*, Bd. 3, Frankfurt am Main 1989, S. 1097.

369 In diesem Zusammenhang mag der bizarre Umstand von Interesse sein, dass der bis heute gültige Straftatbestand der unterlassenen Hilfeleistung im Nationalsozialismus eingeführt wurde; sein Geltungsbereich erstreckte sich freilich nur auf die Mitglieder der Volksgemeinschaft, die auch auf solche Weise juristisch flankiert wurde.

370 Bajohr/Pohl, *Holocaust*, (Anm. 367), S. 47.

371 Welzer/Montau/Plaß, »*Was wir für böse Menschen sind!*«, (Anm. 365) S. 69 ff.

372 Hoffman, *Terrorismus*, (wie Anm. 224), S. 247 ff.

373 Ebd., S. 248 ff.

374 Ebd., S. 249.

375 EU fördert Sicherheitstechnologie, *Frankfurter Allgemeine Zeitung* v. 12. 9. 2007, S. 4.

376 Ebd.

377 *Frankfurter Allgemeine Zeitung* v. 15. 10. 2007, S. 6.
378 Allensbacher Berichte, 14/2006, S. 2.
379 Ebd., 21/2004, S. 2.
380 Ebd., 14/2006, S. 3.
381 *ZDF-Politbarometer* v. 20.4.2007. Dort, wo schon massive Terroranschläge stattgefunden haben, ist die Furcht naturgemäß intensiver. Aus Spanien wird von einer regelrechten Islamophobie berichtet, die etwa dazu geführt hat, dass zwei Männern der Einstieg in ein Flugzeug verweigert wurde, weil sie pakistanisch aussahen (*El Pais* v. 23. 8. 2006).
382 Ebd.
383 Ludwig Greven: Der Datenhunger wächst, *ZEIT-online*, 39/2007, in: http://images.zeit.de/text/online/2007/39/datenschutz-simitis
384 Ein historisches Beispiel dafür liefert die alliierte Bombardierung im Zweiten Weltkrieg, die von der irrigen Annahme ausging, die Demoralisierung der Bevölkerung würde Brüche in der Systemloyalität erzeugen. Das Gegenteil war der Fall – die nationalsozialistische Volksgemeinschaft schloss sich unter den furchtbarer werdenden Angriffen enger zusammen.
385 Bundesinnenminister Schäuble am 5. 9. 2007 im *ARD-Brennpunkt*.
386 So konstatiert Herfried Münkler in einem Interview mit der *Frankfurter Allgemeinen Sonntagszeitung*, dass die privaten Sicherheitsfirmen nicht zwingend von Staaten, sondern auch von Unternehmen bezahlt werden können: »Sie winden dann den Staaten das Monopol der legitimen physischen Gewaltsamkeit aus der Hand und bekommen auf diese Weise politische Macht, die sie dann vielleicht über Ölpreise oder was immer gerade im Angebot ist, geltend machen können.« (*FAS* v. 14. 10. 2007, S. 8)
387 Heribert Prantl: Der Terrorist als Gesetzgeber, *NZZ Folio*, 9/2007, S. 22.
388 Auf den indonesischen Inseln Sumatra und Borneo wurden bislang etwa fünf Millionen Hektar Regenwald in Anbauflächen für Palmöl verwandelt, meist durch Brandrodung. Dabei wird jährlich bis zu einer Milliarde Tonnen CO_2 freigesetzt, etwa 15 Prozent der weltweiten CO_2-Emissionen (siehe http://www.umweltschutz-news.de/266artikel1376screenout1.html?besucht=66eceb92). Hinzu kommt, dass Biosprit ökologisch kontraproduktiv ist: Er ist klimaneutral, was Kohlendioxid betrifft, nicht aber hinsichtlich der Emission von Distickstoffoxid – der Treibhauseffekt ist bei Rapsdiesel im Vergleich zu herkömmlichem Diesel etwa 1,7mal so groß (*Frankfurter Allgemeine Zeitung* v. 2. 10. 2007, S. N1).
389 Im Jahr 2006 betrug in über zwanzig Staaten Afrikas das Bruttoinlandprodukt je Einwohner unter 500 US-Dollar; zum Vergleich er-

wirtschafteten die Deutschen 35 204 und die Amerikaner 44 190 US-Dollar je Einwohner (*Spiegel-online* in: http://www.spiegel.de/politik/ausland/0,1518,grossbild-991373–510917,00.html).

390 Erving Goffman: Rollendistanz, in: Heinz Steinert (Hg.), *Symbolische Interaktion*, Stuttgart 1973, S. 260–279.

391 Anschober/Ramsauer, *Klimarevolution*, (Anm. 82), S. 166 ff.

392 Anselm Waldermann: Profitdenken schlägt Umweltschutz, *Spiegel-online*, 6. 9. 2007, in: http://www.spiegel.de/wirtschaft/0,1518,504278,00.html

393 Von den Dialektiken der Schadstoffreduktion abgesehen. Als Beispiel sei hier das Distickstoffoxid genannt, das bei Biosprit anfällt und die Emissionsreduzierung beim Kohlendioxid neutralisiert.

394 Es ist allerdings die Anerkennung des Individuums als Subjekt des Völkerrechts, was die Entwicklung eines Völkerstrafrechts ermöglichte und erlaubte, einzelne Verantwortliche Politiker oder Militärs anzuklagen. Umgekehrt erlaubt erst der Angriff von Staaten gegen Individuen den Eingriff in die Souveränitätsrechte (Gerhard Werle: *Völkerstrafrecht*, Tübingen 2003, S. 2 ff.).

395 W. G. Sebald: *Die Ringe des Saturn*, Frankfurt am Main 2002, S. 281 ff.

396 Alfred Schütz: Tiresias oder unser Wissen von zukünftigen Ereignissen, in: Ders., *Gesammelte Aufsätze*, Bd. 2, Den Haag 1972, S. 261.

397 Harald Welzer, Albert Speers Erinnerungen an die Zukunft, in: Jürgen Straub (Hg.), *Erzählung, Identität und historisches Bewusstsein*, Frankfurt am Main 1998, S. 389–403.

398 Dirk Rupnow: *Vernichten und Erinnern. Spuren nationalsozialistischer Gedächtnispolitik*, Göttingen 2005; Jan Björn Potthast: *Das jüdische Zentralmuseum der SS in Prag. Gegnerforschung und Völkermord im Nationalsozialismus*, Frankfurt am Main 2002.

399 W.G. Sebald: *Luftkrieg und Literatur*, Frankfurt am Main 2001, S. 110.

400 Hans Jonas: *Das Prinzip Verantwortung*, Frankfurt am Main 1984, S. 383.

401 Merkwürdigerweise ändert die Kritik an der Konsum- und Medienkultur und das Registrieren aller Kollateralschäden der Modernisierung von der Fettleibigkeit von Kindern bis zur Erosion sozialer Beziehungen nichts an der Überzeugung, im Westen in der besten aller denkbaren Welten zu leben.

402 Königliche Norwegische Botschaft: Ausschluss von Gesellschaften aus dem Staatlichen Pensionsfonds, in: http://www.norwegen.no/policy/politicalnews/Selskaper+utelukket+fra+oljefondet.htm

403 Siehe Informationsdienst für den öffentlichen Verkehr (LITRA), Meldung v. 6.7.2004, in: http://www.litra.ch/Juli_ 2004.html

404 Herbert Marcuse, Robert Paul Wolff und Barrington Moore: *Kritik der reinen Toleranz*, Frankfurt am Main 1984, S. 138.
405 Mit schönen Grüßen an Ulrich Beck.
406 Elias, *Gesellschaft*, (Anm. 93), S. 281.
407 Claude Levi-Strauss: *Traurige Tropen*, Frankfurt am Main 1982, S. 411.

Grafiken und Tabellen

Literatur

Allensbacher Berichte, 14/2006.
Allensbacher Berichte, 21/2004.
Allensbacher Berichte, 14/2006.
Aly, Götz: *Hitlers Volksstaat. Raub, Rassenkrieg und nationaler Sozialismus*, Frankfurt am Main 2005.
Anders, Günter: *Die Antiquiertheit des Menschen*, München 1987.
Anderson, David: What Really Happened, in: Ders. (Hg.), *Facing My Lai. Beyond the Massacre*, Kansas 1998.
André, Catherine/Platteau, Jean-Philippe: *Land Relations under Unbearable Stress: Rwanda Caught in the Malthusian Trap*, Journal of Economic Behavior and Organization 34/1998, S. 1–47.
Anschober, Rudi/Ramsauer, Petra: *Die Klimarevolution. So retten wir die Welt*, Wien 2007.
Arbeitsgemeinschaft Kriegsursachenforschung an der Universität Hamburg (AKUF), in: http://www.sozialwiss.uni-hamburg.de/publish/Ipw/Akuf/index.htm
Arendt, Hannah: Social Science Techniques and the Study of Concentration Camps, in: Jewish Social Studies, Bd. 12, 1/1950, S. 49–64.
Arendt, Hannah: *Elemente und Ursprünge totaler Herrschaft*, München 1996.
Argo, Nichole: *Human Bombs: Rethinking Religion and Terror*, Working Paper, MIT Center for International Studies 6/7 2008, S. 1–5.
Aronson, Elliot: *Sozialpsychologie. Menschliches Verhalten und gesellschaftlicher Einfluß*, München 1994.
Bächler, Günther: *Transformation of Resource Conflicts: Approaches and Instruments*, Bern 2002.
Bajohr, Frank/Pohl, Dieter: *Der Holocaust als offenes Geheimnis. Die Deutschen, die NS-Führung und die Alliierten*, München 2006.

Barnett, Jon: *Climate Change, Insecurity and Justice, Paper presented at ›Justice in Adaptation to Climate Change‹*, Zuckerman Institute for Connective Environmental Research, University of East Anglia, Norwich 2003.

Basic, Natalija: *Krieg als Abenteuer. Feindbilder und Gewalt aus der Perspektive ex-jugoslawischer Soldaten 1991–1995*, Gießen 2004 (Diss. Hamburg).

Bauman, Zygmunt: *Dialektik der Ordnung*, Hamburg 1992.

Bauman, Zygmunt: Die Rationalität des Bösen, in: Welzer, Harald (Hg.), *Auf den Trümmern der Geschichte*, Tübingen 1999, S. 91–125.

Benz, Wolfgang: *Dimension des Völkermords. Die Zahl der jüdischen Opfer des Nationalsozialismus*, München 1996.

Berié, Eva u.a. (Red.): *Der Fischer-Weltalmanach 2008*, Frankfurt am Main 2007.

Blatter, Joachim/Ingram, Helen: *New Approaches to Transboundary Conflicts and Cooperation*, Massachusetts 2001.

Bloch, Ernst: *Erbschaft dieser Zeit*, Frankfurt am Main 1962.

Brandstetter, Anna-Maria: *Die Rhetorik von Reinheit, Gewalt und Gemeinschaft: Bürgerkrieg und Genozid in Rwanda*, Sociologus 51/1–2 2001, S. 148–184.

Brehl, Medardus: *Vernichtung der Herero. Diskurse der Gewalt in der deutschen Kolonialliteratur*, München 2007.

Brinkbäumer, Klaus: *Der Traum vom Leben. Eine afrikanische Odyssee*, Frankfurt am Main 2007.

Broszat, Manfred: *Nach Hitler. Der schwierige Umgang mit unserer Geschichte*, München 1987.

Bruns-Wüstefeld, Alex: *Lohnende Geschäfte. Die »Entjudung« am Beispiel Göttingens*, Hannover 1997.

Bundesministerium des Innern: *Aufgaben und Tätigkeit der Europäischen Grenzschutzagentur FRONTEX*, undatiert, in: http://www.eu2007.bmi.bund.de/nn_1034414/EU2007/DE/InnenpolitischeZiele/Themen/Frontex/Frontex__node.html__nnn=true.

Bundesministerium des Innern (Hg.): *Innenpolitik – Informationen des Bundesministeriums des Innern*, Juli 2007.

Bundeszentrale für politische Bildung: *USA/Kanada: Grenzsicherungsabkommen und höhere Einwanderungsquoten in Kanada*, Migration und Bevölkerung 1/2002, in: http://www.migration-info.de/migration_und_bevoelkerung/artikel/020104.htm

Carius, Alexander/Tänzler, Dennis/Winterstein, Judith: *Weltkarte von Umweltkonflikten – Ansätze zu einer Typologisierung*, Potsdam 2007.

Carrell, Severin: *Revealed: Robot Spyplanes to Guard Europe's Borders*, The Independent, 4.6.2006, in: http://news.independent.co.uk/europe/article624667.ece

Clausen, Lars u.a. (Hg.), *Entsetzliche soziale Prozesse*, Münster 2003.

Collier, Paul u.a.: *Breaking the Conflict Trap. Civil War and Development Policy*, Washington D. C. 2003.

Dabelko, Geoffrey/Carius, Alexander u.a.: *Water, Conflict and Cooperation*, Environmental Change and Security Project Report 10/2004, S. 60–66.

Dahms, Martin: *Der weite Weg in die erste Welt*, Das Parlament 28/2006; in: http://www.bundestag.de/dasparlament/2006/28–29/Europa/007.html

Davis, Mike: *Die große Mauer des Kapitals*, Die ZEIT, 12. 10. 2006, Nr. 42, in: http://www.zeit.de/2006/42/Mauern

Debiel, Tobias/Reinhardt, Dieter: *Staatsverfall und Weltordnungspolitik: analytische Zugänge und politische Strategien zu Beginn des 21. Jahrhunderts*, Nord-Süd aktuell 18/3 2004, S. 525–538.

Debiel, Tobias u.a.: *Zwischen Ignorieren und Intervenieren. Strategien und Dilemmata externer Akteure in fragilen Staaten*, Reihe Policy Paper der Stiftung Entwicklung und Frieden Nr. 23, Bonn 2005.

Debiel, Tobias/Messner, Dirk/Nuscheler, Franz: *Globale Trends 2007. Frieden, Entwicklung, Umwelt*, Frankfurt am Main 2007.

Delaney, Joan: *Kanada, Magnet für Immigranten*, The Epoch Times Deutschland, 29. 8. – 4. 9. 2007, Nr. 2, in: http://www.epochtimes.de/fileadmin/DieNeueEpoche/print/2007/34/ETD_A07–02_S03__v01.pdf

Des Forges, Alison: *Kein Zeuge darf überleben. Der Genozid in Ruanda*, Hamburg 2002.

de Wit, Maarten/Stankiewicz, Jacek: *Changes in Surface Water Supply Across Africa with Predicted Climate Change*, Science 311/2006 (5769), S. 1917–1921.

Diamond, Jared: *Arm und Reich. Die Schicksale menschlicher Gesellschaften*, Frankfurt am Main 2006.

Diamond, Jared: *Kollaps*, Frankfurt am Main 2005.

Dietrich, Helmut: *Die Front in der Wüste*, Konkret 12/2004, in: http://nolager.de/blog/files/nolager/lampedusa.pdf

Directorate General Enterprise and Industry – Security Research: *Preparatory Action for Security Research – Border Surveillance UAV*, 2005, in: http://ec.europa.eu/enterprise/security/doc/project_flyers/766–06_bsuav.pdf

Elias, Norbert: *Engagement und Distanzierung*, Frankfurt am Main 1983.

Elias, Norbert: *Die Gesellschaft der Individuen*, Frankfurt am Main 1987.

Elias, Norbert: *Studien über die Deutschen*, Frankfurt am Main 1989.

Elias, Norbert: *Was ist Soziologie?*, München 2004.

Elrick, Jennifer: *Länderprofil Kanada*, focus Migration 8/2007, in: http://www.focus-migration.de/Kanada.1275.0.html

Epiney, Astrid: *»Gerechtigkeit« im Umweltvölkerrecht*, Aus Politik und Zeitgeschichte 24/2007, S. 31–38.

Europäische Agentur für die operative Zusammenarbeit an den Außengrenzen (Frontex), Juni 2007, in: http://europa.eu/agencies/community_agencies/frontex/index_de.htm

Festinger, Leon/Riecken, Henry W./Schachter, Stanley: *When Prophecy Fails*, Minneapolis 1956.

Fischetti, Mark: *Wenn New Orleans versinkt*, Spektrum der Wissenschaft Dossier *Die Erde im Treibhaus* 2/2005, S. 75–82.

Flannery, Tim: *Wir Wettermacher. Wie die Menschen das Klima verändern und was das für unser Leben auf der Erde bedeutet*, Frankfurt am Main 2006.

Frankenberger, Klaus-Dieter: *Chinas Hunger nach Energie*, Frankfurter Allgemeine Zeitung, 27. 3. 2007, S. 12.

Frattini, Franco/Schäuble, Wolfgang (im Interview): *Mit Hubschraubern gegen illegale Einwanderung*, Frankfurter Allgemeine Zeitung, 29. 3. 2007, S. 3.

Frontex Annual Report 2006, in: http://www.frontex.europa.eu/annual_report

Frontex News Releases: *A Sequel of Operation Hera Just Starting*, 15. 2. 2007, in: http://www.frontex.europa.eu/newsroom/news_releases/art13.html

Gaynor, Tim: *Blocking the Border*, Reuters 10. 9. 2007, in: http://features.us.reuters.com/cover/news/N07313987.html

Geenen, Elke M.: Kollektive Krisen. Katastrophe, Terror, Revolution – Gemeinsamkeiten und Unterschiede, in: Clausen, Lars u.a. (Hg.), *Entsetzliche soziale Prozesse*, Münster 2003, S. 5–24.

Geißler, Rainer: *Struktur und Entwicklung der Bevölkerung*, Bundeszentrale für politische Bildung, in: http://www.bpb.de/publikationen/7WF4KK.html

Gewald, Jan Bart: *The Issue of Forced Labour in the ›Onjembo‹: German South West Africa 1904–1908*, Bulletin of the Leyden Centre for the History of European Expansion 19/1995, S. 97–104.

Gleditsch, Nils P.: Environmental Change, Security, and Conflict, in: Crocker, Chester A./Hampson, Fen O./Aall, Pamela (Hg.),*Turbulent Peace. The Challenges of Managing International Conflict*, Washington D. C. 2001, S. 53–68.

Goffman, Erving: *Rollendistanz*, in: Steinert, Heinz (Hg.), *Symbolische Interaktion*, Stuttgart 1973, S. 260–279.

Goffman, Erving: *Asyle*, Frankfurt am Main 1973.

Goffman, Erving: *Rahmenanalyse*, Frankfurt am Main 1978.

Goffman, Erving: *Strategische Interaktion*, München 1981.

Goldstone, Jack A.: *Population and Security: How Demographic Change Can Lead to Violent Conflict*, Journal of International Affairs 56/1 2002, S. 3–22.

Gould, Stephen Jay: *Die Lügensteine von Marrakesch. Vorletzte Erkundungen der Naturgeschichte*, Frankfurt am Main 2003.

Greiner, Bernd: *»A Licence to Kill«: Annäherungen an das Kriegsverbrechen von My Lai*, Mittelweg 36, Dezember 1998/Januar 1999, S. 4–24.
Greiner, Bernd: *»First To Go, Last to Know«. Der Dschungelkrieger in Vietnam*, Geschichte und Gesellschaft 29/2003, S. 239–261.
Greiner, Bernd: *Krieg ohne Fronten. Die USA in Vietnam*, Hamburg 2007.
Greven, Ludwig: *Der Datenhunger wächst*, ZEIT-online 39/2007, in: http://images.zeit.de/text/online/2007/39/datenschutz-simitis
Gunßer, Cornelia: *Der europäische Krieg gegen Flüchtlinge*, ak – analyse und kritik 19. 11. 2004, in: http://www.nolager.de/blog/node/142
Haar, Ingo: *Hochgerechnetes Unglück. Die Zahl der deutschen Opfer nach dem zweiten Weltkrieg wird übertrieben*, Süddeutsche Zeitung, 14. 11. 2006.
Hackensberger, Alfred: *Anschlag auf die Grenze*, telepolis 3. 10. 2005, in: http://www.heise.de/tp/r4/artikel/21/21064/1.html
Hackensberger, Alfred: *Man muss die Flüchtlinge mit allem Respekt als menschliche Wesen behandeln* (Gespräch mit Frederico Barroela, Ärzte ohne Grenzen, Tanger), telepolis 16. 10. 2005, in: http://www.heise.de/tp/r4/artikel/21/21153/1.html
Haffner, Sebastian: *Geschichte eines Deutschen*, Stuttgart 2002.
Hilberg, Raul: *Die Vernichtung der europäischen Juden*, Bd. 1, Frankfurt am Main 1990.
Hilberg, Raul: *Die Vernichtung der europäischen Juden*, Bd. 3, Frankfurt am Main 1989.
Hilberg, Raul: *Die Quellen des Holocaust*, Frankfurt am Main 2002.
Hilberg, Raul: *Täter, Opfer, Zuschauer. Die Vernichtung der Juden 1933–1945*, Frankfurt am Main 1992.
Hippler, Jochen (Hg.): *Nation-Building – A Key Concept for Peaceful Conflict Transformation?*, London 2005.
Höpken, Wolfgang: Gewalt auf dem Balkan – Erklärungsversuche zwischen »Struktur« und »Kultur«, in: Ders./Rieckenberg, Michael (Hg.), *Politische und ethnische Gewalt in Südosteuropa und Lateinamerika*, Köln u.a. 2001, S. 53–95.
Hoffman, Bruce: *Terrorismus. Der unerklärte Krieg*, Frankfurt am Main 1999.
Hoffmann, Karl: *Lampedusa: Die Ankunft in Europa*, Deutschlandfunk 30. 4. 2006, in: http://www.dradio.de/dlf/sendungen/transit/494082/
Homer-Dixon, Thomas: *Environment, Scarcity and Violence*, Princeton 1999.
Informationsdienst für den öffentlichen Verkehr (LITRA), Meldung v. 6. 7. 2004, in: http://www.litra.ch/Juli_ 2004.html
Internationaler Militärgerichtshof: *Der Prozess gegen die Hauptkriegsverbrecher*, Bd. 4, Nürnberg 1948.
Internationaler Militärgerichtshof: *Der Prozess gegen die Hauptkriegsverbrecher*, Bd. 29, Nürnberg 1948.

Jacobeit, Cord/Methmann, Chris: *Klimaflüchtlinge. Eine Studie im Auftrag von Greenpeace*, Hamburg 2007.

Jäger, Jill: *Was verträgt unsere Erde noch?*, Frankfurt am Main 2007.

Johnson, Eric/Reuband, Karl-Heinz: *What We Knew. Terror, Mass Murder and Everyday Life in Nazi Germany*, London 2005.

Jonas, Hans: *Das Prinzip Verantwortung*, Frankfurt am Main 1984.

Kaldor, Mary: *Neue und alte Kriege. Organisierte Gewalt im Zeitalter der Globalisierung*, Frankfurt am Main 2000.

Karmakar, Romuald: *Hamburger Lektionen*, Dokumentarfilm 2007.

Keegan, John: *Die Kultur des Krieges*, Reinbek 1997.

Klein, Naomi: *Die Schock-Strategie. Der Aufstieg des Katastrophen-Kapitalismus*, Frankfurt am Main 2007.

Kleine-Brockhoff, Thomas: *Die Macht der Latinos*, ZEIT-online, 1. 4. 2005, in: http://www.zeit.de/online/2006/14/usa_immigration

Kleine-Brockhoff, Thomas: *Ground Zero in Arizona*, Die ZEIT, 6. 4. 2006, Nr. 15/2006, in: http://www.zeit.de/2006/15/Einwanderung; siehe auch: www.minutemenhq.com

Königliche Norwegische Botschaft: *Ausschluss von Gesellschaften aus dem Staatlichen Pensionsfonds*, in: http://www.norwegen.no/policy/political-news/Selskaper+utelukket+fra+oljefondet.htm

Kraftfahrt-Bundesamt: *Fahrzeugzulassungen im Juni 2007*, Pressemitteilung Nr. 21/2007.

Leggewie, Claus: *Glaubensgemeinschaften zwischen nationalen Staatskirchen und globalen Religionsmärkten*, Einleitungsvortrag des International Congress on Justice and Human Values in Europe, 10. 5. 2007.

Leutheusser-Schnarrenberger, Sabine: Der Fall Khaled el Masri. Regierung im Zwiespalt zwischen Terrorbekämpfung und Menschenrechten, in: Müller-Heidelberg, Till u.a. (Hg.), *Grundrechte-Report 2006. Zur Lage der Bürger- und Menschenrechte in Deutschland*, Frankfurt am Main 2006, S. 24–28.

Levi-Strauss, Claude: *Traurige Tropen*, Frankfurt am Main 1982.

Libiszewski, Stephan: International Conflicts over Freshwater Resources, in: Suliman, Mohamed (Hg.), *Ecology, Politics and Violent Conflict*, London/New York 1999, S. 115–138.

Lochbihler, Barbara: Aufklärung und Prävention. Die offenen Aufgaben der Bundesregierung im Kampf gegen den Terrorismus mit Blick auf die Menschenrechte, in: Müller-Heidelberg, Till u.a. (Hg.), *Grundrechte-Report 2006. Zur Lage der Bürger- und Menschenrechte in Deutschland*, Frankfurt am Main 2006, S. 177–181.

Logan, John R.: *The Impact of Katrina: Race and Class in Storm-Damaged Neighborhoods*, Brown University 2006, in: http://www.s4.brown.edu/katrina/report.pdf

Logan, John R.: Unnatural Disaster: Social Impacts and Policy Choices after Katrina, in: Rehberg, Karl-Siegbert (Hg.), *Die Natur der Gesellschaft. Verhandlungen des 33. Kongresses der Deutschen Gesellschaft für Soziologie in Kassel 2006*, Frankfurt am Main, im Erscheinen.

Lonergan, Steven C.: Water and Conflict: Rhetoric and Reality, in: Gleditsch, Nils P./Diehl, Paul (Hg.), *Democracy, Conflict and the Environment*, Boulder 2001, S. 109–124.

Lucas, Fred: *Border Fence »Very Doable«, Engineers Say*, Cybercast News Service, 6.9.2007, in: http://www.cnsnews.com/ViewNation.asp?Page=/Nation/archive/200709/NAT20070906a.html

Lüdtke, Alf: Gewalt und Alltag im 20. Jahrhundert, in: Bergsdorf, Wolfgang u.a. (Hg.), *Gewalt und Terror*, Weimar 2003, S. 35–52.

Malik, Shiv: *Der Bomber und sein Bruder*, ZEITmagazin Leben 28/2007, in: http://www.zeit.de/2007/28/Bomber-28

Mann, Michael: *Die dunkle Seite der Demokratie. Eine Theorie der ethnischen Säuberung*, Hamburg 2007.

Marcuse, Herbert/Wolff, Robert Paul/Moore, Barrington: *Kritik der reinen Toleranz*, Frankfurt am Main 1984.

Marischka, Christoph: *Frontex geht in die Offensive*, Informationsstelle Militarisierung (IMI), IMI-Analyse 15/2007, in: http://www.imi-online.de/2007.php3?id=1530

Marischka, Christoph: *Frontex als Schrittmacher der EU-Innenpolitik*, telepolis, 25. 5. 2007, in: http://www.heise.de/tp/r4/artikel/25/25359/1.html

Matthew, Richard A./Brklacich, Michael u.a.: *Global Environmental Change and Human Security: Gaps in Research on Social Vulnerability and Conflict*, Washington 2003.

Meadows, Donella/Meadows, Dennis L./Randers, Jørgen u.a.: *Die Grenzen des Wachstums – Berichte des Club of Rome zur Lage der Menschheit*, München 1972.

Médicins sans Frontières: *Violence and Immigration. Report on Illegal Sub-Saharan Immigrants (ISSs) in Morocco*, 2005, in: https://www.aerzte-ohne-grenzen.de/obj/_scripts/msf_download_pdf.php?id=2389 &filename=09–05-Bericht-Marokko-Immigranten.pdf

Mehler, Andreas: *Oligopolies of Violence in Africa South of the Sahara*, Institut für Afrika-Kunde, Discussion Paper, Hamburg 2004.

Meier, Mischa: Krisen und Krisenwahrnehmung im 6. Jahrhundert n.Chr., in: Scholten, Helga (Hg.), *Die Wahrnehmung von Krisenphänomenen. Fallbeispiele von der Antike bis in die Neuzeit*, Köln u.a. 2007, S. 111–125.

Menkhaus, Ken: *Governance without Government in Somalia: Spoiler, State Building, and the Politics of Coping*, International Security 31/3 2006, S. 74–106.

Müller-Hohagen, Jürgen: *Verleugnet, verdrängt, verschwiegen*, München 2005.

Münkler, Herfried: *Die neuen Kriege*, Reinbek 2002.

Münz, Rainer: Weltbevölkerung und weltweite Migration, in: Fischer, Ernst Peter/Wiegand, Klaus (Hg.), *Die Zukunft der Erde*, Frankfurt am Main 2006, S. 98–117.

Naimark, Norman M.: *Flammender Hass. Ethnische Säuberungen im 20. Jahrhundert*, München 2005.

Naumann, Klaus (Hg.), *Nachkrieg in Deutschland*, Hamburg 2001.

Netzwerk Migration in Europa e.V. (Hg.), *USA: Massenproteste gegen Einwanderungsgesetze*, Migration und Bevölkerung 3/2006, in: http://www.migration-info.de/migration_und_bevoelkerung/artikel/060308.htm

Neuber, Harald: *Festung Europa: Beispiel Spanien*, telepolis, 22. 10. 2004.

Niethammer, Lutz/von Plato, Alexander: »*Wir kriegen jetzt andere Zeiten*«, Bonn 1985.

Nkomo, Joshua. C./Nyong, Anthony u.a.: *The Impacts of Climate Change in Africa*, in: Stern, Nicholas: *Stern Review on the Economics of Climate Change*, Cambridge u.a. 2007, in: http://www.hmtreasury.gov.uk/independent_reviews/stern_review_economics_climate_change/stern_review_supporting_documents.cfm

Nordas, Ragnhild: *Climate Conflicts: Common Sense or Nonsense?*, Paper presented at the 13th Annual National Political Science Conference, Hurdalsjoen 2005.

n-tv: *Noch ein Zaun für Melilla*, 4.10.2005, in: http://www.n-tv.de/586970.html

Office of Homeland Security: *The National Strategy for Homeland Security*, Juli 2004, in: http://www.dhs.gov/xabout/history/publication_0005.shtm

Oppel, Kai: *USA – unbeliebt und unvermeidlich*, Financial Times Deutschland, 9. 9. 2007, in: http://www.ftd.de/unternehmen/handel_dienstleister/247895.html

Parrott, Nicholas: *Länderprofil – Die Vereinigten Staaten von Amerika*, focus Migration 4/2007, in: http://www.focus-migration.de/Die_Vereinigten_Staa.1233.0.html

Pearce, Fred: *Das Wetter von morgen. Wenn das Klima zur Bedrohung wird*, München 2007.

Pearce, Fred: *Wenn die Flüsse versiegen*, München 2007.

Peters, Butz: *Tödlicher Irrtum. Die Geschichte der RAF*, Frankfurt am Main 2004.

Popitz, Heinrich: *Prozesse der Machtbildung*, Tübingen 1976.

Popitz, Heinrich: *Phänomene der Macht*, Tübingen 1986.

Potthast, Jan Björn: *Das jüdische Zentralmuseum der SS in Prag. Gegnerforschung und Völkermord im Nationalsozialismus*, Frankfurt am Main 2002.

Prantl, Heribert: *Der Terrorist als Gesetzgeber*, NZZ Folio 9/2007, S. 20–24.

Pressac, Jean Claude: *Die Krematorien von Auschwitz. Die Technik des Massenmordes*, München 1995.

Pries, Ludger: *Transnationalisierung der sozialen Welt?*, Berliner Journal für Soziologie 12/2 2002, S. 263–272.
Prunier, Gerard: *Darfur. Der uneindeutige Genozid*, Hamburg 2006.
Quy, Vo: *Ökozid in Vietnam. Erforschung und Wiederherstellung der Umwelt*, AG Friedensforschung der Universität Kassel, in: http://www.uni-kassel.de/fb5/frieden/Vietnam/fabig-voquy.html
Radebold, Hartmut (Hg.): *Kindheiten im zweiten Weltkrieg und ihre Folgen*, München 2004.
Radkau, Joachim: *Natur und Macht. Eine Weltgeschichte der Umwelt*, München 2000.
Rat der Europäischen Union: *Tagung des Europäischen Rates in Thessaloniki vom 19./20. 6. 2003, Schlussfolgerungen des Vorsitzes*, Brüssel 1. 10. 2003, Ziffer 26, in: http://www.consilium.europa.eu/ueDocs/cms_Data/docs/pressdata/de/ec/76285.pdf
Reemtsma, Jan Philipp: *Nachbarschaft als Gewaltressource*, Mittelweg 36 13/5 2004, S. 103–120.
Reese, Willy Peter: *Mir selber seltsam fremd. Die Unmenschlichkeit des Kriegs. Russland 1941–44* (hg. v. Stefan Schmitz), Berlin 2004.
Reicholf, Josef H.: *Eine kurze Naturgeschichte des letzten Jahrtausends*, Frankfurt am Main 2007.
Reinke, Achim: *Unterwegs in die Erste Welt*, Caritas International 11/2006, in: http://www.caritas-international.de/10567.html
Reuband, Karl-Heinz: *Das NS-Regime zwischen Akzeptanz und Ablehnung*, Geschichte und Gesellschaft 32/3 2006, S. 315–343.
Richey, Joseph: *Fencing the Border: Boeing's High-Tech Plan Falters*, The Nation Institute, 9. 7. 2007, in: http://www.nationinstitute.org/ifunds/34/fencing_the_border_boeing_s_high_tech_plan_falters
Rössler, Hans-Christian: *In Libyens Hölle*, Frankfurter Allgemeine Sonntagszeitung, 22. 7. 2007, S. 8.
Rötzer, Florian: *Ansturm auf die neue Mauer*, telepolis, 6. 10. 2005, in: http://www.heise.de/tp/r4/artikel/21/21086/1.html
Rötzer, Florian: *Anhaltender Krieg in Afghanistan verursacht schwere Umweltschäden*, telepolis, 23. 8. 2007, in: http://www.heise.de/tp/r4/artikel/26/26020/1.html
Roth, Wolf-Dieter: *Warum Terroristen töten*, in: http://www.heise.de/bin/tp/issue/r4/dl-artikel2.cgi?artikelnr=22140&mode=print
Rotter, Julian: *Clinical Psychology*, New York 1964.
Rupnow, Dirk: *Vernichten und Erinnern. Spuren nationalsozialistischer Gedächtnispolitik*, Göttingen 2005.
Sáenz-Arroyo, Andrea u.a.: *Rapidly Shifting Environmental Baselines Among Fishers of the Gulf of California*, Proceedings of the Royal Society 272/2005, S. 1957–1962.
Sageman, Marc: *Understanding Terror Networks*, Philadelphia 2004.

Santarius, Tilman: *Klimawandel und globale Gerechtigkeit*, Aus Politik und Zeitgeschichte 24/2007, S. 18–24.
Schreiber, Wolfgang: *Sudan/Darfur*, Arbeitsgemeinschaft Kriegsursachenforschung Universität Hamburg 2005.
Schütz, Alfred: Tiresias oder unser Wissen von zukünftigen Ereignissen, in: Ders., *Gesammelte Aufsätze*, Bd. 2, Den Haag 1972, S. 259–278.
Schwarzer, Anke: *Das Lagersystem für Flüchtlinge*, telepolis, 21. 8. 2005, in: http://www.heise.de/tp/r4/artikel/20/20764/1.html
Schwelien, Michael: *Die Einfalltore*, Die ZEIT, 13. 10. 2005, Nr. 42, in: http://images.zeit.de/text/2005/42/Ceuta
Sebald, W. G.: *Luftkrieg und Literatur*, Frankfurt am Main 2001.
Sebald, W. G.: *Die Ringe des Saturn*, Frankfurt am Main 2002.
Sebald, W. G.: *Austerlitz*, Frankfurt am Main 2003.
Semelin, Jacques: *Säubern und Vernichten. Die politische Dimension von Massakern und Völkermorden*, Hamburg 2007.
Silverstein, Paul/Tetreault, Chantal: *Postcolonial Urban Apartheid*, Items and Issues 5/4 2006, S. 8–15.
Stern, Nicholas: *Stern Review on the Economics of Climate Change*, Cambridge u.a. 2007.
Stern/dpa: *Spanien beginnt mit Abschiebungen*, 7. 10. 2005, in: http://www.stern.de/politik/ausland/:Fl%FCchtlingsdrama-Spanien-Abschiebungen/547229.html
Straus, Scott: *The Order of Genocide. Race, Power, and War in Rwanda*, New York 2006.
Strausberg, Hildegard: *Mexikaner protestieren gegen die neue Mauer*, Welt online, 6. 10. 2006, in: http://www.welt.de/print-welt/article157609/Mexikaner_protestieren_gegen_die_neue_Mauer.html
Streck, Ralf: *»Massensterben« vor den Kanarischen Inseln*, telepolis, 24. 3. 2006, in : http://www.heise.de/tp/r4/artikel/22/22317/1.html
Streck, Ralf: *Sechs Satelliten sollen Flüchtlinge aufspüren*, telepolis, 30. 5. 2006, in: http://www.heise.de/tp/r4/artikel/22/22780/1.html
Strome, Chris: *Contractor Problems Hold Up Border Fence Project*, Government Executive Magazine, 7. 9. 2007, in: http://www.govexec.com/dailyfed/0907/090707cdpm1.htm
Sundhaussen, Holm: *Der »wilde Balkan«. Imagination und Realität einer europäischen Konfliktregion, Ost-West*, Europäische Perspektiven 1/1 2000, S. 79–100.
Swatuk, Larry: *Environmental Security in Practice: Transboundary Natural Resource Management in Southern Africa. Water Development and Cooperation: Lessons from Southern Africa and Euphrates Tigris*, Bonn 2004.
Swift, Jonathan: *Satiren und Streitschriften*, München 1993.
Tajfel, Henry: *Human Groups and Social Categories*, Cambridge 1981.

Todorova, Marija: *Die Erfindung des Balkans. Europas bequemes Vorurteil*, Darmstadt 1999.

Tomasello, Michael: *Die kulturelle Entwicklung menschlichen Denkens*, Frankfurt am Main 2002.

Tuchman, Barbara: *Die Torheit der Regierenden. Von Troja bis Vietnam*, Frankfurt am Main 2001.

United Nations Environment Programme (UNEP): Sudan. Post-Conflict Environmental Assessment, Nairobi 2007.

U. S. Customs and Border Protection: *National Border Patrol Strategy*, September 2004.

U. S. Customs and Border Protection: *Securing America's Borders*, September 2006, in: http://www.cbp.gov/linkhandler/cgov/toolbox/about/mission/cbp_securing_borders.ctt/cbp_securing_borders.pdf

U. S. Customs and Border Protection: *Secure Border Initiative: A Comprehensive Border Security Solution*, Secure Border Initiative Monthly 1/1 2006, in: http://www.cbp.gov/linkhandler/cgov/border_security/sbi/sbi_monthly_newsletter/sbi_newsletter.ctt/sbi_newsletter.pdf

UNICEF/WHO: *Meeting the MDG Drinking Water and Sanitation Target. A Mid-Term Assessment of Progress*, 2005, in: http://www.unicef.org/wes/mdgreport/millenium.php

Waldermann, Anselm: *Profitdenken schlägt Umweltschutz*, Spiegel-online, 6. 9. 2007, in: http://www.spiegel.de/wirtschaft/0,1518,504278,00.html

Watson, Robert S. u.a. (Hg.), *The Regional Impacts of Climate Change: An Assessment of Vulnerability. A special report of IPCC working group II*, Cambridge 1997.

Wehner, Markus: *Werkzeug des Terrorismus*, Frankfurter Allgemeine Sonntagszeitung, 30. 9. 2007, S. 4.

Welzer, Harald/Montau, Robert/Plaß, Christine: *»Was wir für böse Menschen sind!« Der Nationalsozialismus im Gespräch zwischen den Generationen*, Tübingen 1997.

Welzer, Harald: Albert Speers Erinnerungen an die Zukunft, in: Straub, Jürgen (Hg.), *Erzählung, Identität und historisches Bewusstsein*, Frankfurt am Main 1998, S. 389–403.

Welzer, Harald/Moller, Sabine/Tschuggnall, Karoline: *»Opa war kein Nazi!« Nationalsozialismus und Holocaust im Familiengedächtnis*, Frankfurt am Main 2002.

Welzer, Harald: Partikulare Vernunft. Über Soldaten, Ingenieure und andere Produzenten der Vernichtung, in: Assmann, Aleida/Hiddemann, Frank/Schwarzenberger, Eckhard (Hg.), *Firma Topf & Söhne. – Hersteller der Öfen für Auschwitz*, Frankfurt am Main 2002, S. 139–156.

Welzer, Harald: *Täter. Wie aus ganz normalen Menschen Massenmörder werden*, Frankfurt am Main 2005.

Werle, Gerhard: *Völkerstrafrecht*, Tübingen 2003.

Whorf, Benjamin Lee: *Language, Thought, and Reality*, Cambridge 1956.
Wieland, Leo: *Erste afrikanische Flüchtlinge nach Marokko abgeschoben*, Frankfurter Allgemeine Zeitung, 7. 10. 2005, S. 1.
Wirkus, Lars/Böge, Volker: *Afrikas internationale Flüsse und Seen. Stand und Erfahrungen im grenzüberschreitenden Wassermanagement in Afrika an ausgewählten Beispielen*, Discussion Paper, Bonn 2005.
Wissenschaftliche Dienste des Deutschen Bundestages: *Der Darfur-Konflikt – Genese und Verlauf*, Oktober 2006.
Wissenschaftlicher Beirat der Bundesregierung Globale Umweltveränderungen (WBGU): *Welt im Wandel – Herausforderung für die deutsche Wissenschaft. Zusammenfassung für Entscheidungsträger*, Bremerhaven 1996.
Wissenschaftlicher Beirat der Bundesregierung Globale Umweltveränderungen (WBGU): *Welt im Wandel – Sicherheitsrisiko Klimawandel*, Berlin/Heidelberg 2007.
Wolf, Aron T./Shira, Yoffe B. u.a.: *Conflict and Cooperation over International Freshwater Resources: Indicators of Basins at Risk*, Journal of the American Water Resources Association 39/5 2003, S. 1109–1126.
Zartman, William: Introduction: Posing the Problem of State Collapse, in: Ders., *Collapsed States: The Disintegration and Restoration of Legitimate Authority*, Boulder 1995, S. 1–11.
Zimmerer, Jürgen: Krieg, KZ und Völkermord in Südwestafrika, in: Zimmerer, Jürgen/Zeller, Joachim (Hg.), *Völkermord in Deutsch-Südwestafrika. Der Kolonialkrieg (1904–1908) in Namibia und seine Folgen*, Berlin 2003.
Zinecker, Heidrun: *Gewalt im Frieden: Formen und Ursachen der Nachkriegsgewalt in Guatemala*, HSFK-Report, 8/2006.

Danksagung

Die Idee, ein Buch über den Zusammenhang von Klimawandel und Gewalt zu schreiben, geht darauf zurück, dass mich die »ZEIT« zum Jahr der Geisteswissenschaften aufgefordert hatte, etwas Programmatisches zur Zukunft der betulichen geistes- und kulturwissenschaftlichen Disziplinen zu schreiben – eine willkommene Gelegenheit für mich, von den Kolleginnen und Kollegen mehr Aufmerksamkeit für die tiefgreifenden gesellschaftlichen Veränderungsprozesse zu fordern, die wir im Augenblick erleben. »Was wir gegenwärtig als ›Klimawandel‹ bezeichnen,« hieß es da, »wird die größte soziale Herausforderung der Moderne sein – insbesondere deshalb, weil die Frage unausweichlich wird, wie mit den Massen von Flüchtlingen zu verfahren sein wird, die dort, wo sie herkommen, nicht mehr existieren können und an den Überlebenschancen in den privilegierten Ländern teilhaben möchten. Aus der Völkermordforschung wissen wir, wie schnell die Lösung sozialer Fragen in radikale Definitionen und tödliche Handlungen übergehen kann, und so etwas abzuwenden, wird eine Probe darauf sein, ob Gesellschaften aus der Geschichte lernen können oder nicht.« Diese damals noch mit einigem Überschwang geschriebenen Sätze verwandelten sich auf eigentümliche Weise umgehend in eine Aufforderung an mich selbst, an ihnen entlang weiter zu denken. Insofern ist es eigentlich Elisabeth von Thadden von der »ZEIT« gewesen, die auf diese Weise unwissentlich den ersten Anstoß für die »Klimakriege« gab. Ein weiterer wichtiger Impuls ging von der Zusammenarbeit mit Tobias Debiel an einem Projektantrag über »Failing Societies« aus – dabei habe ich sehr viel über scheiternde Gesellschaften gelernt. Einige Grafiken in dem vorliegenden Buch entstammen dem überaus wichtigen Periodikum »Globale Trends«, das Tobias Debiel zusammen mit Dirk Messner und Franz Nuscheler herausgibt – auch dafür meinen ganz herzlichen Dank.

Dann gibt es viele Menschen, die mir Recherchen für dieses Buch zur Verfügung gestellt haben – Scharsad Amiri, Karin Schürmann, Jacques Chlopzyk, David Keller, Christian Gudehus, Bernd Sommer, Alfred Hirsch und besonders Sebastian Wessels sei an dieser Stelle für Aufwand, Mühe und Engagement gedankt. Auch an Romuald Karmakar geht ein herzlicher Dank für Diskussionen und Hinweise. Das Kulturwissenschaftliche Institut in Essen bietet mir insbesondere in den Personen Claus Leggewie, Ludger Heidbrink, Jörn Rüsen und Norbert Jegelka nicht nur die inspirierende und kollegiale Atmosphäre, die man braucht, um so riskante Projekte wie die »Klimakriege« anzugehen, sondern auch viele Gelegenheiten, einzelne Themen und Gedanken zur Diskussion zu stellen und kritisch prüfen zu lassen. Ein ganz besonderer Dank geht an Dana Giesecke, die nicht nur intensiv für das Buch recherchiert sowie akribisch redigiert und die Register erstellt hat, sondern durch zähes Kritisieren des uneinsichtigen Autors den Leserinnen und Lesern dieses Buches manche Redundanz und rhetorische Girlande erspart hat. Ihr stetes Engagement hat mir unendlich geholfen. Und schließlich gilt mein Dank dem Verlag meines Vertrauens, namentlich Peter Sillem, Anita Jantzer und, besonders, Heidi Borhau und Walter Pehle.

Sachregister

Personenregister